Beijing No.1
Intermediate People's Court,Beijing,P.R.China

裁判方法与法律适用

案 例 精 选
(2019年卷)

北京市第一中级人民法院/编

法律出版社
LAW PRESS·CHINA

裁判方法与法律适用

——北京市第一中级人民法院案例精选（2019年卷）

编辑委员会

前　　言

案例作为人民法院司法审判工作中形成的重要司法产品，是司法经验与智慧的结晶，是连接理论与实践、问题与对策、经验与规则的桥梁，是法学研究创新和理论发展的重要源泉。案例在规范法官自由裁量行为、统一法律适用、提升人民群众对司法的认同感、弘扬社会主义法治精神和核心价值观、促进人民法院审判体系和审判能力现代化等方面发挥着重要作用。以习近平同志为核心的党中央高度重视并坚决厉行法治，对全面深化改革和全面推进依法治国作出了重大部署，明确提出"加强和规范司法解释和案例指导"，强调"一个案例胜过一打文件"。在全面深化推进人民法院审判能力和审判体系现代化的背景下，司法案例研究的重要意义更加凸显，审判案例研究工作已经成为各级人民法院一项常态性、基础性、全局性的重要工作。

作为首都中级人民法院，我院辖区内集中了中央党政领导机关、科研院所、中央直属金融机构、高新技术企业、特大型国有企业等重点单位。独特的社会、经济、人文结构，为我院的案例研究工作提供了丰富的素材和便利条件。2020 年是我院建院 25 周年，也是我院精品案例制度实施的第 8 个年头。自 2013 年我院首次开展精品案例评选工作以来，《案例精选》系列丛书和相关工作已经成为我院展示审判成果、交流办案经验、研讨业务问题、培养司法技能的重要平台，得到了我院广大法官的大力支持和充分认可。在全院各部门和全院干警的共同努力下，我院司法案例研究工作水平不断提升、效果逐渐显现，有力推动了我院审判执行工作的长远发展。

历经 4 个月的案例撰写、收集、评审、筛选、修改等工作，我院 2019 年度精品案例选编工作现已顺利完成。在精品案例的评审过程中，我们在继续坚持务实作风和审慎态度的基础上，积极探索创新评选方式，严格以案件裁判质量和案例撰写水平为基础，以案例的典型性、指导性、新颖性为评判标准，对拟入选案例进行了反复的论证和修改。经过我院审委会审议,最终有 52 篇案例脱颖而出成为我院 2019 年度精选案例,基本涵盖了我院审判工作的各个领域。这些案例中包括大成基金管理有限公司与神雾科技集团股份有限公司等合同纠纷案、北京冠城酒店物业管理有限公司与北京冠城热力供应有限公司等无因管理纠纷案、覃辉诉中国证监会行政处罚及行政复议案、王延亮等申请万瑞飞鸿(北京)医疗器材有限公司破产重整案等,充分体现了我院案件审判以及案例研究的较高水准,较好地展示了我院审判质效整体水平。

“如果说法治社会是一条长河,那么案例则是铺垫这条大河的河床,对案例的研究就是淘出最有价值的金子。”我院将持之以恒地加强案例研究工作,健全和完善精品案例评选机制,注重培养案例研究人才,不断提高案例研究能力,提升案例研究水平,努力推动全院案例研究工作迈上更高的台阶,取得更加丰硕的研究成果!

编　者

2020 年 3 月

目录

Contents

刑事篇

民事篇

商事篇

刑事篇

王恒抢夺案

周维平[*] 廖清顺[**]

关键词

偷逃通行费 跟车尾随 抢夺罪 闯卡

裁判要旨

在高速公路收费站出口处闯卡逃费的行为性质如何认定，需要结合行为的具体方式、行为次数及所造成的社会危害后果等多方面综合分析。对于在人工收费通道多次采取跟车尾随过杆的方式，趁收费员来不及防备从而实现闯卡逃费的，应当认定为抢夺罪。

相关法条

《中华人民共和国刑法》第二百六十七条第一款。

【当事人基本情况】

原公诉机关：北京市海淀区人民检察院。

上诉人（原审被告人）：王恒，男，50岁。

【基本案情】

2013年5月7日至2016年6月8日，被告人王恒在北京市海淀区京藏高速清河收费站进京出口等地，为逃避缴纳高速公路通行费，多次驾驶车牌号为京GVY108的小型轿车，采用跟车尾随过杆的方式强行闯卡。2017年11月16日，被告人王恒被公安机关抓获归案。2017年11月22日，被告人王恒的家属向被害单

* 周维平，北京市第一中级人民法院刑一庭法官。

** 廖清顺，北京市第一中级人民法院刑一庭法官助理。

位北京市首都公路发展集团有限公司（以下简称首都公路公司）补缴偷逃的全部费用。

【审理结果】

北京市海淀区人民法院于 2018 年 12 月 19 日作出（2018）京 0108 刑初 1088 号刑事判决，判决：被告人王恒犯寻衅滋事罪，判处有期徒刑六个月。判决后，王恒向北京市第一中级人民法院提起上诉。北京市第一中级人民法院于 2019 年 5 月 9 日作出（2019）京 01 刑终 183 号刑事判决，判决：一、撤销北京市海淀区人民法院（2018）京 0108 刑初 1088 号刑事判决；二、上诉人王恒犯抢夺罪，判处有期徒刑六个月。

【裁判理由】

法院生效裁判认为：在二审庭审中，控辩双方主要围绕王恒的行为是否构成犯罪以及构成何种犯罪展开辩论。就上述争议问题及本案其他问题，合议庭综合评判如下：

（一）王恒实际逃避缴纳车辆通行费的次数为 147 次

二审庭审时，王恒辩称其逃避缴纳车辆通行费的次数不超过 10 次。但王恒在侦查阶段对于其驾驶涉案车辆在该路段逃避缴纳车辆通行费持续的起止时间及实际逃避的大概次数有过详细的供述，该供述内容与首都公路公司出具的逃费记录基本吻合，且王恒在首都公路公司先后出具的两份有关其逃费 147 次的记录上均签字认可，并按照该记录实际补缴了车辆通行费。因此综合上述证据，可以认定其实际逃避缴纳车辆通行费 147 次。王恒的该项上诉理由缺乏事实依据，不应予以采纳。

（二）王恒的行为不构成寻衅滋事罪但构成抢夺罪

王恒在高速公路收费站出口处的人工收费通道，利用升降杆智能识别的特征驾车紧随前车快速通过升降杆，其主观目的在于非法占有应缴纳给首都公路公司的车辆通行费而非无故滋事、无事生非，其客观行为缺少“强拿硬要”的言语及行为特征，且未曾出现阻碍高速公路车辆通行秩序的情形，因而王恒行为的性质不属于寻衅滋事，其行为不构成寻衅滋事罪。

但王恒在长达 3 年的时间内，多达 147 次当着首都公路公司收费员的面，乘收费员来不及加以防备，公然快速驾车尾随前车驶离收费出口，从而逃避缴纳车辆通行费。其行为明显不属于情节显著轻微危害不大的情形，而符合《刑法》第二百六十七条关于抢夺罪的犯罪构成，因而构成抢夺罪。一审法院认定的罪名有误，应予纠正;王恒及其辩护人有关王恒的行为不构成寻衅滋事罪的上诉理由及辩护意见成立,应予采纳,但有关王恒行为无罪的上诉理由及辩护意见,因缺乏法律依据而不予采纳;北京市人民检察院第一分院有关王恒的行为构成抢夺罪的出庭意见成立,应予采纳。

(三)王恒到案的行为不构成自首

北京市公安局海淀分局东升派出所民警唐亮、华春生出具的《到案经过》记载,办案民警在接报案后经查询机动车的所有权人为王秋红,即前往王秋红住处进行调查。在经核实确认涉案车辆的驾驶人实际为王恒后,民警将其带回派出所进一步审查。公安机关提供的执法记录录像显示,民警在王恒家中要求王恒随民警前往派出所说明情况时,王恒开始明确表示拒绝,最后因迫不得已才随民警前往派出所。王恒在历次供述中均承认,民警给其打电话时只是称其车辆可能被套牌需要调查,于是其提供了家庭住址,当时并不知道民警会带其前往派出所。因此,王恒在归案后虽能始终如实供述犯罪事实,但其在归案时并无自动投案从而将自己置于公安机关控制之下的意思表示。因此,一审法院认定王恒归案的行为构成自首,属适用法律错误,应予纠正。北京市人民检察院第一分院的相应出庭意见成立,应予采纳。

上诉人王恒乘首都公路公司收费员不备,多次公然采取跟车尾随过杆方式逃避缴纳应支付给首都公路公司的车辆通行费,其行为已构成抢夺罪,依法应予惩处。鉴于其在家属的帮助下及时补缴了车辆通行费,且在归案后能如实供述主要犯罪事实,故可对其酌予从轻处罚。对于王恒上诉所提原判量刑过重的上诉理由,经查,一审法院虽然对王恒犯罪行为的性质认定有误,但量刑适当,王恒的该项上诉理由不能成立,本院不予采纳;北京市人民检察院第一分院有关原判量刑适当的出庭意见成立,本院予以采纳。一审法院根据王恒犯罪的性质、情节和对于社会的危害程度所作出的判决,事实清楚,证据确实、充分,量刑适当,审判程序合法,但定罪及适用法律有误,本院依法予以纠正。虽然刑法规定,人民法院对于犯抢夺罪的被告人,应当在判处主刑的同时,并处或者单处罚金。但根据《刑事诉讼法》第二百三十七条之规定,人民法院审理被告人上诉的案件,不得加重被告人刑罚。因此,本院二审程序虽然变更了王恒的罪名,但对王恒不予并处罚金。

【裁判解析】

对于机动车驾驶员在高速公路出口处人工收费通道多次采取跟车尾随过杆的方式,趁收费员来不及防备从而实现闯卡逃费行为的性质,应该评价为何种犯罪,实践中争议较大。本案的审理过程中,就存在抢夺、盗窃、寻衅滋事、无罪、诈骗等多种观点。

(一)本案的行为依法应被评价为犯罪

《刑法》第十三条规定:一切危害国家主权、领土完整和安全,分裂国家、颠覆人民民主专政的政权和推翻社会主义制度,破坏社会秩序和经济秩序,侵犯国有财产或者劳动群众集体所有的财产,侵犯公民私人所有的财产,侵犯公民的人身权利、民主权利和其他权利,以及其他危害社会的行为,依照法律应当受刑罚处罚的,都是犯罪,但是情节显著轻微危害不大的,不认为是犯罪。据此,犯罪行为应具有两个方面特征,即具有社会危害性和依法应受刑罚处罚性。

就王恒的行为而言,第一,该行为具有一定的社会危害性。虽然从实际逃避缴纳车辆通行费的数额来看,王恒的逃避缴费行为仅造成首都公路公司车辆通行费3000元左右的经济损失,但其逃避缴费的次数高达147次,逃避缴费时间长达3年,因而其该行为可被认定为具有社会危害性。第二,该行为不属于情节显著轻微危害不大。虽然与其他逃避缴纳车辆通行费的行为相比,王恒的行为相当平和,未造成人员伤亡或者首都公路公司财物损失等严重后果,但其逃避的次数多达147次,持续时间长达3年,因而该行为难以被评价为情节显著轻微。司法机关对该行为追究刑事责任,不违背刑法的谦抑性原则。第三,该行为应受刑罚处罚。王恒对该行为在主观上属故意,主体上达到法定刑事责任年龄且具有责任能力,并不属于不可抗力或者意外事件,因而应受到刑罚处罚。

即便按照三阶层的定罪理论来分析,本案行为首先具有构成要件该当性,在形式上符合抢夺罪的犯罪构成要件;其次具有违法性,不存在任何违法阻却事由;最后具有有责性,其不存在任何免责事由。因而,王恒的行为也应当被认定为犯罪行为。

(二)本案行为不应被评价为寻衅滋事罪

一审法院变更公诉机关的指控罪名,援引《刑法》第二百九十三条第一款第三项及最高人民法院、最高人民检察院《关于办理寻衅滋事刑事案件适用法律若干问题的解释》第四条第二项,认为王恒的行为属于多次强拿硬要公私财物,造成恶劣社会影响,因而应被评价为寻衅滋事罪。但此种性质认定并不妥当。

1. 从客观行为角度分析,王恒的行为不具有"强拿硬要"的行为特征

所谓"强拿硬要",一般解释为"违背他人意志强行取得他人财物的行为,既可以表现为夺取财物,也可以表现为迫使他人交付财物",该行为应具有一定的强制

性，虽然不需要达到足以压制被害人反抗的程度。[①] 对“强拿硬要”更为通行的解释是，“以蛮不讲理的手段，强行索要市场、商店的商品以及他人的财物”[②]。而纵观首都公路公司提供的王恒五次驾车逃避缴费的监控录像，王恒手段较为平和。虽然其在收费员的注视下驶离出站口，但其与收费员之间并未有言语或者行为的交流，未见王恒存在体现“强拿硬要”特征的语言及行为。公诉机关对王恒的行为也概括评价为“跟车尾随过杆”，起诉事实并未体现出“强拿硬要”的特征。

2. 从主观动机角度分析，王恒在主观上缺少流氓动机

从历史沿革角度看，现行《刑法》第二百九十三条规定的寻衅滋事罪脱胎于1979年《刑法》第一百六十条规定的流氓罪。该条规定：聚众斗殴，寻衅滋事，侮辱妇女或者进行其他流氓活动，破坏公共秩序，情节恶劣的，处七年以下有期徒刑、拘役或者管制。流氓集团的首要分子，处七年以上有期徒刑。

1997年修改《刑法》时，流氓罪被拆解成聚众斗殴、寻衅滋事等多个罪名。拆解的目的在于“将罪状具体化，有利于对本罪的正确认定”[③]，并明确“本罪的犯罪目的和动机，一般具有耍个人威风、寻求精神刺激等流氓性质”[④]。而王恒的客观行为无法体现出无故滋事、无事生非、逞强好胜等流氓行径。事实上，在通过收费站出口时，王恒与收费员之间从未形成语言或行为的交流，其没有对收费员有过带有“强拿硬要”等耍流氓性质的言语行为表示。

3. 从犯罪客体角度分析，王恒的行为并未侵犯法律保护的高速公路通行秩序

一审法院在“本院认为”部分，认为王恒的行为“任意扰乱高速公路的通行秩序，情节严重”。其言下之意，王恒的行为侵犯为法律所保护的社会秩序，具体而言就是高速公路的通行秩序。事实上，如果王恒的行为确属扰乱高速公路的通行秩序，则评价其行为最相近的罪名应当是《刑法》第二百九十一条规定的聚众扰乱交通秩序罪。但该罪名的构成要件不仅要求具有“聚众破坏交通秩序”的行为，还要求具有“抗拒、阻碍国家治安管理工作人员依法执行职务”的行为，二者缺一不可。但纵观王恒的行为，其既没有聚众，也没有破坏高速公路的通行秩序，更不存在抗拒、阻碍国家治安管理工作人员依法执行职务的行为，因而不可能构成聚众扰乱交通秩序罪。王恒通过高速公路收费站出口时平稳顺利，手段平和，没有任何干扰通

① 张明楷：《刑法学》（第5版），法律出版社2016年版，第1065页。
② 周道鸾、张军主编：《刑法罪名精释》（第4版，下），人民法院出版社2013年版，第727页。
③ 陈兴良：《刑法疏义》，中国人民公安大学出版社1997年版，第473页。
④ 胡康生、李福成主编：《中华人民共和国刑法释义》，法律出版社1997年版，第418页。

行秩序的行为,因而一审法院的裁判理由未能客观评价王恒的行为特征,未能准确界定王恒行为侵犯的客体。

4. 从社会评价角度分析,王恒的行为不应被评定为寻衅滋事罪

罪名包含在罪状之中,是对某种犯罪本质特征的简明概括。[①] 司法裁判对行为性质的评价既要符合犯罪行为的本质特征,也不可背离常识常情常理。从历史沿革来看,寻衅滋事罪源于流氓罪,因而寻衅滋事罪的本质特征离不开社会公众对流氓行为长期形成的印象。事实上,寻衅滋事罪也一般被界定为“在公共场所无事生非,起哄捣乱,无理取闹,殴打伤害无辜,肆意挑衅,横行霸道,破坏公共秩序的行为”[②]。而纵观王恒的客观行为及其主观动机,社会公众及王恒本人均无法将其因贪占便宜而逃避缴纳车辆通行费的行为与无理取闹、无事生非的流氓行为相互联系。

(三)本案行为应被评价为抢夺罪

根据《刑法》第二百六十七条的规定,抢夺罪的罪状是“抢夺公私财物,数额较大的,或者多次抢夺”的行为。相比较其他罪名而言,王恒的行为被评价为抢夺罪更为恰当,属于多次抢夺的情形。

1. 关于客观要件分析

通常,抢夺罪的客观要件被界定为“乘人不备,公然夺取数额较大的公私财物”,或多次抢夺公私财物[③];或者被界定为“当场直接夺取他人紧密占有的数额较大的公私财物,或者多次抢夺的行为”[④]。

(1)在行为特征上,王恒的行为符合“乘人不备,公然夺取”的特征。所谓“乘人不备,公然夺取”,一般指行为人当着公私财物所有人、管理人或者其他人的面,乘其不备,将公私财物夺了就跑,据为己有或者给第三人所有;也有的采取可以使被害人立即发现的方式,公开把财物抢走,但不使用暴力或者以暴力相威胁[⑤]。就本案而言,王恒驾车在收费站出口处尾随前车,在前车通过出口升降杆的瞬间,乘首都公路公司收费员及升降杆来不及防备,即驾车离开收费站,逃避缴纳车辆通行费。该行为虽然并非直接夺走首都公路公司现有的财物,但客观上导致首都公路公司失去应该收取的车辆通行费,导致首都公路公司消极利益的增加。此行为与直接夺走首都公路公司现有的财物,导致首都公路公司积极利益的减少,在本质上

---

① 何秉松主编:《刑法教科书》,中国法制出版社 1997 年版,第 566 页。

② 胡康生、李福成主编:《中华人民共和国刑法释义》,法律出版社 1997 年版,第 417 页

③ 周道鸾、张军主编:《刑法罪名精释》(第 4 版,下),人民法院出版社 2013 年版,第 651 页。

④ 张明楷:《刑法学》(第 5 版),法律出版社 2016 年版,第 994 页。

⑤ 周道鸾、张军主编:《刑法罪名精释》(第 4 版,下),人民法院出版社 2013 年版,第 651 页。

完全一致,均是导致首都公路公司失去对车辆通行费这一财产性利益的控制。

(2)在侵犯法益上,王恒的行为侵犯了为抢夺罪所保护的公私财产的所有权。抢夺罪所保护的客体为公私财产的所有权,而王恒 147 次逃避缴纳车辆通行费的行为,直接侵害的正是首都公路公司对车辆通行费的所有权。如果不是王恒的逃避缴费行为,首都公路公司可以收取一定的车辆通行费,但王恒的行为直接导致该费用的失去。也正因为如此,首都公路公司系本案的被害人,在意识到大量车辆通行费被逃避缴纳后,选择了向公安机关报案寻求公力救济。

(3)在犯罪对象上,王恒抢夺的应缴而未缴的车辆通行费可以被解释为“财物”。《刑法》第二百六十七条规定抢夺罪的犯罪对象为公私财物,而本案中抢夺的对象系应缴而未缴的车辆通行费,或者说是债务的免除。显然,应缴而未缴的车辆通行费,或者债务的免除不是财物,只是一种财产性利益。所谓财产性利益,即财物以外的财产性的利益,包括积极利益的增加与消极利益的减少。①

虽然目前尚未查询到有司法解释或者指导性案例将抢夺罪构成要件中的“财物”扩大解释到包括“财产性利益”,但此种扩大解释并未违反罪刑法定原则,并不属于类推解释。一是“财产性利益”的含义并未超出“财物”所涵盖的文义,本质上都属于经济利益;二是对于相类似的盗窃罪的犯罪对象,最高人民法院在相关司法解释中早已将“财物”扩大解释到电信资费损失等“财产性利益”;三是此种解释并未超出社会一般人可以接受的范围。

(4)在犯罪次数上,王恒 147 次逃避缴费的行为可被认定为抢夺首都公路公司应缴而未缴的车辆通行费 147 次。本案不宜认定王恒的行为属于“抢夺公私财物,数额较大的”行为(具体分析见后文),但对于其 147 次逃避缴费的行为,可以被评价为多次抢夺公私财物的行为。

2. 关于主观要件分析

抢夺罪的主观要件不仅要由直接故意构成,且故意内容为以非法占有公私财物为目的。综合王恒归案后的历次供述及其五次驾车逃避缴费的监控录像分析,王恒行为的主观目的非常明确,就是为了逃避缴费,贪占便宜,并非基于逞强好胜、无事生非。

其实,王恒驾车逃避缴费的收费站多为京藏高速公路的清河和居庸关站,逃避缴费期间基本系其自述在首都师范大学后勤部工作期间,而其居住在昌平区。

① 张明楷:《外国刑法纲要》(第 2 版),清华大学出版社 2007 年版,第 564 页。

因此，上述收费站基本处于其上下班驾车必经路段。王恒有正常的家庭及工作，没有前科劣迹，缺少三年多时间内在高速公路无事生非多达 147 次的社会现实基础。

因此，基于王恒的客观行为可以判断，王恒的行为动机就是非法占有应缴而未缴的车辆通行费，达到免除债务的目的。一审判决理由认为，王恒“无事生非，藐视社会规则，采用驾驶车辆硬闯升降杆的形式逃费，肆意破坏高速管理公司的运营管理秩序，主观上即有破坏社会公共秩序的心态和贪占小便宜的双重心理”，与客观情形不符。

3. 总体评价

王恒在主观上意图通过逃避应缴纳的车辆通行费使高速公司变相地遭受财产性损失；客观上在收费员在场的情况下公然跟随前车通过，符合乘人不备、公然夺取的抢夺罪的构成要件；犯罪对象是他人紧密占有的财产性利益。首都公路公司设立关卡，派人收费，表明首都公路公司对该路段收益的合法取得及占有的权利。王恒不支付对价，多次强行闯关，逃避缴费，是对首都公路公司应获得的财产性利益占有权的损害。因此，王恒的行为应被评价为抢夺罪。

【案例点评】

在收费公路出口采用跟车尾随过杆方式偷逃车辆通行费，这种行为在法律上如何定性，理论上存在分歧，实践中存在争议。为此，在本案处理过程中，我院不仅召开跨部门的专业法官会议进行讨论，而且首次引入北大、清华等高校的刑法专家参与论证，并邀请组织四级法院的资深法官参与分析。本案例的最终裁判在综合分析罪与非罪、此罪与彼罪的基础上，从行为的社会危害性尤其是行为的客观方面入手，最终作出抢夺罪的行为性质评价，论证有力，分析有理，对类案的处理具有典型意义。

【裁判心得】

本案公安机关立案、检察机关起诉及一审法院判决时认定的罪名均不相同，而被告人及辩护人均持无罪意见。纵观全国法院判决，类似案件的性质认定差异很大，同时理论学说观点也不一致。在此情况下，对被告人行为性质的认定，需要从客观行为入手，仔细分析客观证据细节，在此基础上推断行为人的主观心态，从而构建出裁判认定事实。在性质认定时，始终坚持罪刑法定原则，紧扣刑法条文，借助历史解释，恰当认定罪名，最终要实现法律效果和社会效果的有机统一。

章无涯、张宗群等六人组织考试作弊案

郑文伟[*]　刘　琳[**]

关键词

组织考试作弊罪　既遂标准　共同犯罪　主犯　从犯　情节严重

裁判要旨

组织考试作弊案件审理中的关键问题在于此罪的既遂标准以及何为法律规定的"情节严重"。一般而言,组织类犯罪都是行为犯,不以发生现实的结果为既遂标准,只要行为实施到一定程度即可。组织考试作弊罪应当以组织作弊行为实施完毕且考试开始为既遂标准,而"情节严重"应该从组织人数、违法所得等方面综合考虑。本案属于共同犯罪案件,在司法实践中,主从犯的甄别是一个很复杂的问题,具体到本案中,应从各被告人在组织考试作弊过程中的具体行为、犯意联络以及在共同犯罪中起的不同作用来划分主犯与从犯。

相关法条

《中华人民共和国刑法》第二百八十四条之一第一款,第二十五条第一款,第二十六条第一款、第四款,第二十七条,第六十七条第三款,第五十三条,第六十四条。

【当事人基本情况】

上诉人(原审被告人):张宗群。

上诉人(原审被告人):李倩。

原审被告人:章无涯。

* 郑文伟,北京市第一中级人民法院刑一庭法官。

** 刘琳,北京市第一中级人民法院刑一庭法官助理。

原审被告人:吕世龙。

原审被告人:张夏阳(曾用名:张阳阳)。

原审被告人:章峰(曾用名:章洪生)。

【基本案情】

被告人章无涯注册成立星空世纪(北京)教育科技有限责任公司(以下简称星空世纪)、被告人吕世龙注册成立北京华拓易通技术培训中心、被告人张宗群注册成立法大(北京)教育咨询有限公司(以下简称法大教育),从事教育咨询等业务。

2016 年 11 月份左右,被告人章无涯设计以无线电设备传输考试答案的方式,在 2017 年全国硕士生招生考试管理类专业学位联考中组织作弊,并以承诺保过的方式发展生源。被告人吕世龙通过被告人张夏阳、被告人张宗群通过被告人李倩,与章无涯建立联系,吕世龙、张夏阳、张宗群为章无涯招募考生,并从中获取收益。章无涯与张夏阳、吕世龙约定每名考生向章无涯支付 2 万元,考前支付 1 万元,通过考试后再支付 1 万元,为此张夏阳与吕世龙签订《MBA、MPA 双证研究生(统招)培训协议书》,组织 18 名考生参加考试作弊,吕世龙向张夏阳支付培训费 18 万元;张宗群以法大教育的名义、章无涯以星空世纪的名义签订《教育培训合作协议书》,约定星空世纪承诺法大教育学员在 2017 管理类联考内通过全科考试,并可以达到国家 A 线,MBA 联考保过辅导班 10 人,每人 2.6 万元,每人预付款 1 万元,张宗群共支付章无涯预付款 10 万元。

其间,章无涯购买信号发射器、信号接收器等作弊设备,张宗群、吕世龙、张夏阳将信号接收器分发给考生,并以模拟考试等方式配合章无涯组织考生试验作弊设备;章无涯让李倩找同学帮忙做答案。2016 年 12 月 23 日,章无涯在京师大厦、贵州大厦、如家快捷酒店中国传媒大学西门店(以下简称如家酒店)登记房间,将笔记本电脑、手机、信号发射器等设备放入房间并予连接,指导李倩、章峰操作电脑及发射软件。

2016 年 12 月 24 日上午,被告人章无涯、吕世龙、张夏阳、张宗群、李倩、章峰组织 33 名考生在 2017 年全国硕士研究生招生考试管理类专业学位联考综合能力考试中作弊。章无涯在如家酒店为在中国传媒大学参与作弊的考生发送答案,李倩在贵州大厦为北京化工大学东校区参与作弊的考生发送答案,章峰在京师大厦为在北京师范大学参与作弊的考生发送答案;吕世龙在北京化工大学参加 MBA 考试并参与作弊;张夏阳在中国传媒大学参加全国硕士研究生招生考试,以相同的方式在思想政治理论考试中作弊。

当日，民警在如家酒店1410房间抓获被告人章无涯，在北京化工大学抓获被告人吕世龙，在中国传媒大学48号楼88考场抓获被告人张夏阳，在中国传媒大学院内抓获被告人张宗群，在贵州大厦1608房间抓获被告人李倩，在京师大厦1220房间抓获被告人章峰，并起获作案用无线电设备。

【审理结果】

北京市海淀区人民法院于2018年8月7日作出(2017)京0108刑初2615号刑事判决：一、被告人章无涯犯组织考试作弊罪，判处有期徒刑四年，罚金人民币四万元。二、被告人吕世龙犯组织考试作弊罪，判处有期徒刑三年，罚金人民币三万元。三、被告人张夏阳犯组织考试作弊罪，判处有期徒刑三年，罚金人民币三万元。四、被告人张宗群犯组织考试作弊罪，判处有期徒刑二年十个月，罚金人民币三万元。五、被告人李倩犯组织考试作弊罪，判处有期徒刑一年十个月，罚金人民币二万元。六、被告人章峰犯组织考试作弊罪，判处有期徒刑一年八个月，罚金人民币一万元。七、继续向被告人章无涯、吕世龙、张夏阳、张宗群追缴违法所得。宣判后，被告人张宗群、李倩不服，提出上诉。北京市第一中级人民法院经审理后，于2018年11月15日作出(2018)京01刑终627号刑事裁定，驳回张宗群、李倩的上诉，维持原判。

【裁判理由】

法院生效裁判认为：对于上诉人张宗群提出在案证据能认定他组织作弊的10人中只有1人因作弊被处理，原判认定他组织10人作弊的事实不清、证据不足的上诉理由，和张宗群的辩护人所提根据现有证据仅有王冰楠是张宗群的学员，所以张宗群仅应对组织一人作弊承担责任的辩护意见，经查：组织考试作弊罪是行为犯，即只要实施了组织考生作弊的行为就构成本罪。根据考生刘威的证言和辨认笔录证实，在2016年10月份其报名时张宗群、章无涯、吕世龙跟其说过买答案的事。可见在张宗群与章无涯签订《教育培训合作协议书》之前，张宗群就已明知考试作弊一事。另李倩供认张宗群为章无涯寻找考生。《教育培训合作协议书》证实，2016年11月16日章无涯作为甲方与乙方张宗群就2017MBA联考内训班事宜签订合同，甲方承诺乙方10人通过全科考试，及每人交费数额和预付款10万元等情况。张宗群的银行账户交易明细显示考生王冰楠给张宗群的转款记录和张宗群向章无涯的账户转款10万元的情况。章无涯亦供认张宗群知道其在考试中通过设备进行作弊，且同意按照每人2.6万元的价格为章无涯提供10名考生，章无涯在考试前一周将作弊器交给张宗群,考试前一天,章无涯让张宗群带考生到考点测试接收器。张宗群亦曾供认其将 10 名学员以考试保过的方式交由章无涯培训,及章无涯告知其使用无线电设备传输的方式进行考试作弊,且其在考前将章无涯给的 10 个考试作弊器给学员进行了发放。公安人员于考试当天在中国传媒大学院内将张宗群抓获并从其身上起获 2 个信息接收器。综上,张宗群伙同章无涯实施的组织作弊行为在考试开始后已经完成,张宗群应当对其整个组织行为承担法律责任。故上诉人张宗群提出的此上诉理由及辩护人的相关辩护意见不能成立,本院均不予采纳。

对于上诉人张宗群提出量刑过重的上诉理由和辩护人所提相同辩护意见,经查:硕士研究生招生考试属于国家级重要考试,张宗群为牟利组织多人采用互联网、无线电传输等手段作弊,其行为严重侵害了国家考试秩序,原审法院根据张宗群的犯罪事实及其表现所作出的判决并无不当,故张宗群提出的此上诉理由和辩护人的该辩护意见不能成立,本院均不予采纳。

对于上诉人李倩提出量刑过重的上诉理由,经查:李倩找其弟为章无涯开车、又找同学帮忙做题并核对答案,考试当天李倩还负责为考生发送答案。李倩应对章无涯实施的全部犯罪行为负责,鉴于李倩在组织考试作弊犯罪中起辅助作用,系从犯且认罪,原审法院在量刑时已对其减轻处罚,且经二审审查李倩并无其他从轻、减轻处罚情节,故李倩所提上诉理由无法律依据,不能成立,本院不予采纳。

【裁判解析】

本案在二审审理中存在三个法律适用的焦点问题:一是本罪的既遂标准;二是何为法律规定的"情节严重";三是六被告人在共同犯罪中的作用以及各自刑事责任的承担。

(一)本罪的既遂标准

本案是近年来北京市发生的最大规模组织考试作弊案,媒体关注度较高。而组织考试作弊罪是《刑法修正案(九)》新增罪名,2018 年在办理本案时,对该罪的构成、"情节严重"等问题并没有相关法律规定。就此法律适用问题有必要通过司法解释的形式加以明确,确保审判实践操作有据可依且精准无误,避免出现同案不同判的问题。2019 年 9 月 2 日,最高人民法院、最高人民检察院发布了《关于办理组织考试作弊等刑事案件适用法律若干问题的解释》,对此罪"情节严重"、既遂标准等问题进行了规定,恰恰填补了此罪立法上的空白。

二审期间,张宗群以及其辩护人一再强调在案证据能认定他组织作弊的 10 人中只有 1 人因作弊被处理,原判认定他组织 10 人作弊的事实不清、证据不足。

在刑法理论中,组织考试作弊罪侵害的客体是国家考试制度,组织型犯罪是行为犯,不以发生现实的结果为既遂标准,只要行为实施到一定程度即可。组织考试作弊罪亦不应以被组织的考生在考试中作弊被处理作为组织行为的完成,如果这样规定势必对证据证明标准的要求过于严格,不利于有效打击。

另就基本犯罪而言,犯罪的特殊形态不是就犯罪行为的某一部分而言,而是就已经实施的基本犯罪行为的整体而言。组织考试作弊罪并不以考生在考试中作弊被查获为组织行为的完成,至于其组织的考生是否实际参加考试或者在考试中实际使用作弊器并不影响其组织作弊行为的认定。具体到本案中,虽然张宗群组织的考生中能够确定仅有某一人因作弊被查获,但是张宗群的整个组织行为已经实行终了且成立犯罪既遂,不能因此将整个组织行为割裂开来,认为张宗群仅对那一名被查获的作弊考生负责。

2019 年 9 月 2 日最高人民法院、最高人民检察院发布的《关于办理组织考试作弊等刑事案件适用法律若干问题的解释》第四条规定:组织考试作弊,在考试开始之前被查获,但已经非法获取考试试题、答案或者具有其他严重扰乱考试秩序情形的,应当认定为组织考试作弊罪既遂。由此可见,此司法解释规定的是组织考试作弊罪以组织作弊行为实施完毕为既遂标准,并不以考试开始、考生在考试中作弊被查获为既遂标准。

(二)何为法律规定的"情节严重"

组织考试作弊罪是新罪名,2018 年本案审理时还没有司法解释出台,但该罪应该从组织人数、违法所得等方面综合考虑其情节严重与否。组织考试作弊罪审理的重点在于"组织"行为的认定。组织考试作弊罪的客观行为表现为对"作弊"予以一定的"组织",换句话说,有罪的不是作弊,而是组织作弊。

在刑法理论上,这是一种将组织行为实行化的表现。正是通过这种组织行为,使得作弊呈现出一定的规模性和危害性。关于本罪中"情节严重"的认定,应客观考量其行为造成的法律后果及社会影响。本罪的法条规定的是在"法律规定的国家考试"中作弊,而"法律规定的国家考试"实际上强调的是此类国家考试的法律依据,也即这种考试的设定权限源自全国人大及其常委会。从中可以看出,立法者无意将所有的国家考试都纳入刑法保护的范围。但是,纳入刑法保护范围的国家考试是否全部都受到同等的保护这一问题在《关于办理组织考试作弊等刑事案件适用法律若干问题的解释》中得到了很明确的回答。

2019 年 9 月 2 日最高人民法院、最高人民检察院发布的《关于办理组织考试作弊等刑事案件适用法律若干问题的解释》明确规定了“情节严重”的情况。这一司法解释的第五条规定:“为实施考试作弊行为,非法出售或者提供法律规定的国家考试的试题、答案,具有下列情形之一的,应当认定为刑法第二百八十四条之一第三款规定的‘情节严重’:(一)非法出售或者提供普通高等学校招生考试、研究生招生考试、公务员录用考试的试题、答案的;(二)导致考试推迟、取消或者启用备用试题的;(三)考试工作人员非法出售或者提供试题、答案的;(四)多次非法出售或者提供试题、答案的;(五)向三十人次以上非法出售或者提供试题、答案的;(六)违法所得三十万元以上的;(七)其他情节严重的情形。”

全国硕士研究生考试肯定属于法律规定的国家考试,但是在此种考试中组织作弊和在驾驶资格证考试中组织作弊的法律后果及社会影响是明显不同的。因此普通高等学校招生考试、全国研究生招生考试以及公务员录用考试作为法律规定的国家考试,因其范围之广、影响之大,在此种考试中组织作弊与在一般法律规定的国家考试中组织作弊,其社会危害性和严重程度是不可同日而语的。故在普通高等学校招生考试、全国研究生招生考试以及公务员录用考试中组织考试作弊的,虽然组织情形相同,但是在量刑时也应该与在法律规定的普通国家考试中组织考试作弊的有所区分。这样才能保证罪责刑相适应,罚当其罪。一般而言,在同类的考试中组织作弊的还应从其违法所得数额,组织人数以及组织规模,使用作弊器材的情况,提供作弊器材的数量以及所造成的影响等方面综合考虑。

(三)六被告人在共同犯罪中的作用以及各自刑事责任的承担

在共同犯罪中,对主从犯的正确认定既是刑法罪刑相适应基本原则的要求,也是贯彻执行“宽严相济、区别对待”刑事政策的直接体现。因此,如何正确认定主从犯显得十分必要。

具体到本案中,被告人章无涯提议实施考试作弊,联系张宗群、张夏阳、吕世龙等人为其招募考生,购买、安装、分发、调试作弊设备,确定犯罪地点,组织并安排李倩、章峰等人使用作弊设备通过无线传输的方式为考生发送答案,是组织考试作弊行为的策划者、指挥者和实施者,在共同犯罪中起主要作用,系主犯,应当对全部33 名考生承担责任。被告人吕世龙、张夏阳和张宗群分别与章无涯约定,以考研保过的方式为其招募考生,收取考试费用,组织考生参加培训,配合章无涯给各自的考生分发、调试作弊设备,并谋取不法利益,积极参与并具体实施了组织考试作弊的全过程,其行为是组织考试作弊犯罪不可或缺的环节,在共同犯罪中亦起主要作用,应认定为主犯;但从在案证据来看,吕世龙、张夏阳与张宗群虽然知道章无涯还通过其他渠道招募考生,但彼此间并无联络,只负责组织自己招募的考生进行作弊,故只应对自己组织的考生承担责任,故认定吕世龙、张夏阳组织18名考生、张宗群组织10名考生作弊。被告人李倩找其弟为章无涯开车、找同学帮忙做题并核对答案、考试当天为考生发送答案,被告人章峰接受章无涯的安排在考试当天为考生发送答案,二被告人虽只负责组织考试作弊的部分环节,但对章无涯在不同考点组织多名考生作弊的事实有明确的认知,考试当天亦通过QQ与章无涯进行联系,故应按照章无涯组织的全部犯罪进行处罚,但二被告人在组织考试作弊犯罪中仅起辅助作用,系从犯。

综上分析,上诉人张宗群、李倩及原审被告人章无涯、吕世龙、张夏阳、章峰在全国硕士研究生招生考试管理类联考中,以无线电传输的方式组织多名考生进行作弊,其行为均已构成组织考试作弊罪,依法应予惩处。其中,章无涯、吕世龙、张夏阳、李倩、章峰属"情节严重"。上诉人张宗群及原审被告人章无涯、吕世龙、张夏阳在共同犯罪中起主要作用,系主犯;上诉人李倩及原审被告人章峰在共同犯罪中起辅助作用,系从犯,应依法予以减轻处罚。鉴于章无涯、吕世龙、张夏阳、李倩、章峰能如实供述自己的罪行,对上述五人分别予以从轻处罚。

【案例点评】

组织考试作弊罪是《刑法修正案(九)》新增的罪名,而本案是近年来北京市发生的最大规模的一起组织考试作弊案件。本案审理时组织考试作弊罪的司法解释尚未出台,对于此罪的"既遂标准"以及何为法条规定的"情节严重",在理论上尚未有论及,本案在当时的典型意义在于可以对此罪"既遂标准"这一争议作简要的梳理,以期为本罪既遂标准的确立提供思路,同时对于何种情形为法条规定的"情节严重",在量刑时如何把握罪刑法定原则并贯彻宽严相济的刑事政策提供了可供借鉴的刑罚裁量依据。

【裁判心得】

考试作弊不仅损害考试自身的公平公正,也动摇整个社会的诚信体系。我国《刑法修正案(九)》将组织考试作弊的行为"入刑",使人们对作弊泛滥已经略显麻痹的神经绷紧起来,在全社会引起了不小的波澜。然而,造法易,执法难,在此条文具体司法解释出台之前,司法实践中对此条文的理解和适用不尽相同,但是罪刑相适应是适应人们朴素的公平正义意识的法律思想。公平正义感,深深根植于人们的人格感之中。在此类案件中应具体分析各被告人的具体犯罪行为,从立法原意出发,遵循刑法基本原则,通过内心确信作出公平正义的裁判,以期达到法律效果和社会效果的有机统一。

刘士奎妨害公务案

陈森璐[*]　邓　飞[**]

关键词

妨害公务　暴力袭警　暴力程度

裁判要旨

在妨害公务犯罪案件中，并非只要犯罪对象为民警就一律认定为“暴力袭警”。根据“暴力袭警”条款的立法背景及公安部的相关规定，认定“暴力袭警”应当从以下三个方面判断：一是看被告人的行为是否具有进攻的主动性；二是从被告人是否使用器械、打击方式、打击力度、打击部位及暴力行为持续时间等判断行为的暴力程度；三是从致伤危险性及伤害结果看行为是否具有较高致伤危险性或是否造成损害结果。

相关法条

《中华人民共和国刑法》第二百七十七条。

【当事人基本情况】

抗诉机关(原公诉机关)：北京市昌平区人民检察院。

上诉人(原审被告人)：刘士奎。

【基本案情】

北京市昌平区人民法院判决认定：被告人刘士奎于2018年9月25日13时许，不顾劝说强行从车辆进出口处进入北京市昌平区区政府大院，在民警刘端平等

* 陈森璐，北京市第一中级人民法院刑一庭法官助理。

** 邓飞，北京市第一中级人民法院刑一庭法官助理。

人将其带出区政府大院时,被告人刘士奎将刘端平左手咬伤,致其左手软组织损伤。

认定上述事实的证据有:

(1)证人刘端平的证言证实,2018年9月25日13时40分左右,其作为昌平分局治安支队派驻到区政府的民警,正在区政府门前维持秩序,刘士奎突然从区政府大门的抬杆下面钻进去要往区政府办公大楼冲。其赶紧过去拦着刘士奎并用双手推着他往大门西侧的人行小门那里走,刘士奎坐在地上并躺下赖着不走。其和区政府的保安把刘士奎往外抬,抬到门口的时候,刘士奎自己站起来,回头用嘴对着其左手大拇指到手腕的部位咬了一口。后区政府工作人员权晓亮给刘士奎做工作、讲道理,刘士奎突然又用脑袋顶了一下权晓亮的胸口。刘端平当时穿警服、戴警帽。

辨认笔录证实,刘士奎即将其咬伤的男子。

(2)证人田野的证言证实,其是昌平区政府保安。2018年9月25日13时许,刘士奎从区政府大门栏杆钻进大院,民警刘端平前去制止,刘士奎不听劝阻。其和一名同事帮刘端平抬刘士奎,将他抬到小门门口,刘士奎的脚刚落地就回头咬了刘端平的左手。其看到刘端平的左手手腕处受伤,当时看就紫了。刘端平当时穿着警服,事先已表明身份。

(3)证人张刘的证言证实,其是昌平区政府保安。2018年9月25日13时许,刘士奎硬闯政府大院,民警过去制止,刘士奎不听,民警将刘士奎抬出大院。后其听说民警手被咬伤,其看到民警被咬的地方已经又青又紫。民警当时穿着警服并表明身份。

(4)证人部慧杰的证言证实,2018年9月25日13时许,刘士奎闯进政府大院,刘端平上前警告制止,刘士奎不听还往里冲,刘端平往外推他,推的过程中刘士奎坐在了地上。刘端平与保安将刘士奎往门外抬,刘士奎用牙咬了刘端平左手大拇指下侧的位置。其看到刘端平被咬的地方已经又青又紫。民警当时穿着警服并表明身份。

(5)证人权晓亮的证言证实,2018年9月25日13时许,刘士奎闯进区政府大门,高声辱骂民警及现场工作人员。后其看到民警刘端平和几名保安人员一起把刘士奎往外抬。后其到门外与刘士奎沟通,没说两句,刘士奎用头顶撞其胸部。其听刘端平说将刘士奎带离区政府大院过程中被刘士奎咬伤。刘端平当时穿着警服,表明身份。

辨认笔录证实,刘士奎即将民警刘端平咬伤的男子。

(6)证人李帅强的证言证实,2018 年 9 月 25 日下午,刘士奎闯进区政府大院,民警制止他,他不听,民警组织人把他往出抬的时候,其看到刘士奎用牙将民警左手咬伤。民警当时穿着警服并表明身份。

(7)证人范淑杰的证言证实,2018 年 9 月 25 日 13 时许,其和刘士奎到昌平区政府找区长给其维权并在区政府门口喊话。其推不让其进去的人,后来其进去了,刘士奎进没进去其不知道。现场有政府工作人员和民警维护秩序。

(8)诊断证明证实,刘端平左手软组织损伤。

(9)公安机关出具的接报案经过、到案经过、破案报告证实,2018 年 9 月 25 日 14 时 30 分许,昌平派出所民警在工作中发现有人在区政府门前闹事,后派出所民警经工作了解,刘士奎妨害民警执行公务,用嘴咬伤民警左手。后派出所民警依法对刘士奎进行了刑事传唤。

(10)行政处罚决定书证实,刘士奎因扰乱公共秩序于 2017 年 6 月 7 日被北京市公安局大兴分局处以行政拘留十日的处罚;刘士奎因阻碍国家机关工作人员依法执行职务于 2017 年 3 月 9 日被北京市公安局大兴分局处以行政拘留十日的处罚。

(11)身份证明材料证实,刘士奎的自然身份情况。

(12)监控录像证实,在民警刘端平等人将刘士奎向区政府大院门外抬拉的过程中,刘士奎回头向民警左手臂作出咬的动作。

【审理结果】

北京市昌平区人民法院于 2018 年 12 月 24 日作出(2018)京 0114 刑初 1027 号刑事判决:被告人刘士奎犯妨害公务罪,判处拘役五个月。在法定期限内,原审被告人刘士奎提出上诉,原公诉机关北京市昌平区人民检察院亦提出抗诉。北京市第一中级人民法院于 2019 年 2 月 22 日作出(2019)京 01 刑终 112 号刑事判决,判决:一、撤销北京市昌平区人民法院(2018)京 0114 刑初 1027 号刑事判决主文,即被告人刘士奎犯妨害公务罪,判处拘役五个月;二、上诉人刘士奎犯妨害公务罪,判处有期徒刑七个月。

【裁判理由】

法院生效裁判认为:本案二审抗诉机关和上诉人争议的焦点问题为上诉人刘士奎的行为是否构成妨害公务罪,上诉人的行为是否属于“暴力袭击正在依法执行公务的人民警察”。以下进行详细评析。

对于上诉人刘士奎所提原判认定事实不清、其应无罪的上诉理由,经查,依法调取的昌平区政府门前监控录像显示,在民警刘端平等人将故意躺在地上不肯离开的刘士奎带出区政府大门的过程中,刘士奎回头咬民警左手;证人刘端平、田野、张刘、李帅强、权晓亮及部慧杰的证言可相互印证,且与监控录像内容相符。上述证据来源合法,内容客观真实,并能形成完整的证据链条,证明上诉人刘士奎实施了以暴力方法阻碍国家机关工作人员依法执行职务的行为。刘士奎在明知刘端平身着警服正在依法履行职务的情况下,仍然不听劝阻,采取咬手的行为阻碍刘端平依法履行职务,致刘端平左手软组织损伤,符合妨害公务罪的构成要件。故对于上诉人刘士奎所提上诉理由,本院不予采纳。

对于北京市昌平区人民检察院所提原判适用刑种错误、量刑明显不当,请求依法改判的抗诉意见及北京市人民检察院第一分院所提书面支持抗诉意见和出庭意见,经查,抗诉机关及支抗机关所提适用刑种错误,量刑明显不当,请求改判的抗诉意见及支抗意见正确,本院予以采纳。但将《刑法》第二百七十七条第五款所规定的情节作为抗诉理由之一不当,本院不予支持。《刑法》第二百七十七条第五款作为妨害公务罪从重处罚的情节,其暴力程度应当有别于一般妨害公务罪的暴力程度或致害后果,其攻击行为具有更明显的主动性。本案中,刘士奎咬伤民警刘端平手的行为只发生在其被民警和保安带出区政府门外的一瞬间,咬伤程度为软组织损伤,尚不构成轻微伤;其行为并非长时间撕咬、反复攻击或下口较重造成较重的伤情后果的行为。综上,刘士奎的行为不属于《刑法》第二百七十七条第五款的从重情节,原公诉机关和原审法院适用该款法律规定,属于适用法律错误。刘士奎的行为属于典型的妨害公务犯罪,其以暴力方法阻碍人民警察依法履行维护国家机关正常工作秩序的职务行为,社会危害性大,且刘士奎到案后拒不认罪悔罪、主观恶性深,对其不宜判处刑罚较轻的拘役刑,原判量刑明显不当。故抗诉机关及支抗机关所提原判适用刑种错误、量刑明显不当、请求改判的抗诉意见、支抗意见及相关理由,本院予以采纳。

本院认为,上诉人刘士奎以暴力方法阻碍国家机关工作人员依法执行职务,其行为已经构成妨害公务罪,依法应予惩处。原判认定刘士奎犯妨害公务罪的事实清楚,证据确实、充分,审判程序合法,定罪准确,应予维持。但认定刘士奎的犯罪行为属于《刑法》第二百七十七条第五款规定的从重情节,系适用法律错误;原判判处刘士奎拘役五个月,量刑明显不当,本院一并予以纠正。北京市昌平区人民检察院所提原判适用刑种错误、量刑明显不当,请求依法改判的抗诉意见及北京市检察院第一分院的支持抗诉意见及相关出庭意见正确，本院予以支持。唯认为刘士奎的行为构成《刑法》第二百七十七条第五款的情节不当，本院不予支持。

【裁判解析】

《刑法》第二百七十七条第一款规定，以暴力、威胁方法阻碍国家机关工作人员依法执行职务的，构成妨害公务罪；2015 年 8 月 29 日全国人大常委会以《刑法修正案（九）》的形式，对妨害公务罪进行了修订，增设了第五款规定，即“暴力袭击正在依法执行职务的人民警察的，依照第一款的规定从重处罚”。由于第五款中从重处罚的行为类型——暴力袭击正在执行公务的人民警察的行为，与第一款中基本构成要件的行为类型——以暴力、威胁方法阻碍国家机关工作人员依法执行职务的行为，具有一定程度的重合性。故在司法实践中，如何理解和适用第五款，还需进一步厘清和明确，即在妨害公务犯罪案件中，并非只要犯罪对象为民警就一律认定为“暴力袭警”。本案一审法院作出的裁判结果正反映出对“暴力袭警”条款的法律适用乱象。在本案作出判决后，最高人民检察院、最高人民检察院及公安部于 2020 年 1 月 10 日联合印发了《关于依法惩治袭警违法犯罪行为的指导意见》，进一步明确了惩治袭警违法犯罪行为的法律适用。本案认定暴力袭警所掌握的标准，也与该《指导意见》的标准相一致。

从立法背景来看，《刑法》第二百七十七条第五款的设立是因在全国范围内暴力袭击警察事件频发，且危害行为从辱骂、威胁逐步升级为持械殴打、袭击等暴力伤害行为。其立法目的除了保障民警能够依法履行职务外，还包括保护民警在履行职务时的人身安全，故第五款中所述的暴力袭击的暴力程度应当高于一般妨害公务罪所述的暴力、威胁方法的暴力程度。从文意上看，暴力袭击是指以暴力方法攻击的行为，要求具有较高的暴力程度，也应当区别于妨害公务罪第一款所述“暴力、威胁方法”。

从司法实践中看，在司法实践中被认定为妨害公务罪且属暴力袭警的案件，当事人行为多为持械、拳打脚踢等直接伤害民警身体的行为，行为暴力程度及致伤的危险性均远高于咬手部的情况。通过查看 2018 年北京市妨害公务类案件生效文书发现，其中被告人因咬民警的行为而被判处妨害公务罪的案件，均未认定为《刑法》第二百七十七条第五款规定的暴力袭击警察情节；而认定被告人行为系暴力袭击警察的多为持械攻击、拳打脚踢等暴力程度较高的行为。通过查看 2018 年外省妨害公务类案例，其中因嘴咬民警而被判处妨害公务罪的，仅一起案件认定为暴力袭警，其他均未认定暴力袭警。

根据“暴力袭警”条款的立法背景及公安部的相关规定,认定“暴力袭警”应当从以下三个方面判断:一是看被告人的行为是否具有进攻的主动性,包括对民警的人身进行直接或间接的攻击。例如,对民警实施撕咬、踢打、抱摔、投掷等,直接对民警人身进行攻击的,或实施打砸、毁坏、抢夺民警正在使用的警用车辆、警械等警用装备,间接对民警人身进行攻击的。二是从被告人是否使用器械、打击方式、打击力度、打击部位及暴力行为持续时间等判断行为的暴力程度,例如使用凶器或者危险物品袭警、驾驶机动车袭警等。三是从致伤危险性及伤害结果看行为是否具有较高致伤危险性或是否造成损害结果,例如造成民警轻微伤或者警用装备严重毁损的,造成他人伤亡、公私财产损失,或者造成犯罪嫌疑人脱逃、毁灭证据等严重后果等。以本案为例,刘士奎咬民警的行为只发生在回头那一瞬间,不存在长时间撕咬或下口较重的情况,其暴力程度较低。另外,在案的伤情照片看不出有明显咬痕或肿胀,民警被诊断为软组织损伤,受伤程度较低,尚不构成轻微伤。因此,刘士奎的行为不属于暴力袭击正在执行职务的警察。

【案例点评】

本案典型意义在于通过分析“暴力袭警”条款的立法背景、相关规定及司法实践,明确了认定“暴力袭警”的三大标准,厘清了“暴力袭警”行为与一般妨害公务行为的区别。本案对于统一司法实践中该条款的不同理解与适用,具有典型意义,树立了可借鉴的裁判思路。

【裁判心得】

2015 年 8 月 29 日《刑法修正案(九)》在妨害公务罪中增设了“暴力袭警”条款。我们通过审理辖区法院移送上诉抗诉的妨害公务案件,发现在司法实践中如何理解和适用“暴力袭警”条款,还需进一步厘清和明确。我们企图以个案为契机,追溯“暴力袭警”条款的立法背景,全面梳理分析相关规定的内容,结合司法实践的情况,明确和统一“暴力袭警”的认定标准,增强类案裁判的统一性。

郭玉红、周飞彬、郭爱华非法拘禁案

张　鹏*　申政伟**

关键词

犯罪工具　比例原则　供犯罪所用　通信工具

裁判要旨

1. 在刑事案件审理过程中,基于某类案件特殊情况,法官会在判项中将犯罪分子犯罪时所使用的工具予以没收,如何认定犯罪工具,需要根据案件的具体情况综合把握。

2. 通信工具既是生活用品,也是某些共同犯罪案件中犯罪分子之间的联络媒介。在判别该通信工具是否为犯罪所用时,既要考虑与犯罪活动的关联性,又要参考比例原则,将其与一般生活用品相区分。

相关法条

《中华人民共和国刑法》第六十四条。

【当事人基本情况】

上诉人(原审被告人):郭玉红。

原审被告人:周飞彬,曾因犯故意伤害罪,于 2008 年 7 月 25 日被北京市朝阳区人民法院判处有期徒刑四年。

原审被告人:郭爱华。

---

* 张鹏,北京市第一中级人民法院刑一庭法官。

** 申政伟,北京市第一中级人民法院刑一庭法官助理。

【基本案情】

被告人周飞彬、郭爱华、郭玉红于 2017 年 7 月 25 日至 2018 年 2 月 26 日,为索要债务,伙同他人在北京市昌平区天通苑北二区 22 号楼楼下,对管某进行跟随、看管。其间被告人周飞彬多次对管某进行殴打。

【审理结果】

北京市昌平区人民法院于 2018 年 12 月 25 日作出(2018)京 0114 刑初 1091 号刑事判决,判决:一、被告人周飞彬犯非法拘禁罪,判处有期徒刑二年三个月。二、被告人郭爱华犯非法拘禁罪,判处有期徒刑二年。三、被告人郭玉红犯非法拘禁罪,判处有期徒刑一年十个月。四、在案扣押手机六部,予以没收;奔驰牌轿车一辆及奔驰车钥匙一把,退回公安机关处理。判决后,郭玉红向北京市第一中级人民法院提起上诉,北京市第一中级人民法院于 2019 年 3 月 22 日作出(2019)京 01 刑终 122 号刑事判决。判决如下。一、维持北京市昌平区人民法院(2018)京 0114 刑初 1091 号刑事判决第一项、第二项、第三项,即:被告人周飞彬犯非法拘禁罪,判处有期徒刑二年三个月;被告人郭爱华犯非法拘禁罪,判处有期徒刑二年;被告人郭玉红犯非法拘禁罪,判处有期徒刑一年十个月。二、撤销北京市昌平区人民法院(2018)京 0114 刑初 1091 号刑事判决第四项,即:在案扣押手机六部,予以没收;奔驰牌轿车一辆及奔驰车钥匙一把,退回公安机关处理。三、在案扣押六部手机,奔驰牌轿车一辆及奔驰车钥匙一把,退回公安机关处理。

【裁判理由】

法院生效裁判认为:本案二审争议的焦点问题为该案中的赃证物移送清单中所列手机归属及犯罪工具定性。如何明确手机的归属;如果确定归属,又能否认定为犯罪工具。以下分阶段逐一评析。

(一)结合在案相关证据,能够确定手机归属,且与犯罪存在关联

判决没收犯罪工具的法律依据是《刑法》第六十四条有关“违禁品和供犯罪所用的本人财物,应当予以没收”的规定。具体到本案,首先可以明确,基于被告人的供述,公安机关扣押的五部手机确系三名被告人本人所有,是受被告人支配占有的本人财物;其次,三名被告人在对被害人管某进行非法拘禁期间,曾经使用手机互相联系或与管某进行联系,其中,管某还通过手机给被告人郭爱华转账,此外,三名被告人均供述谢志刚、李春伟等人曾建立名为“海淀支队”的微信群,主要用于涉案人员对看管监视管某进行联络沟通。

（二）犯罪工具的故意性、专用性、直接性特征考察

单从上述证据看，涉案五部手机具备“供犯罪所用”和“本人财物”两个特征。但应该明确，并非所有在犯罪过程中使用的犯罪分子本人物品都应作为犯罪工具没收。从理论学说以及以往判例看，认定属于应当没收范围的“供犯罪所用的本人财物”即犯罪工具，一般应当从故意性、专用性（主要性）、直接性（决定性）以及对等性等几方面特征进行考量。具体到本案，一是从专用性或主要性角度看，只有某一物品被专门或主要用于犯罪，才应被视为犯罪工具，如果主要是工作生活所用，只是偶尔被用于犯罪，一般不宜认定为犯罪工具，这一原则在立法中也有相应体现，如最高人民法院、最高人民检察院《关于办理赌博刑事案件具体应用法律若干问题的解释》第八条第二款规定：赌资应当依法予以追缴；赌博用具、赌博违法所得以及赌博犯罪分子所有的专门用于赌博的资金、交通工具、通信工具等，应当依法予以没收。该解释只将专门用于赌博的交通工具、通信工具认定为依法应当没收的犯罪工具，实际上将行为人本人日常使用的仅是偶尔用于赌博犯罪的车辆、手机作排除在犯罪工具范围之外。二是从直接性或决定性角度看，只有某一物品与犯罪行为、犯罪结果具有直接关系，对犯罪结果发生起决定性作用，才应被视为犯罪工具，如果仅是一般性的、间接性的联系，不宜认定为犯罪工具。如行为人通过手机、电脑将被害人约出后对其实施杀人、强奸等行为，一般认为手机、电脑与犯罪行为并非具有直接关联，对犯罪结果发生不起决定性作用，不应认定为犯罪工具。此外，需要强调的是，以上两个特征并非并列关系，一般情况下只要明显具备一个特征就可以认定为犯罪工具，如虽然菜刀是被告人日常生活所用，但如果其持菜刀实施杀人行为，该菜刀虽然不具有专用性特征，但具备明显的直接性决定性特征，应当认定犯罪工具；或者几名被告人为实施犯罪购买了手机等工具进行联系，虽然手机并未直接作用于犯罪行为亦未对犯罪结果发生起决定性作用，但其具备明显的专用性特征，亦可作为犯罪工具加以没收。

综上，可以看出本案手机均是被告人平时日常生活所用，没有证据证明系专门为实施本次犯罪所准备，且本案作为非法拘禁案件，被告人对被害人管某进行看管、监视中虽然使用手机互相联系并且与管某联系，但并非使用手机对管某进行拘禁，手机与非法拘禁行为之间不具有直接关联，对拘禁后果也不具有决定性影响，因此对三名被告人的五部手机，不宜作为犯罪工具判决没收。另外，本案随案移送赃证物清单所列手机数量、型号与公安机关扣押郭玉红、周飞彬、郭爱华手机的相关扣押手续内容不一，根据现有证据不能证明随案移送赃证物清单中的六部手机

均是郭玉红等三人使用的犯罪工具，故一审判决将随案移送赃证物清单所列六部手机均予以没收，属认定事实有误。上诉人郭玉红及原审被告人周飞彬、郭爱华为索取债务非法拘禁他人，其行为均已构成非法拘禁罪，依法应予惩处。周飞彬在非法拘禁期间殴打被害人，应从重处罚；郭玉红、周飞彬、郭爱华到案后能够如实供述基本犯罪事实，可从轻处罚。一审人民法院根据上诉人郭玉红及原审被告人周飞彬、郭爱华犯非法拘禁罪的事实、犯罪的性质、情节及对于社会的危害程度所作出的判决事实清楚，证据确实、充分，定罪及适用法律正确，量刑适当，审判程序合法，唯一审判决对于随案移送赃证物的认定及处理有误，本院依法予以纠正。

【裁判解析】

本案是非法拘禁案件中犯罪手段比较典型的案件，唯一不同点在于犯罪分子在限制被害人人身自由时所采用的工具。经对被告人和被害人手机电子数据提取鉴定发现，在被告人实施非法拘禁期间，被告人相互之间频繁用手机进行联络交流，甚至建立专门微信群对被害人非法拘禁排班。此外，被告人与被害人通讯也非常密切，被告人要求被害人用电话随时发送其外出行程和所在位置，以达到限制被害人人身自由的目的。本案一审法院将被告人所使用的手机认定为犯罪工具予以没收，上诉人针对此判项提出异议，认为其手机为事后购买，不应当作为犯罪工具没收。二审基于认定事实未对手机归属和定性作出裁判，但该案中的手机能否作为犯罪工具予以没收，仍然是学理界和司法实践中的焦点话题，作为司法机关，应从《刑法》第六十四条出发，结合案件具体情况综合判断。

（一）适用《刑法》第六十四条应严格遵循罪刑法定原则

以智能手机在犯罪中的应用为例，手机作为通信工具具有为犯罪提供联络便利的天然优势，在刑事犯罪案件中，手机越来越多地作为证物出现，手机与实施犯罪之间的关联性逐渐强化，手机作为证据载体同时又充当了犯罪工具。以涉毒品犯罪案件为例，毒品犯罪的特点是犯罪手段高度隐秘，毒品交易地点、方式、运输途径、暗号往往都依赖于手机通信。除以电话、短信方式联系，社交软件的沟通便利性更是大大减轻了毒品犯罪的交易成本。在毒品案件侦办过程中，部分案件犯罪分子作案手段单一，买毒人通过手机联系卖毒人，在电话中确定交易地点、时间、克数。一方面，对手机进行电子数据提取能够帮助侦查机关获取犯罪证据；另一方面，手机也被用作犯罪工具。在毒品犯罪案件判决书中，法院一般会将被告人使用的手机进行没收。

本案中的手机被一审裁判没收属于特殊情形，一是因为被告人为共同犯罪，犯罪时间长达半年；二是因为被告人分工具体，为强化联络、限制被害人人身自由而频繁用手机联络。虽然在非法拘禁案件中被告人使用手机的情形并不罕见，但该起案件作为个案，被告人实施犯罪有计划、有分工，手机参与犯罪程度较高，所以讨论手机是否能够作为犯罪工具具有实践意义。

（二）手机作为犯罪工具难以被社会观念所接受

以社会大众的观念为视角，手机是生活用品，其作为通信工具已日益成为人民群众日常消费产品。不同品牌手机虽价格有高低之分，但也是在通讯功能基础上进行额外拓展，在各类社交应用软件的作用下，沟通渠道变得多元化、便捷化。在案件审理过程中，犯罪分子虽然使用手机进行过犯罪活动，但不可否认，其仍然是想借助手机为生活提供便利，鲜有犯罪分子为实施犯罪专门购买手机实施犯罪活动。手机从生活用品转变为犯罪工具并非刻意，而是服从犯罪人的一般犯罪心理，倘若犯罪分子在实施犯罪前没有手机，其依然可以通过借用他人或者自行购买获取手机，手机不同于违禁品，其获取途径相对方便。在临时起意的犯罪中，犯罪分子只是在特定的时间使用了手机，这与专门通过手机多次实施同一类犯罪，或者在长时间犯罪过程中高频率使用手机存在差别，在部分二审案件中，有部分一审被告人因手机被没收提出上诉，其上诉理由均为手机是生活用品、不是犯罪工具。在被告人的思维观念里，其并未对自己所用手机进行专门的功能定位，其只是在实施犯罪的特定时间段自然而然地使用了手机。

（三）引入比例原则仍然不具有可操作性

比例原则为行政法体系所用概念，一般认为，其包含妥当性原则、必要性原则、均衡性原则，这三者各有侧重、层层递进、相互制衡。比例原则引入对犯罪工具的没收中，是指分别依据这三个原则对是否没收进行判定。妥当性原则注重手段和目的对应，即没收手机作为刑法的手段是否能够达到刑法所要达到的目的。刑法的目的是预防和打击犯罪，通过预防犯罪来降低社会风险、维护秩序稳定，通过打击犯罪来惩戒不法分子、修复社会秩序。那么将手机作为犯罪工具进行没收是否能够达到预防和打击犯罪的目的呢？这恐怕要考虑诸多的因素，例如手机的价格。手机的价格参差不齐，犯罪分子所用手机的价格也因个人财力的不同而千差万别。随着手机制造技术的稳定成熟，手机的价格趋于稳定，在居民人均收入逐步提高的前提下，购买手机并不需要很大的财富支出。从手机价格来看，没收手机不能对预防犯罪产生实质性影响，更不能借此让犯罪分子在财产上遭受巨大损失。似乎在妥当性原则上,没收手机的手段很难与刑法的目的相对应。

必要性原则是指在有多种手段可供挑选时,所采取的手段是否造成的损害最小。《刑法》第六十四条一旦适用,则不存在可供挑选的手段余地,能够讨论的只有前提,就是手机能否认定为犯罪工具,或者手机是否有必要认定为犯罪工具。在审判实践中,这个问题容易被忽略,因为手机是否是犯罪工具只受对法条的理解的角度影响,不具有可选择性。

均衡性原则是指,采取的手段是否让对公民权利的损害和所保护的利益保持一定的平衡。在部分案件当中,没收手机涉及在剥夺犯罪分子对其财产的所有权和保护该犯罪所侵害的社会利益之间保持均衡。该问题的核心类似于投入与产出的关系,即对于使用了手机的犯罪案件,没收手机对保护法益所起作用是否恰当。例如非法拘禁案件中,犯罪人实施犯罪往往都在房屋等密闭空间,如果此时房屋所有权人为犯罪人,是否考虑将房屋没收。显然在刑事案件中,不存在这样的思维方式,因为以这种方式推导出的结论,几乎会将所有被用作犯罪的物体都纳入犯罪工具的讨论范畴。手机与房屋的差别不仅在于空间上的度量,还在于对犯罪所产生的影响。

比例原则的核心还是在于标准的制定、比例的调配。而在当下对手机是否为犯罪工具的讨论中,不仅类案会出现比例原则的原则适用,同案中的不同共犯都会出现比例原则的适用问题,法官采取何种比例归根结底还是在于对《刑法》的把握。

综上所述,手机作为信息科技发展的衍生品,必然为打击犯罪带来新的挑战。与此同时,手机的犯罪工具属性也在冲击着立法者和审判者的法律思维,只有从个案出发,以证据为依托,才能对法条有更加准确的理解。

【案例点评】

本案的典型意义在于基于个案证据情况,在还原案件事实的基础上更好地对《刑法》第六十四条进行理解与适用,从故意性、专用性(主要性)、直接性(决定性)以及对等性等多角度出发,明确手机能否被定义为犯罪工具以及在何种情况下被定义为犯罪工具。本案基于司法实践和学术观点对该条文进行把握,提供了可供借鉴的审判思路。

【裁判心得】

刑法的目的在于预防和惩治犯罪,《刑法》第六十四条更是以剥夺犯罪分子财产权作为打击犯罪的手段。由于没有针对《刑法》第六十四条具体适用的司法解释，基于不同区域、不同层级法院所面临的个案特殊情况，法官在适用该条文时难以形成统一裁判尺度。倘若我们能从个案发掘契机，在司法实践基础上，结合法理澄清条文基于案件事实的适用标准，既能增强法条适用性，也能积极回应社会发展中出现的新矛盾。

丁红言、段瑞成、解伟峰虚开增值税专用发票案

鲍 艳[*] 李 悦[**]

关键词

代开发票 虚开增值税专用发票 单位犯罪 罚金

裁判要旨

1."代开型"虚开增值税专用发票的认定,应当注重分析真实交易与开具发票行为之间的关联性,审查交易主体、交易内容和资金流向等,认定售货方(介绍方)、购货方(受票方)以及开票方均具有骗取税款目的的,三方均构成虚开增值税专用发票罪。

2.对于构成单位犯罪的直接责任人员,不能判处罚金刑。

3.真实交易产品涉及免税政策,开票公司为开票支付的税负,不适用免税政策,应当认定为犯罪成本,不应在虚开犯罪数额中扣除。

相关法条

《中华人民共和国刑法》第二百零五条、第二十五条第一款、第三十条、第三十一条。

【当事人基本情况】

上诉人(原审被告人):丁红言、段瑞成。

原审被告人:解伟峰。

---

* 鲍艳,北京市第一中级人民法院刑二庭法官。

** 李悦,北京市第一中级人民法院刑二庭法官助理。

【基本案情】

2016 年 10 月至 12 月,被告人丁红言在与被告人解伟峰所在的河北三伟纺织有限公司(以下简称三伟公司)没有真实货物交易的情况下,经被告人段瑞成等人介绍,以北京美虹卓盛纺织品有限公司(以下简称美虹公司)的名义为三伟公司虚开增值税专用发票 40 份,价税合计 425 万元,税款 617 521.4 元。后三伟公司将上述发票全部用于抵扣税款。2017 年 7 月 20 日,该公司补缴税款及滞纳金共计人民币 680 618.89 元。

2016 年 6 月至 7 月,被告人丁红言在与天津盛宇达地毯有限公司(以下简称盛宇达公司)没有真实货物交易的情况下,经他人介绍,以美虹公司的名义为盛宇达公司虚开增值税专用发票 10 张,价税合计 105 万元,税款共计 152 564.1 元。后盛宇达公司将上述发票全部用于抵扣税款。

2016 年 11 月至 12 月,被告人丁红言在与天津市全利源地毯有限公司(以下简称全利源公司)没有真实货物交易的情况下,经他人介绍,以美虹公司的名义为全利源公司虚开增值税专用发票 11 张,价税合计 121 万元,税款共计 175 812.01元。后全利源公司将上述发票全部用于抵扣税款。

【审理结果】

北京市昌平区人民法院于 2019 年 2 月 28 日作出(2018)京 0114 刑初 342 号刑事判决:一、被告人丁红言犯虚开增值税专用发票罪,判处有期徒刑五年,罚金人民币二十万元。二、被告人解伟峰犯虚开增值税专用发票罪,判处有期徒刑二年,罚金人民币五万元。三、被告人段瑞成犯虚开增值税专用发票罪,判处有期徒刑二年,罚金人民币五万元。四、在案扣押物品,依法予以没收。判决后,丁红言、段瑞成向北京市第一中级人民法院提起上诉。北京市第一中级人民法院于 2019 年 5 月 31 日作出(2019)京 01 刑终 275 号刑事判决,判决:一、维持北京市昌平区人民法院(2018)京 0114 刑初 342 号刑事判决的第一、三、四项,即被告人丁红言犯虚开增值税专用发票罪,判处有期徒刑五年,罚金人民币二十万元。被告人段瑞成犯虚开增值税专用发票罪,判处有期徒刑二年,罚金人民币五万元。在案扣押物品,依法予以没收。二、撤销北京市昌平区人民法院(2018)京 0114 刑初 342 号刑事判决的第二项,即原审被告人解伟峰犯虚开增值税专用发票罪,判处有期徒刑二年,罚金人民币五万元。三、原审被告人解伟峰犯虚开增值税专用发票罪,判处有期徒刑二年。

【裁判理由】

法院生效裁判认为:对于上诉人丁红言、段瑞成及其辩护人所提三伟公司与富伟公司具有真实交易,美虹公司为三伟公司开具增值税专用发票存在交易基础,且富伟公司向三伟公司所供货物源于美虹公司,故不构成虚开增值税专用发票犯罪的上诉理由及辩护意见,经查:在案证据显示,美虹公司与富伟公司并无业务往来,甚至美虹公司本身亦无任何真实业务,三伟公司所购商品与美虹公司无关。即使美虹公司作为货源方向富伟公司的上游公司供货,丁红言、段瑞成、解伟峰的供述及在案证据均显示,美虹公司与三伟公司并未直接发生交易。在富伟公司与三伟公司的真实交易中,美虹公司作为与该交易无关的第三方,其为富伟公司代为开具增值税专用发票,即违反了《发票管理办法》、国家税务总局《关于纳税人对外开具增值税专用发票有关问题的公告》等规定,属于典型的虚开增值税专用发票行为。故对上述上诉理由及辩护意见,本院均不予采纳。

对于上诉人段瑞成的辩护人提出的段瑞成为了完成自身开票义务而不得以找美虹公司为三伟公司开票的辩护意见,经查:根据国家税务总局《关于印发〈税务机关代开增值税专用发票管理办法(试行)〉的通知》、国家税务总局《关于加强税务机关代开增值税专用发票管理问题的通知》等规定,已办理税务登记的小规模纳税人(包括个体经营者)以及国家税务总局确定的其他可予代开增值税专用发票的纳税人,提出代开增值税专用发票的申请,主管税务机关为其代开增值税专用发票的业务。据此,段瑞成在富伟公司需要开具增值税专用发票时,是有合法途径实现的,并不必须寻求其他公司代开。据此,上述辩护意见,并无事实及法律依据,本院不予采纳。

对于上诉人丁红言及其辩护人所提本案认定虚开增值税发票税款数额有误的上诉理由及辩护意见,经查:在案证据显示,丁红言安排美虹公司为三伟公司、盛宇达公司、全利源公司虚开发票,票面价税合计分别为425万元、105万元、121万元,其中均包含17%税款,该税额即虚开的税款数额;在认定骗取税款数额方面,根据增值税专用发票的属性,只有在纳税公司已经实际负担税款的前提下,才能在销售货物时使用增值税专用发票予以抵扣。本案中,三受票公司并未缴付上述税款,却通过让美虹公司代为开具增值税票这一不正当途径取得抵扣凭证并实际抵扣,其实际抵扣的金额即所骗取税款额。丁红言、段瑞成分别作为开票方、介绍人,对该数额共同承担责任。丁红言作为开票方,其运营公司及开具发票所承担的税负等费用,应认定为其犯罪成本,不应在犯罪中予以扣除。此外,美虹公司并无实际经营活动,无从适用农产品增值税进项税额核定扣除政策。综上,一审判决所认定的犯罪数额与涉案增值税专用发票上载明的税款数额、受票公司实际抵扣及造成国家税款损失的数额均一致,认定并无不当,故对上述辩护意见,本院不予采纳。

因原审被告人解伟峰作为单位的直接责任人员,让他人为本单位虚开增值税专用发票,骗取国家税款数额较大,其行为构成虚开增值税专用发票罪。一审对解伟峰判处罚金刑有误,系适用法律错误,二审予以改判。

【裁判解析】

本案争议的焦点问题为“代开型”虚开增值税专用发票行为,表面上具有真实交易形态,是否构成虚开增值税专用发票罪;作为单位犯罪的主要负责人对单位犯罪承担刑事责任,是否要被判处罚金刑;本案以农产品交易名义虚开增值税发票,在犯罪数额的计算中是否考虑农产品的减税政策。以下逐一进行评析。

(一)合法开具增值税专用发票行为仅存在于真实交易双方

“代开型”虚开增值税专用发票行为,表面上具有真实交易与开具发票两个行为,但从交易主体、交易内容、钱款流向看,合法代开发票主体仅为国家税务机关,“代开型”虚开增值税专用发票行为不属于合法的代开发票行为,亦不符合挂靠类开具发票形式,真实交易与开具发票两行为系独立的行为,不具有必然关联性,且开具发票行为不存在真实交易,属于典型的虚开增值税专用发票行为。具体分析如下:

第一,按照国家税务总局《关于纳税人对外开具增值税专用发票有关问题的公告》(2014 年第 39 号)的精神,开具增值税专用发票的行为必须符合三个要求:首先,纳税人向受票方纳税人销售了货物,或者提供了增值税应税劳务、应税服务;其次,纳税人向受票方纳税人收取了所销售货物、所提供应税劳务或者应税服务的款项,或者取得了索取销售款凭据;最后,纳税人按规定向受票方纳税人开具的增值税专用发票相关内容与所销售货物、所提供应税劳务或者应税服务相符,且该增值税专用发票是纳税人合法取得、并以自己名义开具的。按照该公告的精神,本案中三伟公司向富伟公司购买棉纱,只能由富伟公司向其开具增值税专用发票,内容、金额均应与实际相符。

第二,从《发票管理办法》等行政法规上来看,“代开”本身不具有合法性。《发票管理办法》规定,任何单位和个人不得转借、转让、代开发票。三伟公司向富伟公司购买棉纱,只能由富伟公司向其开具增值税专用发票,但富伟公司让未参与该交易的美虹公司开票,即属于代开行为,代开行为违反《发票管理办法》。

第三,对于无开具增值税专用发票资质的企业,通过主管税务机关代开增值税专用发票为法定途径。根据国家税务总局《关于印发〈税务机关代开增值税专用发票管理办法(试行)〉的通知》、国家税务总局《关于加强税务机关代开增值税专用发票管理问题的通知》等规定,已办理税务登记的小规模纳税人(包括个体经营者)以及国家税务总局确定的其他可予代开增值税专用发票的纳税人,提出代开增值税专用发票的申请,主管税务机关为其提供代开增值税专用发票的业务。本案中,段瑞成控制的富伟公司虽无开具增值税专用发票资格,但其可通过主管税务机关合法代开发票,段瑞成辩称其为完成交易中的开票义务而不得不找其他公司为三伟公司开票的辩解无法律依据。

第四,2018 年 12 月 4 日,最高院对外发布保护产权和企业家合法权益典型案例,其中张某强虚开增值税专用发票案明确以其他单位名义对外签订销售合同,由该单位收取货款,开具增值税专用发票,不具有骗取国家税款目的,未造成国家税款损失,该行为不构成虚开增值税专用发票罪。通过分析判决书发现,其所指征的代开情形为:在挂靠前提下进行的代开并未造成国家税款损失,而且开票人和购销合同签订方是一致的,并未认定具有骗取国家税款目的,故不认定为犯罪。本案中,富伟公司与美虹公司并无挂靠关系,富伟公司并非以美虹公司的名义与三伟公司开展交易,一旦产品出现问题,相关责任与美虹公司亦无关系。虽然辩方辩称产品系由美虹公司实际供应,但事实上,从在案证据来看,美虹公司与富伟公司并无真实业务往来,因此,不能认定美虹公司与涉案真实交易有关联,其为富伟公司代开发票,已经违反发票相关法律规定。

综上,从行政法规、最高院发布的相关案例看,合法开具增值税专用发票行为仅存在于真实交易双方,即便是挂靠代开发票行为,合同交易、开具发票的双方主体也应保持一致,挂靠方的相关责任均由开票方承担,对于无开具发票资质的交易主体可以通过主管税务机关开具发票。

本案中,段瑞成控制的富伟公司与解伟峰控制的三伟公司之间具有真实交易,富伟公司无开具增值税专用发票的资质,段瑞成介绍丁红言给解伟峰代开增值税发票的行为,表面上看符合"代开"发票的行为模式。但从真实交易和开具发票两个行为进行分析,发现两者之间不具有直接的关联性,三方均具有骗取税款的目的。第一,从交易主体看,真实交易发生在段瑞成控制的富伟公司与解伟峰控制的三伟公司之间,开票行为发生在经段成瑞介绍的丁红言控制的美虹公司与三伟公司之间。第二,从交易内容看,真实交易的合同价款中不含税款部分,且段瑞成从上家购货的交易价格亦不含税款部分。第三,从资金流向上看,美虹公司与三伟公司之间的钱款流转,与富伟公司之间无关。故真实交易与开具发票行为的交易主体、交易内容、资金流向等均证明两个“交易”行为之间不具有关联性,系相互独立的行为,且后者并无实际货物交易,只有资金流和发票流,属于典型的虚开增值税专用发票行为,解伟峰要求开票的行为系为了抵扣税款,三方亦明知抵扣税款的目的,三方均构成虚开增值税专用发票罪。

(二)购买方(受票方)构成单位犯罪,不能判处直接责任人罚金刑

根据《刑法》第二百零五条第二款之规定,单位犯虚开增值税专用发票罪,对单位判处罚金,对直接责任人员仅判处自由刑,不适用财产刑。本案中,购货方(受票方)三伟公司向售货方富伟公司购买面纱,富伟公司的负责人段瑞成介绍开票方美虹公司为三伟公司开具增值税专用发票。无真实交易的受票方为三伟公司,且三伟公司具有真实的经营业务,税款抵扣的收益也归属于三伟公司,其行为符合单位犯罪的构成要件,对其直接责任人解伟峰的量刑不应适用财产刑。一审公诉机关未起诉三伟公司,仅起诉解伟峰,可以按照《刑事诉讼法》的规定直接按照单位犯罪对解伟峰定罪,一审法院判处解伟峰并罚五万元罚金,违反了《刑法》的规定,属适用法律错误、量刑不当,应予改判。

(三)真实交易产品涉及免税政策,开票公司为开票支付的税负,不能适用免税政策,应当认定为犯罪成本,不应在虚开犯罪数额中予以扣除

本案三起虚开犯罪的指控及一审认定的税额均为货款的17%,与虚开发票所记载的税额一致。对此,辩方提出本案税款损失计算有误,因涉及的是免税农产品,故在计算税额时应首先使用17%的销项税减去13%的进项税,故仅有差额的4%为虚开税额。本案中,三伟公司与美虹公司并无真实交易,涉案发票均为虚开,不涉及需要抵扣的进项税,但三伟公司却因虚开发票行为获得17%的进项税抵扣资格并实际抵扣,其实际抵扣的金额即为所骗取税款额,相关损失应由开票方、受票方、中间介绍人等共犯共同承担责任。而且,美虹公司开票环节已经不同于美虹公司从农民手中取得初始农副产品,不再具有减免税款的情形。故美虹公司为开票而支付的税负,应当为其犯罪成本,不应在虚开犯罪中扣除。

【案例点评】

本案典型意义在于以个案为契机,归纳梳理了“代开型”虚开增值税专用发票行为的特点,综合审查行为的交易主体、交易内容和资金流向等行为特征,将表面

看似合法的“代开型”虚开增值税专用发票行为与合法的开具增值税专用发票行为区分开,明确“代开型”虚开增值税专用发票罪的认定标准。本案对于司法实践中此类犯罪的审理,提供了可供借鉴的裁判思路。

【裁判心得】

“代开型”虚开增值税专用发票行为表面上看是以真实交易为基础,综合审查开具发票行为与真实交易行为之间的关联性、交易主体、交易内容和资金流向,开具发票行为的介绍方(售货方)、开票方、受票方(购货方)均明知开票系为了抵扣税款,具有骗取税款的目的,均构成虚开增值税专用发票罪。本案总结了“代开型”虚开增值税专用发票行为的审判经验,为此类虚开增值税专用发票罪的审理提供了思路,对司法审判实践具有类案参考价值。

王建成盗窃、信用卡诈骗案

孙　燕[*]　张雪洋[**]

关键词

盗骗交织　盗刷　网络借贷

裁判要旨

私自使用他人网络借贷产品借款后转款行为应当直接视为对他人财产权益的侵害，该财产转移过程他人并不知情，亦无交付意愿，应认定为盗窃罪。

相关法条

《中华人民共和国刑法》第二百六十四条、第二百六十六条、第一百九十三条。

【当事人基本情况】

上诉人（原审被告人）：王建成。

【基本案情】

检察院指控：一、2017 年 10 月 3 日凌晨 2 时许，被告人王建成在北京市海淀区清河强佑新城西区 2 期 12 楼 3 单元 1001，趁被害人逯建萌熟睡之际利用逯建萌支付宝借呗借款人民币 26 604 元，后转入王建成支付宝账户内。二、10 月 6 日凌晨 1 时许，被告人王建成在深圳市香格里拉大酒店，趁被害人逯建萌熟睡之际利用逯建萌支付宝借呗借款人民币 3403 元，后转入王建成支付宝账户；利用逯建萌京东金条借款人民币 20 000 元，打入被害人工商银行信用卡中，后通过支付宝转入王建成账户内。上述钱款共计人民币 50 007 元。三、2017 年 10 月 6 日 2 时许，被告人

* 孙燕，北京市第一中级人民法院刑二庭法官。

** 张雪洋，北京市第一中级人民法院刑二庭法官助理。

王建成冒用被害人的招商银行信用卡借款 10 000 元,转入被害人支付宝,后通过支付宝将钱款转入王建成账号内。

被告人王建成对检察院指控的事实和罪名提出异议,辩称钱不是其偷转的,是逯建萌主动给其的,其事后退给过她两次钱共计 1 万余元。辩护人发表辩护意见认为在案证据不足以证明转账行为是被告人所为,被告人与被害人系男女朋友关系,被害人给被告人钱是两人的共同开销,被告人不构成犯罪。

法院经审理查明:一、2017 年 10 月 3 日凌晨 2 时许,被告人王建成在北京市海淀区清河强佑新城西区 2 期 12 楼 3 单元 1001,趁被害人逯建萌熟睡之际利用逯建萌支付宝借呗借款人民币 26 604 元,后转入王建成支付宝账户内。二、10 月 6 日凌晨 1 时许,被告人王建成在深圳市香格里拉大酒店,趁被害人逯建萌熟睡之际利用逯建萌支付宝借呗借款人民币 3403 元,后转入王建成支付宝账户;利用京东金条借款人民币 2 万元,打入被害人工商银行信用卡中,后通过支付宝转入王建成账户内。上述钱款共计人民币 50 007 元。三、2017 年 10 月 6 日 2 时许,被告人王建成冒用被害人的招商银行信用卡借款 1 万元,转入被害人支付宝,后通过支付宝将钱款转入王建成账号内。

【审理结果】

北京市海淀区人民法院于 2018 年 12 月 14 日作出(2018)京 0108 刑初 948 号刑事判决:一、被告人王建成犯盗窃罪,判处有期徒刑二年六个月,罚金人民币二万元;犯信用卡诈骗罪,判处有期徒刑十个月,罚金人民币二万元,决定执行有期徒刑三年,罚金人民币四万元。二、责令被告人王建成退赔被害人逯建萌人民币六万零七元。宣判后,被告人王建成向北京市第一中级人民法院提起上诉。北京市第一中级人民法院于 2019 年 3 月 7 日作出(2019)京 01 刑终 160 号刑事裁定:驳回上诉,维持原判。

【裁判理由】

法院生效裁判认为:本案中支付宝借呗、京东金条等产品中的借款行为虽系由被告人王建成实施,但基于"信用贷款"的产品性质、结构,在被害人逯建萌已经完成前期注册、验证后,支付宝平台、京东平台在用户注册时已经对用户的身份、银行卡信息等资料进行了审核、验证,确定用户本人无误后会授权用户使用平台产品及享受平台服务,此授权完成后平台和用户之间便建立了一种快捷服务通道,此后用户账户在使用平台进行转账、理财、借贷等服务时,平台无义务对用户身份进行核验,无须核实借款行为是否系被害人本人做出,可依照被告人账户指令直接放款,还款义务即告成立并由被害人负担,故支付宝平台等并非本案被害人。被害人逯建萌有妥善保管平台账户、密码的义务，若因用户保管不当导致他人登录用户账户以用户名义进行操作产生的损失应由用户本人承担责任，因此本案受害者应为第三方支付平台用户逯建萌。王建成私自借款后转款行为应直接视为对被害人逯建萌财产权益的侵害，该财产转移过程被害人并不知情，亦无交付意愿，故应以盗窃罪论处。

【裁判解析】

蚂蚁借呗、京东金条等网络借贷产品因其操作简单、审核快捷、放款迅速，深受广大年轻人的喜爱，但如本案所示，盗刷他人蚂蚁借呗、京东金条等网络借贷产品的行为也时有发生。目前，司法实践中对于盗刷他人支付宝等第三方支付软件的行为已达成较为统一的意见，即通过重置手机支付宝密码等方式控制他人支付宝账户后使用他人支付宝余额或者使用绑定的他人银行卡应该构成盗窃罪，而非诈骗罪。但是由于蚂蚁借呗、京东金条等网络借贷产品的金融性质目前没有明确界定，盗刷此类网络借贷产品的行为是否可能涉及贷款诈骗在司法实务中没有统一标准，因此本文拟通过本案对盗刷他人网络借贷产品的行为进行定性分析，希望对统一此类犯罪的认定标准有所帮助。

（一）关于网络借贷产品的金融性质

蚂蚁借呗、京东金条是第三方支付平台支付宝和网络购物平台京东推出的两款用于个人消费的网络借款服务产品，借款按日计息，随借随还，因其具有贷款性质，目前司法实践中已有将网络借贷产品的运营公司认定为金融机构进而将此类盗刷行为认定为贷款诈骗罪的判例。但这一罪名认定也引发了很多争议，贷款诈骗罪的客体是银行或者其他金融机构，此类盗刷行为是否涉及贷款诈骗犯罪，关键是蚂蚁借呗、京东金条所属企业法人是否属于金融机构范畴。在案证据显示，蚂蚁借呗所属企业法人为蚂蚁借呗（深圳）投资有限公司，京东金条所属企业法人为北京京东金融科技控股有限公司。目前，通用的金融机构定义为银行、证券、保险、信托、基金等单位，中国人民银行发布的《金融机构编码规范》也再次明确了中国金融机构的涵盖范围，没有将上述二公司列入金融机构范围。根据在国家企业信用信息公示网查到的上述两家公司的经营范围，目前将其列为金融机构还有争议，为了防止金融机构范围扩大化，两家公司虽具有金融机构的某些特征，目前来说还是不具备认定为金融机构的条件。因此此类盗刷行为不宜认定为贷款诈骗罪。

（二）盗刷他人网络借贷产品行为定性分析

本案中，王建成趁被害人逯建萌不备，使用逯建萌的蚂蚁借呗、京东金条以逯建萌的名义进行多笔网络借贷后将借来的钱转入自己的支付宝内，因蚂蚁借呗、京东金条的借贷性质，此行为属于典型的盗刷他人网络借贷产品犯罪。因本案涉及的两款网络借贷产品在法人金融性质、功能、操作等方面类似，以下分析均以蚂蚁借呗及其关联的第三方支付平台支付宝展开。

前面否认了网络借贷产品所属企业法人的金融机构属性，那么认定盗刷他人网络借贷产品行为定性的关键就是判断案件的被害人。目前，司法实务中一些判例将此类行为的被害人认定为支付宝平台，将此类行为认定为诈骗罪，理由是行为人使用他人支付宝账户，虚构了其为支付宝用户本人或者得到本人授权的事实，从而让支付宝产生了转账行为是用户本人的意思表示的错误认识，进而进行了错误的转账行为。此观点比照了冒用他人身份在 ATM 机上使用他人信用卡应当认定为信用卡诈骗罪的规定，该规定认为 ATM 机和所属银行可以被骗，此观点因而也将第三方支付平台认定为可以被骗的客体。但是需要注意的是，上述规定是基于对银行金融秩序的特殊保护才认定 ATM 机和所属银行可以被骗，可以看作一个特例，其他智能程序、机器不能当然比照此规定也认定为可以被骗，因为智能程序、机器不可能存在是否产生错误认识的问题，成立诈骗罪还是应以欺骗自然人为前提。因此，此类盗刷行为不应认定为诈骗罪，而是应当认定为盗窃罪，第三方支付平台用户才是此类盗刷行为的被害人。因为第三方支付平台在用户注册时已经对用户的身份、银行卡信息等资料进行了审核、验证，确定用户本人无误后会授权用户使用平台产品及享受平台服务。此授权完成后，平台和用户之间便建立了一种快捷服务通道，此后用户账户在使用平台进行转账、理财、借贷等服务时，平台无义务对用户身份进行核验，即此后，用户在平台上的操作行为均被默认为用户本人行为。此种快捷服务模式已经广为交易双方接受，且在金融监管部门认可，民事、行政领域均免责的前提下，刑事对此应保持谦抑，不应要求第三方支付平台附加后续操作行为的审核义务。[①] 因此，第三方支付平台上的网络借贷产品接收用户借款指令后没有审核即放款的行为系正常提供服务，没有产生认识错误，因此此类盗刷行为损害的是第三方支付平台用户的财产权利。用户有妥善保管平台账户、密码的义务，若因用户保管不当导致他人登录用户账户以用户名义进行操作，产生的损失应由用户本人承担责任。因此受害者应为第三方支付平台用户，此类盗刷行为应当认定为盗窃罪。

---

① 李立峰、唐慧、徐旭：《获取他人密码通过第三方平台转账如何定性》，载《检察日报》2019 年 2 月 19 日，第 3 版。

就本案而言,蚂蚁借呗、京东金条中产生的借款行为虽系由王建成实施,但基于这些产品的性质、结构,在被害人逯建萌已经完成前期注册、验证后,支付宝平台、京东平台方无须核实涉案借款行为是否系被害人本人做出,可依照被告人指令直接放款,还款义务即告成立并由被害人负担。故支付宝平台等并非本案被害人,王建成私自借款后转款行为应直接视为对被害人逯建萌财产权益的侵害,该财产转移过程被害人并不知情,亦无交付意愿,故应认定为盗窃罪。

(三)本案例的指导意义

互联网时代,淘宝、京东等网络购物平台的兴起大有取代实体店之势,极大地便利了人们的生活。借助网购的星火燎原之势,支付宝、微信支付、京东支付等第三方支付平台在人们的日常生活中也越来越普及,蚂蚁花呗、借呗,京东白条、金条等网络借贷产品也应运而生。但是诸多网络借贷产品在便捷人们生活的同时,也引发了很多新型犯罪,"盗骗交织"是此类新型犯罪的重要特点。本案通过对盗刷网络借贷产品这类新型犯罪行为进行定性分析,希望能够对统一此类新型盗刷犯罪的认定标准、规范定罪依据起到支持和帮助的作用。

【案例点评】

本案典型意义在于对盗刷网络借贷产品这种新型"盗骗交织"犯罪进行了定性分析。首先明确了蚂蚁借呗、京东金条这类网络借贷产品的所属企业是否应当认定为金融机构,进而否认该类行为应当认定为贷款诈骗犯罪。然后对此类犯罪涉及的"盗骗交织"行为进行深度分析,认为蚂蚁借呗、京东金条等智能程序不能产生错误认识,成立诈骗罪应以欺骗自然人为前提,因此盗刷网络借贷产品的行为应当构成盗窃罪。本案为司法实践中统一盗刷网络借贷产品犯罪的定性提供了定罪标准,对"盗骗交织"行为的认定提供了可借鉴的裁判思路。

【裁判心得】

近些年来,由于网络支付的发展,网络借贷产品得到广泛普及,盗刷网络借贷产品的犯罪行为也在日益增多,此类行为涉及"盗骗交织"的问题,即对欺骗与窃取两种行为方式兼而有之的情况如何定性,目前在司法实践中认定标准不统一,相似案件裁判结果也不同。对于此类行为的认定,首先应当区分诈骗罪与盗窃罪的行为方式,其次要准确认定被害人,尤其是应将智能程序与 ATM 机的特例相互区别,以本案为契机,进而统一此类案件的认定标准。

民 事 篇

西元公司诉杨桐等商品房预售合同纠纷案

王爱红[*]　刘　瑾[**]

关键词

解除的前提　合同关系交织　释明

裁判要旨

1. 判断合同是否满足解除条件之前,需提前核查合同权利义务是否已经履行完毕,合同是否消灭。

2. 对商品房预售合同和个人银行借款合同、保证合同存在交织的案件,需厘清不同合同项下的权利义务,对于不同合同项下的违约条款和违约责任分别处理。

3. 对一方诉求解除合同,一方辩称继续履行的案件,法院在审理中如果认为最终解除合同的可能性较大,则应当积极发挥法院的主观能动性,对于合同解除的后果以及当事人是否需要变更诉求或者提出反诉等情形进行相应释明,引导当事人尽量一次性解决纠纷。

相关法条

《中华人民共和国合同法》第六十条、第九十三条、第九十六条、第九十七条、第一百零七条、第一百一十四条。

【当事人基本情况】

上诉人(一审原告):中电建西元(北京)房地产开发有限公司(以下简称西元

* 王爱红,北京市第一中级人民法院民一庭法官。

** 刘瑾,北京市第一中级人民法院民一庭法官助理。

公司)。

被上诉人(一审被告):杨桐。

【基本案情】

西元公司向一审法院起诉请求:(1)西元公司与杨桐签订的《商品房预售合同》自 2018 年 6 月 18 日解除;(2)杨桐配合西元公司办理网签注销手续;(3)杨桐承担西元公司支付的全部诉讼费用(财产保全费 5000 元、案件受理费以实际发生为准);(4)杨桐向西元公司支付违约金 729 764.3 元;(5)杨桐承担西元公司支付的律师费 21 200 元;(6)杨桐偿还西元公司向中国建设银行北京分行代偿拖欠本息 4 840 990.84 元;并自西元公司代偿之日 2017 年 12 月 20 日起,按每日代偿金额万分之三的标准向西元公司支付违约金(利息)直至实际偿还之日;(7)杨桐承担西元公司支付的销售佣金 23 028.04 元;(8)确认西元公司有权将上述第 3、4、5、6、7 项费用(合计 6 212 955.68 元)从杨桐已付购房款中扣除。

一审法院认定事实:2016 年 9 月 23 日,西元公司与杨桐签订《北京市商品房预售合同》,约定西元公司将 201 房屋售予杨桐;总价 7 297 643 元。合同附件五约定:付款方式为商业按揭贷款,在签订合同当日杨桐应按照合同总价款的 30% 支付首期房款 2 197 643 元,其中包含履约定金 22 万元,杨桐已于 2016 年 9 月 2 日支付上述款项,剩余 510 万元按照银行按揭贷款方式支付。

2016 年 11 月 3 日,西元公司与杨桐签订了《关于增加首付款的补充协议》,约定:杨桐将该商品房的首付款增加至 2 297 643 元,余款 500 万元由杨桐以商业贷款方式支付。合同附件十补充协议第十一条第 2 条规定:无论因何原因,若买受人未按期向按揭贷款银行偿还到期贷款本息,导致出卖人承担保证责任代买受人向银行偿还已到期贷款本息及罚息的,则买受人应在出卖人向其发出缴款通知书后 7 日内将出卖人代为支付的全部款项支付给出卖人,并从出卖人代其还款之日起,按出卖人支付金额每日万分之叁的标准向出卖人支付违约金。第十一条第 3 条规定:如因买受人原因导致按揭贷款银行解除或终止与买受人之间的借款合同,则买受人应在出卖人按银行要求承担担保责任、代偿买受人所欠银行贷款后 3 日内,向出卖人支付全部代偿款项,期限届满仍未支付的,则双方就该商品房所签订的预售合同在当日解除。第十四条第 1 条规定:出卖人和买受人任何一方根据预售合同或本补充协议的规定行使解除权时,预售合同和本补充协议自书面解约通知到达对方后即视为解除,违约方应当根据预售合同、本补充协议及双方签署的其他文件的要求承担违约责任。第十四条第 2 条规定:若因买受人原因引起司法诉讼或仲裁致使房款被冻结或房屋被查封的，出卖人有权单方解除合同；出卖人选择解除合同的，买受人应自收到出卖人发出的《解约通知》后10日内，按照出卖人通知的时间、地点办理解约手续，同时买受人应向出卖人支付该商品房总价款10%的违约金。第十四条第6条规定：预售合同和本补充协议解除或视为解除后，违约方应承担另一方因此而受到的税费损失。第十四条第7条规定：预售合同解除时，买受人已经接收该商品房的，则买受人须在合同解除后5日内将该商品房腾空，恢复原状后交还给出卖人，自出卖人将该商品房交付或视为交付给买受人之日起至买受人将该商品房交还给出卖人之日止，买受人需按日向出卖人支付相当于该商品房总价款万分之三的房屋使用费，并自行承担物业费、供暖费、水电费在内的全部费用。杨桐向西元公司支付了定金及首付款共计2 297 643元。

后杨桐作为借款人和抵押人，中国建设银行北京分行（以下简称建行北京分行）作为贷款人，西元公司作为保证人共同签署了《个人住房（商业用房）借款合同》，借款本金500万元；借款期限为168个月。该合同约定保证人在本合同项下提供的保证为连带责任保证。合同的部分条款如下："16.1 借款人违约情形：16.1.1 借款人不按本合同约定按时足额偿还借款本息或其他应付款项……""16.2 可能危及贷款人债权的情形：16.2.1 借款人或其财产合法继承人受到行政或刑事处罚、卷入或即将卷入重大的诉讼或仲裁程序及其他法律纠纷，贷款人认为可能或已经对其偿债能力造成不利影响的……""17.1 贷款人救济措施：出现上述任一违约情形或可能危及贷款人债权的情形，贷款人有权行使下述一项或几项权利：1. 停止发放本合同项下的借款；2. 宣布贷款立即到期，要求借款人立即清偿借款本息及相关费用；3. 解除与借款人的借贷关系。"2016年11月16日，建行北京分行向西元公司支付贷款500万元。

杨桐于2017年3~6月约定的月初1日均未足额偿还贷款。2017年12月15日，建行北京分行要求西元公司督促杨桐还款或承担连带保证责任。西元公司于2017年12月20日向建行北京分行汇入4 840 990.84元，并于2018年6月14日向杨桐发出《限期还款通知》，要求杨桐于收到本函之日起3日内偿还西元公司为其垫付的款项4 840 990.84元，并要求其按照每日4 840 990.84元*0.3‰的标准支付自2017年12月20日起至实际清偿之日的违约金。经查询，该催收函于2018年6月15日由快递柜签收。

201号房屋已办理商品房预售合同登记备案手续，买受人为杨桐，尚未办理转移登记及抵押登记。因杨桐未履行另案生效判决确定的义务而被申请强制执行，执行法院于 2017 年 11 月 9 日查封 201 房屋。

2017 年 12 月 13 日,杨桐领取了西元公司起诉书副本等材料,起诉书副本中记载有西元公司要求解除买卖合同及支付违约金等诉讼请求。

审理中,西元公司申请对杨桐已办理商品房预售合同登记备案手续的 201 房屋进行查封并提供了担保。法院于 2017 年 12 月 12 日预查封 201 号房屋。

【审理结果】

北京市门头沟区人民法院于 2019 年 4 月 1 日作出(2017)京 0109 民初 6295 号民事判决:一、确认《北京市商品房预售合同》自 2017 年 12 月 13 日起解除。二、杨桐于本判决生效之日起七日内以 4 840 990.94 元为本金,按照中国人民银行同期贷款利率支付西元公司 2017 年 12 月 20 日至 2018 年 12 月 20 日的违约损失。三、驳回西元公司的其他诉讼请求。判决后,西元公司向北京市第一中级人民法院提起上诉。北京市第一中级人民法院于 2019 年 6 月 27 日作出(2019)京 01 民终 5368 号民事判决,判决:一、维持北京市门头沟区人民法院(2017)京 0109 民初 6295 号民事判决第一项;二、撤销北京市门头沟区人民法院(2017)京 0109 民初 6295 号民事判决第二项、第三项;三、杨桐于本判决生效之日起七日内配合西元公司办理《北京市商品房预售合同(住宅类)》解除备案手续;四、杨桐于本判决生效之日起七日内向西元公司支付代偿贷款本息 4 840 990.84 元,并以 4 840 990.84 元为基数,按照中国人民银行同期贷款利率标准向西元公司支付自 2017 年 12 月 20 日起至实际付清之日止的违约金;五、杨桐于本判决生效之日起七日内向西元公司支付违约金 10 万元;六、驳回西元公司的其他诉讼请求。

【裁判理由】

法院生效裁判认为:本案二审的争议焦点问题如下。(1)杨桐是否应当向西元公司支付代偿款项;(2)杨桐就西元公司为其代偿款项是否应当支付违约金;(3)杨桐就其违约行为导致《北京市商品房预售合同》解除应当承担何种违约责任。以下逐一进行评析。

合同履行过程中,杨桐因与案外人存在民间借贷纠纷导致诉争房屋被法院查封。《北京市商品房预售合同》附件十的第十四条第 2 条约定:“若因买受人原因引起司法诉讼或仲裁致使房款被冻结或房屋被查封的,出卖人有权单方解除合同。”故西元公司据此行使合同解除权,于法有据,一审法院以 2017 年 12 月 13 日向杨桐送达起诉书副本等材料的时间作为合同解除时间,所作处理正确,应予维持。合同解除之后,西元公司要求杨桐配合其办理《北京市商品房预售合同》网签注销手续，于法有据，但应表述为要求杨桐配合其办理《北京市商品房预售合同》解除备案手续，现办理《北京市商品房预售合同》解除备案手续的障碍已经消除，对于西元公司的该项诉讼请求，应予支持，一审法院对此处理不当，应予改判。

因杨桐在履行《个人住房(商业用房)借款合同》的过程中，存在逾期偿还贷款本息的行为，导致建行北京分行宣布贷款提前到期并要求西元公司代为清偿欠款。后西元公司于2017年12月20日支付4 840 990.84元用于代付杨桐银行贷款及利息。西元公司的该行为实则是履行《个人住房(商业用房)借款合同》项下的保证义务的行为。《北京市商品房预售合同》附件十《关于增加首付款的补充协议》约定："第十一条　2.无论因何原因，若买受人未按期向按揭贷款银行偿还到期贷款本息，导致出卖人承担保证责任代买受人向银行偿还已到期贷款本息及罚息的，则买受人应在出卖人向其发出缴款通知书后7日内将出卖人代为支付的全部款项支付给出卖人，并从出卖人代其还款之日起，按出卖人支付金额每日万分之叁的标准向出卖人支付违约金；第十一条　3.如因买受人原因导致按揭贷款银行解除或终止与买受人之间的借款合同，则买受人应在出卖人按银行要求承担担保责任、代偿买受人所欠银行贷款3日内，向出卖人支付全部代偿款项，期限届满仍未支付的，则双方就该商品房所签订的预售合同在当日解除。"因此，杨桐应当向西元公司支付全部代偿款项4 840 990.84元。西元公司的该项诉讼请求，于法有据，应予支持。《北京市商品房预售合同》已经解除，西元公司代偿的款项等本应与杨桐支付的购房款予以折抵后由西元公司就剩余购房款予以退还，考虑到杨桐在诉讼中仍要求购买涉案房屋，未在本案中提出返还购房款的相应反诉，本院对于购房款的返还一节不予处理，亦无法将代偿款项在本案中予以折抵，杨桐可就购房款的返还一节另行主张或双方可就债权债务抵消一节另行协商处理。

当事人一方不履行合同义务或者履行合同义务不符合约定的，应当承担继续履行、采取补救措施或者赔偿损失等违约责任。当事人可以约定一方违约时应当根据违约情况向对方支付一定数额的违约金，也可以约定因违约产生的损失赔偿额的计算方法。约定的违约金低于造成的损失的，当事人可以请求人民法院或者仲裁机构予以增加；约定的违约金过分高于造成的损失的，当事人可以请求人民法院或者仲裁机构予以适当减少。对于西元公司主张的代偿金额的违约损失一节，根据《北京市商品房预售合同》约定，杨桐应当从西元公司代其还款之日(2017年12月20日)起至杨桐向西元公司偿还完毕之日止，就西元公司支付的代偿金额

4 840 990.84 元按每日万分之三的标准向西元公司支付违约金。杨桐在本案一审中提出该项违约金约定过高要求减少的请求,本院认为,因代偿行为确会给西元公司造成资金占用等损失,对此杨桐应予赔偿。杨桐请求减少违约金,对此,应以西元公司实际损失为基础,兼顾合同的履行情况、当事人的过错程度以及预期利益等综合因素,根据公平原则和诚实信用原则予以衡量,一审法院酌情确定按照中国人民银行同期贷款利率标准计算违约损失并无不当,但一审判决第二项对于 4 840 990.84 元本金数额及违约损失计算期间的截止日期确定有误,本院对此予以改判。对于西元公司主张的解除合同违约金一节,《北京市商品房预售合同》系因杨桐的违约行为导致合同解除,西元公司要求杨桐承担违约责任于法有据。《北京市商品房预售合同》约定:"若因买受人原因引起司法诉讼或仲裁致使房款被冻结或房屋被查封的,出卖人有权单方解除合同;出卖人选择解除合同的,买受人应自收到出卖人发出的《解约通知》十日内按照出卖人通知的时间、地点办理解约手续,同时买受人应向出卖人支付该商品房总价款 10% 的违约金。"对于违约金的具体数额,杨桐在一审中主张合同约定的违约金计算标准过高,请求法院予以酌减。本院认为,西元公司因杨桐的违约行为遭受了损失,考虑到杨桐尚未占有使用涉案房屋、房价在此期间亦存在一定波动等情况,本院以实际损失为基础,兼顾合同的履行情况、当事人的过错程度以及预期利益等综合因素,根据公平原则和诚实信用原则予以衡量,对于杨桐应当承担的违约金数额酌定为 10 万元,对于西元公司主张的违约金的过高部分不予支持。

【裁判解析】

本案是商品房预售合同纠纷中,在已经为买受人办理网签但尚未办理过户的情形下,因买受人原因导致未按时向银行还贷,开发商需要向银行承担连带保证责任,在银行要求对于贷款加速到期的情形下,开发商替代买受人向银行提前偿还全部贷款,并要求买受人偿还开发商代为偿还的银行贷款。因买受人另外存在因其他纠纷导致已经网签的房屋被预查封的情形,触发商品房预售合同的解除条款,开发商因此要求行使合同解除权,并要求买受人承担违约责任。本案具有一定的典型性。对于此类纠纷的处理,应当首先确定开发商是否已经为买受人办理完毕房屋产权过户手续。因为银行向开发商发放贷款,即代表买受人已经向开发商支付完毕了全部购房款,此时如果已经办理完毕产权过户手续,则商品房预售合同项下的合同权利义务应当视为已经履行完毕,此时无论房屋是否另行被查封或者是否存在逾期偿还贷款的情形,商品房预售合同均再无解除的可能性。对于已经履行完毕的合同,权利义务已经终止,合同已经归于消灭,不再存在解除的可能。其次,在确定房屋尚未过户至买受人的情形下,需要区分商品房预售合同和个人借款合同的不同内容,根据不同合同的不同约定,分别处理两个不同的合同关系,不能将两个不同的合同关系混为一谈。最后,在商品房预售合同解除的情形下,开发商本应向买受人退还全部购房款,但在经法院释明买受人仍要求继续履行合同,不对退还购房款提出反诉的情形下,不宜径行对于开发商承担连带保证责任后的追偿权与开发商在合同解除项下所负的返还房款的债务进行抵销。

现分述如下:

第一,在合同权利义务履行完毕的情形下,不再存在解除合同的可能性。

合同解除是指在合同成立以后,当解除的条件具备时,因当事人一方或双方的意思表示,使合同关系自始或仅向将来消灭的行为。合同解除,并不是否认合同的效力,不是说合同被解除了就说明合同自始就是无效的,而是合同被解除后,合同就消灭了,只是根据合同性质的不同,这种合同消灭的效力有的有溯及力,有的没有溯及力。但既然合同解除的作用就是在于消灭合同,那么合同解除适用的前提就是合同是尚未消灭的合同。韩世远教授在《合同法总论》一书中明确表示:“合同解除以有效成立并继续存在的合同为标的。有效成立的合同如果因清偿、混同等原因归于消灭,则没有再行解除的余地。”因此,在处理此类纠纷之时,除了判断是否符合合同约定的解除条件之外,还需要提前判断合同的履行状态,审查合同是否履行完毕。只有在合同有效成立并且尚未履行完毕的情形下,才存在判断是否符合合同约定或者法定的解除条件、是否需要解除合同的问题。

第二,对于商品房预售合同与个人借款合同系不同主体之间形成的不同类型的法律关系,在判断权利义务时需要区分对待。

对于商品房预售合同关系而言,买受人在申请贷款之后,在买受人已经按约支付了首付款,银行已经如约向开发商发放贷款的情形下,应当视为买受人已经完成了其支付全部购房款的义务。此时,即使买受人存在逾期向银行偿还贷款的情形,在商品房预售合同项下,买受人也不存在逾期支付房款的违约行为。本案中,认定买受人违约并认定开发商有权行使合同解除权的依据,是买受人存在因另案诉讼导致房屋被预查封的情形,从而触发了商品房预售合同的解除条款,而非买受人存在逾期偿还银行贷款的违约行为。

对于个人借款合同关系而言,在买受人尚未取得房屋所有权证之前,银行代买受人向开发商支付了房款,此时因买受人尚未取得房屋所有权证从而无法为银行办理抵押登记,银行为保证其债权不落空,会在此阶段要求开发商提供连带保证责任,担保买受人如约偿还银行贷款。开发商和买受人之间存在保证合同关系。在买受人存在逾期偿还银行贷款的情形下,如个人借款合同中的解除条款被触发,则银行有权要求加速贷款到期,并要求开发商承担连带保证责任。在开发商承担连带保证责任之后,开发商对于买受人享有追偿权,有权要求买受人向开发商偿还开发商代为向银行支付的款项,并有权要求买受人向开发商承担保证合同关系项下的违约责任。

本案中,一审法院在处理不同的合同关系时,对于不同合同关系项下的权利义务存在混淆,认为开发商应将银行支付的房屋的贷款退还银行,不应再向买受人行使追偿权。该种处理实则混淆了不同合同关系项下的权利义务,导致处理错误。

第三,对于诉讼过程中法院认为最终可能会认定合同解除,而当事人辩称要求继续履行合同的,法院应当发挥司法能动性,采取适当措施向当事人予以释明,但经释明当事人仍坚持不提出反诉或抗辩的,对此不宜径行处理。

法院在处理诉讼之时,应当坚持"不告不理"的原则,仅就当事人的诉讼请求进行审理。但是对于一方当事人诉求解除合同,一方当事人辩称要求继续履行的案件,如果法院经审理认为最终认定合同解除的可能性较大时,本着一次性解决纠纷、减轻当事人诉累的思路,应当积极发挥法院的司法能动性,防止机械适用"不告不理"原则,采取适当方式,向要求继续履行的一方当事人进行释明,释明当事人是否提出反诉,就合同解除后的款项返还问题和违约金或损害赔偿问题尽可能一并处理。不过经释明,当事人仍坚持要求继续履行合同、不提出反诉或抗辩的,应尊重当事人的选择,不宜径行处理,可在文书中释明当事人另行主张。

【案例点评】

该案件属于商品房预售合同纠纷中因买方存在违约行为而引发商品房预售合同、个人银行借款合同、保证合同等系列合同解除或触发相应违约条款的典型案例,其中涉及多个不同类型合同的交织,各个权利义务关系既存在联系又存在区别。细致梳理不同合同项下的权利义务关系及其违约责任,是法院正确裁判的基础。

【裁判心得】

商品房预售合同可能是普通百姓日常生活中签订的涉及标的最大的合同,直接关系到购房家庭的生活。审理此类合同纠纷,法官应保持清晰的审理思路,厘清同时存在的商品房预售合同、个人银行借款合同、保证合同等之间的权利义务关系。在纠纷涉及是否解除商品房预售合同时,法官应当保持审慎态度,考察是否存在影响合同目的实现的根本违约行为;同时应当及时向购房者做好相应的释明工作,在保证公正裁判的同时,尽可能让购房者能够一次性解决纠纷,减少无谓损失。

战春霞、石海峰、石岩峰诉车占甫农村房屋买卖合同纠纷案

范　磊*

关键词

合同无效　诉讼时效　最长诉讼时效

裁判要旨

确认合同无效不适用最长诉讼时效。第一，要求确认合同无效并非行使请求权，非最长诉讼时效制度针对的客体；第二，以超过最长诉讼时效而不确认合同无效，不符合合同无效制度的立法目的；第三，以超过最长诉讼时效而不确认合同无效，不符合诉讼时效制度的立法目的。

相关法条

1.《中华人民共和国合同法》第五十二条。

2.《中华人民共和国民法总则》第一百八十八条第二款。

【当事人基本情况】

上诉人(一审被告):战春霞。

上诉人(一审被告):石海峰。

上诉人(一审被告):石岩峰。

被上诉人(一审原告):车占甫。

* 范磊，北京市第一中级人民法院民一庭法官。

【基本案情】

车占甫向一审法院起诉请求:确认1994年车占甫与石俊才就涉案房屋的买卖合同无效。

一审法院认定事实:车占甫系北京市延庆区延庆镇王庄村村民,曾用名车四成,其原在王庄村有一处宅院(四间北房及一间过道,东邻车会然,西邻车顺福,北邻街,具体门牌号不明)。石俊才与战春霞系夫妻关系,石海峰和石岩峰系二人之子,石俊才于2000年去世。

1994年5月31日,经车占甫姐姐车合兰介绍,车占甫将诉争宅院以6600元价格出售给时为延庆铝箔厂工人的石俊才,双方签订《契约》。1994年6月10日,二人到延庆县房地产交易所办理了房产卖契、税费等相关手续。

庭审中,车占甫提交了登记在自己名下诉争房屋的集体土地建设用地使用证,战春霞也提交登记在石俊才名下诉争房屋的集体土地建设用地使用证,登记日期均为1994年4月15日。二原件颜色、印章、面积有明显区别。经法院函询北京市规划和自然资源委员会延庆分局,该局于2019年4月11日复函称:"经查,该分局无车占甫和战春霞集体土地建设用地使用证相关档案,无法对上述两证进行核实确认。"另外,在车占甫与石俊才的交易档案中,有登记在"车四成"名下的延庆县房屋所有证,颁发日期为1994年6月10日,未发现登记在石俊才名下的相关不动产登记证书。

【审理结果】

北京市延庆区人民法院于2019年6月14日作出(2018)京0119民初8299号民事判决:车占甫与石俊才于1994年就北京市延庆区延庆镇王庄村的农村房屋买卖合同无效(该房屋东邻车会然,西邻车顺福,北邻街)。判决后,战春霞、石海峰、石岩峰向北京市第一中级人民法院提起上诉。北京市第一中级人民法院于2019年7月19日作出(2019)京01民终6839号民事判决:驳回上诉,维持原判。

【裁判理由】

法院生效裁判认为:对战春霞、石海峰、石岩峰的上诉请求所依据的理由回应如下。

(一)关于诉讼时效

1. 从无效合同的立法目的分析

无效合同有较大的社会危害性,故国家通过主动干预的形式对当事人的民事行为予以限制,以维护社会公共利益。只要据以认定合同无效的法律规范或公序良俗没有变化,合同的违法性不因时间的经过而改变。如果因最长诉讼时效的超过,不确认合同无效,意味着法律容忍并接收了相应的后果。这显然不符合立法的目的。

2. 从诉讼时效的立法目的分析

诉讼时效的立法目的在于督促当事人行使权利,以尽快地稳定交易秩序。若当事人不尽快地行使权利,则将影响当事人之间法律关系的稳定,进而影响社会秩序。合同无效则因违反了法律或侵害社会公共利益,不以当事人积极行使权利为要件。无效合同适用最长诉讼时效亦不符合诉讼时效制度的立法目的。

(二)关于合同效力

违反法律、行政法规的强制性规定的合同无效。农村宅基地所有权属于农民集体所有,宅基地使用权是农村集体经济组织成员享有的权利,与享有者特定的身份相联系,非本集体经济组织成员无权通过购买取得或变相取得。根据“房地一体”原则,农村房屋买卖必然涉及宅基地使用权的转让,石俊才并非涉案房屋所在地的集体经济组织成员,无权通过购买取得或变相取得宅基地,故石俊才与车占甫所签订的房屋买卖合同违反了法律、行政法规的强制性规定,应属无效。

【裁判解析】

本案是一起农村房屋买卖合同纠纷。本案的争议点包括农村房屋买卖合同的效力,以及能否以超过最长诉讼时效为由不确认农村房屋买卖合同无效。对于农村房屋买卖合同的效力问题,北京高院的会议纪要已经成熟意见,此处不再赘述。笔者仅就第二个问题进行分析。

(一)合同无效制度的价值

我国的无效合同制度除规定在《合同法》第五十二条,亦散见于《合同法》或司法解释的具体规定中。《合同法》及司法解释的规定,合同无效制度具有如下价值。

1. 维护公序良俗原则,保护国家利益和公共利益

《合同法》尊重当事人的意思自治,但当事人的意思自治是有边界的,尤其是不能侵害国家利益或公共利益。当事人的意思自治逾越该边界、损害国家利益和社会利益时,应当对合同进行效力上的否定性评价——该合同不得履行,更不得通过诉讼的方式请求法院支持其履行。如此,不仅能阻遏当事人的不法行为,而且还能对当事人或者公众予以警示的作用,发挥法律的一般预防及特殊预防功能。

2. 保护合同缔结过程中弱势一方的利益,更好地保护意思自治

《合同法》尊重当事人的意思自治,但生活中由于缔约各方事实上的地位不对

等,弱势的一方可能在无奈的情况下作出显然违背自己本意的选择。如面对格式合同时,同意明显对自己不利益的免责条款。对于一方违法的免责条款,合同法的条款无效制度更好地保护了合同意思自治。

(二)诉讼时效制度的价值及其客体

1. 诉讼时效制度的价值

根据通说观点,诉讼时效制度有如下价值:(1)维护社会经济秩序、维护交易安全。民事诉讼秉持不诉不理规则。这样,权利是否被行使取决于权利人是否来法院主张。如果权利人能行使权利而不行使该权利,人民法院无从介入,当事人之间的权利义务处于一种不确定或者不稳定的状态。这将导致当事人之间事实上呈现的权利义务状态与法律规定的权利义务状态不一致,进而会导致经济秩序的不稳定,也会导致信赖事实上呈现的权利义务状态的第三人的权利受损。实行诉讼时效制度,将当事人之间事实上呈现的权利义务状态确认为法律规定的权利义务状态,使不积极行使权利的权利人丧失权利,则可以稳定社会经济秩序的稳定和确保交易安全。(2)督促权利人积极行使权利。法律确认了不履行权利的不利后果,权利人才会积极地履行权利,促进交易完成,提高经济效益,推进社会经济的稳健发展。(3)在证据上便宜审判。权利人不积极地行使权利,会导致时间的经过,而时间的经过会导致证据的消灭。确认诉讼时效制度,能够避免因时间的经过而导致的当事人举证和法院调查证据的困难,便宜审判。

2. 诉讼时效制度的客体

诉讼时效的客体解决的是哪些权利可以适用诉讼时效的问题。大陆法系民法理论根据权利的作用将权利分为支配权、请求权及形成权。支配权是指直接支配权利客体的权利;请求权是指要求他人作为或不作为的权利;形成权是指因一方之行为而使某种权利发生或消灭之权利。根据通说观点,诉讼时效只适用于请求权,不适用于支配权与形成权。

(三)最长诉讼时效与诉讼时效的关系

对比普通诉讼时效和最长诉讼时效的规定不难发现,普通诉讼时效的起算时间采主观标准,即权利人知道或者应当知道权利受到损害以及义务人之日起计算,而最长诉讼时效的起算时间采客观标准,即自权利受到损害之日起计算。可见,最长诉讼时效的价值在于克服因普通诉讼时效带来的不确定性而损害诉讼时效制度价值的问题:根据普通诉讼时效规定的起算点,债权人知道或者应当知道其权利受到侵害的时间存在较大的不确定性,时效期间可能无限延长,不符合前文所述的时效制度之价值。

由此可见,最长诉讼时效期间的规定是对适用普通时效期间的弥补和矫正。该期间虽然起算点上采取客观标准,不同于普通时效期间起算点的主观标准,但其效力与普通时效期间并无二致:均针对请求权、债务人均获得时效经过抗辩权。

(四)当事人要求确认合同无效不应当适用最长诉讼时效制度

基于如下理由,本文认为,当事人要求确认合同无效不应当适用最长诉讼时效制度。

1. 要求确认合同无效并非行使请求权,非最长诉讼时效制度针对的客体

请求权指权利人要求他人为一定行为或不为一定行为的权利,而要求确认合同无效是合同当事人向法院或者仲裁机构提出的请求确认合同无效的权利。要求确认合同无效与请求权有较大不同:(1)要求确认合同无效无需他人配合;(2)要求确认合同无效对应的主体是国家机关,而非义务人。鉴于二者的差异较大,要求确认合同无效并非一种请求权,而是对一种事实状态的确认。

2. 确认合同无效不应当适用最长诉讼时效制度,否则不符合合同无效制度的立法目的

合同被评价为无效,本质上是因为其违反了法律、行政法规的强制性规定和社会公共利益,具有较大的危害性。这是国家为维护社会公共利益之需要而运用公权力对当事人的民事行为进行的主动干预。一般而言,只要据以认定合同无效的法律规范或公序良俗没有发生变化,合同的违法性将一直存在。时间经过,并不能导致违法行为变成合法,也无法减轻其社会危害性,除非在未来设定合同无效的转换制度,或者合同无效事由在法院或仲裁机构处理时已经消失。如果将要求确认合同无效视为行使请求权而对其适用诉讼时效的规定,在诉讼时效期间届满后,对于违法和违反社会公共利益的行为法院或仲裁机构不再确认其无效,则有违合同无效制度维护社会公共利益之目的。正是因为无效本质上具有的违法性,是对社会秩序的违反,如果对这种违法行为适用诉讼时效制度,就意味着法律容忍了这种违法行为并接受了其相应的法律后果。这显然不符合立法的宗旨和目的,也与法律秩序的形成相矛盾。

3. 确认合同无效不应当适用最长诉讼时效制度,否则不符合最长诉讼时效制度的立法目的

前已述及,在督促当事人尽快地行使权利及稳定交易秩序这一立场上,最长诉讼时效的立法目的与诉讼时效的立法目的是相同的。一方面,由于无效合同所形

成的交易秩序侵害了社会公共利益或国家利益，这种交易秩序没有继续去维持的价值。另一方面，无效合同涉及的利益包括了社会公共利益或国家利益，因当事人不积极地行使权利而使公共利益或国家利益受损，逻辑上缺少联系且不符合朴素的正义理念。无效合同适用最长诉讼时效亦不符合诉讼时效制度的立法目的。

【案例点评】

农村房屋买卖合同纠纷中，常常需要面对的问题是确认合同无效是否应适用最长诉讼时效。农村房屋买卖合同纠纷往往涉及拆迁，对双方利益影响重大，需妥善解决。本案例先对合同无效制度的价值、诉讼时效制度的价值和客体、最长诉讼时效与诉讼时效的关系进行了分析，脉络清楚。本案例得出的结论为，要求确认合同无效并非行使请求权，若以超过最长诉讼时效而不确认合同无效，则不符合合同无效制度的立法目的和诉讼时效制度的立法目的，理由扎实。本案例对该类案件的处理提供了可靠参考。

【裁判心得】

确认合同无效是否应适用最长诉讼时效，审判中有不同意见。部分案件以超过最长诉讼时效为由驳回了当事人的诉讼请求。农村房屋买卖合同纠纷中，该问题关涉当事人重大利益，有必要研究清楚。对于关涉当事人重大利益的问题，应尽可能地查阅案例与理论文章，裁判文书应说理清楚。避免当事人因不信任导致的缠诉、信访，也为其他法官处理类似问题提供参考，提高整体的办案效率。

杨立敬诉胡富轩等合同纠纷案

王茂刚[*]　张宏宇[**]

关键词

债权相容性　债权平等性　债权保护顺位　产权登记公示公信效力

裁判要旨

因房屋限购政策等原因，实践中存在房屋登记人与实际权利人不一致的情况。当事人之间对房屋归属作出内部约定后，在房屋转移登记之前，除夫妻之间适用《婚姻法》的规定外，约定房屋所有人（以下简称约定所有人）对房屋仅享有债权。此时，如果房屋登记人与其他善意房屋买受人（以下简称买受人）另行签订房屋买卖合同，买受人因合同享有债权，该债权与约定所有人享有的债权相比，应当优先获得保护。

相关法条

1. 最高人民法院《关于审理买卖合同纠纷案件适用法律问题的解释》第九条。

2.《第八次全国法院民事商事审判工作会议纪要》第十五条。

【当事人基本情况】

上诉人（一审原告）：杨立敬。

被上诉人（一审被告）：胡富轩。

被上诉人（一审第三人）：吕佳唯。

* 王茂刚，北京市第一中级人民法院民一庭法官。

** 张宏宇，北京市第一中级人民法院民一庭法官助理。

【基本案情】

杨立敬向一审法院起诉请求:胡富轩将其名下401号房屋过户到杨立敬名下。

第三人吕佳唯向一审法院提出诉讼请求:(1)胡富轩将401号房屋过户到吕佳唯名下,并将401号房屋交付给吕佳唯;(2)胡富轩支付逾期办理过户的违约金304.43万元(房屋购房总价的日万分之五,从2016年6月6日起算至交付房屋、办理房屋过户登记之日止)。

一审法院认定事实:杨立敬与胡富轩原系夫妻,双方于2008年5月26日登记结婚,2008年11月29日生育一女胡某。2011年1月25日,胡富轩与杨立敬经法院调解离婚,法院出具的调解书中载明“双方财产已分清”。同日,胡富轩与杨立敬另行签订了《离婚协议书》,对双方财产进行了分割。

2011年5月18日,胡富轩与张阿迪签订《北京市房屋买卖合同》,约定胡富轩购买张阿迪名下401号房屋。合同中约定房屋价款为390万元,签订该合同时支付定金5万元,过户当日支付剩余房款384万元,腾房同时将剩余1万元交与出售方。上述合同签订当日,胡富轩支付定金5万元。2011年6月2日,胡富轩向杨立敬出具《证明》一份,内容为:“胡富轩、杨立敬为其女儿胡某能上‘六一’幼儿园,购置401号房屋一套。因现行政策,房主用胡富轩姓名,但此房屋归杨立敬所有。胡富轩没有任何权利。”胡富轩向杨立敬出具《证明》后,杨立敬向张阿迪支付了房款384万元,张阿迪当日出具收条:今日收胡富轩384万元,用于购买401号房屋房款。胡富轩于2011年6月2日取得产权证。

2016年3月19日,胡富轩(甲方)与吕佳唯(乙方)签订《房屋买卖合同》,合同约定:甲方将401号房屋出售给乙方,房屋成交价格为748万元。该房屋已设定抵押,出卖人应于2016年4月15日前办理抵押注销手续。买受人申办抵押贷款,拟贷款金额为280万元。当事人双方同意,自本合同签订之日起78日内,双方共同向房屋权属登记部门申请办理房屋权属转移登记手续。2016年3月19日胡富轩(甲方)与吕佳唯(乙方)、北京亿房通房地产经纪有限公司(丙方)签订《补充协议》。关于违约责任,《补充协议》第四条约定:甲乙双方任何一方逾期履行本协议第二条约定的义务,每逾期一日违约方需按日计算向守约方支付房屋总价款万分之五的违约金。上述合同以及《补充协议》签订后,吕佳唯于签约当日向胡富轩支付了定金5万元,2016年3月24日吕佳唯向胡富轩支付定金45万元,2016年4月1日吕佳唯向胡富轩支付购房款200万元。胡富轩于2016年4月18日办理了401号房屋的解除抵押登记手续。

2016 年 3 月 22 日,杨立敬向法院提出财产保全申请,法院依杨立敬的申请,裁定查封了 401 号房屋。2018 年 11 月 22 日吕佳唯向法院提出财产保全申请,法院依吕佳唯的申请,裁定对 401 号房屋轮候查封。

在本案审理过程中,吕佳唯向法院提交了购房资格核验信息打印件,显示吕佳唯在京购房资格初步核验通过。401 号房屋一直由胡富轩居住使用,胡富轩亦明确表示房屋不存在出租、借用、抵押等可能对交易造成影响的情形,吕佳唯则明确表示其有能力一次性支付剩余购房款。吕佳唯主张其购买涉案房屋是准备用于结婚使用,因胡富轩的违约行为导致其延误了婚期,且不得不租房居住,给其经济上和精神上均造成损害,故要求胡富轩按照合同约定支付违约金。胡富轩表示吕佳唯主张的违约金过分高于了损失,如果法院确认其需要承担违约责任,其请求酌减违约金。

【审理结果】

北京市海淀区人民法院于 2018 年 12 月 19 日作出(2017)京 0108 民初 42795 号民事判决:一、吕佳唯于本判决生效后七日内向胡富轩支付剩余购房款四百九十八万元;二、胡富轩于收到吕佳唯向其支付的本判决第一项剩余购房款后的当日协助吕佳唯将 401 室的房屋过户至吕佳唯名下,办理房屋过户手续的税费由吕佳唯负担;三、胡富轩于收到吕佳唯向其支付的本判决第一项剩余购房款后的当日将 401 室的房屋交付给吕佳唯;四、胡富轩于本判决生效后七日内向吕佳唯支付违约金二十万元;五、驳回吕佳唯的其他诉讼请求;六、驳回杨立敬的全部诉讼请求。一审判决后,杨立敬提起上诉。北京市第一中级人民法院于 2019 年 4 月 8 日作出(2019)京 01 民终 2262 号民事判决,判决:驳回上诉,维持原判。

【裁判理由】

法院生效裁判认为:胡富轩于 2011 年 6 月 2 日书写的《证明》是胡富轩的单方表态,《证明》本身并非合同。但该《证明》作为证据,能够证明胡富轩与杨立敬之间存在"两人为女儿上幼儿园购置房屋一套、胡富轩为房主、归杨立敬所有"的约定。因达成该约定时,杨立敬与胡富轩已经离婚,杨立敬依据该约定不能径直取得 401 号房屋的所有权,在胡富轩尚未将 401 号房屋的产权转移登记到杨立敬名下时,杨立敬依据该约定对 401 号房屋仅享有债权。吕佳唯为购买 401 号房屋与胡富轩签订了《房屋买卖合同》,在胡富轩尚未履行过户义务的情况下,吕佳唯对 401 号房屋亦仅享有债权。故本案应为合同纠纷。

胡富轩与杨立敬之间关于 401 号房屋的约定是双方的真实意思表示,约定内容不违反法律、行政法规的强制性规定,合法有效。胡富轩与吕佳唯签订的《房屋买卖合同》是双方的真实意思表示,内容不违反法律、行政法规的强制性规定,合法有效。现杨立敬与吕佳唯均要求胡富轩履行过户义务,胡富轩向杨立敬履行还是向吕佳唯履行,取决于谁的权益应优先获得保护。

首先,从是否存在过错看,杨立敬与胡富轩购买房屋,产权登记在胡富轩一人名下,这一做法存在胡富轩擅自出售房屋的风险,杨立敬应当预判到该风险的存在,但并没有采取有效的防范措施,故杨立敬对于本案争议的发生有一定过错;而吕佳唯在与胡富轩的买卖法律关系中是善意买受人,不存在任何过错。其次,从要求履行过户理由是否充分看,杨立敬有权基于与胡富轩关于401号房屋的约定要求胡富轩履行过户义务,但杨立敬与胡富轩对于从张阿迪处购买401号房屋的房款由谁支付尚存争议,杨立敬对于《离婚协议书》中向胡富轩的付款义务是否履行尚存争议,该争议事关购房款的支付,在上述争议解决前,胡富轩对杨立敬享有拒绝履行过户义务的抗辩权,故杨立敬现要求胡富轩履行过户义务,理由尚不充分;而吕佳唯依据《房屋买卖合同》要求胡富轩履行过户义务的理由是充分的。最后,从是否涉及社会交易安全和产权登记的公示公信效力看,杨立敬与胡富轩关于401号房屋的约定是两人之间的内部约定,能否履行该约定不涉及社会交易安全,也不涉及产权登记的公示公信效力;而吕佳唯是基于产权登记在胡富轩名下的公示公信效力才从胡富轩处购买房屋,《房屋买卖合同》能否履行涉及社会交易安全和产权登记的公示公信效力。

综上,杨立敬的权益与吕佳唯的权益相比,杨立敬有过错、要求过户的理由不充分、不涉及社会交易安全和产权登记的公示公信效力,吕佳唯无过错、要求过户的理由充分、涉及社会交易安全和产权登记的公示公信效力,吕佳唯的权益应当优先于杨立敬的权益获得保护,一审法院判决支持吕佳唯要求过户的诉讼请求、驳回杨立敬要求过户的诉讼请求正确,二审法院予以确认。吕佳唯支付剩余房款、胡富轩交付房屋都是履行房屋买卖合同必须履行的义务,一审法院判决吕佳唯支付剩余房款、胡富轩交付房屋正确,二审法院予以确认。胡富轩认可一审法院判决违约金的判决,二审法院不持异议。杨立敬如认为胡富轩不能履行关于401号房屋的约定给其造成损失,可另行向胡富轩主张。

【裁判解析】

债权具有相容性、平等性,同一标的物上可以同时或先后设立多个债权,不同的债权均具有相同的法律效力。债权的上述属性一定程度上有利于发挥出商品的最大价值,但也可能会带来一物数卖等问题,对诚实信用原则造成挑战。为减轻债权相容性、平等性带来的负面影响,维护市场交易秩序,我国现行部分司法解释、会议纪要文件中对同一标的物上不同债权的保护顺位进行了明确,确立了一些规则,如最高人民法院《关于审理买卖合同纠纷案件适用法律问题的解释》第九条;[①]《第八次全国法院民事商事审判工作会议纪要》第十五条;[②]北京市高级人民法院《关于审理房屋买卖合同纠纷案件适用法律若干问题的指导意见(试行)》第十三条;[③]等等。

但是,当事人对房屋归属作出内部约定后,房屋登记人非真正权利人,除夫妻之间适用《婚姻法》的规定[④]外,在房屋转移登记至约定所有人之前,约定所有人对房屋仅享有债权,此时,如登记人与善意买受人另行签订房屋买卖合同,买受人因合同享有债权,该债权与约定所有人对房屋的债权相比,哪方债权应优先获得保护? 对于上述情况,相关裁判规则却不够明确。本案从是否有过错、是否危害社会交易安全、是否危害产权登记公示公信效力的角度进行分析,认为此类案件中善意买受人享有的债权应当优先获得保护。

(一)单方对标的物权属作出的承诺的性质

合同是平等主体的自然人之间设立、变更、终止民事权利义务关系的协议。合同是两方以上当事人合意的结果,单方表态和单方承诺均不是合同。但是,如果单

---

① 最高人民法院《关于审理买卖合同纠纷案件适用法律问题的解释》第九条规定:出卖人就同一普通动产订立多重买卖合同,在买卖合同均有效的情况下,买受人均要求实际履行合同的,应当按照以下情形分别处理:(一)先行受领交付的买受人请求确认所有权已经转移的,人民法院应予支持;(二)均未受领交付,先行支付价款的买受人请求出卖人履行交付标的物等合同义务的,人民法院应予支持;(三)均未受领交付,也未支付价款,依法成立在先合同的买受人请求出卖人履行交付标的物等合同义务的,人民法院应予支持。

② 根据《第八次全国法院民事商事审判工作会议(民事部分)纪要》第十五条规定,审理一房数卖纠纷案件时,如果数份合同均有效且买受人均要求履行合同的,一般应按照已经办理房屋所有权变更登记、合法占有房屋以及合同履行情况、买卖合同成立先后等顺序确定权利保护顺位。

③ 北京市高级人民法院《关于审理房屋买卖合同纠纷案件适用法律若干问题的指导意见(试行)》第十三条第一款规定:出卖人就同一房屋分别签订数份买卖合同,在合同均为有效的前提下,买受人均要求继续履行合同的,原则上应按照以下顺序确定履行合同的买受人:(1)已经办理房屋所有权转移登记的;(2)均未办理房屋所有权转移登记,已经实际合法占有房屋的;(3)均未办理房屋所有权转移登记,又未合法占有房屋,应综合考虑各买受人实际付款数额的多少及先后、是否办理了网签、合同成立的先后等因素,公平合理的予以确定。

④ 根据《婚姻法》第十九条规定,夫妻可以约定婚姻关系存续期间所得的财产以及婚前财产归各自所有、共同所有或部分各自所有、部分共同所有。根据最高院出版物公布的参考性案例确定的审判规则:夫妻在采用约定财产制情形下,对所涉不动产的权属认定应适用《物权法》第九条的"但书"条款,即可根据《婚姻法》相关规定确定权属,不宜以登记作为认定物权归属绝对的依据。(参见王忠、朱伟:《夫妻约定财产制下的不动产物权变动》,载《人民司法》2015 年第 4 期。)我们认为,如夫妻在婚姻存续期间对房屋归属作出内部约定,夫妻一方可以根据该约定直接取得对房屋的所有权,房屋所有权人不再以登记为准。

方承诺或单方表述涉及当事人之间对债权债务等的约定，当事人亦对约定的债权债务关系表示认可，那么该单方承诺或单方表述可以作为证据，证明相关当事人之间存在债权债务关系。本案中，《证明》本身并非合同，但《证明》作为证据能够证明胡富轩认可"胡富轩为房主，房屋归杨立敬所有"。胡富轩和杨立敬存在债权债务关系。

(二)同一标的物上合法有效的债权均受法律保护

从债权的属性而言，债权具有相对性、相容性、平等性。债权的相对性是债的最本质的属性，表现在特定的债只对特定当事人产生法律约束力。债的特定当事人以外的第三人不享有债权，也不承担债务与责任。[①] 债权的相容性，是指同一标的物上可以并存两个或两个以上内容相同的债权。[②] 债权的平等性，是指数个债权，不论其发生先后，均以同等地位并存。[③] 债权可因当事人之间的自由约定和法律规定产生，但不论债权产生于何种原因，债权的属性决定了同一标的物上合法有效的债权之间并不相互排斥，均受到法律保护。

本案中，因杨立敬与胡富轩在达成约定时已离婚，杨立敬不能依据约定取得房屋所有权，仅享有债权。吕佳唯与胡富轩签订有效的房屋买卖合同，故吕佳唯亦享有债权。

(三)同一房屋上同时存在的多个债权的保护顺位

现有司法解释和会议纪要只对一房数租，普通动产、特殊动产、房屋多重买卖中多重债权的保护顺位进行了规定，但相关规则对本案不足以提供明确的裁判指引。因此，需要在参照现行规则精神的基础上，全面考虑本案的特殊情况确定债权的保护顺位。

1. 从是否存在过错看

通常而言，房屋产权登记应遵循"谁是所有人，房屋就应当登记在谁名下"的规则。但是，由于房屋限购政策等原因，部分房屋的实际权利人未按照上述规则将房屋登记在本人名下，而是以内部协议的方式约定实际权利人对房屋享有产权，产权登记在登记人的名下，导致出现了房屋登记人与实际权利人不一致的情况。虽然内部协议明确约定所有人对房屋享有产权，但是此种做法仍存在登记人擅自出售、出租房屋的风险，约定所有人在与登记人订立内部协议时即知道或应当知道该风

---

① 张卓梅、陈文举：《债权相对性的突破与保留》，载《人民论坛》2011 年第 32 期。

② 张广兴：《债法总论》，法律出版社 1997 年版，第 27 页。

③ 王泽鉴：《债法原理》，北京大学出版社 2013 年版，第 60 页。

险存在。在此情况下,约定所有人应当采取相应措施防止风险发生。如果约定所有人未能及时变更产权登记或采取其他有效措施防止登记人擅自出售、出租房屋,导致房屋出现纠纷,约定所有人对纠纷的发生存在疏忽和过错。

但是,作为买受人,按照市场上通常的交易方式购买登记人名下的房屋,买受人虔诚地相信登记人即是房屋的权利人,其对于不知道房屋存在内部权属约定不存在过错,对于内部协议不应当知情。因此,除非约定所有人能够证明买受人与登记人存在恶意串通等共同损害约定所有人合法权益的主观故意,买受人是善意且无过错的。

本案中,杨立敬在立约前就应当预见胡富轩可能出售房屋,但杨立敬未及时采取措施、对纠纷的发生存在过错。而吕佳唯作为善意买受人积极履行合同,按照市场价格支付购房款,尽到了买受人应尽的义务,不存在过错。

2. 从是否危害社会交易安全和产权登记公示公信效力看

不动产登记制度的功能在于通过登记将不动产物权的设立、移转、变更的情况向公众予以公开,使公众了解某项不特定的不动产上所形成的物权状态。[①]《物权法》第十六条规定,不动产登记簿是物权归属和内容的根据。正是因为不动产登记簿的该项作用和功能,不动产登记具有了公示公信的效力。市场上的主体可以根据不动产登记簿记载的内容提高交易效率,降低交易成本,保障交易安全。房屋所有权属登记作为一种法定的不动产公示制度,具有较强的公示公信力,除非出现强有力的证据足以证明登记有误,否则就以登记簿上的登记人为真正的所有人。尽管在实践中,房屋真正的权属状况可能因登记簿记载的登记人和其他人之间存在内部协议而存在登记人与权利人不一致的情况。但为了保护不动产登记的公示公信效力,第三人从不动产登记簿上所获得的信息即应推定为正确的信息,登记簿上所记载的房屋的归属具有确定房屋所有人的作用,第三人没有核实登记人是不是真实权利人的义务。

不动产所有人的内部协议仅具有对协议内部相对人产生效力,不具备公示公信效力,不能对抗善意第三人。内部协议不能履行并不会对不动产登记的公示公信效力产生负面影响。而依据不动产登记簿登记信息所订立的合同如果不能履行将导致公众对不动产登记的公示公信效力产生质疑,不动产交易效率和交易安全也会受到影响。因此,从保护交易安全和产权登记公示公信效力看,相对于依据内

---

① 王利明:《试论我国不动产登记制度的完善(上)》,载《求索》2001年第5期。

部协议所享有的债权,善意第三人基于对产权登记的合理信赖所订立的合同享有的债权更应当受到法律保护。

综上分析,本案中杨立敬与胡富轩的内部约定能否履行不会影响社会交易安全和产权登记公示公信效力。但吕佳唯作为善意买受人购买房屋,房屋买卖合同如不能履行会对社会交易安全和产权登记公示公信效力产生负面影响,故房屋买卖合同应当继续履行,吕佳唯的权益应当先于杨立敬获得保护。

【案例点评】

债权的相容性、平等性有利于发挥商品的最大价值,但也会带来一物数卖等问题。实践中经常出现房屋登记人和实际权利人不一致的情况,而现有的裁判规则未对因房屋内部协议享有的债权与因外部协议享有的债权的保护顺位进行明确。本案例以过错分析、价值判断、产权登记公示公信效力为分析视角,明确外部协议债权人与内部协议债权人享有的债权相比,外部协议的债权应优先获得保护,弥补了法律、司法解释的不足,对类案处理提供了借鉴。

【裁判心得】

狭义的法律解释的界限是可能的字义范围。超越此等界限,而仍在立法者原本的计划、目的范围内之法的续造,性质上乃是漏洞填补,即法律内的法的续造。在现有裁判规则不足以对个案提供明确的裁判指引时,裁判者应充分运用自身的司法经验,以公平、正义的法律观念为基础,在逻辑分析的前提下,根据法律的基本原则和精神作出公正合理的裁判。

宋立弟诉胡雨玥等房屋买卖合同纠纷案

范　磊[*]　武　旋[**]

关键词

融信垫资　债务承担　付款义务

裁判要旨

融信垫资是房屋买卖双方为降低资金支付风险引入的新型交易形式，在法律中尚无明文规定。从融信垫资合同的约定看，融信公司已经与债权人达成转让债务协议，融信公司成为合同当事人，能被主张请求给付，可以被请求承担违约责任，因此，融信垫资合同可以适用合同法总则中债务承担的规定。当融信公司拒绝垫资时，适用债务承担的规定，认定买方不再具有支付首付款的义务，因而不承担违约责任。

相关法条

《中华人民共和国合同法》第二条、第三条、第八条、第九十一条、第九十三条、第九十四条、第九十七条、第一百零七条、第一百一十四条。

【当事人基本情况】

上诉人（一审被告、反诉原告）：宋立弟。

被上诉人（一审原告、反诉被告）：胡雨玥。

一审被告：北京中融信融资担保有限公司。

一审被告：北京链家房地产经纪有限公司。

---

* 范磊，北京市第一中级人民法院民一庭法官。

** 武旋，北京市第一中级人民法院民一庭法官助理。

【基本案情】

胡雨玥向一审法院起诉请求:(1)解除我与宋立弟于2015年8月25日签订的房屋买卖合同及双方于2015年9月28日签订的存量房买卖合同;同时解除双方与北京中融信融资担保有限公司(以下简称中融信公司)签订的融资垫款协议。(2)宋立弟与中融信公司连带赔偿其违约金86.6万元。(3)诉讼费由宋立弟、中融信公司、北京链家房地产经纪有限公司(以下简称链家公司)承担。

宋立弟向一审法院反诉请求:(1)胡雨玥继续履行双方于2015年8月25日所签订的《北京市存量房屋买卖合同》及补充协议,协助我办理902号房屋的权属转移登记手续并于办理房屋过户后的7个工作日内交付上述房屋;(2)胡雨玥支付我违约金,以房款总额433万元为基数,按日万分之五的标准自2016年1月30日起计算至我实际取得不动产权属证书之日止;(3)胡雨玥承担本案诉讼费。

一审法院认定事实:2015年8月25日,胡雨玥(出卖人)与宋立弟(买受人)在链家公司的居间下签订《北京市存量房屋买卖合同(经纪成交版)》,约定宋立弟购买902号房屋,房屋成交价格为286万元,房屋家具、家电、装饰装修及配套设施设备等作价147万元,买受人一并支付给出卖人,定金10万元,拟贷200万元。

同日,胡雨玥(甲方)、宋立弟(乙方)与链家公司(丙方)签订补充协议。

2015年9月28日,胡雨玥(甲方)、宋立弟(乙方)与中融信公司(丙方)签订三份融信垫资协议及一份《建委过桥》协议。《融信垫资协议》约定:本协议项下的"存量房交易资金托管及划转"是指在甲乙双方的存量房交易中,甲乙双方委托丙方按本协议约定条件对交易结算资金通过专用资金托管账户进行托管及将托管资金划转至甲方、丙方或退回乙方;本协议项下的"资金托管账户"是指丙方在指定银行开立的存量房交易结算资金专用存款账户;经协商一致各方同意,乙方最迟应分别于2015年9月30日前、2015年10月15日前、2015年10月25日前将购房款50万元、100万元、50万元(以下简称托管资金)足额存入丙方建设银行资金托管账户内,丙方依照本协议或甲、乙、丙三方另行达成的一致意见对资金托管账户进行管理,并按约定条件对上述账户内的资金进行划转或退回;丙方将垫资款划转至甲方收款账户后,如因甲方房屋被查封或者被限制转让原因导致本协议及/或该房屋买卖交易解除、终止的,丙方应先行向乙方支付托管资金,同时乙方签署相关文件将其向甲方就上述托管资金的追偿权转移给丙方行使;经三方协商一致,由丙方向甲方出资,垫资金额50万元、100万元、50万元,丙方为甲方出资前有权审核甲方资质,经审核确认甲方资质不符合丙方要求的,则丙方有权单方解除本协议且不承担责任。

就购买 902 号房屋,现宋立弟已向胡雨玥支付 10 万元。2015 年 9 月 25 日,双方办理网上签约。2015 年 9 月 28 日,双方在打印出的网签合同上签字。

2015 年 9 月 29 日,中融信公司以胡雨玥丈夫担任法定代表人的公司有大额诉讼、存在风险为由拒绝垫资,链家公司通知宋立弟此情况并告知其暂停向中融信公司资金托管账户转款,胡雨玥得知中融信公司拒绝垫资的情况后也联系了宋立弟。胡雨玥、宋立弟、链家公司继续沟通和协商,未达成一致意见。

【审理结果】

北京市海淀区人民法院于 2018 年 4 月 13 日作出(2017)京 0108 民初 29248 号民事判决:一、解除胡雨玥与宋立弟之间签订的关于北京市海淀区西翠路 5 号今日家园 4 号楼 9 层 902 号房屋的买卖合同及相关补充协议;二、宋立弟赔偿胡雨玥违约金十八万元,抵扣宋立弟已支付给胡雨玥的十万元,宋立弟还应于本判决生效后十日内赔付胡雨玥八万元;三、驳回胡雨玥其他诉讼请求;四、驳回宋立弟之反诉请求。判决后,宋立弟向北京市第一中级人民法院提起上诉。北京市第一中级人民法院于 2018 年 12 月 24 日作出(2018)京 01 民终 4860 号民事判决,判决:一、撤销北京市海淀区人民法院(2017)京 0108 民初 29248 号民事判决第一项、第二项、第三项、第四项;二、胡雨玥于本判决生效之日起七日内协助宋立弟将北京市海淀区西翠路 5 号今日家园 4 号楼 9 层 902 号房屋转移登记至宋立弟名下,该房屋转移登记过程中产生的税费由宋立弟先行负担;三、胡雨玥于本判决生效之日起六十日内将北京市海淀区西翠路 5 号今日家园 4 号楼 9 层 902 号房屋交付给宋立弟;四、驳回胡雨玥全部诉讼请求;五、驳回宋立弟其他反诉请求。

【裁判理由】

法院生效裁判认为:依法成立的合同,对当事人具有法律约束力。本次交易中,胡雨玥、宋立弟签订的《北京市存量房屋买卖合同(经纪成交版)》(以下简称《房屋买卖合同》),胡雨玥、宋立弟与链家公司签订的《补充协议》,胡雨玥、宋立弟与中融信公司签订的《融信垫资协议》和《建委过桥》均系各方当事人的真实意思表示,不违反法律、行政法规的强制性规定,为有效合同。各方均应按照合同约定履行各自义务。

当事人可以约定一方解除合同的条件。解除合同的条件成就时,解除权人可以解除合同。三份《融信垫资协议》约定,中融信公司有权在为胡雨玥出资前审核其资质,并在审核确认不符合要求的情况下,单方解除垫款协议。《建委过桥》约定,中融信公司垫资的前提是甲乙双方均已办理完毕中融信公司要求的相关公证等手续、收押甲方、乙方银行卡及密码及核实房产情况后,且已符合丙方要求的其他相关条件,否则,中融信公司有权拒绝支付垫资款。应当认为,中融信公司对三份《融信垫资协议》及《建委过桥》享有单方解除权。当事人一方依照前述规定主张解除合同的,应当通知对方。合同自通知到达对方时解除。中融信公司虽未明确通知胡雨玥解除合同,但表达了因胡雨玥丈夫公司名下存在大额诉讼不再垫资的意思。而三份《融信垫资协议》及《建委过桥》中,中融信公司的主要义务为垫资义务。中融信公司在 2015 年 9 月 29 日的通信记录中表达了因有大额诉讼而不再垫资的意思,中融信公司又在 2017 年 12 月 21 日庭审中强调不再垫资 52 万元的意思,应当理解为解除三份《融信垫资协议》及《建委过桥》的意思。由此,应当认定三份《融信垫资协议》及《建委过桥》已经解除,且三份《融信垫资协议》的解除时间是 2015 年 9 月 29 日。胡雨玥请求判决解除三份《融信垫资协议》,该请求如得到支持,则三份《融信垫资协议》的解除时间为本判决生效之日。胡雨玥请求判决解除三份《融信垫资协议》于法无据,应不予支持。

合同解除时,合同的权利义务终止。《融信垫资协议》及《建委过桥》解除后,中融信公司的垫资义务终止,对各方仍有法律拘束力的是《房屋买卖合同》及《补充协议》。需要注意的是,三份《融信垫资协议》及《建委过桥》虽因解除而不具有法律拘束力,但其证据效力不容否认。三份《融信垫资协议》及《建委过桥》中与《房屋买卖合同》及《补充协议》有关的约定,仍可以证据形式作为《房屋买卖合同》及《补充协议》的解释材料,以探明《房屋买卖合同》及《补充协议》签订之时各方的真实意思。

当事人可以约定一方解除合同的条件。解除合同的条件成就时,解除权人可以解除合同。《房屋买卖合同》约定,买受人未按照《补充协议》约定的时间付款的,逾期超过 15 日后出卖人有权解除合同。胡雨玥以宋立弟迟延支付 200 万元超过 15 日为由要求解除合同。《合同法》规定,当事人一方迟延履行主要债务,经催告后在合理期限内仍未履行的,当事人可以解除合同;当事人一方迟延履行债务或者有其他违约行为致使不能实现合同目的时,当事人可以解除合同。胡雨玥以宋立弟延迟支付 200 万元、经催告后在合理期限内仍未履行及导致其合同目的无法实现为由,要求解除合同。宋立弟是否有义务向胡雨玥直接支付 200 万元为本案的争议焦点。

基于如下理由,本院认为,宋立弟无义务向胡雨玥直接支付 200 万元。第一,房屋交易中存在风险,且现时情况下买房人承担了大部分风险:房屋交易时间较长,902 号房屋交易期间房价又处于上涨通道。卖房人在买房人交付钱款后,未转移过户之前,卖房人可能因房价的上涨而有违约的倾向。本案中,宋立弟在房屋转移过户之前就需要向胡雨玥支付除贷款及监管款项外的几乎全部房款。宋立弟面临支付房款后胡雨玥不转移登记的风险。双方在《融信垫资协议》中采取宋立弟将款项付给中融信公司,中融信公司再将款项付给胡雨玥的方式。交易风险发生后,中融信公司将宋立弟支付的款项返还给宋立弟,并获得向胡雨玥请求支付该款项的债权。该种方式可兼顾双方的合同诉求:保证宋立弟的交易安全,胡雨玥亦可以尽早地拿到前期的大额房款。故《补充协议》中"融信垫资"的方式应当理解为《融信垫资协议》中约定的支付方式:宋立弟将房款交予第三方,第三方向胡雨玥支付房款;交易风险发生后,由第三方将房款返还给胡雨玥,第三方取得向胡雨玥追偿的权利。《补充协议》仍然有效,则宋立弟并无向胡雨玥直接支付 200 万元的义务,否则有违双方签订《补充协议》的本意。由于《补充协议》中未约定具体的垫资方,双方可按照该协议的要求,积极地寻找新的融信垫资方,或由胡雨玥自行解决其丈夫公司名下有大额诉讼而无法垫资的问题。当然,各方也可以协商新的履行方式。第二,如果认为宋立弟有义务有向胡雨玥直接支付 200 万元,宋立弟支付的房款会大幅超出双方合同约定的数额。依据《融信垫资协议》及《建委过桥》履行时,本案中的房屋交易价格 433 万元的构成方式为:首付款 200 万元、贷款 190 万元、定金 10 万元、物业交割金 2 万元,以及过户后支付给胡雨玥的 31 万元(资金监管账户中约定的 83 万元减去中融信公司依《建委过桥》扣除的 52 万元)。在中融信公司通知胡雨玥、宋立弟终止垫资后,如果宋立弟直接支付给胡雨玥 200 万元,则宋立弟应支付房款为 485 万元。该 485 万元的构成方式为:首付款 200 万元、贷款 190 万元、定金 10 万元、通过资金监管账户支付的 83 万元(过户后会直接转入胡雨玥账户)、物业交割金 2 万元。由此,宋立弟并无向胡雨玥直接支付 200 万元的义务,宋立弟并未违约。胡雨玥以宋立弟未向其直接支付 200 万元为由主张解除合同,无事实和法律依据,应不予支持。

胡雨玥要求解除合同于法无据,则宋立弟要求继续履行《房屋买卖合同》及《补充协议》之诉讼请求于法有据。宋立弟之剩余房款存至法院账户后,《房屋买卖合同》及《补充协议》之履行亦能够保障房屋出卖人的权利,应对宋立弟要求继续履行《房屋买卖合同》及《补充协议》之诉讼请求予以支持。胡雨玥应协助宋立弟办理 902 号房屋的转移登记手续并将 902 号房屋交付给宋立弟,具体时间由法院酌定。该房屋转移登记过程中产生的税费由宋立弟先行负担。需要说明的是,双方交易中应缴纳的税费应按照真实价格433万元的价格执行,而非《存量房屋买卖合同》约定的273万元执行。原审法院对上述问题的处理是错误的,应予以纠正。

当事人互负债务,有先后履行顺序,先履行一方未履行的,后履行一方有权拒绝其履行要求。根据《补充协议》的约定,胡雨玥收到购房款在先,而办理转移登记手续在后。胡雨玥未收到融信垫资方的购房款时,有权利拒绝宋立弟的履行要求。宋立弟要求胡雨玥依据《补充协议》的约定自转移登记之日起开始支付违约金的诉讼请求,于法无据,应不予支持。

【裁判解析】

随着房屋买卖中履约风险的升高,引入第三方参与的融信垫资交易得到广泛应用。作为新型交易方式,融信垫资合同的法律性质尚未被现行法律予以规定,因此当本案的争议焦点出现时,即房屋买卖合同出现融信公司拒绝垫资等履行障碍情形,卖方可否以买方违约为由解除合同并请求赔偿违约损失,需要参考既有法律规定作出判断。

（一）《融信垫资协议》的合同性质

《融信垫资协议》并非《合同法》或其他法律明文规定的有名合同。根据《合同法》第一百二十四条,本法分则或者其他法律没有明文规定的合同,适用本法总则的规定,并可以参照本法分则或者其他法律最相类似的规定。本案中,首先,根据《融信垫资协议》约定,经三方协商一致,由中融信公司向胡雨玥出资,垫资金额50万元、100万元、50万元,该协议可能适用《合同法》总则第六十五条第三人代为履行规定。其次,《融信垫资协议》约定,本协议或该房屋买卖交易解除、终止的,中融信公司应先行向宋立弟支付托管资金,同时宋立弟签署相关文件将其向胡雨玥就上述托管资金的追偿权转移给中融信公司行使。此项约定可能适用《合同法》总则第八十四条债务承担规定。

1. 第三人代为履行

《合同法》第六十五条规定了第三人代为履行。第三人代为履行的构成要件包括:第一,当事人约定由第三人履行债务;第二,不得违反法律、法规的强制性规定。产生的法律效果主要有:债权人有权要求第三人履行债务人的债务,债务人应当向债权人承担违约责任,第三人得行使债务人的一切抗辩权,费用由债务人承担,[①]第三人因清偿可获得求偿权与代位权。

2. 债务承担

《合同法》第八十四条规定,债务人将合同的义务全部或者部分转移给第三人的,应当经债权人同意。债务承担,即债务人将合同的义务全部或者部分转移给第三人的现象,全部转移给第三人的称为免责的债务承担,部分转移给第三人的为并存的债务承担。其中,免责的债务承担的构成要件包括:在承担人和债务人签订债务承担合同的情形下,须存在有效的债务,被移转的债务应具有可移转性,须承担人和债务人协商一致,须经债权人同意;在承担人和债权人签订债务承担合同的情形下,双方达成合意时成立。[②] 免责的债务承担的法律效果主要包括:承担人成为债务人,承担人可援用债务人对债权人的抗辩,从属于原债务的义务移转。

3. 债务承担而非第三人代为履行

虽然《融信垫资协议》同时符合第三人代为履行、债务承担的形式要件,然而尚需对《融信垫资协议》是否符合二者的实质要件进行考察,以准确认定债务人在融信公司拒绝垫资时是否有付款义务,是否承担违约责任。债务承担和第三人代为履行在以下四个层面存在差异:

首先,第三人是否与债权人达成转让债务协议。在债务承担中,因为债务人将合同义务转移给第三人应当经债权人同意,因此债务人、第三人、债权人将达成转让债务的协议;但是在第三人代为履行中,第三人单方表示代债务人清偿债务,或者与债务人达成替其清偿的协议,第三人和债权人之间并不发生转让债务的合同关系。此为债务承担和第三人代为履行的主要差异。本案中,《融信垫资协议》为债权人胡雨玥、债务人宋立弟、第三人中融信公司三方签订,约定中融信公司将垫资款划转至胡雨玥收款账户后,如房屋买卖交易解除、终止的,中融信公司应先行向宋立弟支付托管资金,同时宋立弟签署相关文件将其向胡雨玥就上述托管资金的追偿权转移给中融信公司行使。由此可见,中融信公司已经和债权人胡雨玥形成合同关系,其内容为中融信公司不仅负责替代宋立弟向胡雨玥转款,并且当合同因债权人胡雨玥违约时,中融信公司享有追偿权,因此第三人中融信公司已经与债权人胡雨玥达成了转让债务协议。

其次,第三人是否为合同当事人。在债务承担中,第三人加入合同成为合同当

---

① 江平主编:《民法学》,中国政法大学出版社2015年版,第612页。

② 崔建远主编:《合同法》,法律出版社2017年版,第182页。

事人;在第三人代为履行中,第三人未加入合同,因而其地位只是合同债务履行方。本案中,三份《融信垫资协议》中,第三人中融信公司均为缔约方,而非独立于合同之外的债务履行方,因此第三方中融信公司属于合同当事人。

再次,第三人是否能被主张请求给付。在债务承担的情况下,债权人可直接请求第三人履行义务和承担违约责任,不能要求债务人履行债务或承担责任;而在第三人代替履行时,债权人只能向债务人而不能向第三人请求承担责任。[①] 由于第三人在两种情形下的地位差异,在债务承担中,第三人作为合同中新的债务人,成为债权人给付请求权的对象;而在第三人代为履行中,第三人未加入合同,依据合同相对性原则,债权人无法请求合同之外的第三人为给付。本案中,《融信垫资协议》对债权人请求权对象未予明确,仅规定了胡雨玥、宋立弟委托中融信公司对交易结算资金通过专用资金托管账户进行托管及将托管资金划转至胡雨玥、宋立弟或退回中融信公司。在中融信公司拒绝垫资情形出现后,胡雨玥得知此情形后积极进行了协商。因此,本案中,第三人中融信公司可以成为被请求给付的对象。

最后,第三人是否承担违约责任。债务承担中,第三人已经取代债务人的地位,成为新的债务人,不能清偿债务时需要向债权人承担违约责任;而第三人代为清偿中,第三人仅为履行辅助人角色,承担合同违约责任的主体仍然为债务人。本案中,胡雨玥向原审法院起诉请求宋立弟与中融信公司连带赔偿违约金,中融信公司为200万元垫资款的违约责任承担主体,而宋立弟为剩余233万元房款的违约责任承担主体。因此,在200万元首付款给付中,中融信公司而非宋立弟向债权人胡雨玥承担违约责任。

综上,本案《融信垫资协议》为债务承担而非第三人代为履行。通过协议约定,原债务人已经完全退出该部分债务,因而不再具有付款义务。当融信公司拒绝垫资时,债权人只能向融信公司请求给付,而非享有对债务人的履行请求权。

(二)合同解除

根据《合同法》对约定解除和法定解除的规定,当事人可以约定一方解除合同的条件。解除合同的条件成就时,解除权人可以解除合同;当事人一方迟延履行债务或者有其他违约行为致使不能实现合同目的的,当事人可以解除合同。本案中,在债务承担法律关系中,债务人宋立弟已不具有支付首付款的合同义务,因此未达

---

① 王利明:《合同法研究》(第2卷),中国人民大学出版社2015年版,第224页。

到逾期付款的合同约定解除条件,亦因为宋立弟自身能够支付全部首付款,因而胡雨玥卖房获取对价的合同目的亦非不能实现。考虑到宋立弟向胡雨玥直接支付首付款需要多支付 52 万元,以及胡雨玥一方原因导致垫资失败等情节,宋立弟未能如期支付首付款,胡雨玥并不享有合同解除权。因此,本案二审改判继续履行合同,胡雨玥协助宋立弟办理房屋转移登记手续,并将房屋交付宋立弟。

(三)融信垫资交易类案件审理现状

1. 房屋买卖之融信垫资交易

房屋买卖的融信垫资交易是指,房屋买卖合同双方和融信公司签订《融信垫资协议》,由买方将首付款存入融信公司账户,待融信公司对卖方资质审核通过、卖方履行义务后将首付款支付卖方并进行公证的房款支付方式。融信垫资交易能解决卖方用款的迫切需求,规避买方支付房款后卖方违约的风险,因而在实践中得到了广泛的应用。据统计,房屋买卖的融信垫资交易近年来呈现线形增长。①

融信垫资交易是房地产市场和金融市场融合的产物,区别于被严格监管的加杆杠的场外配资,而主要着眼于对冲房屋买卖中一方违约对另一方造成的损失。它与首付贷的不同在于以下几个方面:一是从付款能力看,融信垫资交易中买方具有直接支付房款的能力,其选择融信公司将房款支付卖方是为了降低卖方的违约风险,而在首付贷中买方不具有支付首付款的能力,贷款后买方需要向中介公司还款;二是从款项来源看,融信垫资交易的垫资款来源于买方,而首付贷的垫资款则来源于中介公司;三是从义务安排看,中介公司垫资后,融信垫资交易的买方对于中介公司不再有付款义务,而在首付贷中,买方需要向中介公司分期支付还款。本案中,《融信垫资协议》约定,宋立弟应将购房款足额存入中融信公司建设银行资金托管账户内,中融信公司依照本协议或三方另行达成的一致意见对资金托管账户进行管理,并按约定条件对上述账户内的资金进行划转或退回。根据约定,宋立弟需要先行将房款存入中融信公司账户,宋立弟在诉讼中也表示能够全额支付房款,因而宋立弟具有支付该部分房款的能力;宋立弟支付款项后,由于胡雨玥一方的原因中融信公司未能垫资,因而垫资款来源于买方宋立弟;宋立弟向中融信公司支付房款后,不再具有向中融信公司支付款项的义务。因此,本案房屋买卖合同的付款方式为融信垫资交易而非首付贷。在融信垫资交易框架下,本案例能够为准确认定交易各方的权利义务、规范融信垫资交易形式提供借鉴,但在参照适用时,应当

① 华明杰:《浅论当下住房抵押贷款的现状、问题和发展》,云南大学数学与统计学院 2016 年硕士学位论文,第 19 页。

严格对融信垫资和首付贷进行区分,考虑买方有无实际付款能力,如买方无实际付款能力,则应当认定为目前监管所禁止的首付贷。

2. 融信垫资交易类案件审理方案

从该案引申开去,关照当前诸多进入诉讼程序的、涉及融信垫资的房屋买卖合同纠纷案件,应当从以下层面加以改进:

一是准确认定合同性质。从现有中介机构提供的《融信垫资协议》制式合同看,《融信垫资协议》为债权人卖方、债务人买方、第三人融信公司三方签订,第三人融信公司可以成为被请求给付房款的对象和违约责任承担主体。因此,《融信垫资协议》的性质应当认定为债务承担,第三人融信公司加入债权债务关系成为新的债务人。

二是依法判定买方付款义务。融信垫资交易制度的设立目的为引入第三方融信公司,避免买卖双方直接交易时买方付款后卖方逾期交付房屋的风险。如买方已将房款支付融信公司,而因为卖方原因导致融信公司拒绝付款,买方不应再有直接付款给卖方、自行承担卖方逾期交付房屋风险的义务,如此方能符合制度设计的初衷。因卖方原因导致融信公司拒绝付款的,如具有履行条件应当判定合同继续履行;卖方明确拒不付款或将房屋转卖他人的,卖方应当承担违约责任并支付违约金。

三是促进双方协商调解。民事法律基本原则之一为促进交易,因此在房屋买卖合同、《融信垫资协议》出现履行障碍时,应当提示双方当事人有无一次性全额支付房款、办理过户手续的可能。在协商过程中,一方面提示双方关注房屋市场价格走向,及时履行减损义务;另一方面在双方因互不信任产生谈判僵局时,可提示通过将房款转至法院账户再支付卖方的方式,实现房屋的过户交易。

四是提高审理效率。房屋买卖合同纠纷的标的价值处于变动中,因此应通过优先排庭、优先合议、优先判决等方式多管齐下,提高案件的周转速度,避免案件标的数额在法院审理过程中产生较大变化,给继续履行和后续执行带来难题。

五是发送司法建议,提示行政部门加强监管。目前,融信公司多为房产中介公司的关联公司,其业务开展尚处于起步阶段,行业规则和金融监管尚未能及时跟进,导致融信公司在认定一方存在付款风险而拒绝付款时较为任意。因此,法院应当积极延伸司法审判职能,通过向行政部门发送司法建议的方式,提示行政机关及时规范融信垫资行业发展。

【案例点评】

融信垫资是房屋买卖合同双方为降低资金支付风险引入的新型交易形式。该类合同在法律中尚无明文规定。因此在出现融信公司拒绝垫资等履行障碍情形,卖方可否以买方违约为由解除合同并请求赔偿违约损失问题时,需要适用《合同法》总则债务承担的规定,认定买方在订立融信垫资合同后不再具有支付首付款的合同义务和承担首付款未能成功支付的违约责任。本案例介绍的新型交易方式的法律适用具有典型性。

【裁判心得】

在房屋买卖中引入融信垫资交易,是房地产行业进行金融创新的尝试。但是交易各方依据融信垫资合同形成的新的法律关系,在《合同法》中并无直接的对应,给合同各方在合同履行中明确自身权利义务造成一定的障碍,也造成一些矛盾纠纷进入司法程序,因此近年来与融信垫资交易相关的房屋买卖合同纠纷的数量不断增多。如何将融信垫资合同对应于《合同法》法律框架,规范融信垫资交易的发展,是本案在裁判时所主要考量的问题。案例通过分析,认为融信垫资交易各方应当适用债务承担的法律规则,从而对合同的履行问题和责任问题的依法裁判提供了方向。

北京东方梦投资管理有限公司诉北京中科英华电动车技术研究院有限公司房屋租赁合同纠纷案

范　磊* 　武　旋**

关键词

同时履行抗辩权　先履行抗辩权　违约责任

裁判要旨

同时履行抗辩权能够阻却违约责任，因此对其应当严格依据构成要件进行认定。一是双方互负的债务均已届履行期。履行期的确定需要遵循先约定后法定的原则，并区分继续性债务和非继续性债务。二是他方不履行债务或未提出履行债务。三是双方互负债务。对于双方所负的债务是否具有对价关系，应当进行具体的考察：首先考察合同约定的各给付义务之间的相互关系，其次考察各从给付义务的履行与合同目的实现的关系是否密切。先履行抗辩权与同时履行抗辩权的差异仅在于先履行抗辩权要求履行具有先后顺序，且无双方互负的债务均已届履行期的规定。

相关法条

1.《中华人民共和国合同法》第六条、第八条、第六十二条、第六十六条、第六十七条、第一百零七条、第一百一十四条。

---

* 范磊，北京市第一中级人民法院民一庭法官。

** 武旋，北京市第一中级人民法院民一庭法官助理。

2. 最高人民法院《关于适用〈中华人民共和国民事诉讼法〉的解释》第九十条、第九十一条、第三百二十三条、第三百三十四条。

【当事人基本情况】

上诉人(一审被告):北京东方梦投资管理有限公司。

被上诉人(一审原告):北京中科英华电动车技术研究院有限公司。

【基本案情】

北京中科英华电动车技术研究院有限公司(以下简称中科英华公司)向一审法院起诉请求:(1)确认中科英华公司与北京东方梦投资管理有限公司(以下简称东方梦公司)在 2018 年 4 月 1 日签订的关于北京市昌平区科技园火炬街 10 号物业(以下简称涉案物业)的涉案合同于 2018 年 12 月 21 日解除;(2)判令东方梦公司向中科英华公司支付 2019 年 1 月 1 日至房屋实际返还之日止的使用费(按照合同约定租金每月 325 000 元计算);(3)判令东方梦公司向中科英华公司支付逾期支付租金和使用费所产生的滞纳金(以拖欠租金和使用费为基数,从 2018 年 11 月 9 日计至实际付清之日止,按每日万分之五计算,其中 2018 年 11 月 9 日至 2018 年 11 月 13 日,基数为 911 705.04 元;2018 年 11 月 14 日至 2018 年 12 月 3 日,基数为 586 705.04 元;2018 年 12 月 3 日至房屋实际完全移交中科英华公司之日,基数为 325 000 元;暂计至 2018 年 12 月 31 日滞纳金为 14 709.61 元);(4)判令东方梦公司支付因违约导致提前解除租赁合同所造成的中科英华公司的免租期的租金损失 91 万元;(5)判令东方梦公司支付违约金 390 万元(可以扣除东方梦公司已支付的押金 65 万元,如法院认定的违约金不足 65 万元,也同意在租金、滞纳金或其他主张金额中扣除押金 65 万元);(6)判令东方梦公司向中科英华公司支付 2019 年 2 月 15 日至 2019 年 3 月 18 日的电费 37 372.3 元和滞纳金(滞纳金以 37 372.3 元为基数,自 2019 年 3 月 23 日至实际付清之日,按照日万分之五计算);(7)判令东方梦公司立即腾退并向中科英华公司移交房屋;(8)判令东方梦公司承担本案的诉讼费和保全费。

二审法院认定事实:涉案物业登记在中科英华公司名下,规划用途为工交,涉案物业所在土地地类(用途)为工业用地。

2018 年 4 月 1 日,出租人(甲方)中科英华公司与承租人(乙方)东方梦公司签订了涉案合同,约定了如下主要内容:(1)第二条:乙方承租甲方所有的涉案物业,租赁用途仅为开办酒店。第三条:租赁期自 2018 年 5 月 1 日至 2028 年 4 月 30 日,共计 10 年,甲方应于 2018 年 5 月 1 日前将房屋按约定条件交付给乙方。(2)第四条：年租金为390万元，租金支付周期为每3个月支付一次，3个月租金总计975 000元，首期租金应在2018年5月10日前全额支付，其他各期租金应在每个租金支付周期的前10天内以银行转账的方式全额支付。（3）如乙方延迟付款的，甲方有权向乙方按每迟延一日拖欠金额的万分之五计收滞纳金；如拖欠租金达20天以上的，甲方有权单方解除合同并要求乙方承担违约责任。租赁期内其他涉及因使用该物业产生的所有费用均由乙方承担。（4）第六条：租赁期间甲方同意乙方享有涉案物业范围内包括建筑物楼顶、墙体及外侧以及该物业场地上的专有广告发布权。（5）甲方承诺将充分、及时地协助乙方办理各类工商、卫生、环保、消防、公安、特殊行业等乙方正常营业所想要的各类证照、许可、批准，费用由乙方承担。乙方在办理经营许可所需的相关手续时，如需甲方出示相关证明，应书面通知甲方，甲方承诺无条件出示该相关证明及现有书面文件。（6）第七条：在租赁期内，甲方同意在不影响本合同权益及物业品质的前提下，乙方可将该物业的某部分进行转租；在不影响与乙方合同权益及物业品质的前提下，甲方同意乙方将涉案物业全部或部分转租给乙方关联企业，同时乙方应及时通知甲方。（7）乙方未按合同约定按时足额支付租金超过20天的，甲方有权单方面解除合同，且合同自解除通知书送达对方之日起即告解除。违约方除应按照当年全年租金支付违约金外，还应赔偿由此给对方造成的损失。如甲方违约，则违约赔偿应包括乙方已装修装潢的损失；如乙方违约，则乙方不得主张已装修装潢的损失，并不得拆除装修部分。（8）乙方确需办理变更租赁房屋规划用途的，甲方应无条件配合进行变更规划用途的所有工作，但无论是否因申请申报、租赁房屋、无偿使用空置土地及附属物等任何原因导致变更规划用途不能成功的，均不影响本合同的履行，且在该过程中产生的所有费用全部由乙方自行承担。

2018年5月1日，中科英华公司将涉案物业交付给了东方梦公司。因涉案物业规划用途为工交，所在土地地类（用途）为工业用地，东方梦公司承租后未能办理开设酒店所需的工商注册手续；此后，东方梦公司将涉案物业部分区域出租给各个次承租人。

2019年1月14日，东方梦公司支付中科英华公司租金25 000元。此后，东方梦公司未继续支付租金。

2018年8月6日及2018年8月30日，东方梦公司员工向中科英华公司员工发送电子邮件，要求中科英华公司提供协助次承租人北京艾若尔环保科技有限公司办理工商注册和备案所需的加盖企业公章的房屋产权证等文件。中科英华公司认可收到该申请。

2018 年 8 月 14 日,东方梦公司通过 EMS 向中科英华公司法定代表人王为钢寄送《告知函》一份,东方梦公司表示因开办酒店需向公安机关消防机构申请消防安全检查,需要中科英华公司提供相关文件。EMS 投递结果显示该邮件被拒收。

2018 年 10 月 24 日,受中科英华公司委托,广东俭德律师事务所向东方梦公司发送《律师函》一份。《律师函》中,中科英华公司不允许东方梦公司转租及要求东方梦公司拆除租赁物业大门外墙的所有招牌和广告,如不纠正,中科英华公司在必要时有权解除《租赁合同》。东方梦公司 2018 年 10 月 28 日收到该《律师函》。

2018 年 10 月 30 日,受东方梦公司委托,北京盈科(天津)律师事务所向中科英华公司发送《律师函》一份。东方梦公司将暂时缓交第二租赁季度的租金,待与中科英华公司达成新的合作协议后,立即交付第二季度的租金。中科英华公司认可收到该份《律师函》。

中科英华公司于 2018 年 12 月 19 日向东方梦公司的注册登记地址、办公地址等多个地址邮寄了《解除〈房屋租赁合同〉通知书》。2019 年 2 月 27 日,东方梦公司向中科英华公司送达了《同意解除合同通知书》。2019 年 2 月 28 日,中科英华公司向东方梦公司发送了《不符合物业交接手续通知书》。2019 年 2 月 28 日,东方梦公司从涉案物业搬离,另有东方梦公司转租出去的部分房屋的次承租人未搬离。中科英华公司事后通过第三方开锁进入原东方梦公司的办公室,并自行聘请保安维护大楼安保。

【审理结果】

北京市昌平区人民法院于 2019 年 4 月 10 日作出(2019)京 0114 民初 2968 号民事判决:一、北京中科英华电动车技术研究院有限公司与北京东方梦投资管理有限公司于 2018 年 4 月 1 日签订的《北京市房屋租赁合同》于 2018 年 12 月 21 日解除;二、北京东方梦投资管理有限公司于本判决生效之日起三十日内将位于北京市昌平区昌平镇科技园区火炬街 10 号 1 幢等 2 幢全部腾空并交付给北京中科英华电动车技术研究院有限公司(北京中科英华电动车技术研究院有限公司同意次承租人不予腾退的不受此限);三、自本判决生效之日起七日内,北京东方梦投资管理有限公司向北京中科英华电动车技术研究院有限公司支付 2019 年 1 月 1 日至 2019 年 2 月 28 日的占有使用费 625 000 元(已扣除 2019 年 1 月 14 日北京东方梦投资管理有限公司支付的 25 000 元);四、自本判决主文第二项确定的义务履行完毕之日起十日内,北京东方梦投资管理有限公司按照每日 9000 元的标准,向北京中科英华电动车技术研究院有限公司支付 2019 年 3 月 1 日起至自本判决主文第二项确定的义务履行完毕之日止的占有使用费;五、自本判决生效之日起七日内,北京东方梦投资管理有限公司向北京中科英华电动车技术研究院有限公司支付迟延支付租金的滞纳金 2750 元;六、北京东方梦投资管理有限公司应付北京中科英华电动车技术研究院有限公司解除合同违约金 65 万元,与北京东方梦投资管理有限公司已支付北京中科英华电动车技术研究院有限公司的 65 万元押金相抵扣,双方就 65 万元解除合同违约金和 65 万元押金互不负债权债务;七、自本判决生效之日起七日内,北京东方梦投资管理有限公司向北京中科英华电动车技术研究院有限公司支付 2019 年 2 月 15 日至 2019 年 3 月 18 日的电费 37 372.3 元;八、驳回北京中科英华电动车技术研究院有限公司的其他诉讼请求。判决后,东方梦公司向北京市第一中级人民法院提起上诉。北京市第一中级人民法院于 2019 年 8 月 5 日作出(2019)京 01 民终 5714 号民事判决,判决:驳回上诉,维持原判。

【裁判理由】

法院生效裁判认为:依法成立的合同,对当事人具有法律约束力。当事人应当按照约定履行自己的义务,不得擅自变更或者解除合同。(1)中科英华公司与东方梦公司签订的《租赁合同》系双方当事人的真实意思表示,不违反法律、行政法规的强制性规定,为有效合同,双方当事人均应按照合同约定履行各自义务,不得擅自变更或解除合同。(2)双方约定,承租人东方梦公司应当在 2018 年 11 月 9 日之前支付 2018 年 10 月 31 日至 2019 年 1 月 30 日(第二个租赁季度)的租金 911 705.04 元。合同履行过程中,东方梦公司在 2018 年 11 月 13 日支付 325 000 元;2018 年 12 月 3 日支付 261 705.04 元;2019 年 1 月 14 日支付 25 000 元。东方梦公司未按照合同约定的时间交纳租金,及至二审判决作出时亦未足额交纳第二个租赁季度的租金。东方梦公司对此无抗辩权时,东方梦公司应属违约方。

结合中科英华公司与东方梦公司的诉辩情况,本案的争议焦点是东方梦公司未按约定支付第二个租赁季度租金的行为是否构成违约。本院对此分析如下。

(一)东方梦公司未缴纳租金的具体理由应分属同时履行抗辩权与先履行抗辩权处理情形

东方梦公司就其未缴纳租金的具体理由一并主张先履行抗辩权和同时履行抗辩权,本院对此加以甄别。

1. 先履行抗辩权和同时履行抗辩权所针对情形之不同。对于同时履行抗辩权,《合同法》第六十六条规定,当事人互负债务,没有先后履行顺序的,应当同时履行。一方在对方履行之前有权拒绝其履行要求。一方在对方履行债务不符合约定时,有权拒绝其相应的履行要求。对于先履行抗辩权,《合同法》第六十七条规定,当事人互负债务,有先后履行顺序,先履行一方未履行的,后履行一方有权拒绝其履行要求。先履行一方履行债务不符合约定的,后履行一方有权拒绝其相应的履行要求。对比《合同法》的前述具体规定,先履行抗辩权适用于双务合同中债的履行有先后履行顺序且先履行一方未履行合同之情形,同时履行抗辩权适用于双务合同中,未约定先后履行顺序之情形。

2. 以不配合次承租人办理工商注册、禁止东方梦公司转租、禁止东方梦公司使用广告牌为由拒绝支付第二个租赁季度的租金应属同时履行抗辩权处理情形。(1)以前述理由拒绝支付租金不属于先履行抗辩权处理情形。租赁合同属于继续性合同,容忍承租人东方梦公司使用广告牌并允许转租,应属中科英华公司在合同的全部履行期间所负的义务。《租赁合同》约定东方梦公司有权转租,而次承租人需要办理工商注册。涉案物业面积较大,承租人东方梦公司以分租的形式转租给不同的次承租人时,中科英华公司需要多次协助次承租人办理工商注册。中科英华公司协助办理工商注册的义务亦属贯穿合同的全部履行期间的义务。前述义务均属中科英华公司贯穿合同的全部履行期间应承担的义务时,该义务与东方梦公司交纳第二个租赁季度租金的义务之间没有先后关系,不属于先履行抗辩权所处理情形。(2)以前述理由拒绝支付租金属于同时履行抗辩权处理情形。双务合同中没有约定履行的先后顺序时,一方先行履行债务将使自身债权面临风险。为避免该风险,《合同法》规定了同时履行抗辩权,通过强调双方债务在履行顺序上的制衡关系,敦促欲获得对待给付的当事人也履行自己的义务,增设履行激励。应当认为,同时履行抗辩权仅要求主张同时履行抗辩权的主体行使该权利时,相对人的债务履行期限已经届满,并不要求从一开始履行期就是相同的。前已述及,中科英华公司允许东方梦公司使用广告牌及转租、协助次承租人办理工商注册应属中科英华公司贯穿合同的全部履行期间应承担的义务,而东方梦公司缴纳了第二个租赁季度租金时,则东方梦公司的债权将面临风险。由此,及至东方梦公司需要交纳第二个租赁季度租金时,中科英华公司贯穿合同的全部履行期间应承担的义务也已届履行期。东方梦公司未缴纳租金的前述理由应属同时履行抗辩权所处理情形。

3. 以不提供开办酒店所需的安全消防检查材料为由拒绝支付第二个租赁季度的租金应属先履行抗辩权处理情形。履行期限不明确的,债务人可以随时履行,债权人也可以随时要求履行,但应当给对方必要的准备时间。《租赁合同》未约定中科英华公司提供各类证照、许可的具体时间，东方梦公司可以随时要求中科英华公司履行，但应给中科英华公司必要的准备时间。考虑到东方梦公司要求提供的开办酒店所需之安全消防检查材料，如产权证复印件、大楼竣工图纸等，均为当时已经取得的现有材料，中科英华公司应很快可以提供。2018 年 8 月 14 日东方梦公司要求中科英华公司提供上述材料，而第二个租赁季度租金的交纳日期为 2018 年 11 月 9 日，应当认为中科英华公司履行该义务的时间在东方梦公司支付第二个租赁季度租金之前。东方梦公司未缴纳租金的前述理由应属先履行抗辩权所处理情形。

（二）东方梦公司未按约定交纳第二个租赁季度的租金是否符合行使同时履行抗辩权或先履行抗辩权的条件

根据《合同法》的规定，应认为行使先履行抗辩权或同时履行抗辩权时，对方未履行的债务与自己应履行的债务之间应该有一定的对等关系。一方面，基于《合同法》第六十六条及第六十七条之文义，应如此理解。关于同时履行抗辩权，《合同法》规定，一方在对方履行债务不符合约定时，有权拒绝其相应的履行要求。关于先履行抗辩权，《合同法》规定，先履行一方履行债务不符合约定的，后履行一方有权拒绝其相应的履行要求。根据《合同法》的前两条规定，可以看出，合同法要求对方未履行的债务与自己应履行的债务之间应该有一定的对等关系。另一方面，基于《合同法》诚实信用原则的要求，应如此理解。《合同法》规定，当事人行使权利、履行义务应当遵循诚实信用原则。根据诚实信用原则，因同一双务合同互负的债务之间应有一定的对等关系，方可行使同时履行抗辩权或先履行抗辩权。

本案中，东方梦公司未依约交纳第二个租赁季度租金，而交纳租金的义务属决定债之关系类型的基本义务，应为主给付义务。关于东方梦公司所主张的中科英华公司不协助次承租人办理工商注册、不提供开办酒店所需的消防验收材料、不允许树立广告牌、不允许转租，考虑到上述义务均属合同约定的义务，且不属于决定债之关系类型的基本义务，应为从给付义务。双方的主给付义务之间可主张同时履行抗辩权或先履行抗辩权自不待言，需要说明的是主给付义务与从给付义务之间能否主张同时履行抗辩权或先履行抗辩权。作为出租方，收取租金是中科英华公司的合同目的。东方梦公司的拒绝履行行为将使中科英华公司的合同目的落空。基于前述债的对等性要求，中科英华公司未履行的从给付义务也将导致东方梦公司合同目的落空时，东方梦公司有权以拒绝支付租金的形式行使同时履行抗辩权或先履行抗辩权。

关于签订《租赁合同》时双方均认可的东方梦公司的合同目的,《租赁合同》中约定:房屋规划用途为工交,东方梦公司需要办理变更租赁房屋规划用途的,中科英华公司应无条件配合;但变更规划用途不能成功时,不影响本合同的履行。根据前半句的约定,应当认为双方均明知工交用地不能用于开办酒店。根据后半句的约定,酒店不能开办时合同继续履行,应当认定《租赁合同》虽约定租赁用途仅为开办酒店,但签订《租赁合同》时双方的真实意思是东方梦公司的合同的目的并非仅为开办酒店。考虑到《租赁合同》亦允许东方梦公司以分租的形式转租,应当认定签订《租赁合同》时,双方均认可的东方梦公司的合同目的是可以开办酒店就开办,不能开办酒店就将涉案物业以分租的形式转租。

结合第二部分的前述论断,本院对东方梦公司主张行使同时履行抗辩权的各理由分析如下。

1. 基于如下理由应当认定中科英华公司未提供开办酒店所需的消防验收材料不影响东方梦公司合同目的之实现。(1)从实际效果观察,中科英华公司是否提供上述材料不影响东方梦公司开办酒店的目的。《租赁合同》约定涉案物业房屋规划用途为工交,亦约定中科英华公司配合东方梦公司办理规划用途变更。根据上述约定应认定《租赁合同》签订时,双方均知晓未办理规划用途变更时,涉案物业房屋不能用于开办酒店,且由东方梦公司负责协调规划用途变更事宜。规划用途变更需协调行政部门,是酒店能否开办的先决条件,有决定性影响。本案中,东方梦公司在要求中科英华公司提供开办酒店所需的消防验收材料前并未解决规划用途变更事宜。在东方梦公司解决规划用途变更事宜前,中科英华公司是否提供开办酒店所需的消防验收材料对东方梦公司合同目的之实现并无意义。(2)从合同的履行情况观察,应认定东方梦公司要求中科英华公司提供前述材料时,其实现合同目的之方式已经由开办酒店变更为以分租的形式转租。一方面,东方梦公司与次承租人之间的租赁合同显示,次承租人的经营范围亦包括仓储、仓库、冷库及电力电子及电池相关实验等,如允许次承租人进行上述经营,则涉案物业已经不再具备开办酒店的客观条件。另一方面,从东方梦公司提供的显示次承租人承租情况的房号可以看出,次承租人的租赁面积覆盖了 2 幢的 1 层至 3 层及只有一层的 1 幢。开办酒店需要有相对独立且面积较大的经营场所,次承租人的租赁面积覆盖范围达到前述广度时,涉案物业不再具备开办酒店的客观条件。结合《租赁合同》中东方梦公司负责协调规划用途变更之约定,应认定东方梦公司要求中科英华公司提供上述材料前,已经知晓其无法办理涉案物业的规划用途变更,将盈利方式由开办酒店转变为以分租的形式转租。由此,至应缴纳第二个租赁季度租金前,中科英华公司是否提供协助开办酒店所需的材料已经不会导致东方梦公司合同目的落空。东方梦公司要求行使先履行抗辩权,不按约定支付第二个租赁季度的租金,无事实和法律依据,应不予支持。

2. 基于如下理由应当认定中科英华公司未协助次承租人办理工商注册之情形不影响东方梦公司合同目的之实现。(1)《租赁合同》约定,中科英华公司有提供建设规划图纸等材料、协助次承租人办理工商注册的义务。该义务虽属向第三人履行的协助义务,但中科英华公司不履行该协助义务时,会对东方梦公司的转租构成实质性阻碍,导致双方在签订《租赁合同》时共同认可的东方梦公司转租的合同目的无法实现。中科英华公司拒不履行前述协助义务时,东方梦公司有权以不支付第二个租赁季度的租金的形式行使同时履行抗辩权。需要指出的是,涉案物业建筑面积5947.79平方米,中科英华公司拒不履行前述协助义务所对应的租赁面积占到一定比例时,方会导致东方梦公司合同目的无法实现,东方梦公司才有权以不依约支付第二个租赁季度的租金的形式行使同时履行抗辩权。(2)主张法律关系存在的当事人,应当对产生该法律关系的基本事实承担举证证明责任。在作出判决前,当事人未能提供证据或者证据不足以证明其事实主张的,由负有举证证明责任的当事人承担不利后果。以中科英华公司拒不履行协助次承租人进行工商注册的配合义务为由,东方梦公司要求行使同时履行抗辩权,东方梦公司应举证证明中科英华公司拒不履行前述配合义务所对应的租赁面积达到了导致东方梦公司合同目的不能实现的程度。东方梦公司虽提供了两份电子邮件主张中科英华公司拒不履行协助次承租人进行工商注册义务,但该情形仅涉及北京艾若尔环保科技有限公司,而该公司租赁的建筑面积为34.5平方米。加之,东方梦公司发送给中科英华公司的《律师函》中亦载明,中科英华公司协助两例新次承租人办理工商注册。考虑涉案物业的建筑面积5947.79平方米与未协助办理工商注册商户之承租面积之比例,及中科英华公司也曾协助两例新次承租人办理工商注册之情形,应认为东方梦公司不能证明中科英华公司不履行前述协助义务所对应的租赁面积达到了导致东方梦公司合同目的不能实现的程度。二审判决作出前,东方梦公司仍未能证明中科英华公司拒不履行前述协助义务所对应的租赁面积达到了影响其合同目的实现的比例,应由东方梦公司承担相应的不利后果。东方梦公司以此为由拒绝支付第二个租赁季度的租金,无法律依据,应不予支持。

3. 基于如下理由应当认定中科英华公司发送《律师函》禁止转租之行为不影响

东方梦公司合同目的之实现。(1)签订《租赁合同》时双方均认可东方梦公司转租并获得收益的合同目的。中科英华公司的行为使得东方梦公司不能转租时,东方梦公司的合同目的将会落空,东方梦公司有权以不支付第二个租赁季度的租金的形式行使同时履行抗辩权。(2)中科英华公司以发送《律师函》的形式不允许东方梦公司转租,并不导致东方梦公司合同目的不能实现。一方面,中科英华公司虽在《律师函》中不允许东方梦公司转租,也有断电行为,但断电措施发生在东方梦公司延付租金且中科英华公司行使合同解除权之后,与发送《律师函》的时间间隔较长,应当认为该断电行为并非逼迫东方梦公司不得转租。故中科英华公司虽在《律师函》中不允许东方梦公司转租,但没有采取进一步的强制手段迫使东方梦公司不能转租。另一方面,该《律师函》的接收方为东方梦公司,为双方的内部沟通文件,不会产生因已经签约的承租人知悉该《律师函》而要求退租或潜在租户知悉该《律师函》而不与东方梦公司订立租赁合同的不利影响。东方梦公司以此为由拒绝支付第二季度的租金,无法律依据,应不予支持。

4. 即使中科英华公司不允许东方梦公司树立广告牌,东方梦公司仍可采取其他形式进行广告宣传,并不影响东方梦公司合同目的的实现。东方梦公司以中科英华公司不允许其树立广告牌为由拒绝支付第二个租赁季度的租金,于法无据,应不予支持。

由此,东方梦公司逾期支付第二个租赁季度的租金超过 20 天,且不享有先履行抗辩权或同时履行抗辩权,已构成违约。中科英华公司有权依据《租赁合同》之约定要求解除合同并向东方梦公司主张合同解除违约金。考虑到合同解除给中科英华公司造成的损失主要为另行寻找替代性租户导致的房屋闲置期间的租金损失,而合同中约定的合同解除违约金标准为全年租金,另行寻找替代性租户确实无需花费一年的时间,该违约金标准确实过高。一审法院应依据东方梦公司的申请予以酌减。一审法院酌定的 65 万元合同解除违约金相当于《租赁合同》两个月的租金。考虑到涉案物业面积较大,《租赁合同》解除后两个月时间内,中科英华公司另行寻找替代性租户并签约确有一定难度,应当认为一审法院酌定的合同解除违约金少于中科英华公司的损失。鉴于中科英华公司没有上诉,本院对合同解除违约金数额不再调整。

二审程序中,当事人没有提出请求的,不予审理,但一审判决违反法律禁止性规定,或者损害国家利益、社会公共利益、他人合法权益的除外。本案中,东方梦公司仅就合同解除违约金提起上诉。考虑到《租赁合同》已归于应当解除之状态,东方梦公司仅就合同解除违约金提起上诉并不损害他人合法权益。一审判决亦不存在违反法律禁止性规定，或者损害国家利益、社会公共利益之情形，本院对合同解除违约金之外的事实及法律适用问题不再审查。

【裁判解析】

本案争议的焦点是承租人不支付租金的行为是否因属行使抗辩权而排除违约。

我国《合同法》规定了三种典型的合同履行抗辩权，分别是同时履行抗辩权、先履行抗辩权和不安抗辩权，赋予一方当事人对违约方请求己方履行合同的抗辩权利，从而溯及地排除作为迟延效果的违约责任。本案中，承租人东方梦公司即主张《合同法》第六十六条、第六十七条的同时履行抗辩权和先履行抗辩权。实践中，对于两种抗辩权的分别认定和彼此区分，存在诸多难点，有待判例加以澄清。

（一）同时履行抗辩权之认定

租赁合同是出租人将租赁物交付承租人使用、收益，承租人支付租金的合同，承租人应当按照约定的期限支付租金。本案中，涉案合同第四条第一款第二项约定：首期租金应在 2018 年 5 月 10 日前全额支付至甲方指定的收款账户，其他各期租金应在每个租金支付周期的前 10 天内以银行转账的方式全额支付。一审中双方认可第二期即 2018 年 10 月 31 日至 2019 年 1 月 30 日的租金约定支付期限为 2018 年 11 月 9 日之前。但东方梦公司在 2019 年 1 月 14 日付款后未继续支付足额租金，违反了涉案合同约定。

同时履行抗辩权存在的基础在于双务合同的牵连性，具体地说是功能上的牵连性，旨在维持双方当事人之间的利益平衡，防范信用风险的发生，进而体现诚实信用原则。[①] 本案中，东方梦公司抗辩其不支付租金为行使同时履行抗辩权，对此需要结合同时履行抗辩权的构成要件加以分析。

第一，双方互负的债务均已届履行期。继续性债务的履行期一般为一段期间，该债务的对待给付债务的履行期基本上为一个时间点。对于债务履行期的确定，应以合同约定为准，在合同没有约定或约定不明时，需要考察法律规定，探究当事人的真实意思表示。本案中，首先，涉案合同约定第二期租金在 2018 年 11 月 9 日之前的期间内支付，而提供工商登记手续、交付租赁物广告使用权、允许承租人转租的义务的履行期间则没有明确约定。其次，根据《合同法》第二百一十六条出租

---

① 崔建远主编：《合同法》，法律出版社 2017 年版，第 100 页。

人的适租义务,本案的三项义务应持续地存在于涉案合同的各个履行期。在中科英华公司以其行为表明将持续地不履行三项义务时,至 2018 年 11 月 9 日,东方梦公司第二期租金的债务和中科英华公司不履行三项义务的债务即均已届履行期。因此,东方梦公司主张的同时履行抗辩权满足双方互负的债务均已届履行期的要件。

第二,他方不履行债务或未提出履行债务。本案中,涉案合同约定了中科英华公司具有提供工商登记手续、交付租赁物广告使用权、允许承租人转租的义务,但截至合同解除时,中科英华公司尚未履行三项义务。因此东方梦公司主张的同时履行抗辩权满足他方不履行债务的要件。

第三,当事人双方互负债务。同时履行抗辩权要求在同一双务合同中,当事人双方所负的债务具有对价关系。所谓对价关系,是指债务的性质相同或类似。债务依其性质的不同,可分为给付义务、附随义务和不真正义务,其中给付义务又分为主给付义务和从给付义务。其中,主给付义务是指债之关系所固有、必备,并能决定债之关系类型之基本义务;从给付义务是指主给付义务以外,债权人可独立诉请履行,以完全满足给付上利益之义务。对于租赁合同,出租人交付租赁物的义务、承租人支付租金的义务为双方的主给付义务,而出租人交付租赁物证书的义务、出租人交付租赁物配套设施使用权的义务则属于从给付义务。《合同法》另有附随义务,但附随义务仅指合同当事人依据诚实信用原则所产生的,根据合同的性质、目的和交易习惯所应当承担的通知、协助、保密等义务,因此不同于两种给付义务的自始确定性。本案中,一审对从给付义务的表述有误,二审予以纠正。

对于处于对价关系的债务的性质,存在严格说和缓和说的不同。严格说认为,两种债务的性质需为相同,即需同为主给付义务。在两项主给付义务之间,一方违反主给付义务将导致合同目的无法实现,因而守约方享有履行抗辩权,得以拒绝履行己方的主给付义务。而若两种债务的性质不同,如一方为主给付义务,另一方为从给付义务,另一方违反从给付义务并非直接导致合同目的无法实现,因此履行主给付义务的一方并不享有履行抗辩权,仍需履行其合同义务。缓和说则认为,关键的是当事人的意思,当事人可以通过约定确立从给付义务与对待给付义务之间存在相互关系,在从给付义务的履行与合同目的的实现关系密切时,从给付义务和主给付义务之间可以存在同时履行抗辩关系。[①] 目前,缓和说是理论界的通说。其支持

---

① 王洪亮:《〈合同法〉第 66 条(同时履行抗辩权)评注》,载《法学家》2017 年第 2 期。

观点主要为市场经济条件下从给付义务对于实现合同目的亦有可能产生至关重要的影响，因此不能一概排除与主给付义务之间的对等关系。

本案中，东方梦公司主张中科英华公司未提供次承租人工商注册登记所需要的住所证明、要求拆除外墙广告招牌、禁止变更用途转租，因而其有权行使抗辩权拒绝支付租金。

关于东方梦公司的这一上诉理由，首先，考察合同约定的各给付义务之间的相互关系。对于出租人义务，涉案合同第二条、第三条约定了出租人中科英华公司交付适租房屋的义务，第六条、第七条、第十一条分别约定了中科英华公司交付租赁物广告使用权、允许承租人转租、提供工商登记手续的义务。从条款的顺序看，涉案合同中出租人的主给付义务为交付租赁物的义务，提供工商登记手续、交付租赁物广告使用权、允许承租人转租相较于交付租赁物均为从给付义务。对于承租人义务，涉案合同第四条约定了承租人东方梦公司支付租金的义务，在文义上优先于对承租人义务的其他约定，因此该项义务属于承租人的主给付义务。从当事人约定看，[①]承租人的主给付义务和出租人的从给付义务之间存在成立对价关系的可能。

其次，考察各从给付义务的履行与合同目的实现的关系是否密切。从义务的内容看，结合涉案合同第二条和双方庭审陈述，双方一致同意的合同目的为开办酒店，在开办酒店不成功时将涉案物业全部转租。因此，需要考察三项义务的履行与开办酒店的目的之间关系是否密切。第一，出租人未提供工商登记手续，次承租人仍具有占有使用租赁物的条件，东方梦公司未予举证证明次承租人因不能办理工商登记而退租的情形，且出租人未配合办理的次承租人承租面积占整体租赁面积的比重较低。第二，出租人未交付租赁物广告使用权，承租人仍可在租赁过程中选择其他广告宣传方式。第三，出租人未允许承租人转租，属于出租人的法定权利，与承租人占有使用租赁物无关。因此，提供工商登记手续、交付租赁物广告使用权、允许承租人转租均不影响承租人实际占有使用租赁物的合同目的的实现，相较于交付租赁物，三项义务均为出租人的从给付义务。

因而，中科英华公司提供工商登记手续、交付租赁物广告使用权、允许承租人转租的义务，和东方梦公司支付租金的义务之间并非处于对价关系之债务，东方梦公司主张的同时履行抗辩权不满足当事人互负债务的要件。

---

① 根据双方签订的合同约定来确定双方的权利义务的观点，见于最高人民法院公布的十九起合同纠纷典型案例之周某诉重庆某房地产开发有限公司房屋买卖合同纠纷案，2015 年 12 月 4 日。

综上,东方梦公司主张的同时履行抗辩权不成立,应予驳回。

(二)先履行抗辩权之认定

关于东方梦公司主张对中科英华公司未提供消防安全检查材料行使先履行抗辩权的上诉理由。我国《合同法》第六十七条规定了先履行抗辩权,它被认为来源于《国际商事合同通则》(PICC)第7.1.3条(拒绝履行)规定之(2):凡当事人各方应相继履行合同义务的,后履行的一方当事人可在应先履行的一方当事人完成履行之前拒绝履行。在学理上,先履行主义认为,自己履行是请求对方履行的前提条件,即双务合同的一方当事人,必须自己已履行或已提出履行,然后始得向对方要求履行;而同时履行主义认为,双务合同的一方当事人,得以请求人尚未履行作为理由,拒绝自己的履行,以行使抗辩权,请求对方履行,并不以自己已履行为前提条件。[①] 因此,先履行抗辩权与同时履行抗辩权的差异仅在于,先履行抗辩权要求履行具有先后顺序,且无双方互负的债务均已届履行期的规定,除此之外,二者的其余构成要件均相同。

本案中,双方合同约定变更规划用途不能成功不影响合同履行,而提供消防安全检查材料是变更规划用途的前提条件。因此,中科英华公司履行提供消防安全检查材料的义务与否不影响合同履行。这一义务应当被认定为从给付义务,它与东方梦公司支付租金的主给付义务之间,亦不构成对价关系。因此,本案不满足当事人互负债务要件,因此东方梦公司主张的先履行抗辩权亦不成立,应予驳回。

综上,东方梦公司不支付第二期租金的行为为违约行为,法院据此判决东方梦公司承担违约责任。

【案例点评】

同时履行抗辩权和先履行抗辩权的认定,在实践中易产生混淆,进而使当事人行使两类履行抗辩权的行为易被认定为双方违约、违背了公平原则。本案明确了同时履行抗辩权的三个构成要件,包括双方互负的债务均已届履行期、他方不履行债务或未提出履行债务、双方互负债务。本案涉及对其中每一个要件的具体理解和适用,因而具有较强的参考价值。同时,本案认为先履行抗辩权与同时履行抗辩权的差异仅在于履行的先后顺序,为准确判定中国法中特殊的先履行抗辩权提供

---

① 韩世远:《合同法总论》,法律出版社2017年版,第281页。

了参考。

【裁判心得】

履行抗辩权的理论研究和司法认定,是合同法领域的热点和难点。该领域之所以得到较多关注,主要有以下两方面的原因:一是三种履行抗辩权各自的构成要件,如债务履行期届满、债务处于对价关系等,在不同的判例中均需详细考察;二是三种履行抗辩权之间容易产生混淆,如在同一合同的履行中,可能发生多种履行抗辩权,需要根据双方约定的债务履行期进行分阶段的考察。本案中,当事人即同时主张同时履行抗辩权和先履行抗辩权。对两种抗辩权的构成要件结合具体案例进行厘清,同时对两种抗辩权加以区分,是本案在履行抗辩权研究领域作出的尝试和努力。

孔伟诉和文不当得利纠纷案

汤　平[*]　姜　斐[**]

关键词

情谊行为　赠与　附条件的合同　不当得利

裁判要旨

1. 在社会交往中，情谊行为往往是当事人出于好意，为了增进与他人之间感情或发扬良好道德风尚而作出。情谊行为是正常的社会生活的需要，因此法律不应当过度介入这一社会生活层面的关系，否则将使社会生活规则被破坏殆尽。① 但是，如果某个行为已经越过了情谊行为的边界，破坏了双方道德、习惯、风俗并上升为法律行为，则需要用法律加以规制，在诉讼中需要法官进行价值判断。

2. 赠与行为虽然具有无偿性，但终归属于一种法律行为，应当受到法律的规制。《合同法》总则中明确规定当事人对合同的效力可以附条件。赠与合同作为一种特殊合同，在所附解除条件生效时，赠与行为失效，受赠人继续持有赠与物品则失去法律上的依据，构成不当得利。

相关法条

1.《中华人民共和国合同法》第四十五条、第一百八十五条。

2.《中华人民共和国民法总则》第一百二十二条。

---

* 汤平，北京市第一中级人民法院民二庭法官。

** 姜斐，北京市第一中级人民法院民二庭法官助理。

① “房良生、徐红仙与马岗等人身损害赔偿纠纷案”，江苏省宜兴市人民法院(2006)宜民一初字第528号民事判决书。

3. 最高人民法院《关于贯彻执行〈中华人民共和国民法通则〉若干问题的意见（试行）》第一百三十一条。

【当事人基本情况】

上诉人（一审被告）：和文。

被上诉人（一审原告）：孔伟。

【基本案情】

孔伟向一审法院起诉请求：判令和文偿还263.7万元及其利息（自2016年9月12日起至清偿之日止，按中国人民银行同期同类贷款基准利率计算），并承担本案全部诉讼费用。

一审法院认定事实：孔伟与和文均认可双方于2016年3月确立了恋爱关系，后于2016年七八月份结束恋爱关系。在双方恋爱期间，孔伟为了追求和文并博得和文的好感，孔伟于2016年5月2日通过银行转账方式汇入和文银行账户内20万元（5万元×4笔）；同年5月8日，孔伟又以相同方式汇入和文银行账户内155.7万元（在个人转账汇款业务受理回单中用途一项注明“房款”）；同年5月20日，孔伟又以相同方式汇入和文银行账户内8万元（5万元+3万元）；同年6月20日，孔伟又以相同方式汇入和文银行账户内20万元（5万元×4笔）；同年6月21日，孔伟又以相同方式汇入和文银行账户内15万元（5万元×3笔）；同年6月22日，孔伟又以相同方式汇入和文银行账户内20万元（5万元×4笔）；同年6月23日，孔伟又以相同方式汇入和文银行账户内5万元；同年7月20日，孔伟又以相同方式汇入和文银行账户内20万元（5万元×4笔）。以上共计263.7万元。和文于2016年5月5日以银行转账方式汇入孔伟银行账户内20万元。庭审中，和文认可使用上述款项用于购房、购车及其个人的生活支出。孔伟与和文结束恋爱关系之后，多次向和文请求返还上述款项。但和文以涉案款项属于孔伟为博得其好感而无偿赠与、双方之间没有借贷关系为由，拒绝返还上诉款项。

【审理结果】

北京市海淀区人民法院于2019年5月20日作出（2016）京0108民初33381号民事判决：和文返还孔伟243.7万元及其利息（以243.7万元基数，自2016年9月12日起至款项付清之日止，按中国人民银行同期同类贷款基准利率计算）。判决后，和文向北京市第一中级人民法院提起上诉。北京市第一中级人民法院于2019年9月5日作出（2019）京01民终7101号民事判决，对关于和文退款及利息的判项予以维持。

【裁判理由】

法院生效裁判认为:根据已查明的事实及双方当事人的陈述,在孔伟向和文分多次打款期间,双方之间属于恋人关系。和文在开庭时表示,孔伟向其赠与涉案款项的目的是打动自己,一起过日子,没有借贷的意思表示。孔伟亦称,其想获得和文的好感,想以后结婚,想帮助和文。此外,2016 年 5 月 8 日,孔伟向和文所汇 1 557 000 元款项的用途一栏中注明为“房款”。由此可见,孔伟向和文赠与大量钱财的基础是双方之间的感情存续,以及继续往下发展直至结婚的可能。根据《合同法》第四十五条规定,当事人对合同的效力可以约定附条件。附生效条件的合同,自条件成就时生效。附解除条件的合同,自条件成就时失效。本案中,孔伟向和文赠与大量财物已明显超出情侣之间日常情谊交往的范畴,带有为今后共同生活打算的意思表示,应理解为在双方赠与合同中附了相应条件。和文上诉称孔伟向其汇款完全属于无偿赠与、并不附带任何条件,这与事实相悖且明显不符合常理,故本院不予支持。在双方当事人感情破裂后,赠与合同业已解除,和文继续占有涉案款项欠缺合法依据。一审法院以不当得利为由,判决和文应向孔伟退还涉案款项并支付对应利息正确,本院予以确认。

【裁判解析】

本案是男女之间在恋爱后、结婚前,由财产问题所引发的不当得利纠纷。因案件的内容在社会交往中具有普遍性且涉及规制方式的交叉,在不同人的视角中争议较大。在此应当肯定的是,恋爱作为一种男女间交往的形式,本身是依靠感情维持双方之间的关系的存续。而互赠礼品作为一种加深双方感情的方式,在常人的视角中,本身不应属于法律所调整的范围,若法律干预过多将使公众产生法律或司法机关“爱多管闲事”的错觉。但是,如果所赠物品已经明显超出了日常交往的界限且以确定法律关系为条件时,则相关纠纷应当上升至司法层面予以解决。本案受赠人和文一再强调,赠与人向其转款只是希望改善其生活、获得其好感,并无其他目的。但是法院在判断本案争议的核心问题时,应当从社会交往的常理出发,结合案件事实本身,对本案是否属于法律所规定的不当得利进行价值判断。现分述如下:

(一)本案是否应当构成附条件的赠与合同

1. 情谊行为与无偿性法律行为的区分

我国作为礼仪之邦,社会中对于人情往来格外重视,情谊行为在日常交往中时有发生。在特征与表现形式上,情谊行为往往具有无偿性、利他性,这就与很多无偿性的民事法律行为相一致。正因如此,有学者将我国《合同法》上规定的赠与合同、无偿客运合同、无偿保管合同等无偿合同亦称为"情谊合同"。[①] 在现实大千世界中,人们难以单纯从概念上将情谊行为与无偿性法律行为相区别。本案亦属于需在道德与法律双重层面考虑分析的案件,法官需要凭借其学识与判断对案件事实进行综合考虑,往往需要丰富的生活经验。结合本案,男女恋爱期间在节日或者特别时间节点上,互送礼物加深感情,正是属于日常情谊行为的表现形式。如果法律对因此产生的纠纷随意介入,不仅会破坏社会固有的生活规则,还会将原有的纠纷扩大。本案上诉人和文在一、二审的诉讼过程中,虽没有使用情谊行为这一专业术语,但是坚称涉案200余万元是孔伟为了追求其、讨好其、改善其生活需"无偿赠与"给自己的,相关纠纷不应通过诉讼程序来解决。考虑到和文非法律专业人士,我们应当对其所称的"无偿赠与"这一概念作两种考虑。第一种,若和文所称的"无偿赠与"即是我们民法体系中的赠与,则由此所产生的纠纷应当由与其相关的"赠与合同"法律规定加以调整,本文将在下文论述。第二种,若和文所称的"无偿赠与"是双方在情侣关系之下做出的情谊行为,或者带有情谊行为的成分,那么将情谊行为与法律行为进行分界,无疑是认定法院是否可以介入本案的前提之一。

我国台湾地区学者史尚宽先生认为:"实施法律行为必须由当事人具有意思表示为前提条件,就是说,意思表示的内容是法律规范调整的必备条件。"[②]在大陆法系的民法领域中,意思表示作为法律行为的特别成立要件,常常与法律行为相等同,二者并无本质的差异,因此有人提出用意思表示来对情谊行为与法律行为进行区分。意思表示通俗地说是指行为人将内心意思表露于外部,愿意接受法律规制,希望得到法律效果。情谊行为有时也会有"意思的表示",但终究不属于意思表示。比如,出租车司机路上碰见自己的朋友,招呼其上车,将朋友送回家,这便是一种常见的情谊行为。出租车司机虽然对其朋友有"意思的表示",但是并没有愿意接受法律规制、与朋友建立法律关系的表示。与之相对应的是,出租车司机路上见到路人,招呼其上车,将路人送回家。这时的出租车司机对于路人的表示,便是一种意思表示,一种希望与其建立法律关系的表示。即使到达目的地以后,司机免除了乘客的车费,那也应当是双方之间法律关系成立之后免除付款义务的问题。意思表示与"意思的表示"的不同虽然可以区分大多数情谊行为与法律行为,但是对于区

---

① 王雷:《情谊行为、法外空间与民法对现实生活的介入》,载《法律科学(西北政法大学报)》2014年第6期。

② 史尚宽:《民法总论》,中国人民大学出版社2000年版,第306页。

分情谊行为与无偿型的法律行为,比如赠与时,却显得极为乏力。因为无偿型的意思表示与“意思的表示”在外观上并无界限,强行比较甚至会陷入思维的死循环之中。对此,朱庆育认为:所谓法律行为的特别成立要件,实质上都不能成为法律行为的成立要件。其之所以产生,是法律行为概念演变过程中国家法律干预加强的结果,属于法律的拟制。[①] 正所谓“法律不管琐事”,在社会错综复杂的关系网络中,部分关系可以上升为法律关系,这本身就是一种法律拟制的结果。因此,我们在区分情谊行为与法律行为时,除了要以意思表示作为标准之外,还要依据法律对案件中的行为本身及行为效果进行价值判断。

本案中,在和文与孔伟恋人关系存续不到 5 个月的时间内,孔伟多次向和文打款共计 200 余万元,其中最多的一笔金额为 155 万元。从打款的次数来看,孔伟与和文在打款时应当是形成了打款的合意,否则打款的行为不会成功。从打款金额上来看,200 余万元已经远超于情侣之间送一件衣服、一部手机、一套首饰等日常交往的范畴。在恋人关系结束后,和文已明确表示拒绝退款。在孔伟为短暂的恋人关系付出巨大代价的情形下,和文拒绝退款的态度已经表示道德对双方纠纷已然无法起到有效的规制作用。如法律不对这种情形进行一定约束,依然将其归入情谊行为的范畴,将导致法律与道德之间的界限模糊。因此,无论和文是否对孔伟向其打款的行为有情谊行为的认知,法官应当以自己的价值判断将本案从道德层面上升至法律层面进行调整与规制,将和文口中的“无偿赠与”理解为我国民事法律中的赠与。

2. 涉案打款行为成立附条件赠与合同的理由

《合同法》第十一章对赠与合同的定义、赠与双方的责任、任意撤销权及法定撤销权等问题进行了规定。按照《合同法》第一百九十条的规定,赠与合同可以附义务,附义务赠与合同的受赠人应当按合同约定履行约定的义务。但是,在《合同法》第十一章中并未规定赠与合同可以附条件,很多人将此视为一种漏洞。其实不然,根据章节构造来看,《合同法》第一章至第八章属于总则部分,其余各章属于分则。在总则部分第四十五条中,《合同法》规定合同可以附条件,条件分为生效条件和解除条件。因此,在《合同法》没有例外规定的前提下,《合同法》总则第四十五条当然地适用于分则中规定的各种合同,其中就包括赠与合同。

从合同性质上看,赠与合同作为一种无偿、利他型的合同,是将赠与人的财产

---

① 参见朱庆育:《意思表示与法律行为》,载《比较法研究》2004 年第 1 期。

权让渡于他人，使受赠人的财产增加。因赠与人为财产的输出方，为在财产转移之前保障赠与人的利益，《合同法》规定了赠与人可以享有任意撤销权及法定撤销权。[①] 本案中，因孔伟与和文之间并无法律上的身份关系且涉案200余万元已经转入和文卡中，即所有权业已转移，故孔伟已不能适用任意撤销权及法定撤销权。在孔伟与和文情侣关系的存续期间，孔伟为获得和文的好感，向其赠与大量款项。此时，暂且不考虑和文对孔伟的感情如何，从正常人角度说，孔伟对和文的期待已经不是简单的好感了，而是渴望与其进一步发展，直至最后结婚。当然，法院在案件审理中已经无法完整地查清孔伟向和文打款时，双方的合意是在何种条件与环境下达成。然而首先，从庭审中的陈述来看，和文虽一再否认曾向孔伟允诺与其结婚，但仍称孔伟打款"是为了打动自己，一起过日子"。其次，从涉案款项的用途来看，和文将涉案的200余万元用于买车、房子等可长期持有的标的，亦表明了涉案款项的消费是以双方感情长期存续为前提。最后，孔伟在转汇最大一笔款项时在备注中载明"房款"，这说明孔伟赠与的已不是简单的一支笔、一件衣服。结合孔伟自身的经济实力来说，作为普通的上班族，如此大额的赠与已经不能简单理解成其为了获得和文的欢心的"冲动消费"，而是为了今后一起生活的"长期消费"，此点作为受赠人的和文应当是知晓的。换言之，孔伟对和文的赠与是以结婚为目的，即以结婚为条件。当孔伟与和文顺利结婚，赠与合同所附条件生效时，赠与行为即生效，反之赠与行为即不发生法律效力。

从常人视角来审视，赠与行为如果以结婚为基础，似乎是给受赠人增添了义务负担，使其一旦受赠便要履行结婚义务、丧失了继续择偶的权利，带有买卖婚姻的特性，明显与我国《宪法》所规定的婚姻自由相违背。本案中，和文上诉理由持有的便是此种观点。此时应当注意的是附条件法律行为与附义务法律行为的区别，附条件的民事法律行为中的"条件"，与附义务民事法律行为中的"义务"完全是两个不能混为一谈的概念。"条件"从性质上讲是一种事实，"条件"的成就与否与合同双方是否履行义务无关，而附义务法律行为的生效以履行一定的义务为条件，一方不履行义务即构成违约。在以结婚为条件的赠与行为中，双方约定的结婚事件可能发生，也可能不发生，对双方来说都只是一种期待权而不是可主动要求对方履行

---

① 《合同法》第一百八十六条：赠与人在赠与财产的权利转移之前可以撤销赠与。具有救灾、扶贫等社会公益、道德义务性质的赠与合同或者经过公证的赠与合同，不适用前款规定。《合同法》第一百九十二条：受赠人有下列情形之一的，赠与人可以撤销赠与：（一）严重侵害赠与人或者赠与人的近亲属；（二）对赠与人有扶养义务而不履行；（三）不履行赠与合同约定的义务。赠与人的撤销权，自知道或者应当知道撤销原因之日起一年内行使。

的权利。任何一方都没有必须要履行的法律义务,接受赠与并不意味将来必须结婚,是否缔结婚姻,仍然要完全取决于双方当事人的意愿。赠与方不能以赠与了钱财为由强迫对方结婚,双方的婚姻仍然是自由的,任何一方均可随时拒绝与其结婚而不需履行任何法律义务。相应地,任何一方也不能以缔结婚姻而强迫对方履行赠与行为。

(二)本案是否构成不当得利

《民法总则》第一百二十二条规定,因他人没有法律根据,取得不当利益,受损失的人有权请求其返还不当利益。根据上述法律规定,构成不当得利,需要同时满足以下四个要件:一是民事主体一方取得利益;二是民事主体他方受到损失;三是一方取得利益与他方受到损失之间有因果关系;四是没有法律根据。本案中,孔伟在与和文恋爱期间,向和文转款 200 余万元。在双方分手后,和文拒绝归还上述款项,孔伟已经因向和文转款的行为遭受了经济上的损失。因此,本案的焦点问题是和文受领涉案款项是否具有法律上的根据。

根据我国目前的通说,根据是否具有给付行为,可以将不当得利分为给付型不当得利和非给付型不当得利。非给付型不当得利发生的原因是给付行为以外的事由,具体有三种:给付行为以外的行为;法律规定;自然事件。而给付型不当得利是指给付人有意识地、基于一定目的增加他人财产的行为。[①] 王泽鉴先生在著作中将给付型不当得利中无法律上的原因归纳为欠缺给付目的,具体分为以下三类:自始无给付目的;给付目的嗣后不存在;给付目的不达。[②] 自始无给付目的的不当得利给付时就欠缺给付原因,主要情形有两种:一是非债清偿,即在根本不存在债务的情形下以清偿为目的作出给付行为;二是给付原因未成立、无效或被撤销。给付目的嗣后不存在是指给付时虽有法律上原因,但该给付原因嗣后消灭了。其主要情形有:解除合同、附终期的合同,当解除合同或约定的期限届满时,给付原因随即消灭,给付者可向受领者主张不当得利的返还。给付目的不达,是指给付时是为了以后实现某种目的,但该给付目的最终并没有实现。其中就包括附条件的法律行为,其条件未能成就,目的未能达成。经过上文论述,孔伟向和文赠与涉案款项是为了达到与其结婚的目的,即在赠与行为上附了一个条件,当条件未能成就时,赠与行为的目的便未能达成,因此和文受领涉案款项欠缺法律上的原因,业已构成不当得利。根据最高人民法院《关于贯彻执行〈中华人民共和国民法通则〉若干问题的意

---

① 范明瑶:《不当得利类型化研究》,哈尔滨理工大学法学院 2019 年硕士学位论文,第 11 页。

② 王泽鉴:《不当得利》(第 2 版),北京大学出版社 2015 年版,第 55 ~ 56 页。

见(试行)》第一百三十一条之规定[1],和文应当退还涉案款项并支付利息。

【案例点评】

本案例从男女日常交往中的小事出发,在法律层面界定了"情谊行为"与"法律行为"的界限,对于解答类似案件是否可司法介入具有一定的参考价值。此外,本案在对案情细节进行挖掘与把握的基础上,从理论与实践两方面亦论证了情侣关系存续期间双方间的赠与转变为附条件法律行为的条件,与前文论述"情谊行为"与"法律行为"的界限互相支撑、一脉相承,扫清了受赠方应当以不当得利返还涉案财物的障碍,具有良好的道德牵引及示范作用。

【裁判心得】

民事纠纷的处理与刑事案件审理不同的是,民事纠纷与人们的日常生活融合度更高、界限更模糊。多年的民事案件的审理常常会使法官忽略是否民事纠纷就一定可以作为民事案件处理并进入法院的审理,而本案给"情谊行为"与"法律行为"的区分提供了一个思考及讨论的空间。道德与法律虽然均为社会规则体系中的重要内容,但法律具有强制性,属于权力机关的拟制。对于案件中赠与200余万元的行为如果不通过法律进行规制,那么对于类似案件法律就丧失了其应有的规制作用,从而也会对整个道德体系造成不良影响。情侣之间的"赠与"要从标的物价值、赠与的目的、双方赠与发生的时间点等细节进行全局把握,判定"赠与"是否属于法律行为、是否属于"附条件的法律行为",条件若不成立又应通过何种法律关系要求返还,对于这类纠纷法院应通过个案的解决最终对整个社会道德体系的建设产生示范作用。

---

① 最高人民法院《关于贯彻执行〈中华人民共和国民法通则〉若干问题的意见(试行)》第一百三十一条:返还的不当利益,应当包括原物和原物所生的孳息。利用不当得利所取得的其他利益,扣除劳务管理费用后,应当予以收缴。

吴锦与吴耀炯婚姻自主权纠纷案

白　云[*]　刘雅播[**]

关键词

离婚自主　故意隐瞒　缺席判决　权利救济

裁判要旨

1. 婚姻自主权应包含结婚自主权及离婚自主权。

2. 离婚自主权不仅应包括自主决定是否离婚的权利以及排除第三人非法干涉的权利(但不排除国家司法干预),还应包括在特定场合下对离婚意愿的自主表达权利。

3. 夫妻双方,有保障自己离婚自主的意愿不被第三人非法干涉的权利,也有保障自己离婚自主的意愿不被对方非法干扰的权利。

4. 离婚诉讼中,因一方故意隐瞒或虚假提供另一方地址及联系方式导致法院缺席判决离婚的,另一方可以通过主张婚姻自主权进行救济。

相关法条

1.《中华人民共和国民法总则》第一百一十条。

2.《中华人民共和国侵权责任法》第二条。

【当事人基本情况】

上诉人(一审原告):吴锦。

被上诉人(一审被告):吴耀炯。

---

* 白云,北京市第一中级人民法院民二庭法官。

** 刘雅播,北京市第一中级人民法院民二庭法官助理。

【基本案情】

吴锦向一审法院起诉请求:(1)吴耀炯就侵害吴锦婚姻自主权的行为在各大媒体报刊公开道歉;(2)赔偿精神损失人民币 10 万元、维权支出费用 4 万元;(3)请求法院对吴耀炯以恶意诉讼手段欺骗法院获取对己方有利结果的行为予以追究严惩。

一审法院认定事实:吴锦与吴耀炯原系夫妻关系,于 1984 年 3 月 6 日登记结婚,1988 年 6 月 30 日生一子吴宇光。2011 年 3 月,吴耀炯向北京市海淀区人民法院提起离婚诉讼,该案审理过程中,法院按吴耀炯所提供吴锦的手机电话号码、原户籍所在地地址以及原工作单位均无法联系到吴锦或查找到其下落;经法院向吴耀炯一方询问,其亦表示不能提供吴锦的其他联系地址、电话及其亲属地址、电话等。后法院于《人民法院报》依法刊登公告向吴锦送达民事起诉书及开庭传票后,对此案进行缺席审理,并于 2011 年 8 月 4 日作出(2011)海民初字第 10931 号民事判决,准予吴耀炯与吴锦离婚,随后以公告形式向吴锦送达民事判决书。

吴锦于 2016 年向北京市第一中级人民法院提请再审,法院作出(2016)京 01 民申 400 号民事裁定,认定根据法律规定,当事人对已经发生法律效力的解除婚姻关系的判决书、调解书不得申请再审,裁定驳回吴锦的再审申请。

吴锦主张,在前述离婚案件的审理中,吴耀炯向法院隐瞒了其长期在香港工作和居住生活的事实,致使法院未能向其送达诉讼文书,导致其未能依法参加离婚诉讼从而"被离婚"、侵害了其婚姻自主权;吴耀炯则表示,其长期与吴锦分居并失去联系,其不存在向法院隐瞒吴锦下落的行为。针对双方各自主张及反驳意见,双方分别提交了相应证据。

吴锦提供主要证据如下:一、香港永久居民身份证以及吴耀炯的外国专家证,证实吴锦在 2003 年 10 月即已取得香港永久居民身份,而吴耀炯在 2009 年即已经取得加拿大国籍,欲以此证实吴耀炯在离婚诉讼中向法院隐瞒二人身份及国籍情况,隐瞒自己长期在深圳工作和居住的事实。二、清华大学深圳研究院(甲方)与香港大学(乙方)签订的《合作研究协议书》,该协议书落款时间为 2009 年 6 月 29 日,协议书约定"甲方委派吴耀炯为甲方项目联系人,乙方委派吴锦为乙方项目联系人",且吴锦、吴耀明分别于 2009 年 6 月 29 日及 6 月 30 日在协议书落款项目负责人处签名,欲以此证实吴耀炯了解吴锦的工作单位及联系方式,双方一直存在联系。三、2009 年 6 月 18 日及 2010 年 5 月 11 日香港上海汇丰银行有限公司发出的吴耀炯账户月结单复印件,以及 2011 年 9 月 5 日香港东亚银行有限公司发出的吴锦、吴耀炯联系账户月结单复印件,月结单通讯地址分别为“10A BLOCK1,TAM TOWERS,25SHA WAN DRIVE,VICTORIA RD POKFULAM HK”以及“FT B10/F BLK1TAM TOWERS25SHA WAN DRIVE POK FU LAM,HK”,该两个地址是对方,即吴锦在离婚诉讼期间居住于香港的住址,欲以此证实吴耀炯知悉上述地址。四、双方之子吴宇光的书面证言,吴宇光在证言中表示吴耀炯于 2005 年之前在加拿大读书,此期间假期都会回到香港的家中居住,2005 ~2006 年及以后从加拿大回到香港家中长期居住,2007 年 1 月吴耀炯申请领取香港居民身份证,在此期间经由吴锦帮助在深圳找到工作,2006 ~2011 年,每个周末从深圳回香港家中居住,都是周五晚上回家,周日晚上去深圳,寒暑假及节假日也是在香港家中居住,这期间自己和母亲吴锦也多次到清华大学深圳研究生院吴耀炯的宿舍看望,全家还多次外出旅游,其家庭生活和谐,父母并无大的争吵,一直到 2011 年,母亲吴锦让其看了吴耀炯与其他女性同居的录像资料等,且其与吴耀炯近年来也有电邮等联系。五、杜宏机证言,杜宏机出庭作证称,其系甘肃省人民政府驻京办事处退休职工,其与吴锦、吴耀炯夫妻都很熟悉,吴锦给其领导看过病,他们夫妻在加拿大时给自己来过信,吴耀炯研究干细胞,他们夫妻找自己说要在北京发展项目,自己就帮忙找了投资商,2009 年至 2011 年他们从深圳或香港来北京,都是夫妻一起来的,自己基本都把他们夫妻安排在宁夏大厦住宿,2011 年最少回来过两三次,每次回来自己都见过,最后一次见面是 2011 年天热的时候,让自己给项目拉投资,后项目没有搞成,吴耀炯没有再来过,吴锦在香港也联系不上了,直到这次诉讼才联系到自己。六、(2011)海民初字第 10931 号诉讼卷宗材料,依据该案起诉书,吴耀炯提供吴锦现住址为“北京市海淀区西苑操场 1 号 3 号楼 1 单元 302 号,电话为 13641008923”。询问笔录记载,法院向吴耀炯委托诉讼代理人告知通过其所提供吴锦的地址送达,邮件因查无此人被退回,吴耀炯委托诉讼代理人向法院表示没有吴锦其他的联系方式,也无吴锦亲属的地址信息及联系方式,申请公告送达;庭审笔录记载,经询问,吴耀炯表示联系不上吴锦,儿子在香港也联系不上,吴锦的亲属中父亲去世了,仅有 2 个弟弟但没有联系方式,其与吴锦双方于 2000 年开始分居,2002 年签订分居协议,吴锦于 2011 年 4 月去过自己单位一次,砸了其住处的门,拿走其全部证件;庭审后法院再次向吴耀炯询问,其是否还有其他吴锦的联系方式或其亲属的地址及联系方式,吴耀炯均答复没有,并保证其陈述属实,申请公告送达判决书。另,庭审中,吴耀炯提供双方 2002 年签署的分居协议书一份,落款处除有双方签字外,见证人处载有“汤平”签字,吴耀炯称汤平是吴锦的朋友,但目前没有其联系方式。

七、汤平的书面证言一份,主要内容为其与吴锦和吴耀炯都很熟悉,2008年、2009年几次请他们来广州玩,自己没有见过吴锦及吴耀炯离婚判决书中认定的协议书,也没有签过名。

吴耀炯质证意见为:对证据一,香港永久居民身份证没见过,对外国专家证真实性不认可,认可吴锦及吴耀炯二人都具有加拿大和中国双重国籍,但吴耀炯正在申请注销加拿大国籍保留中国国籍。对证据二,认为协议书没有骑缝章,不能确认第一页及第三页的真实性,且不能确认落款处香港大学公章的真实性,即使协议书是真实的,也只能说明两人各自代表所在单位,与双方婚姻关系不存在关联,且协议书没有履行;经法院询问吴耀炯认可双方于2009年签订过协议,但表示2009年年底去香港即找不到吴锦了。对于证据三,真实性认可,但不认可合法性关联性及证明目的,其表示银行记录确实是有吴锦、吴耀炯的地址,但银行卡是之前办理的,如果没有办理变更一直会寄送之前的地址,不能以此证实吴锦的地址没有变更。对证据四,认为吴宇光在证言中所述均不是事实。对证据五,认为吴锦与证人有更大的利害关系,且此前出具的书面证言是吴锦代书证人签字的,不能代表证人的真实意思,且不能达到吴锦的证明目的,即使双方处于分居状态,也可以见面。对证据六,真实性认可,但对证明目的不认可,认为自己并未隐瞒真实情况。对证据七,真实性、关联性及合法性均不认可,分居协议书中其与吴锦的签字都是真实的,其他人不能证实婚姻状况。

吴耀炯提供的主要证据为经公证机关公证的吴耀炯向吴锦及吴宇光电子邮箱所发送电子邮件,其中2010年11月7日给吴锦的邮件提出双方分居多年,希望离婚等,并在附件中附离婚协议书一份;2011年4月20日给吴锦的邮件提出昨天吴锦又过来拍照及录音,双方关系已经没有存在的必要了,希望不要让吴宇光做这种事等;其中2011年6月28日给吴宇光的邮件,主要内容为其为吴宇光购买了一个包,存放在尖沙咀的店里,让吴宇光打印附件持身份证去取;其中2011年12月29日给吴宇光的邮件,主要内容为很久没写信了,一直很挂念吴宇光,自己与吴锦关系不好已经很久了,法院已经同意双方离婚,不管遇到什么困难自己会一直帮助和牵挂吴宇光,希望吴宇光照顾好自己等;其中2016年5月12日邮件中要求吴宇光将附件中信件转交吴锦。欲以此证实其一直通过邮件与吴锦联系,并在诉讼前希望协议离婚,后又说明了法院判决离婚的情况,但一直没有收到回复。吴锦对上述证据的真实性认可,但提出自己当时已经离开香港大学,不再使用此前邮箱,无法收到相应邮件,仅收到儿子转交的2016年5月12日邮件中信件,且吴耀炯在上述邮件中均未说明已经起诉离婚的情况。

另,吴锦就其主张的侵权经济损失,提供其得知离婚判决后前往法院进行查档的相关差旅费票据、其办理委托公证差旅费票据、其办理立案及参加庭审的差旅费票据以及办理委托公证的公证费票据及载明律师费的委托代理协议等证据。吴耀炯对上述证据的真实性认可,证明目的不予认可。

本案审理中,法院询问吴耀炯在离婚诉讼中为何未向法院说明吴锦在香港工作生活的情况,其表示因为不知道吴锦在香港的住址,联系不到,且发电子邮件对方也未回复,故无法向法院提供。

【审理结果】

北京市海淀区人民法院于2016年12月27日作出(2016)京0108民初34757号民事判决:驳回吴锦的全部诉讼请求。判决后,吴锦向北京市第一中级人民法院提起上诉。北京市第一中级人民法院于2018年12月21日作出(2018)京01民终2388号民事判决,判决:一、撤销北京市海淀区人民法院(2016)京0108民初34757号民事判决;二、吴耀炯于本判决生效后十五日内赔偿吴锦精神损害抚慰金人民币5万元整;三、驳回吴锦的其他诉讼请求。

【裁判理由】

法院生效裁判认为:本案现已查明的事实如下。吴耀炯知晓吴锦早已离开北京,长期在香港工作、生活的情况;吴耀炯在香港开设个人账户以及与吴锦的联名账户时,向银行预留了香港的通讯地址,其对该地址应当知悉;2009年至2011年,吴耀炯和吴锦曾在离婚诉讼期间共同来北京接洽项目。以上情况,吴耀炯在离婚诉讼中未向法院披露。通过吴耀炯提供的电子邮件内容可知,其起诉离婚后并未向吴锦或者双方之子吴宇光告知,判决生效后也仅向吴宇光告知过离婚的结果。基于上述事实,一审法院认定吴耀炯在离婚诉讼中的行为造成对吴锦在民事诉讼中诉讼权利的侵害并无不当,本院对于一审法院的上述认定予以认同。

本案二审的争议焦点就在于吴耀炯在离婚诉讼中上述违反诚实信用原则的行为是否构成对吴锦婚姻自主权的侵害。

婚姻自主权是指婚姻当事人有权按照法律的规定,自主自愿地决定自己的婚姻问题,不受任何人强制或干涉的权利。婚姻自主权的内容包括结婚自主决定权和离婚自主决定权。

离婚自主决定权是指,婚姻当事人在夫妻关系破裂、不愿再继续维持婚姻关系的情况下,自主决定解除婚姻关系的权利,该权利的行使不受婚姻关系的另一方及第三人的干涉。决定离婚的一方也可以依据其婚姻自主权,诉诸法院裁决,最终由法院根据双方感情是否破裂,作出准予双方离婚或者不准予离婚的判决结果。虽然是否离婚由法院判定,不取决于婚姻一方当事人是否同意离婚,但是离婚诉讼中,婚姻相对人有权发表意见表达自己对于离婚的意愿,行使自己的婚姻自主权。离婚自主决定权的内容,不仅体现为自主决定是否离婚,在特定场合下还体现为对离婚意愿的自主表达。就本案情形而言,吴耀炯在离婚诉讼中违反诚实信用原则的行为,不仅对吴锦在离婚诉讼中诉讼权利的行使构成妨害,同时客观上使得吴锦未能在诉讼中自主表达离婚与否的意愿。而在诉讼已经启动的情况下,如果吴锦不能在诉讼中表达这种意愿,则她将彻底失去在法律程序中表达离婚与否意愿的机会。因此,吴耀炯的行为显然是构成了对吴锦婚姻自主权的侵犯,吴耀炯对此应承担相应民事责任。

吴锦要求吴耀炯赔偿精神损害抚慰金,理由正当,考虑到吴耀炯的过错程度等具体情节,本院酌定为 5 万元。针对吴锦要求吴耀炯就侵害婚姻自主权的行为在各大媒体报刊公开赔礼道歉的请求,本院认为,吴耀炯并未将相关事实对外宣扬,侵权行为导致的消极影响并未扩散到不特定多数人范围。故本院不予支持。对吴锦要求吴耀炯赔偿包括本案律师费在内的维权支出费用 4 万元的请求,由于吴锦提交的证据不足以证实其有 4 万元费用的支出,且该项诉讼请求缺乏相应法律依据,故本院不予支持。

【裁判解析】

本案系民事案件案由修改后本辖区内第一例婚姻自主权纠纷,既涉及侵权领域中对婚姻自主权的理解与适用,也涉及诉讼中对侵犯离婚自主权的救济问题,同时也离不开对离婚诉讼中一些典型、突出问题的探讨。本案事实较为清晰,重点在于法律适用层面上的把握和价值衡量上的判断,现分述如下:

(一)婚姻自主权的概念特征及司法保护现状

1. 婚姻自主权之概念特征

婚姻自主权是公民自己作主决定其婚姻的缔结和解除,不受其他任何人强迫或干涉的人格权[①],被规定在《民法总则》第一百一十条以及《侵权责任法》第二条中,在侵权法领域有其保护依据。基于人类社会文明的不断发展,婚姻自由是大势所趋。在当代婚姻关系中,除了自由平等的核心本质之外,更有着多元利益的牵

---

① 杨立新:《人身权法论》,人民法院出版社 2006 年版,第 730 页。

涉,当二者出现冲突时,法院如何进行二者之间的衡平既是重点也是难点。

婚姻自主权属于人格权,具有人格权的一般特征,除此之外,婚姻自主权还有权利人须具有完全的婚姻行为能力以及单方不能独立行使的特征。而后者作为婚姻自主权的代表性特征要求其行使须与相对人形成合意,无论在婚姻的缔结还是解除阶段。如夫妻双方都同意离婚,则因意思表示一致而解除婚姻关系,如双方无法形成合意,则诉诸法院依法裁决,一方不能强制相对人接受自己的意见。

2. 婚姻自主权之司法保护现状

笔者在中国裁判文书网检索婚姻自主权民事纠纷,以判决结案的只有 25 件。(如图 1 所示)

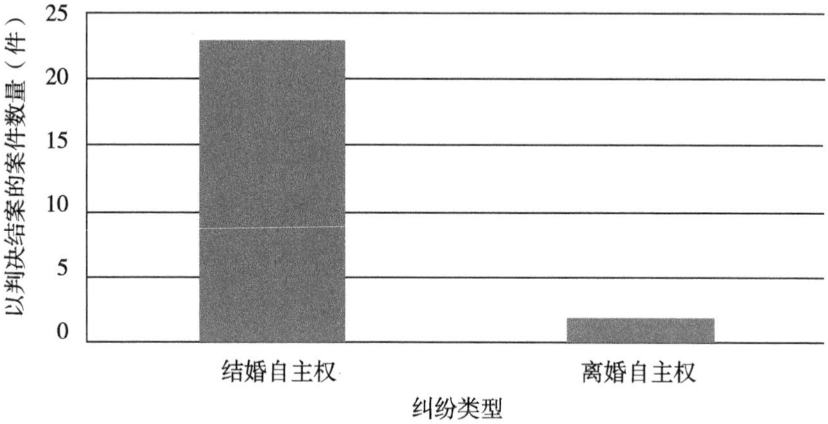

图 1　婚姻自主权纠纷数据情况

其中,涉及结婚自主权的为 23 件,支持原告诉讼请求的有 12 件(占比 52.17%),责任承担方式主要为判令停止侵害和提供户口本。涉及离婚自主权的只有 2 件,支持原告诉讼请求的有 1 件(占比 50%),即本案。在地域上,位列前三的地区分别为北京、甘肃和天津。(如图 2 所示)

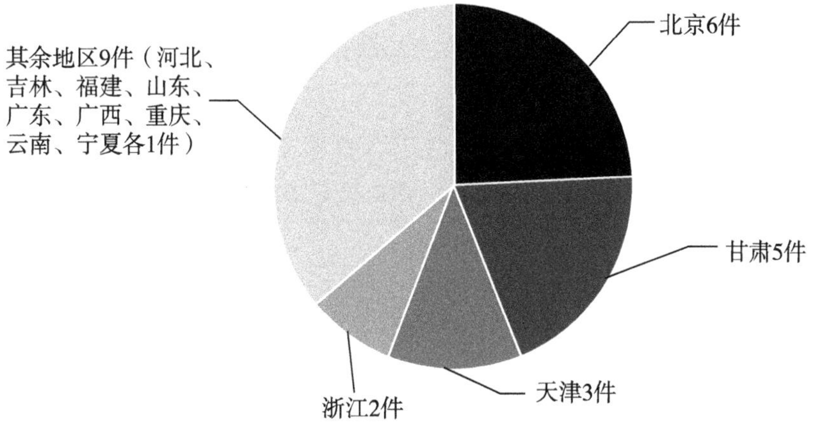

图2　婚姻自主权纠纷地域分布

从上述数据可以总结出当前婚姻自主权纠纷司法救济的特征：第一，总体上案件少；第二，离婚自主权纠纷更为罕见；第三，中西部所占比例相对较高。的确，随着社会文明程度的发展，实践中侵害结婚自主权的纠纷已在逐渐减少，但被离婚、骗离婚等矛盾冲突的层出不穷，与上述数据有所反差。正因为社会文明的进步，我们可以预料在未来，对离婚自主权的保护需求远远会超过结婚自主权，那么对离婚自主权的研究即为现实需要，在审判领域更应该体现对该项基本人格权应有的司法保护。

（二）离婚自主权的内涵及责任构成

1. 离婚自主权的内涵

婚姻自主权应当包含结婚自主权和离婚自主权，但目前无论是理论界还是实务界，对离婚自主权的研究都远远少于结婚自主权。这一方面源于实践中相关案例数量少，另一方面也体现出对该类问题的忽视。

离婚自主权从权利内涵来说，不仅应包括自主决定是否离婚的权利以及排除第三人非法干涉的权利（但不排除国家司法干预），还应包括在特定场合下对离婚意愿的自主表达权利。当夫妻双方就离婚问题无法私下达成一致时，决定离婚的一方可以依据其婚姻自主权，诉诸法院裁决，最终由法院根据双方感情是否破裂作出准予双方离婚或者不准予离婚的判决结果。虽然是否离婚由法院判定，不取决于婚姻一方当事人是否同意离婚，但是在离婚诉讼中，婚姻相对人有权发表意见表达自己对于离婚的意愿，行使自己的婚姻自主权。本案虽然并非离婚诉讼，但系因离婚诉讼而起，原告认为被告在之前的离婚诉讼中未能如实提供女方的地址和联系方式,致使法院无法有效送达进而剥夺了其对于离婚意愿自主表达的权利。因此,对于本案原告而言,首先能够通过主张其婚姻自主权来寻求救济。

2. 侵犯离婚自主权的责任构成

离婚自主权的侵权责任在无特殊规定情形下与一般侵权责任无异,适用过错责任原则,其责任构成应包括客观行为、损害事实、因果关系以及主观上的过错。

(1)侵害离婚自主权的客观行为样态

一般来说,侵权行为依其表现形态的不同可以分成作为的与不作为的加害行为。作为的加害行为通常易于外界识别,实践中常见的有暴力、胁迫、强制干涉离婚自由的行为,例如通过殴打、胁迫等方式强迫相对人同意离婚,强制不准离婚或欺骗离婚等。而消极的不作为方式,是指应有所为却有所不为,多发于因一定关系而使法院认定有积极行为的义务①,如意外事故中,司机纵无过失亦有将伤者送医救治的义务,再如因从事一定职业或开启某种关系而承担防范危险的义务。

具体到本案,笔者认为,基于在离婚诉讼中当事人双方的婚姻关系,双方有保障自己离婚自主的意愿不被第三人非法干涉的权利,也有保障自己离婚自主的意愿不被相对方非法干扰的权利。基于此,婚姻双方当事人有义务不去干扰相对人的自由表达权。本案中,根据法院查明的事实可知,被告吴耀炯存在故意隐瞒原告吴锦工作住所及联系方式等信息真实情况的行为。在民事诉讼中,原告一方有义务向法院提供被告真实的住址或联系方式等信息。在离婚诉讼中,基于当事人双方的身份关系,起诉离婚的一方更有义务如实提供被告的相关信息,以保障相对方能够自主表达意愿。为了达到解除婚姻关系的目的而恶意隐瞒相对方的真实信息,是以一种消极不作为的方式剥夺了对方的自由表达权。

(2)侵害离婚自主权的事实

合法权益被侵害是侵权责任成立的构成要件之一。司法实践中,我们有时会称之为"损害后果",事实上,"损害"与"侵害"有所不同。"侵害"主要是权利人的合法权利无法行使或不能行使,"损害"则更侧重于侵害带来的后果,是民事赔偿责任的构成要件。在人身自由权、婚姻自主权这类人格权产生的保护性请求权中,只要具备侵害事实即可,损害应作为进行赔偿的依据或严重情形予以考虑,而并非侵权责任成立的构成要件。针对离婚自主权的侵害,基于其权利内容,当权利人无法行使或不能行使自由表达权或自主决定是否离婚的权利时,即受到侵害。

---

① 王泽鉴:《侵权行为》,北京大学出版社 2014 年版,第 92 页。

(3)因果关系

当侵权行为引起了损害后果,我们就说该客观行为是引起该损害后果的原因,因此存在因果关系。就离婚自主权来说,要求被诉的侵权行为为侵害事实的原因。本案被告隐瞒原告吴锦工作住所及联系方式等信息真实情况的行为,导致法院未能进一步查找线索从而尽可能向吴锦直接送达诉讼文书,以利于其到庭应诉,而只能通过公告方式送达,对双方离婚案件缺席审理并作出判决。客观上使得原告未能在诉讼中自主表达离婚与否的意愿,更加不能在诉讼中行使自由决定是否离婚的权利,因此,在侵权行为与侵害事实之间存在因果关系。

(4)行为人主观上存在过错

过错主要指对行为人主观心理状态的评价。随着构成要件理论的发展以及过错证明的日益困难,对主观过错的判断一般通过相对客观的标准,即客观行为、行为人应有的注意义务水平、损害后果的严重程度等,来综合进行认定。

本案中,被告的主观故意较为明显。根据一、二审法院查明的事实:首先,被告吴耀炯知晓原告吴锦早已离开北京,长期在香港工作、生活的情况;其次,吴耀炯在香港开设与吴锦的联名账户时,向银行预留了香港的通讯地址,其对该地址应当知悉;最后,2009 年至 2011 年,吴耀炯和吴锦曾在离婚诉讼期间共同来北京接洽项目。以上情况,吴耀炯在离婚诉讼中未向法院披露。通过吴耀炯提供的电子邮件内容可知,其起诉离婚后并未向吴锦或者双方之子吴宇光告知,判决生效后也仅向吴宇光告知过离婚的结果。基于以上事实,被告在离婚诉讼中完全有能力向法院提供女方有效的联系方式及住址等信息,但却未向法院如实提供,且在能够通过电子邮件甚至见面的方式联系上本案原告的情形下,未将起诉离婚以及最终法院判决离婚的事实告知本案原告。因此,法院认为吴耀炯在侵害女方离婚自主权的行为上存在主观上的故意。

3. 本案是否构成侵害婚姻自主权之审查判断

本案通过法院对事实的查明可知,被告吴耀炯存在隐瞒吴锦工作住所及联系方式等信息真实情况的行为,违背了民事诉讼中的诚实信用原则,对此,一、二审法院观点一致。分歧在于一审法院认为吴耀炯的行为只造成对于吴锦在民事诉讼中应当享有的答辩、辩论等诉讼权利的侵害,但未对吴锦自由表达离婚与否意愿的权利加以限制和剥夺,因而尚不能构成对其离婚自主权的侵害。

通过上述对侵害离婚自主权责任构成的分析可知,吴耀炯的行为在客观上侵害了原告吴锦的离婚自主权、导致了吴锦不能行使离婚中的自由表达权和自主决定权,并且主观上存在故意,构成了对吴锦婚姻自主权的侵害,应承担相应责任,因此二审对本案予以改判。值得注意的是,本案合议庭在进行裁判之时,显然还将“被离婚”当事人的合法权益救济纳入考量视野之中,这需要对婚姻诉讼的特殊规定作进一步分析。

(三)婚姻自主权纠纷的审判思维路径

1. 离婚诉讼中的缺席判决

如上所述,离婚不仅仅是身份关系的单纯解除,还关涉子女抚养、财产处置甚至是两个家庭的多方利益分配。因此,对于婚姻关系的缔结和解除,在法律上保障当事人自由表达的权利显得尤为重要。这也是为何在离婚诉讼中,原则上夫妻双方需本人到庭,同时也要尽量避免出现缺席判决的情况。但遗憾的是,本案恰巧属于缺席判决的情况且判决解除双方的婚姻关系。本文对本案所涉离婚诉讼不予评价,但本纠纷的发生与我国离婚诉讼制度不能割裂来看。

我国《民事诉讼法》第二百零二条规定:“当事人对已经发生法律效力的解除婚姻关系的判决、调解书,不得申请再审。”也就是说,上述规定切断了恢复婚姻关系的可能,解除婚姻关系的判决书、调解书不可逆转,“被离婚”一方对解除的婚姻关系没有救济权利,只能服判息诉。就域外来看,在德国,离婚诉讼对于被告不允许缺席判决;在美国,离婚诉讼允许缺席判决,但缺席判决后允许当事人提出异议。

2. 侵害离婚自主权的救济

在一般民事案件中,原告故意隐瞒被告联系信息致使法院缺席判决的行为,同时侵害了被告的诉讼权利及实体权利,被告可以通过再审程序进行维权。离婚诉讼中,原告的此类行为同样侵犯了被告的诉讼权利和实体权利,但基于离婚诉讼的特殊规定,受害人无法通过再审途径寻求救济。实践中此种“被离婚”的情况并不少见,引发了很多的信访事件①,非常不利于纠纷的化解。

本案中,原告不能在离婚诉讼中表达意愿,意味着她彻底失去在法律程序中表达离婚与否意愿的机会。面临上述有损害、无救济的局面,其以侵犯婚姻自主权为由提起诉讼,可以说已经穷尽了能够通过法律手段进行维权的方式。法院在裁判时,不仅正向考查本案侵权责任的成立与否,也从逆向关注了原告维权的现实困境。保障社会公平正义是司法审判与生俱来的“天性”,面对实践中出现的钻制度空子、故意侵害他人合法权益的情形,司法应当给予受害者应有的救济,这既是发

---

① 王琦:《离婚案件公告送达弊端及完善》,载《黑龙江史志》2009 年第 16 期。

挥司法的应有职能,也是彰显一种法律人的情怀。诚然,司法裁判仍要以侵权责任的构成要件为核心,本案基于侵权的主客观要件全部满足,且有确凿的证据能证明被告在离婚诉讼中的明显故意这一情况,改判构成侵权,实现了法律效果与社会效果的高度统一。

【案例点评】

本案系民事案件案由修改后本辖区内第一例婚姻自主权纠纷,既涉及侵权领域中对婚姻自主权的理解与适用,也涉及诉讼中对侵犯离婚自主权的救济问题,同时仍涉及离婚诉讼中的一些典型问题。二审裁判在结合案件具体事实的基础上,在侵权责任构成要件的法律框架内,对当事人有损害、无救济的维权困境进行救济,并且充分运用了法学方法论中的文义解释、体系解释、社会学解释以及利益衡量的方法,对侵害婚姻自主权的责任构成及认定进行剖析,具有指导价值和积极意义。

【裁判心得】

保障社会公平正义是司法审判与生俱来的"天性",二审法院在审理该案时,合议庭进行了多次的合议及反复的论证。在裁判时,不仅正向考查本案侵权责任的成立与否,也从逆向关注了原告维权的现实困境,既发挥了司法的应有职能,也彰显了一种法律人的情怀,实现了法律效果与社会效果的统一。

北京冠城酒店物业管理有限公司与北京冠城热力供应有限公司、北京金房暖通节能技术股份有限公司无因管理纠纷案

李晓龙[*]　刘雅璠[**]

关键词

无因管理　意思表示　构成要件　管理意思

裁判要旨

无因管理的构成不仅需要管理人在客观上管理的是他人的事务，同时还要求管理人在主观上须有为他人管理事务的意思。无因管理最为核心的制度价值体现在调和"禁止干预他人事务"及"奖励人类互助精神"两项原则，基于此，管理人将他人事务误以为自己的事务而进行管理，因缺乏管理意思而不构成无因管理。

相关法条

《中华人民共和国民法总则》第一百二十一条。

【当事人基本情况】

上诉人（一审原告）：北京冠城酒店物业管理有限公司。

被上诉人（一审被告）：北京冠城热力供应有限公司、北京金房暖通节能技术股份有限公司。

---

* 李晓龙，北京市第一中级人民法院民二庭法官。

** 刘雅璠，北京市第一中级人民法院民二庭法官助理。

【基本案情】

北京冠城酒店物业管理有限公司(以下简称冠城物业公司)向一审法院起诉请求:(1)判令北京冠城热力供应有限公司(以下简称冠城热力公司)即日起承担北京市海淀区冠城南园、冠城北园(以下简称冠城南、北园)热水系统设施设备运行管理和维保维修义务;(2)判令冠城热力公司向冠城物业公司支付于2016年3月至2018年4月为其垫付的冠城南、北园热水系统维修材料费230 304元、人工费529 760元,合计760 064元;(3)判令北京金房暖通节能技术股份有限公司(以下简称金房公司)对第一项和第二项诉讼请求承担连带赔偿责任;(4)本案诉讼费由冠城热力公司和金房公司承担。

一审法院认定事实:1998年9月21日,冠海公司(委托方,甲方)与冠城物业公司(受托方,乙方)签订委托合同,约定甲方将冠城南、北园及冠海大厦委托乙方实行物业管理。委托管理事项的第二项为共用设施、设备及管线的维修、养护、运行和管理,包括共用的采暖通风、给排水、换热、管道、阀门、开关、强弱电配电管线等。委托管理事项的第十一项为负责向业主和物业使用人收取供暖费等费用。委托管理期限始于业主委员会成立之前,止于业主委员会成立时。

2003年7月21日,冠城热力公司成立。

2005年9月26日,冠城物业公司与冠城热力公司签署北园热水循环泵移交表,注明部分设备噪音大,抓紧修复。

2005年10月14日,冠城物业公司与冠城热力公司再次签署北园热水循环泵移交表,注明部分设备噪音大,不循环,抓紧修复,并载明水泵不转由冠城物业公司继续修复,其余全部交由冠城热力公司地热站。

2009年7月,冠城热力公司(甲方)、郑牧童(乙方)、郝旭东(丙方)、金房公司(丁方)签订《北京市海淀区马甸月季园一区、二区、玉兰园及冠城园小区供暖事宜之框架协议》(以下简称框架协议),约定丁方受让乙方、丙方持有的甲方全部股权。框架协议在"二、甲方权利义务"中规定:"5.上述股权转让手续完成后,甲方与冠城南、北园小区居民或用热单位继续履行已签署的供热服务协议并提供优质的供暖、供热服务……12.交易事项全部完成后,甲方承诺24小时不间断地为冠城南、北园居民供应热水,热水温度不低于摄氏45度,每吨热水收费标准为18元。""四、丁方权利义务"规定:"1.丁方承诺,交易事项全部完成后,丁方对本框架协议约定的甲方的各项合同义务承担连带保证责任。""五、丁方的陈述和承诺"规定:"3.丁方承诺,本框架协议约定的交易事项全部完成后,甲方名下的锅炉房及其供暖设备、设施的维修、保养、更新、技术改造、运营安全及其他一切责任均由甲方及丁方承担并支付全部费用,乙方、丙方或其他关联方(如北京冠海房地产有限公司)将不再承担任何责任及费用。4. 丁方同意,甲方已收取的供热区域 2008 年度的供暖费、热水费收入由乙方、丙方按照交易事项完成之前对甲方的持股比例分别享有,2009 年至 2010 年度供暖费、热水费收入由交易事项完成后的甲方股东即丁方享有。但 2009 年 3 月停止供暖后,甲方为保证冬季供暖对供暖热备进行维修所发生的费用,丁方同意在审核确认后 7 日内支付给乙方、丙方指定的北京冠海房地产有限公司。"

2015 年 8 月 9 日,冠城园社区业主委员会成立。

2016 年至 2018 年,冠城物业公司对冠城南、北园楼内热水系统进行过维修,产生相应费用支出。

目前,冠城物业公司仍为冠城南、北园提供物业服务单位。冠城热力公司收取冠城南、北园的热水费。

2018 年 11 月 29 日,本案庭审中,冠城物业公司称本案诉争的系楼内热水系统,不包括供暖系统;冠城热力公司在框架协议签署前负责楼内维修维保,但之后不负责,其之所以现在才起诉,是因为开发商与其、冠城热力公司曾是一家集团的,且一开始没有存在热水系统老化的事情,2009 年到 2016 年发生的问题少,费用不多,所以其自己承担了。

2018 年 12 月 13 日,本案庭审中,冠城物业公司称其无因管理期间为 2009 年 7 月至今,其从 2016 年 3 月才知道 2009 年的框架协议,才知道自己是在进行无因管理。冠城热力公司主张本案诉争的是热水系统,不属于热力系统,不应由《北京市供热采暖管理办法》和《物业管理条例》所规范;冠城物业公司没有提供与业主委员会的解聘文件,所以冠城物业公司仍是物业服务单位,对热水管线负有维护义务;框架协议中仅约定了热水提供服务,没有承诺维保热水管线。

【审理结果】

北京市海淀区人民法院于 2019 年 2 月 27 日作出(2018)京 0108 民初 40519 号民事判决:驳回北京冠城酒店物业管理有限公司的诉讼请求。判决后,冠城物业公司向北京市第一中级人民法院提起上诉。北京市第一中级人民法院于 2019 年 7 月 24 日作出(2019)京 01 民终 5314 号民事判决,判决:驳回上诉,维持原判。

【裁判理由】

法院生效裁判认为:根据各方的诉辩主张,本案涉及以下几个焦点问题,现分别评述如下。

关于本案是否构成无因管理的问题。无因管理是指没有法定的或约定的义务,为了使他人利益免受损失而管理他人事务的行为。管理人有为他人管理事务的意思是无因管理的构成要件。管理人应当对此承担证明责任。具体到本案中,根据冠城物业公司的主张,其认为冠城物业公司并非涉案热水系统的所有权人,也不是热水供应单位和受益人,不负有法定的或者约定的对冠城南、北园热水系统设施设备的运行管理和维保维修义务,但是却事实上承担了楼内热水运行供水管线设备的维保维修义务,进而构成无因管理。经本院审查,冠城物业公司系案涉小区的前期物业服务企业,自房屋交付业主使用后,即实际履行热水系统设施设备的运行管理和维保维修义务。2003 年,冠城热力公司成立后,冠城物业公司并未与冠城热力公司签订合同明确约定移交上述义务。2009 年 7 月冠城热力公司股权变动涉及的框架协议中,冠城物业公司不是协议的当事人,且该协议也没有就小区楼内热水运行供水管线设备的维保维修义务承担主体进行明确。冠城物业公司自述其无因管理期间自 2009 年 7 月开始,但表示当时不知道股权转让的事实。可见,冠城物业公司当时系认为案涉义务是自己的义务而为管理。虽然冠城物业公司称其 2016 年 3 月知道冠城热力公司发生股权变动的事实,但是基于冠城物业公司此前曾负担维修义务,且框架协议中没有明确涉及楼内热水运行供水管线设备的维保维修义务承担主体,所以仅凭知道框架协议的存在不足以认定冠城物业公司主观上有为冠城热力公司管理之意思。加之,冠城物业公司在进行维修时从未告知冠城热力公司,不符合无因管理的通常情形。因冠城物业公司不能证明有为他人管理之主观意思,故其按照无因管理法律关系要求冠城热力公司支付相关费用并由金房公司承担连带责任的诉讼请求本院不予支持。

关于冠城物业公司要求判令冠城热力公司即日起承担北京市海淀区冠城南园、冠城北园热水系统设施设备运行管理和维保维修义务的诉讼请求,因不属于无因管理法律关系下应予审查的内容,故本院不予处理。综上,冠城物业公司的上诉请求不能成立,应予驳回。一审判决认定事实清楚,适用法律正确,应予维持。

【裁判解析】

本案为小区的前期物业服务企业,在不负有相关义务时实际履行热水系统设施设备的运行管理和维保维修义务而产生的无因管理之诉。无因管理作为传统民法中债的发生根据之一,虽然在司法实践中案件数量并不多,但在理论上存在诸多值得探讨和明晰的疑难问题。本案即涉及对无因管理纠纷中核心要件的判断和考

量,同时也关涉无因管理制度本身的价值归依,应从以下几方面着重进行分析:

(一)无因管理构成要件之探讨

对于无因管理的具体构成要件,国内外的民法学理论表述并不一致。如我国台湾地区的王泽鉴先生认为无因管理的构成要件有:管理事务、管理“他人”的事务、“为他人”管理事务、未受委任并无法律上的义务①。我国《民法总则》第一百二十一条沿用了《民法通则》的规定,即没有法定的或者约定的义务,为避免他人利益受损失而进行管理的人,有权请求受益人偿还由此支付的必要费用。由此可以认为无因管理的构成要件有:须为他人管理事务、管理事务利于他人、管理人无法律上的义务。② 尽管各民法学理论对无因管理的表述有所差异,但其核心要件是一致的。结合本案案情,本文着重从无因管理的客观要件和主观要件两个方面进行分析。

1. 客观上管理人管理的必须是他人的事务

客观构成要件着眼于行为的事实性经过与结果,以及与管理人的主观意志无关的其他事实状态。我们认为构成无因管理在客观上应至少满足以下三个条件:首先,构成无因管理的前提条件是管理他人事务,若无管理他人事务的过程与结果,则无因管理的构成便成了无本之木。其次,管理人管理的必须是“他人”的事务。“他人”的事务,意味着践行事务所实现的利益应当归之于他人或者事务与他人有着密切的利益相关性。最后,无因管理的构成还须以管理人管理他人事务系未有法定或者约定之义务为要件。没有法定的义务,在这里是指没有法律直接规定的特定民事主体为特定的他人事务进行管理的负担。

2. 主观上管理人须有为他人管理事务的意思

相较于客观要件,无因管理的主观要件在实践中更难以判断并且在理论上仍存有争议。我们认为,管理人在主观上必须有为他人的利益而进行管理并且意欲将管理之收益归属于他人的意思,对此可称为管理意思。管理意思存在于管理人的内心,实践中可通过行为人的外部行为表达予以判断。当从事物本身具有权利归属时,一般通过管理行为即可推定管理人具有管理意思,比如修缮他人的房屋、清偿他人的债务等;当事物本身权利归属无法推断出是不是“为他人”时,管理人对此具有举证义务,如管理人不能证明,则推定其不具有管理意思而否定无因管理的

---

① 王泽鉴:《债法原理》,北京大学出版社 2009 年版,第 311 页。

② 沈德咏主编:《〈中华人民共和国民法总则〉条文理解与适用》,人民法院出版社 2017 年版,第 819 页。

成立。

(二)本案是否构成无因管理之分析判断

由于社会生活具有现实性、灵活性以及多变性的特点,当我们从理论上分析了无因管理之构成后,会发现实践中的情形依然具有多样性和复杂性,仍然需要经过辨析和论证之后才能得出结论。本案中,根据冠城物业公司的主张,其认为冠城物业公司并非涉案热水系统的所有权人,不负有法定的或者约定的运行管理和维保维修义务,但是却事实上承担了楼内热水运行供水管线设备的维保维修义务,进而构成无因管理。此时,需要通过客观和主观两方面要件逐一进行分析。

首先,从客观上,在冠城物业公司主张无因管理的期间内,其确实如其主张的在进行小区楼内供水管线设备的运行管理和维保维修义务,但上述供水管线设备的权属及履行义务人冠城物业公司并未举证证明。根据本案的证据可知,冠城物业公司系案涉小区的前期物业服务企业,自房屋交付业主使用后,即实际履行热水系统设施设备的运行管理和维保维修义务。2003 年,冠城热力公司成立后,冠城物业公司并未与冠城热力公司签订合同明确约定移交上述义务。申言之,在 2003 年之前,冠城物业公司有义务履行上述义务。而在历经 2009 年冠城热力公司股权变动等事宜后,该小区楼内热水运行供水管线设备的维保维修义务承担主体并不明确。因此,冠城物业公司并未证明其是在对他人事务进行管理。

其次,从主观上,冠城物业公司并没有为被告冠城热力公司和金房公司管理事务的意思表示。在 2009 年冠城热力公司股权变动涉及的框架协议中,冠城物业公司不是协议的当事人,且未就小区楼内热水运行供水管线设备的维保维修义务承担主体进行明确。冠城物业公司自述表示当时不知道股权转让的事实,且基于冠城物业公司此前曾负担维修义务,在无其他证据予以佐证的情况下,可以推定其当时系认为案涉义务是自己的义务而为管理。

最后,即使冠城物业公司确为替他人履行了运行管理和维保维修义务,因其不具有主观上的管理意思,亦不构成无因管理。实践中,如果管理人误将他人事务当作自己事务而进行管理,实际上构成不真正无因管理(误信管理)。我们认为此时不应按照无因管理处理。“为他人”管理事务的意思表示,乃是无因管理制度中最为重要的一项基本要件,旨在决定无因管理的当事人并限定无因管理的适用范围,系无因管理的核心概念。即使管理人实际上为他人履行了义务,但若其不具备为他人管理意思的核心要素,则不应以无因管理请求赔偿,而应通过不当得利或侵权之诉等途径寻求救济。上述结论的得出不仅是基于无因管理构成要件,更是基于法律所赋予该项制度本身的价值内涵。

(三)"管理意思"要素在制度价值中的重要性

对无因管理最早的法律规定出现在罗马法中。基于当时特定的历史环境,管理临时离家之人的事务在很大程度上是战争引发的一种社会需要。时至今日,无因管理制度的价值已发生很大的变化。在今天,无因管理制度在很多方面发挥着它的功能,其最为核心的制度价值是调和"禁止干预他人事务"及"奖励人类互助精神"两项原则①,从而在个人与社会之间寻求一个良好的平衡点。

现代民法私权神圣,从意思自治和责任自负的理念来看,"任何人只能被他所同意的义务所约束",未经要求擅自干涉他人事务,应由行为人自己承担后果,被管理人不应因此负担任何义务。② 但无因管理制度以利他主义为出发点,不但承认这种干涉的正当性,更赋予为他人利益行事的管理人以请求权,允许其向本人索回支出的费用,目的是鼓励社会互助、维护社会利益。民法既要重视私权,也要倡导相互提携、相互扶助的社会公序良俗理念,因为个人的独立和自由必须依赖于社会的共同发展。同时本人的利益与社会整体利益具有连带性,如果没有管理人适当的无因管理行为,本人利益作为社会整体利益之一部分将面临损失的危险,而本人利益的损失其实质是社会整体利益的丧失。这是今天为立法和学理所公认的无因管理制度的价值所在。

因此,从该制度的价值内涵出发,管理人主张无因管理的出发点便在于对他人善良动机以及由此带来的良好结果。故管理人为他人而管理的意思尤为关键,即便某行为符合了无因管理的客观要件,只要不具备管理意思,依然不构成无因管理。本案由于冠城物业公司主观上不具备为他人管理事务的意思,不符合相互提携、相互扶助的制度要求,失去了无因管理制度最根本的内涵基础。因此,即使客观上冠城物业公司替他人履行了义务,其依然不能通过无因管理制度主张相关费用。

【案例点评】

无因管理作为传统民法中债的发生根据之一,虽然在司法实践中案件数量并不多,但在理论上存在诸多值得探讨和明晰的疑难问题。本案既涉及对无因管理纠纷中核心要件的判断和考量,同时也关涉无因管理制度本身的价值归依。二审

① 王泽鉴:《债法原理》,北京大学出版社2009年版,第311页。

② 孙伊璇:《论无因管理制度的理论基础及立法价值》,载《法制与社会》2013年第2期。

裁判在法律框架下，以构成要件为基础，对制度的价值内涵进行分析从而得出裁量，具有指导意义。

【裁判心得】

司法裁判要适用某种法律制度，不仅要立足案件事实、严格适用法律，更要考虑立法者设立该制度的初衷和本意。民法上的无因管理有着相互提携、相互扶助的制度要求，行为人若无为他人进行管理的主观意思表示，便失去了无因管理制度最根本的内涵基础。

孙鹏飞与岳俊明返还原物纠纷案

张　军[*]　刘雅播[**]

关键词

返还原物　合同瑕疵　质押　意思表示　物权行为

裁判要旨

双方当事人具备质押合同的合意是质押合同成立的必要条件。尽管我国《物权法》规定质权合同应当采取书面形式，但基于《合同法》第三十六条对合同形式瑕疵的履行补正之规定，当事人未采用书面形式但一方已经履行主要义务，对方接受的，应认定质权合同成立。物权行为与债权行为相互独立，且行为效力之间互不影响，物权行为的效力不受债权行为效力的影响。

相关法条

1.《中华人民共和国物权法》第三十四条、第二百一十条、第二百一十二条。

2.《中华人民共和国合同法》第三十六条。

【当事人基本情况】

上诉人(一审原告):孙鹏飞。

被上诉人(一审被告):岳俊明。

【基本案情】

孙鹏飞向一审法院起诉请求:(1)岳俊明返还孙鹏飞金杯牌小型客车(车牌号为晋 BKD××)一辆及随车现金 4 万元、行驶证原件一本、车钥匙两把;(2)诉讼费

---

* 张军，北京市第一中级人民法院民二庭法官。

** 刘雅播，北京市第一中级人民法院民二庭法官助理。

由岳俊明承担。

一审法院认定事实:车牌号为晋 BKD × × 的金杯牌小型普通客车(以下简称涉案金杯车)登记在孙鹏飞名下,现由岳俊明实际占有控制,该车辆行驶证及钥匙亦在岳俊明处保存。

另查,2015 年 11 月 28 日,岳俊明与孙鹏飞联系要求其前往瑶台山庄为现场活动进行气球充气,充气完成后岳俊明一方向孙鹏飞支付充气费用 400 元。2015 年 11 月 30 日,岳俊明再次联系孙鹏飞前往红栌山庄进行充气事宜,孙鹏飞到场后,岳俊明称前次充气气球在活动后于 2015 年 11 月 29 日发生爆炸将一辆别克牌 GL8 车辆炸坏、三人受伤,故要求孙鹏飞赔偿,后双方前往崔村派出所进行处理。同日,岳俊明(甲方)与孙鹏飞(乙方)签订书面协议一份,内容为:"经双方协商,达成如下共识,乙方承担本次事故的全部责任:一、乙方赔偿甲方一辆别克牌 GL8 型车,由乙方陪同甲方共同去买车、上户等相关手续,交付甲方使用;二、乙方自行维修以在本次事故中损坏的车修理好并及时转户,方便新车及时上户,上在乙方的户上;三、及时帮助甲方在本次事故中受伤的人员及时就医检查并处理后续的相关损失及财物的赔偿事宜;四、乙方自愿将长城 H6 先暂押在甲方所在地,并将买新车的车款筹备齐后将车开走,时间为协议生效后一个星期,最后期限为 15 年 12 月 7 日以前;五、乙方尽力当天晚上为甲方备钱,不得低于 10 万元;六、其他特殊情况双方再进一步协商处理。"当日即由岳俊明将协议记载的长城 H6 车辆开走,因孙鹏飞当日仅支付岳俊明 4 万元,孙鹏飞另将涉案金杯车一辆交付岳俊明。

上述协议签订后,孙鹏飞于 2016 年 2 月 23 日向北京市公安局昌平分局提出被岳俊明敲诈勒索的控告,该局经审查后于 2017 年 9 月 10 日出具京公昌(崔)不立字[2017]000003 号不予立案通知书,认定该案未达到敲诈勒索的立案标准,故不予立案。

本案审理过程中,双方均提交了公安机关所作的询问笔录作为证据。笔录显示孙鹏飞于 2016 年 2 月 23 日、2016 年 11 月 19 日被询问时陈述:其告知过岳俊明充的是氢气,2015 年 11 月 30 日双方到派出所后是岳俊明提出私了,之后双方到饭店签订了协议,自己认为未发生过爆炸,岳俊明是敲诈勒索。笔录另记载岳俊明于 2015 年 12 月 12 日、2016 年 2 月 27 日、2016 年 3 月 13 日、2016 年 7 月 26 日、2016 年 11 月 19 日被询问时陈述:充气球时其询问过孙鹏飞是否为氦气,孙鹏飞说是,所以之前并不知道是氢气,双方 2015 年 11 月 30 日到派出所后孙鹏飞提出私了,当天就带孙鹏飞看了物证,一起去吃了饭,吃饭期间孙鹏飞写了协议,其间没有威胁过孙鹏飞,受损车辆之后修理花了 10 万元左右。笔录还显示公安机关曾向 2015 年 11 月 29 日发生爆炸时受伤的人员刘涛、郝贵志、岳志明进行询问了解,其陈述与岳俊明陈述基本一致;另向签订协议时所在饭店的老板、孙鹏飞的朋友邵爱军、汽车修理厂老板询问了解,未发现双方签订协议时有过冲突,事后修车花费 9 万元左右。

庭审中,孙鹏飞认可签订协议当晚看到过受损的别克牌 GL8 车辆,但称上述协议系在遭受岳俊明方胁迫的情况下签订的,不是真实意思表示,主张双方于 2015 年 11 月 30 日所签协议应为无效。

【审理结果】

北京市昌平区人民法院于 2019 年 6 月 25 日作出(2018)京 0114 民初 6410 号民事判决:驳回孙鹏飞的诉讼请求。判决后,孙鹏飞向北京市第一中级人民法院提起上诉。北京市第一中级人民法院于 2019 年 8 月 26 日作出(2019)京 01 民终 7936 号民事判决,判决:驳回上诉,维持原判。

【裁判理由】

法院生效裁判认为:本案的争议焦点为岳俊明是否应返还孙鹏飞主张的金杯牌小型客车(车牌号为晋 BKD × ×)一辆、随车现金 4 万元、行驶证原件一本及车钥匙两把。

《物权法》第三十四条规定,无权占有不动产或者动产的,权利人可以请求返还原物;第二百零八条第一款规定,为担保债务的履行,债务人或者第三人将其动产出质给债权人占有的,债务人不履行到期债务或者发生当事人约定的实现质权的情形,债权人有权就该动产优先受偿;第二百一十条规定,设立质权,当事人应当采取书面形式订立质权合同;第二百一十二条规定,质权自出质人交付质押财产时设立。本案中,孙鹏飞与岳俊明于 2015 年 11 月 30 日签订书面协议,该协议系双方当事人真实意思表示,且不违反法律、行政法规的强制性规定,属合法有效,双方均应依约履行。本院结合双方陈述及现有证据可以确认的事实为,孙鹏飞未按照上述协议约定的内容履行相应义务,为担保债务的履行,将涉案金杯车、行驶证原件及车钥匙作为质押物交付给了岳俊明。《合同法》第三十六条规定,法律、行政法规规定或者当事人约定采用书面形式订立合同,当事人未采用书面形式但一方已经履行主要义务,对方接受的,该合同成立。本案中,孙鹏飞与岳俊明虽未就本案所涉金杯车作为质押物设立质权订立书面质押合同,但孙鹏飞为担保债务的履行已自愿将涉案金杯车、行驶证原件及车钥匙交付给了岳俊明,岳俊明亦予以了接受,质押合同应予成立，岳俊明由此取得质权符合法律规定。故，岳俊明作为质权人，对涉案金杯车、行驶证原件及车钥匙的占有属于有权占有。孙鹏飞上诉称：岳俊明的损害并非其充气的氢气球造成，不应由其承担赔偿责任，岳俊明非法扣押孙鹏飞车辆，双方之间的协议系被胁迫所签订，应为无效协议。对此，本院认为，首先，双方基于氢气球爆炸导致岳俊明人身伤害以及财产损失而签订了书面协议，就损失赔偿一节达成一致，孙鹏飞否认岳俊明遭受损害与其充气的氢气球有关，但就签订协议一节没有作出合理解释且未提供证据证实；其次，孙鹏飞称岳俊明非法扣押其车辆及车辆行驶证和车钥匙，协议亦是受岳俊明胁迫所签，亦未就此提供充分证据证明；最后，孙鹏飞并未在法律规定的期限内向法院主张撤销该协议。故，孙鹏飞之上述意见，没有证据支持，本院不予采信。孙鹏飞主张返还本案所涉车辆等物品，缺乏法律依据，本院不予支持。

关于孙鹏飞上诉要求岳俊明返还 4 万元现金一节，根据孙鹏飞一审及二审的陈述可知，孙鹏飞自认该 4 万元现金系其为履行协议内容主动支付给岳俊明的赔偿款，在协议合法有效的基础上，孙鹏飞主张返还 4 万元现金的请求，无事实及法律依据，本院不予支持。

【裁判解析】

本案是以特殊动产（机动车）为标的形成的返还原物纠纷，案件核心在于对质押合同与物权变动行为的判断和认定，在实务中案件量较少，但存在诸多问题值得探讨。在我国民法物债两分的背景下，对债权行为与物权行为的理解不仅关系到个案裁判，更加关涉民事主体之间的交易安全。本案涉案车辆移转和占有状态的评价需要对债权和物权两种行为进行分析，其特殊性体现在对行为人意思表示的理解以及合同形式瑕疵的处理，以下分别予以评述：

（一）关于本案债权行为效力的判断

1. 意思表示的解释

意思表示，指将企图发生一定私法上效果的意思，表示于外部。① 于法官而言，对当事人的意思表示予以解释是无时不在进行的工作，包括某特定行为是否为意思表示、内容如何、会引发何种效果等。债权合同行为因当事人互相表示意思一致而成立，本案中判断质押合同是否成立首先要分析当事人是否具有动产质押的合意。

---

① 王泽鉴：《民法总则》，北京大学出版社 2015 年版，第 317 页。

如上所述,意思表示虽然由内心意思及外部表示所构成,但是内心意思难以测知,只能通过表示行为而使其在外部上可以被认识。具体到本案,是否具备质押的意思也要通过外部行为来进行考量。根据已查明的事实可知,孙鹏飞将其所有的涉案金杯车、行驶证原件及车钥匙交付给了岳俊明,岳俊明予以接受,但双方之间并未签订书面合同或协议,仅以此不足以认定质押合同的意思表示。但本案一个不可忽视的事实在于,孙鹏飞是在未按照双方前期约定的协议内容如期履行债务的前提下,不仅将车辆交付给了岳俊明,也将行驶证原件及车钥匙一并交付。结合双方当事人的陈述,有理由推定孙鹏飞的交付是为了担保债务的履行,在无相反证据的情况下,可以认定孙鹏飞有将车辆作为质押担保的意思表示,在岳俊明接受上述财物的同时,可以认为双方当事人存在订立质押合同的合意。

2. 合同形式瑕疵之法律效果

对于合同的形式,现代民法一般采用形式自由主义,但法律仍然规定某些合同必须采用特定的形式。例如本案所涉的质押合同,我国《物权法》第二百一十条规定,设立质权,当事人应当采取书面形式订立质权合同。由此,当订立质权合同应采取书面形式而未采取书面形式时,该合同形式上出现瑕疵。针对合同形式瑕疵,我国《合同法》第三十六条规定,法律、行政法规规定或者当事人约定采用书面形式订立合同,当事人未采用书面形式但一方已经履行主要义务,对方接受的,该合同成立。该条规定合同的形式瑕疵可以因履行而补正,从而使形式瑕疵的合同能够例外地发生约束力,克服了形式强制主义过于僵化、限制交易自由的弊端,这是值得肯定的。从合同形式的功能上看,因履行而补正形式瑕疵是有其正当理由的。

3. 对本案质押合同的理解与评价

基于上述分析,通过当事人的外部行为可以得知双方具备订立质押合同的意思表示,但并未订立书面合同,因此合同在形式上存在瑕疵。就书面形式而言,当事人虽然没有采用书面形式订立合同,但已经履行了合同债务,其实际履行之行为通常表明其已经对此项交易予以慎重考虑,并非基于一时冲动而作出决定,因此,履行之事实已经发挥了与书面形式类似的警示功能。此时,合同虽未采用书面形式,但若有其他证据证明合同的主要内容,没有理由再以欠缺书面形式为由将合同判定为不成立。因此,依据《合同法》第三十六条以实际履行补正形式瑕疵的规定,在质押的合意之下,孙鹏飞已经将涉案车辆交付给岳俊明,且岳俊明予以接受,此时应当认定质押合同成立。

（二）关于本案物权行为效力的认定

1. 关于特殊动产质权之设立与变动

通常来说，判断物权变动应包含两个基本要素，即发生物权变动的效果需要当事人达成债权合意，其次需要履行相应的交付或者登记程序。《物权法》第二十四条规定：“船舶、航空器和机动车等物权的设立、变更、转让和消灭，未经登记，不得对抗善意第三人。”该条仅规定特殊动产物权变动以登记为对抗善意第三人的要件，对于特殊动产物权变动的生效要件及适用范围，则并未明言。关于特殊动产物权变动的生效要件，尽管理论上存在合同生效说、交付生效说等多种观点，但我们认为，关于特殊动产物权变动的生效要件之确定应先立足于《物权法》条文本身的规定，否则会有偏离法律之嫌。特殊动产属于动产，固无疑义，在法律无特别规定情形下，特殊动产质权设立应遵循动产质权设立的一般规定。《物权法》第二百一十二条规定，质权自出质人交付质押财产时设立。因此，特殊动产质权亦应自出质人交付所质押的特殊动产时设立。

2. 本案质权行为的效力

评价本案质权行为的效力关键在于考查如下两点：一是双方当事人之间是否有质押行为的合意；二是就涉案动产是否通过交付进行公示。基于上述分析，本案孙鹏飞在未能履行到期债务之后，主动交付涉案车辆、行驶证件及车钥匙，并且岳俊明予以接受，在这一情况下可以认定二者有用车辆担保债务履行的合意。同样基于该行为，孙鹏飞也完成了车辆的交付，岳俊明由此取得质权，对涉案车辆等物品系有权占有。尽管孙鹏飞在诉讼中主张岳俊明为非法扣押其车辆及车辆行驶证和车钥匙，协议亦是受岳俊明胁迫所签，但未就此提供充分证据证明。且通过本案证据及双方陈述，孙鹏飞在受胁迫之下签订协议，但未在法律规定的期限内向法院主张撤销该协议，且主动交付涉案车辆的行为也不符合常理。因此，本案的质权在孙鹏飞交付涉案车辆之时已经设立，故，岳俊明作为质权人，对涉案金杯车、行驶证原件及车钥匙的占有属于有权占有。孙鹏飞主张返还本案所涉车辆等物品，缺乏法律依据，不应支持。

3. 物权行为的独立性

物权与债权是不同的权利，因此二者的变动方式亦不相同，二者的区分，是逻辑的必然结果。民法上的“物债两分”原则，意味着物权行为与债权行为相互独立，且行为效力之间互不影响，强调物权行为的效力不受债权行为效力的影响。之所以要求无因性，是基于维护法律交往的便捷性和安全性。因此，就本案而言，质权的设立不受质押合同是否成立的影响，即使本案质押合同不成立或不生效，依然不影响质权的设立，也即只要双方存在以动产担保债务的质押合意并且实现了交付，岳俊明即享有质权，对车辆形成有权占有，在无其他证据反驳的情况下，孙鹏飞要求返还车辆的主张不能得到支持。

【案例点评】

物权行为与债权行为是民法中的核心概念，对二者的区分与理解可谓民事审判过程中的灵魂。二审法院在对两种行为进行充分论证和考量后作出的裁判逻辑清晰，论证有力。加之其中包含对合同形式瑕疵履行补正法律效果的评价，对类案的裁判提供了思路，具有借鉴意义。

【裁判心得】

本案核心在于对质押合同与物权变动行为的判断和认定，虽然在实务中案件量较少，但物权行为与债权行为的裁量关涉民事主体交易安全，因此值得进行深入探讨和理性研判。民事法律行为以意思表示为核心，因此对涉案行为的认识需以意思表示为切入点，在结合案件事实、法律条文及交易习惯的基础上进行考量和把握，以实现司法裁判与生活逻辑的高度契合。

朱正东、汉华易美(天津)图像技术有限公司肖像权纠纷案

张　军*　刘雅播**

关键词

肖像权　著作权　作品　利益衡量

裁判要旨

当一幅肖像作品上产生肖像权和著作权两种权利,并且分属不同的权利主体时,权利主体应当在各自的权限范围内行使权利。一旦出现权利冲突,无论从权利位阶的角度抑或是法益衡量的角度,肖像权都应当优先于著作权被保护。申言之,肖像作品著作权人的权利受制于肖像权,著作权人在行使相关权能时,须经过肖像权人的同意或授权,而此种同意或授权,基于肖像权的公民专有民事权利属性,不能以默示的方法来确认对该权利的放弃。

相关法条

《中华人民共和国侵权责任法》第一条、第二条、第六条。

【当事人基本情况】

上诉人(一审原告):朱正东。

上诉人(一审被告):汉华易美(天津)图像技术有限公司。

【基本案情】

朱正东向一审法院起诉请求:(1)汉华易美(天津)图像技术有限公司(以下简

---

* 张军,北京市第一中级人民法院民二庭法官。

** 刘雅播,北京市第一中级人民法院民二庭法官助理。

称汉华易美公司)立即停止侵犯朱正东肖像权的行为;(2)汉华易美公司在视觉中国(www. vcg. com)网站首页、《人民日报》《北京青年报》等全国公开发行的报纸上连续不少于 30 日向朱正东赔礼道歉;(3)赔偿朱正东经济损失 500 000 元。

一审法院认定事实:朱正东系北京东大正保科技有限公司法定代表人。2015 年至 2017 年,朱正东先后获得了"2015 年度杰出贡献教育人物奖""2016 年度教育行业评选年度教育人物""2017 年度教育风云人物"等多项奖项。

2018 年 3 月 20 日,登陆汉华易美公司经营的视觉中国网站(www. vcg. com)可以看到,在网站"关于我们"页面中,关于视觉中国的介绍表示:"视觉中国是一家国际知名的'视觉内容'为核心的互联网科技文创公司……视觉中国整合全球优质版权内容资源,通过互联网版权交易平台提供亿级的高质量、专业性的图片、视频及音乐素材……"该网站"编辑图片/搜索'395505084'/正保远程教育集团总裁朱正东"页面中有涉案照片,页面右侧显示"您无权下载""正保远程教育集团总裁朱正东"。图片说明为"2008 年 10 月 27 日,正保远程教育集团总裁朱正东,正保远程教育集团朱正东"。图片基本信息为"ID:VCG11395505084,尺寸为19.78×29.67cm(7.79×11.68in.),规格:2336×3504px,存储大小:0.2MB - JPG,肖像权/物权说明:未获得模特肖像权或所有物权授权,图片使用说明:此图片是编辑图片,如用于商业用途,请致电 400 - 818 - 2525 或咨询客户代表,版权所有:1995 - 2018 ○C 视觉中国"。视觉中国网站的视觉中国许可授权信息页面中记载:"1.3'编辑类版权素材'是指具有时事新闻价值,记录可以引起公众兴趣的单纯事实消息的版权素材。"

关于涉案照片的拍摄,朱正东表示系京华时报对其采访过程中,由京华时报的工作人员胡雪柏对朱正东拍摄而成。朱正东表示,针对拍摄的涉案照片双方未以书面方式约定相关权利的归属。朱正东表示其认可京华时报在关于其的采访报道中使用涉案照片,但并未授权京华时报将涉案照片用于其他用途。

关于涉案照片的来源,汉华易美公司表示涉案照片系其用户京华时报通过其账户后台上传至汉华易美公司网站。汉华易美公司同时表示,涉案照片系京华时报员工胡雪柏拍摄而成,京华时报享有涉案照片的著作权,有权将涉案照片授权汉华易美公司代理销售;汉华易美公司表示已经在网站中涉案照片的页面中标识了并未获得肖像权授权,通过后台查询显示涉案照片并未对外办理版权使用许可。此外,汉华易美公司还表示涉案照片在其网站中属于编辑类版权素材,而编辑类版权素材不需要取得肖像权人的许可。关于编辑类版权素材图片的许可是否收费,汉华易美公司表示会基于著作权而收取一定费用。朱正东对汉华易美公司后台中查询显示的未对外授权许可的结果不予认可。

为证明汉华易美公司是以营利为目的使用承载有朱正东肖像的涉案照片，朱正东提交了一份汉华易美公司（乙方）与《环球人物》杂志社（甲方）签订的编辑类版权使用许可协议，该协议约定使用费为28 000元，共涉及四张案外图片。

上述事实，有朱正东提交的时间戳保全文件、网页打印件、荣誉证书、许可协议，汉华易美公司提交时间戳保全文件、证明函及摄影师身份证复印件、网页打印件、工商信息打印件，以及法院的庭审笔录等在案佐证。

【审理结果】

北京市海淀区人民法院于2018年12月10日作出（2018）京0108民初25082号民事判决：一、本判决生效之日起，汉华易美（天津）图像技术有限公司立即停止侵权；二、汉华易美（天津）图像技术有限公司于本判决生效后十日内向朱正东赔偿经济损失10 000元；三、驳回朱正东的其他诉讼请求。判决后，朱正东、汉华易美公司向北京市第一中级人民法院提起上诉。北京市第一中级人民法院于2019年5月7日作出（2019）京01民终1629号民事判决，判决：驳回上诉，维持原判。

【裁判理由】

法院生效裁判认为：结合双方二审的诉辩主张，本案二审争议的焦点问题有二。一是汉华易美公司的行为是否构成对朱正东肖像权的侵害；二是若汉华易美公司构成侵权，一审法院认定的责任承担方式以及赔偿数额是否适当。以下分别予以评析：

（一）汉华易美公司的行为是否构成对朱正东肖像权的侵害

肖像权是自然人对自己的肖像享有利益并排除他人侵害的人格权利，受到法律保护，未经肖像权人同意不得随意使用他人肖像。任何人不得超出肖像权人许可或约定的范围使用肖像作品，即使是享有著作权的主体也不例外。本案中，涉案照片系朱正东正面半身肖像照，汉华易美公司主张该照片属于具有时事新闻价值、记录可以引起公众兴趣的单纯事实消息的编辑类版权素材，不需要肖像权人许可。对此本院认为，京华时报在采访报道中使用涉案照片的确经过了肖像权人朱正东的许可，但当涉案照片被单独截取并以商业目的展示在汉华易美公司网站上时，其便不具备“时事新闻价值”属性，且该照片的展示亦非出于公共安全之目的。因此，在未经朱正东本人同意的情况下，汉华易美公司在其网站中以对外授权许可为目的对涉案照片进行展示，构成对朱正东肖像权的侵犯。

汉华易美公司主张其就涉案照片已经取得了京华时报的授权,有权对外销售该照片的著作权,其并不构成对朱正东肖像权的侵犯。对于汉华易美公司的该项上诉意见,本院不予采纳,理由如下:首先,肖像权是人格权,侧重保护人格利益;肖像作品的著作权属于知识产权,更侧重财产利益的保护。当一个摄影作品中同时存在着肖像权与著作权的双重权利,而双重权利分属两个不同权利主体时,肖像权和著作权两种权利之间并不会互相吸收。基于立法精神的两种权利之间的价值差异,应对人身权益给予更高保障,对著作权的行使不能损及肖像权。因此,享有著作权授权许可并非侵犯肖像权的免责事由。其次,本案双方均认可涉案照片的著作权人为京华时报,本院对此不持异议。汉华易美公司主张,京华时报授权后,其有权就涉案照片进行代理销售。但汉华易美公司并未提交证据证明京华时报对其就涉案照片进行授权许可。故针对汉华易美公司主张其享有涉案照片的著作权人授权许可的上诉意见,本院不予采纳。最后,即使汉华易美公司确有京华时报的授权许可,其对涉案图片所享有的著作权也不能影响朱正东对其所享有的肖像权利益进行保护。而本案中,并无证据证明京华时报已经取得朱正东的许可可以对外授权许可他人使用涉案照片,汉华易美公司亦未取得朱正东本人的认可。在未经肖像权人同意的情形下,汉华易美公司就涉案照片进行代理销售和使用,就是对朱正东肖像权的侵害,汉华易美公司是否得到著作权人的授权并不影响对朱正东肖像权侵权的成立。基于上述理由,本院认为,汉华易美公司无论是否具备涉案照片的著作权许可,均不影响朱正东作为肖像权人对自身肖像权的保护。在未经朱正东同意的情况下,汉华易美公司将涉案照片作为商业用途进行展示的行为构成对朱正东肖像权的侵害,汉华易美公司应承担相应的侵权责任。本院对汉华易美公司的上诉主张不予认可。

(二)若汉华易美公司构成侵权,一审法院认定的责任承担方式以及赔偿数额是否适当

朱正东上诉认为,汉华易美公司应就侵权行为进行赔礼道歉且一审法院判决赔偿数额过低。对此本院认为,《侵权责任法》第十五条虽然确定了八种侵权责任的承担方式,但选择何种责任承担方式,既需要考虑受侵害的权利类型,亦需要考虑具体的侵害情节。本案中,虽然汉华易美公司未经许可将涉案照片在其网站中以对外授权许可为目的进行展示,侵害了朱正东的肖像权。但是,汉华易美公司在展示照片的同时也在网页中对朱正东进行了较为客观如实的介绍,与恶意使用导致受害人精神受到损害的情形存在明显差别。考虑到损害赔偿本身具有财产救济

和财产惩罚的双重功能,本院认为,一审法院选择的赔偿损失的责任承担方式并无不当。上诉人要求赔礼道歉的请求,本院不予支持。另外,本案一审法院根据朱正东的知名度、汉华易美公司的过错程度并结合对朱正东肖像的使用方式、使用范围、使用时间、网站影响力以及当前的市场因素等酌情确定汉华易美公司赔偿朱正东10 000元的处理亦无不妥之处,朱正东主张经济损失50万元的请求欠缺事实依据,本院亦不予支持。

综上所述,汉华易美公司、朱正东的上诉无事实及法律依据,依法应予驳回。一审判决认定事实清楚,适用法律正确,依法应予维持。

【裁判解析】

本案为因人物肖像摄影作品引发的侵权纠纷,虽然案由为肖像权纠纷,但案件核心涉及肖像权与著作权两种权利的交叉和冲突问题。在自媒体飞速发展的时代,人物肖像作品被不当使用的乱象频发,由此产生的对权利人人格权或财产权的损害及两种权利之间的冲突会干扰权利秩序、不利于经济社会的稳定发展。作为居中裁判的人民法院,如何理解并调和权利之间的冲突具有重要意义。本案二审期间正值上诉人之一汉华易美公司经营的视觉中国网站陷入黑洞版权风波,公众关注度高,社会影响面广。公正合法地处理本案不仅是法院定分止争的本质彰显,更是司法指引社会权利秩序良性发展的能动体现。

(一)肖像权与著作权冲突之根源

1. 冲突的产生

传统法学理论一般认为,各种权利都有着自己的行使范围,权利之间也应有一定的界限。但在司法实践中,权利冲突的现象普遍存在,权利之间并不是完全分离的,而是相互交叉、彼此影响的,因此在很多情况下,两项权利之间很难找到准确的分界线。同时,一种利益的实现必定会影响到其他利益的实现,也正是由于这种利益冲突才最终导致了权利的冲突,这是权利产生冲突的根本原因。

肖像权与著作权分别作为人格权与知识产权的一种,看似彼此分离、互不干涉,但二者之间其实有着"深厚的渊源"。肖像,作为一种人格标识,既有法律上的意义。也有美术上的意义,肖像必须固定在物质载体上以作品的形式存在,从而与肖像人客观上相脱离。由此,肖像作品一旦具备智力创作成果,便受到《著作权法》的保护,两种权利之间便产生了理论上的纠缠。此外,相较于著作权,公民肖像权在权利的行使上更为被动和静态,而作品的著作权常被人们认为是一种主动的、动态的权利。因而在某些场合中主动的著作权很容易侵犯被动的肖像权,从此角度来看,作品中著作权与肖像权之间的冲突就十分容易发生。

2. 本案冲突类型之具体分析

作品之所以成为"作品",在于其独创性的表达。如果一幅摄影作品以人物肖像为对象和内容,一旦完成创作或拍摄,无论是否发表,便产生了著作权,而肖像权人在此作品之上当然地享有其肖像权。本案中,涉案照片的拍摄,朱正东表示系在京华时报对其采访过程中,由京华时报的工作人员胡雪柏完成。那么在涉案照片上,便同时体现两方面的权益,一方面是肖像作品著作权人(京华时报)所享有的著作权;另一方面是肖像人(朱正东)就该肖像所享有的人格利益。此时,一幅摄影作品上存在着肖像权与著作权的双重权利,而双重权利分属两个不同权利主体。此时,肖像权和著作权两种权利之间并不会互相吸收抑或相互湮灭,反而有可能在不同权利主体行使权利过程中产生冲突。本案中,汉华易美公司认为其因著作权人京华时报的授权而享有著作权利,而在行使著作权时与肖像权人朱正东发生冲突,此为本案争议的最核心内容。

3. 冲突之下的司法调和

"权利的绝对平等保护"固然为司法的最理想状态,但现实中错综复杂的民事法律关系,使得司法不得不面对和处理权利间的交叉和紧张关系。诚如美国法哲学家 E. 博登海默所指出的那样,法律的主要作用之一就是调整及调和种种相互冲突的利益,而"这在某种程度上必须通过颁布一些评价各种利益的重要性和提供调整这种种利益冲突标准的一般性规则方能实现"①。可以说,在权利的体系中,权利位阶的存在基本上是一个不争的事实,但权利位阶之所以没有整体的确定性,主要是因其涉及价值判断而很难确定。基于人类对价值问题有限的认识能力,我们无法脱离具体情形而先在地把每个权利正确地镶嵌在权利体系的图谱之上,以此解决任何可能出现的权利冲突。所以,在个案中进行具体的考量,就成为人们认识权利位阶、解决权利冲突的暂定方案。

通过个案对权利进行位阶的排序进而判断行为人是否侵权,也许会存有争议,但类似方法的运用在较为复杂案件的处理中是不可避免的,否则就可能无法确定性地解决权利冲突,毕竟法院不能拒绝裁判。正如拉伦兹所说,面对权利冲突,司法裁判不得不根据它在具体情况下赋予各该法益的"重要性",来从事权利或法益的"衡量"。本案中著作权的行使是否侵害到肖像权人的利益,也需要通过权利之

① [美]E. 博登海默:《法理学:法律哲学与法律方法》,邓正来译,中国政法大学出版社 1999 年版,第 138 页。

间的价值差异以及利益衡量来进行判断。

（二）肖像权与著作权之利益衡量

1. 从权利位阶的角度，人格权优先于财产权

诚如上述，权利冲突是法律世界的正常现象。在司法的调和中，"权利位阶"则是解决权利冲突的重要方式之一，为法官提供了可靠的选择机制，即优位权利者优先于低位权利者得到保护，低位权利者需容忍优位权利者的"侵害"。例如《宪法》所保护的基本权利与一般法律中规定的权利相比，前者应当优先于后者受到保护；再如，人格权（尤其是生命权、身体权等）由于内在于人且具有绝对的不可侵犯性，在与财产性权利冲突时，一般应当被优先保护。针对本案中的肖像权与著作权来说，肖像权关涉到人的基本尊严，属于人格权的一种。而尽管《著作权法》第十条规定的著作权所包含的 16 项权利包括了发表权、署名权、修改权以及保护作品完整权 4 项人身性质的权利，但著作权更多地仍是强调发行权、复制权等财产权能，主要还是一种财产性权利。因此，从权利位阶的角度，肖像权应该优先于著作权受到保护。

2. 从法益衡量的角度，肖像权应优先于著作权

我国《民法总则》第一百一十条与第一百二十三条中分别规定了民法所保护的自然人肖像权及民事主体知识产权。虽然为民法所同等保护，但肖像权作为一项基本人格权，为每个公民所与生俱来，它从自然人诞生的一刻起即存在，具有天然的合理性，是人之为人的基本权利之一，任何自然人都享有并且不得被剥夺。而著作权并非每个公民都实际享有的权利，只有进行了创造活动并创作出实体作品的人才能够享有，它存在于人的脑力延伸载体之中，属于一种"后来权利"，体现为一种派生利益。[①] 当二者出现冲突时，基本权利（肖像权）也理应优先于派生权利（著作权）受到保护。

3. 本案两种权利的利益衡量

本案中，汉华易美公司主张，京华时报授权后，其享有著作权的相关权利，有权就涉案照片进行代理销售，因此涉案照片并未侵犯朱正东的肖像权。我们认为，享有著作权授权许可不能成为侵犯肖像权的免责事由。基于上述理由，当一幅作品中承载着肖像权和著作权两种权利，并且分属不同的权利主体时，权利主体应当在各自的权限范围内行使权利。当出现权利冲突时，无论从权利位阶的角度抑或是

---

① 张红：《肖像权保护中的利益平衡》，载《中国法学》2014 年第 1 期。

法益衡量的角度,肖像权都应当优先于著作权受到保护。申言之,肖像作品著作权人的权利受制于肖像权,著作权人在行使相关权能时,须经过肖像权人的同意或授权,而此种同意或授权,基于肖像权的公民专有民事权利属性,不能以默示的方法来确认对该权利的放弃。

具体到本案,即使是著作权人京华时报对涉案照片的使用也须经过肖像权人朱正东的许可,超出许可或约定范围行使著作权会损害肖像权人的合法权益。本案中汉华易美公司将涉案照片作为商业用途进行展示,未经肖像权人的许可,构成对朱正东肖像权的侵害。即使汉华易美公司确有京华时报的授权许可,其对涉案图片所享有的著作权也不能影响朱正东对其所享有的肖像权利益进行保护,在未经肖像权人同意的情况下,汉华易美公司的行为依然构成对朱正东肖像权的侵犯。根据本案现有证据可知,京华时报在采访报道中使用涉案照片的确经过了肖像权人朱正东的许可,但并无证据证明京华时报已经取得朱正东的许可可以对外授权许可他人使用涉案照片,汉华易美公司使用涉案照片亦未取得朱正东本人的认可。此外,涉案照片被单独截取并以商业目的展示在汉华易美公司网站上时,其便不具备"时事新闻价值"属性,且该照片的展示亦非出于公共安全之目的。因此,在未经朱正东本人同意的情况下,汉华易美公司在其网站中以对外授权许可为目的对涉案照片进行展示,构成对朱正东肖像权的侵犯。

需要指出的是,本案是基于双方既无授权、亦无约定、同时也不属于为了维护社会公共利益使用作品的情况而作出的裁量。对肖像作品而言,当其承载了不同主体的肖像权和著作权时,权利的冲突总是难以避免,但我国法律目前对这种冲突如何解决和应对没有明确的规定。法院在裁判过程中,不宜机械地进行权利排序,还要根据具体案情,包括当事人之间就权能行使是否有约定、是否符合侵权构成中的违法阻却事由(如公共利益)等综合进行判断和认定。当前,在司法实践中涉及肖像权与著作权冲突的案件并不多,但随着摄影作品使用率的大幅提升及公民权利意识的不断觉醒,此类纠纷会逐渐增多且情形更为复杂。法院应以定分止争为基本目的,尽可能地实现同一作品中肖像权与著作权之间的利益平衡,并以此使得肖像作品的社会价值最大化。

【案例点评】

本案涉及著作权与肖像权的权利冲突,是审判实践中的疑难问题。本案法官在这个问题上的判断以及论证说理到位、思考充分,特别是将权利冲突下的利益衡量孕育于案件之中，同时高于具体案件之上，凸显出法官深厚的法律功底及准确的价值判断。总之，该判决认定事实清晰、论述严谨周密、逻辑清晰、判断准确，是一篇好的精品案例。本案裁判对今后该类案件的处理提供了方向和思路，具有一定的前瞻性和指导意义，实现了法律效果与社会效果的统一。

【裁判心得】

现实生活的极端丰富性决定了法律规定永远不能涵盖所有现实中的权利冲突。因此，必须通过对法律的理解与适用、对权利的认知与衡量、对利益的关切与平衡，来对个案冲突进行更高层次的思考与把握。法律来源于社会，依社会而行，随社会而进，其必然应当符合社会经济发展的时代要求。司法裁判的功能在于定分止争，但不应停留于定分止争。法院在审理案件过程中，应秉持法治思维，努力实现法律推进社会公平正义的基本目标，满足社会整体利益期待。

中国工艺美术集团有限公司诉郭佳仪合同纠纷案

张　琦*　张丽君**

关键词

就业意向书　预约　本约　违约责任　损害赔偿　信赖利益

裁判要旨

应届毕业生与用人单位签订的就业意向书,在双方均在意向书中明确表示了在未来一定期限内订立劳动合同的意思表示并受此拘束时,此类就业意向书已构成预约。预约具有应当缔约的法律效力,任何一方未依约履行与对方订立劳动合同的义务时,即构成对意向书约定的违反。违约方承担违约责任时,因此类预约对应的本约是劳动合同,故继续履行这一违约责任承担方式没有适用的基础,应主要适用违约金和损害赔偿的违约责任承担方式。损害赔偿的总体范围,应以信赖利益为限,主要指所受损失,不包括所失利益,且不应重于已缔结正式劳动合同后须承担的违约责任。

相关法条

1.《中华人民共和国合同法》第一百零七条、第一百一十三条。

2.最高人民法院《关于审理买卖合同纠纷案件适用法律问题的解释》第二条。

3.《中华人民共和国劳动合同法》第二十二条。

【当事人基本情况】

上诉人(一审被告):郭佳仪。

---

* 张琦,北京市第一中级人民法院民二庭法官。

** 张丽君,北京市第一中级人民法院民二庭法官助理。

被上诉人(一审原告):中国工艺美术集团有限公司。

【基本案情】

2018年4月8日,中国工艺美术集团有限公司(甲方)与郭佳仪(乙方)签订《就业合作意向书(二)》(以下简称意向书),意向书载明:甲方经招聘、考察后拟录用乙方为本单位员工,乙方为应届毕业生,愿意到甲方就业;甲方已如实向乙方介绍本单位情况,安排乙方了解工作岗位情况,经过简历筛选、笔试面试及短期实习考察后,同意录用乙方;乙方应如实向甲方介绍本人情况,愿意到甲方就业并在约定期限内签署相关劳动合同及补充协议;甲乙双方承诺,甲方将在乙方取得毕业证及学位证后,与乙方及其学校签署、办理相关就业手续,相关手续办结后,甲乙双方签订正式劳动合同及有关补充协议,届时乙方应按约到甲方就职;如乙方取得毕业证及学位证后未按约到甲方就职的,乙方应向甲方支付有关费用(包括但不限于招聘费、培训费及实习费用等),且甲方有权向第三方以合理方式披露乙方失信行为;本意向书签订之日起至双方正式签订劳动合同期间,乙方以实习生身份在甲方实习,甲方将按照乙方实际工作时间(以考勤记录为准),每一出勤工作日向乙方支付150元实习补贴;甲乙双方正式签订劳动合同后,甲方为乙方办理落户北京的相关手续。

清华大学出具的《2018届北京地区普通高校毕业生就业推荐表》记载,郭佳仪系国家统一招生录取的普通高等教育毕业生,毕业时间为2018年7月。

2018年7月9日,北京市长安公证处分别出具了(2018)京长安内经证字第29520号公证书以及(2018)京长安内经证字第29521号公证书,对中国工艺美术集团有限公司(以下简称工美集团公司)员工马瑶、刘正一与手机号为17710399907、微信号为A314531401、昵称为beyond的微信用户的微信聊天记录进行了证据保全。29520号公证书载明:2018年6月13日马瑶发送信息称“佳仪:你说要请假2周。眼看就要1个月了。公司人事也在问呢”,手机号为17710399907的用户回复称“不好意思呀姐,这几天手机坏了,刚刚看到,是这样的,答辩完之后,学校这边有很多材料需要提交(需要使用内网)还要经常和导师约时间签字,拍毕业照学位照,后期还要办理离校手续,搬家等等,还是挺多事情的,最早最早也要到7月初了(7月7日学校毕业典礼)”,马瑶回复“佳仪:按照公司人事规定,你需要到公司履行请假审批手续”,手机号为17710399907的用户回复“好的姐,我忙完这几天就过去”。29521号公证书载明:2018年6月21日刘正一发送信息“郭佳仪,马经理通知你今天来公司人事部,你大概什么时间来”,手机号为17710399907的用户回复"姐实在不好意思,这几天我也一直在纠结,个人的规划有所变化,不能按时入职了,实在抱歉",刘正一回复"我公司已于4月8日与你签订了就业合作意向书,并已经为你办理完结北京市落户的相关手续。如果不能到公司就职,我司将采取法律手段向你追索有关费用和公司因此而造成的损失,并且我司有权向第三方以合理方式披露你的失信行为""小郭,还是非常希望你能来工作。作为保利集团旗下重要的公司,我们为有能力的年轻人提供了很好的薪酬福利及晋升通道,望你能慎重考虑,并请尽快回复我",手机号为17710399907的用户回复"姐实在抱歉,在工美实习工作很愉快,工美是一个非常好的工作平台,但是因为我个人的原因,我目前打算先深造了,暂时不计划工作,非常抱歉,也希望您理解"。上述证据保全工美集团公司支出公证服务费3205元。

后工美集团公司将郭佳仪诉至法院,请求判令郭佳仪支付各项费用204 955元,其中包括实习费1750元、招聘费45 000元、指标手续费8万元、重新招聘费45 000元、办公费1万元、培训指导费2万元、证据保全公证费3205元。诉讼中,法院曾多次拨打手机号17710399907与郭佳仪联系,均为郭佳仪本人接听电话。庭审中,工美集团公司主张因郭佳仪无故拒绝入职,导致工美集团公司需要补招人员,并产生包括招聘费、进京户口指标手续费、重新招聘费、办公费、培训指导费的损失。工美集团公司提交郭佳仪2018年3月21日至2018年4月25日的工资明细单,接收函存根,2018年国务院各部委、直属机构及在京中央企业毕业生接收函,2018年应届毕业生进京审批回执以及金额为798元的信息服务费增值税专用发票予以证明。

【审理结果】

北京市海淀区人民法院于2018年12月20日作出(2018)京0108民初54821号民事判决:一、被告郭佳仪于本判决生效后七日内赔偿原告中国工艺美术集团有限公司损失5万元;二、驳回原告中国工艺美术集团有限公司其他诉讼请求。宣判后,郭佳仪向北京市第一中级人民法院提起上诉。北京市第一中级人民法院于2019年5月20日作出(2019)京01民终2404号民事判决:一、撤销北京市海淀区人民法院(2018)京0108民初54821号民事判决;二、郭佳仪于本判决生效后七日内赔偿中国工艺美术集团有限公司证据保全公证费3205元;三、驳回中国工艺美术集团有限公司的其他诉讼请求;四、驳回郭佳仪的其他上诉请求。

【裁判理由】

法院生效裁判认为:郭佳仪与工美集团公司签订意向书时尚未毕业,其与工美集团公司之间并不具有从属性,故双方在签订意向书时系平等民事主体,调整双方之间此阶段的法律关系应适用民事法律规范。结合本案案情,根据双方当事人的诉辩主张,本案的争议焦点在于以下四个问题:

第一,郭佳仪与工美集团公司签订的意向书的效力。本案中,郭佳仪与工美集团公司签订意向书时尚未取得学校毕业证及学位证,客观上存在暂时不能与工美集团公司签订劳动合同的情形,但双方均在意向书中明确约定在郭佳仪顺利毕业后,工美集团公司便与郭佳仪及其学校签署、办理相关就业手续,签订正式劳动合同,郭佳仪应依约到工美集团公司就职,并约定了违约责任承担等权利义务内容。由此可见,郭佳仪与工美集团公司均明确表示了在未来一定期限内订立劳动合同的意思,并受此意思表示的拘束,可以据此认定双方之间就上述内容已达成合意,且未违反法律、行政法规的效力性强制性规定,内容合法、有效,对当事人具有法律约束力,双方当事人均应当按照合同约定行使权利、履行义务。因此,在意向书成立并生效的前提下,郭佳仪主张意向书只是准备合作的意向、没有成立、属可撤销合同、对双方没有约束力等有关意向书效力的上诉理由,缺乏事实和法律依据,法院不予采纳。

第二,郭佳仪是否应承担违约责任。《合同法》第一百零七条规定,当事人一方不履行合同义务或者履行合同义务不符合约定的,应当承担继续履行、采取补救措施或者赔偿损失等违约责任。本案中,根据意向书的约定,郭佳仪与工美集团公司均负有与对方订立劳动合同的义务,但郭佳仪在取得学校毕业证及学位证后,未依约入职工美集团公司、履行缔结劳动合同的义务,故郭佳仪应当承担违约责任。并且,结合 29520 号公证书和 29521 号公证书内容可知,工美集团公司曾就郭佳仪签订意向书后的实习、请假以及催告入职等方面与郭佳仪进行沟通,故郭佳仪主张系工美集团公司违约,未安排其进行实习和签约入职等关于意向书履行情况的抗辩理由,缺乏事实依据,法院不予采信。

第三,一审法院认定郭佳仪承担的赔偿项目及数额是否正确、适当。本案中,根据意向书第三条的约定,“如乙方(郭佳仪)取得毕业证及学位证后未按约到甲方(工美集团公司)就职的,乙方应向甲方支付有关费用(包括但不限于招聘费、培训费及实习费用等)”。双方虽在意向书中对违约责任进行了约定,但根据合同所使用的“有关费用”“包括但不限于”“等”的词句可知,对违反意向书的损害赔偿范围,双方并没有一个明确的约定。而意向书履行的完满状态就是劳动合同的顺利缔结,故违反意向书时损害赔偿的总体范围,应以信赖利益为限,具体包括工美集

团公司订立意向书所支付的各项费用、准备履行所需费用、已给付金钱的利息等。现就工美集团公司主张的赔偿项目分析如下:

关于实习费,意向书第四条约定,工美集团公司应按照郭佳仪实际工作时间,以每一出勤日150元的标准向其支付实习补贴。根据工美集团公司主张的实习费数额、郭佳仪工资明细单可知,其所主张的“实习费”实际上是按照上述标准计算出的“实习补贴”,是郭佳仪在工美集团公司实习期间的劳动所得。工美集团公司已获得了郭佳仪在实习期间为其创造的价值,实习费并不属于郭佳仪因违约行为而给工美集团公司造成的损失。另外,意向书第三条约定的“实习费用”本身并不明确,工美集团公司提交的现有证据亦不能证明其所主张的“实习费”为意向书第三条约定的“实习费用”。因此,即使郭佳仪因违反约定未能入职,其基于劳动所得的此项补贴亦不应在赔偿范围之内。

关于招聘费,工美集团公司主张其是通过网络招聘的方式招聘到的郭佳仪,并提交了上海增值税专用发票(编号22146485)予以证明。本案中,工美集团公司与郭佳仪均认可同期来工美集团公司实习的不止郭佳仪一人。由此可见,招聘费系工美集团公司基于自身岗位需求向社会发布招聘信息所支付的费用,无论郭佳仪最终是否依约入职,此项费用都必然会产生,不属于工美集团公司为与郭佳仪订立意向书所支付的费用,与郭佳仪的违约行为之间不具有因果关系。

关于指标手续费,根据工美集团公司的陈述,其所主张的指标手续费是指为郭佳仪办理落户北京所支出的费用。首先,意向书中并无关于赔偿指标手续费的明确约定。其次,意向书第六条约定,如郭佳仪与工美集团公司正式签订劳动合同后,工美集团公司为郭佳仪办理落户北京相关手续的,系为郭佳仪提供的特殊劳动待遇,郭佳仪须遵守服务期的约定并另行签订劳动合同补充协议。从合同所使用的词句及日常生活经验可知,为郭佳仪办理落户北京,其实是双方正式签订劳动合同后,工美集团公司所可能负有的合同义务,郭佳仪在与工美集团公司订立意向书时并不能预见其违约行为会造成工美集团公司为其办理落户北京的费用损失。再次,工美集团公司提交的现有证据均不足以证明其存在指标手续费的损失。结合工美集团公司的性质以及高校应届毕业生进京落户的办理流程可知,工美集团公司提交的《2018届北京地区普通高校毕业生就业推荐表》、接收函存根和审批回执等,均无法反映出工美集团公司实际为郭佳仪办理了落户北京的相关手续并为此付出了大量人力、物力的事实。其中,接收函存根和审批回执上的学校、接收单位以及接收毕业生主管单位上亦无相应单位的签章。二审时,工美集团公司亦自述其并无证据证明“北京落户损失”,且当年的两个进京落户指标均已用完。可见,工美集团公司当年的落户北京指标并未浪费。

关于证据保全公证费,工美集团公司提交了北京增值税专用发票(编号21998850),用以证明其为保全微信证据而支出的公证费损失。根据已查明的案件事实,在郭佳仪未按约定到工美集团公司实习后,工美集团公司曾就实习、请假和催告入职等事项与郭佳仪进行了多次沟通。一审时,郭佳仪在收到法院传票后又采取了无正当理由拒不到庭的消极态度。在此种情况下,工美集团公司为证明郭佳仪违约而支出的证据保全公证费,属于郭佳仪违约行为给工美集团公司造成的损失,应由郭佳仪承担赔偿责任。

第四,一审法院审判程序是否违法的问题。本案中,郭佳仪曾在一审时提交了反诉状,但其并未交纳反诉案件受理费。郭佳仪在收到传票后又无正当理由拒不到庭参加诉讼。而且,郭佳仪在一审提交答辩状期间,就管辖权提出了异议,一审法院经审理后予以驳回,并在审限中扣除了管辖权异议审理期间。经审查,一审法院审判程序并无违法之处。因此,郭佳仪认为一审法院侵犯其诉权、未告知其举证期限以及案件审理超过简易程序审理期限等审判程序违法的主张,缺乏事实和法律依据,法院不予采信。

【裁判解析】

本案系一起因应届毕业生未按就业意向书约定入职用人单位而引发的损害赔偿纠纷,涉及民事和劳动法[①]两类法律规范的适用范围、裁判者如何在包括应届毕业生在内的劳动者劳动自由的权利保障与诚实信用和公平秩序的维护之间进行平衡以及预约的违约责任承担等问题。现就本案涉及的法律问题分述如下:

(一)就业意向书的性质

应届毕业生与用人单位签订就业意向书时尚未毕业,与单位之间并不具有从属性,故双方在签订意向书时系平等民事主体,调整双方之间此阶段的法律关系应适用民事法律规范而非劳动法法律规范。与意向书最直接相关的合同类型是预约。所谓预约,是指约定将来成立一定契约的契约。预约订立后,当事人负有一定期限内缔结本约的义务。违反预约,承担的是违约责任,而非缔约过失责任。[②] 因

① 本文所称的“劳动法”是对包括《中华人民共和国劳动法》《中华人民共和国劳动合同法》等在内的法律规范的统称。

② 奚晓明主编、最高人民法院民事审判第二庭编著:《最高人民法院关于买卖合同司法解释理解与适用》,人民法院出版社2012年版,第50页。

此,依据双方是否均在意向书中明确表示了在未来一定期限内订立劳动合同的意思表示并受此意思表示的拘束,可以将就业意向书分为以下三类:一是仅表明磋商意向的意向书。二是构成预约的意向书,其对应的本约是未来签订的劳动合同。本案的意向书即在此限。在未来要订立本约合同这一点上,预约合同的内容必须十分明确和确定。[①] 三是构成劳动合同的意向书。关于此阶段所可能存在的就业意向书的性质的论述,是处理此类纠纷时首先要解决的问题。鉴于意向书在实践中存在上述三种类型,下文仅讨论第二种,即构成预约的意向书以及违反这类意向书引发的相关问题。

(二)就业意向书的效力和违反就业意向书的违约行为的认定

如前所述,既然预约是一个独立的合同类型,那么关于其违约行为的认定应首先遵循"有约定,从约定"的原则。在意向书中没有约定或者约定不明确时,会涉及预约的法律效力问题。关于预约的法律效力,有应当缔约说、必须磋商说、内容决定说以及视为本约说等多种观点,最高人民法院《关于审理买卖合同纠纷案件适用法律问题的解释》持应当缔约说,[②]笔者对此持赞同意见。在应当缔约说的前提下,签订意向书的双方均负有与对方订立劳动合同的义务。在任何一方未依约履行意向书约定时,即构成对意向书约定的违反。

(三)违反就业意向书的违约责任承担方式

我国现行法上关于预约的规定主要体现在最高人民法院《关于审理买卖合同纠纷案件适用法律问题的解释》上,其关于预约的规定较为原则化且主要调整的对象是本约为房屋买卖合同的预约。本文所讨论的预约,其对应的本约是受劳动法调整的劳动合同。因此,两者在违约责任承担方式以及损害赔偿范围的确定上均有所区别。鉴于此类预约合同所对应本约的特殊性,笔者认为,在确定此类意向书的违约责任承担方式时应注意以下两个问题:一是不应适用继续履行的方式。这最根本的原因在于此类预约对应的本约是劳动合同,劳动者和用人单位之间是具有从属性的。劳动法律关系和传统民事法律关系,不仅各自适用的法律和法律对参与其中的民事主体的保护力度不一样,而且,劳动权是宪法赋予每个公民的权利,其具有法律意义上的人格利益,和超越法律之外的个人价值的实现等现实意义。并且,不得适用继续履行这一违约责任的承担方式是同时针对预约双方而言

---

① 王利明:《预约合同若干问题研究——我国司法解释相关规定述评》,载《法商研究》2014 年第 1 期。

② 奚晓明主编、最高人民法院民事审判第二庭编著:《最高人民法院关于买卖合同司法解释理解与适用》,人民法院出版社 2012 年版,第 54 ~ 58 页。

的,即应届毕业生不能要求用人单位继续与其缔结劳动合同,用人单位也不得要求应届毕业生继续与其签订劳动合同。二是意向书中约定的违约金条款的效力问题。笔者认为,关于此问题可以在两个层面进行讨论:其一,若双方订立的违约金条款不存在法定无效情形,则应认定其合法、有效,对双方均具有法律约束力。在当事人违反意向书约定时,守约方可以向违约方主张违约金。但应当注意的是,若所约定的违约金存在畸高的情形,当事人可以请求人民法院酌减。其二,若双方订立的违约金条款被认为属于格式条款,则该条款无效且不影响其他条款的效力。

(四)违反就业意向书的损害赔偿范围的认定

通过梳理包括本案在内的相关裁判后发现,关于对构成预约的意向书的损害赔偿范围的认定,存在如下两个问题:一是在意向书中虽有关于损害赔偿范围的约定,但约定得不明确。二是意向书中没有约定,并且,多数案件的当事人无论是包括应届毕业生在内的个人一方,还是用人单位一方,均没有证据证明其所主张的损害赔偿存在的具体情况。就此,笔者认为,一方面,应当首先明确的是,违反预约的违约责任承担方式主要是损害赔偿。而损害赔偿的总体范围,应以信赖利益为限,不包括可得利益损失,对信赖利益的赔偿以不超过履行利益为限。另一方面,诚信原则和公平原则是调整因签订意向书等预约而产生的法律关系的基础。[①] 意向书是进入正式合同前的一个独立的合同类型。而即使在正式签订劳动合同后,法律对于认定与用人单位之间具有从属性的劳动者须承担的损害赔偿责任时,尚有用人单位须为劳动者提供专项培训等前提条件的限制;即使在界定一般民事合同的损害赔偿范围时,尚有可预见性规则、与有过失规则和减轻损失规则的限制。因此,在个案中对于损害赔偿范围没有一个事先明确约定,此类案件又涉及包括应届毕业生在内的劳动者自由劳动的权利保障与诚实信用和公平秩序的维护之间的平衡时,不应使应届毕业生和用人单位违反预约的违约责任重于其在已缔结正式合同后须承担的违约责任。

在明确了上述内容之后,接下来要面对的问题是此处的信赖利益是否包括所失利益的问题。笔者对此持否定意见。签订意向书本身是双方对自身权益所作出的处分,从民法所追求的意思自治以及构建良好的就业秩序的角度而言,均不宜将所失利益纳入此类违反预约的损害赔偿范围中来。这里所讲的信赖利益,主要包括的是所受损失,即订立预约所支付的各项费用、准备履行所需费用、已给付金钱

---

① 奚晓明主编、最高人民法院民事审判第二庭编著:《最高人民法院关于买卖合同司法解释理解与适用》,人民法院出版社 2012 年版,第 57 页。

的利息。在有的案件中,法院会考虑单位的性质,如带编制的学校、医院,以及招聘的岗位特点等,作为损害赔偿范围认定时考虑的依据。此外,是关于北京地区特有的所谓占用进京指标引发的落户损失认定问题。处理此类问题仍须按照法律规定来进行。以本案为例,用人单位所主张的指标手续费,一无合同约定,二是无证据证明其损失确实存在,进京落户指标也在当年用完并无损失可言。因此,在此种情况下,不能将其作为违反预约的损害赔偿项目来进行处理。

【案例点评】

大学生就业、劳动者权益保护和良好就业秩序的构建,是近年来社会关注的热点问题。在应届毕业生与用人单位签订就业意向书时,预约和本约已分别由民法和劳动法两类法律规范进行调整。如何平衡好劳动者劳动自由权利的保障与诚实信用和公平原则的维护,是裁判者在处理此类纠纷时的难点所在。本案的裁判,即是对上述问题所作出的回应。二审法院能够综合全案证据认定案件事实,在兼顾劳动者劳动自由和诚信公平两类价值的基础上,准确地理解和适用法律,逻辑严谨、法律论证充分。本案对就业意向书的性质、违约行为、违约责任的承担方式以及损害赔偿范围的认定,对同类案件的处理具有参考意义。

【裁判心得】

法律对于预约的违约救济,体现了对契约精神、诚实信用的推崇。法律对于预约违约责任承担方式的限制,体现了对个人主义、自由主义的尊重。作为预约的就业意向书,承载了劳动者对自身权益的处分,是劳动自由的载体;就业意向书对应的本约,是受倾向于保护劳动者的劳动法律规范调整的劳动合同,是分配正义的具体体现。裁判者无论基于何种前见,依据法律和案件事实作出的此类裁判,均是对明晰预约这一法律问题和其背后所体现出的价值取向所作出的有益尝试,均是值得尊重同时也值得讨论的声音。

韩懿莹诉山东蓝翔技师学院等肖像权纠纷案

赵小军[*]　黄慧婧[**]

关键词

肖像权　侵权行为　以营利为目的　合理使用公共利益

裁判要旨

未经他人同意制作、使用或侮辱、丑化他人具有可识别性的肖像，即构成对他人肖像权的侵害。"以营利为目的"并非肖像权侵权责任的构成要件，但行为的营利性对于损害赔偿的认定具有重要意义。行为人可基于国家利益、公共利益、个人使用及为肖像权人利益之目的等原则对肖像权进行合理使用。使用主体的非营利性质不足以构成公共利益原则适用的基础。在判定能否援引公共利益原则从而构成合理使用时，应审查使用人的具体行为，综合考量其使用目的、形式、范围以及侵害程度等因素。

相关法条

1.《中华人民共和国民法通则》第一百条。

2.《中华人民共和国侵权责任法》第二条。

3.最高人民法院《关于贯彻执行〈中华人民共和国民法通则〉若干问题的意见（试行）》第一百三十九条、第一百五十条。

【当事人基本情况】

上诉人（一审被告）：山东蓝翔技师学院。

---

* 赵小军，北京市第一中级人民法院民二庭法官。

** 黄慧婧，北京市第一中级人民法院民二庭法官助理。

被上诉人(一审原告):韩懿莹。

被上诉人(一审被告):北京搜狐互联网信息服务有限公司。

【基本案情】

韩懿莹向一审法院起诉请求:山东蓝翔技师学院(以下简称蓝翔学校)、北京搜狐互联网信息服务有限公司(以下简称搜狐公司)分别在蓝翔学校网站首页和搜狐网首页位置向韩懿莹公开赔礼道歉,共同赔偿经济损失50万元、精神损失10万元、维权合理开支3.5万元,以上共计63.5万元。

经审理查明,韩懿莹为电子竞技选手,多次获得国际国内比赛冠军,并从事游戏解说、游戏频道主持人和参加综艺节目等工作,别名Miss、电竞女王,在业内有一定影响力。

2017年11月2日,韩懿莹申请提取保全内容,证实山东蓝翔电竞专业网站(www.sdlxdj.cn)发布内容如下:首页拼接大图左侧为一蒙面人,右侧为韩懿莹头戴白色耳麦操作游戏的半侧脸照片,图片中央大号文字为"电子竞技运动与管理专业",次级文字为"培养数字娱乐行业应用型精英",最小字体为:2016年9月2日,教育部职业教育与成人教育司发布《关于2017年高等职业学校招生专业申报工作的通知》,公布了2016年的13个增补专业,其中包括"电子竞技运动与管理",专业代码670411,属于教育与体育大类。2013年,国家体育总局决定成立一支由17人组成的电子竞技国家队,出战第四届亚洲室内和武道运动会。下方有咨询专业的链接按钮,对电子竞技不同于网络游戏、市场现状及相关内容排列作了说明,注明该专业的课程由基础课、专业课、实训课及岗前培训构成,保证了学生从零基础到精通、最终直接进入企业工作。下方为专业师资团队及该专业成立的相关新闻图片。

搜狐体育项下体育创业动态栏目于2017年11月2日刊登了名为《学习电竞哪家强?山东蓝翔开设电子竞技学院》的配图文章,显示来源为"体育产业生态圈",文章版头图片与前述蓝翔学校网站图片相同。文章内容为:北京时间11月2日,根据山东蓝翔技工学校的官网显示,他们在曾经的七大院系中加入了新的电竞学院,甚至这个新学院的上线速度快到连设计人员都没来得及重新制作背景图,将"七大院系"改为"八大院系"。随着传统行业的人才溢出,他们知道继续"吃老本"将会很快遇到"瓶颈",故急需寻找一个新的领域来打开入口,那么代表了年轻人爱好的电竞刚好合适。根据2017年伽马调查的数据报告显示,除了前面提到的26万电竞人才缺口,电竞行业规模年复合增长率已达到46%。同时,随着产业的愈加火热，大量游戏公司和体育公司纷纷入局其中，造成了大量的专业人才缺口。因此，蓝翔或许会认为，这一巨大的人才缺口中也包含了大量基层人员的缺失，曾经在传统行业中靠这个起家的他们，也完全可以把原来那套复制过来，在电竞产业中觅得商机。

当日，搜狐体育项下搜狐电竞中的电子竞技新闻频道发布题目为《蓝翔技校开招电竞学生，看名师资料尴尬癌都犯了》的文章，显示来源：搜狐体育，作者 17173。文章使用相同图片，内容如下：大家好，这里是正经电竞，我是正经小弟。自从电竞被列为增补专业后，许多学校同步开设了电竞专业招生。现在连“山东蓝翔技校”都来凑热闹了。没错，就是大家所熟悉的蓝翔，以挖掘机技术闻名的那所技校。虽说有点尬，但蓝翔确实踏入了电竞领域，而且目前还在招生。在招生官网中，Miss 的照片被放入了很显著的位置，小弟还以为 Miss 成为蓝翔老师了，好奇点开“名师风采”希望找到 Miss 的身影，没想到里面老师就 6 个，没有一个认识。而且更尴尬的是，其中 5 个连简介都没有，只有一张人物照片和名字。文字下方为 6 位老师的照片，并有蓝翔学校网站中部分对专业和从业人员收入的介绍文字。文章最后注明：“‘打扫干净屋子再请客’，起码就这个官网介绍来看，略显得蓝翔对竞技专业课程不那么专业。小弟有话说：在蓝翔上学英雄联盟技术，‘挖掘机’能练得比厂长还好吗？”

韩懿莹表示第一篇文章为转载，应视为由搜狐网发布。第二篇文章为网友发布。搜狐公司表示搜狐网中的第一篇文章系“体育产业生态圈”的自媒体发布，第二篇文章是由自媒体网友发布。韩懿莹认可上述证据，亦认可搜狐网系平台，故放弃对搜狐公司的诉讼请求。其认为蓝翔学校策划了大规模广告宣传活动，并使相关内容遍布各大重要的游戏平台，包括网易、新浪体育、搜狐体育、凤凰网等，使用韩懿莹肖像做成大幅的宣传图片，宣传其电竞专业招生。上述行为的商业属性明显，故要求蓝翔学校承担全部侵权责任。

【审理结果】

北京市海淀区人民法院于 2018 年 10 月 12 日作出（2018）京 0108 民初 1635 号民事判决：一、判决生效后十日内，山东蓝翔技师学院在其经营的山东蓝翔电竞专业网站首页（www. sdlxdj. cn）显著位置针对未经许可使用韩懿莹照片的行为公开发布致歉声明，时间持续 72 小时；声明内容及位置需经法院审核；如不能履行本项判决，法院将在相关媒体公开判决书的主要内容，费用由山东蓝翔技师学院负担；二、山东蓝翔技师学院赔偿韩懿莹经济损失 15 万元及维权合理支出 2 万元，判决生效后十日内给付;三、驳回韩懿莹的其他诉讼请求。判决后,山东蓝翔技师学院向北京市第一中级人民法院提起上诉。北京市第一中级人民法院于 2019 年 8 月 15 日作出(2019)京 01 民终 6350 号民事判决:驳回上诉,维持原判。

【裁判理由】

法院生效裁判认为:肖像是通过绘画、照相、雕刻、录像等艺术形式使公民外貌在物质载体上再现的视觉形象。肖像权是指自然人享有的以自己肖像所体现的人格利益为内容的人格权。公民本人对其肖像享有肖像权,公民的肖像权受到法律的保护。本案系因肖像使用引发的争议,二审争议的焦点问题有四:一是使用韩懿莹肖像的主体是否为蓝翔学校;二是蓝翔学校使用韩懿莹肖像的行为是否具有过错、是否属于侵犯肖像权的行为;三是韩懿莹在本案中的肖像是否具有可识别性;四是一审确定的损失数额是否合理。以下分别进行评析:

(一)使用韩懿莹肖像的主体是否为蓝翔学校

蓝翔学校在本案二审中提出涉案网站是委托给鸿宵广告公司制作,是广告公司擅自使用韩懿莹肖像并在网站测试阶段向社会发布含有韩懿莹肖像的广告,涉案网站至今未交付蓝翔学校,蓝翔学校并非使用韩懿莹肖像的主体。对此,本院认为,根据查明的事实,该涉案网站行政备案的主办单位为蓝翔学校。网站备案的目的之一是明确网站的管理主体,预防非法的网站经营活动,打击不良互联网信息的传播。作为所有者和管理人,备案主体应当保证发布于社会公众的网站符合国家法律规定。本案中,对于社会公众而言,蓝翔学校作为涉案网站的备案主体,应为网站的所有人及管理人。蓝翔学校主张网站还在制作测试阶段,至今都未制作完毕,未进行交付;其又称网站一直处于向社会公开的状态。如若网站未交付,却一直处于以蓝翔学校名义向社会公开的状态,作为名义主体的蓝翔学校的权益势必随时处于不可确定、不可预知的风险之中,蓝翔学校更应当加强对以其名义设立的网站之监督和管理,对于蓝翔学校所称的网站尚未交付故而不承担侵权责任的意见,本院无法采信。网站向社会公众发布时,蓝翔学校应当及时对网站的形式、内容及是否适宜发布尽到全面、谨慎的审查义务,以确保网站符合国家法律、法规的规定。涉案网站向社会发布了含有韩懿莹肖像的广告,蓝翔学校作为备案主体应当承担相应的民事责任。至于含有韩懿莹肖像的网站具体制作人为何人及应当承担怎样的责任,属于蓝翔学校与网站制作人之间的内部关系,在本案中,不足以对抗韩懿莹向蓝翔学校主张侵权责任。

(二)蓝翔学校使用韩懿莹肖像的行为是否具有过错、是否属于侵犯肖像权的行为

蓝翔学校上诉认为其使用韩懿莹肖像的行为不属于“以营利为目的”,不存在过错,故不属于侵权行为。本院认为,认定侵权行为的前提是对侵犯肖像权是否需要将“以营利为目的”作为构成要件及如何认定肖像使用中的过错作出正确认识。

第一,关于侵犯肖像权是否需要将“以营利为目的”作为构成要件的问题。肖像权作为一种绝对权利,具有对世性和排他性。营利与否,只是肖像财产化利用的一部分。实践中也存在诸多不以营利为目的而侵害肖像权的情形,如:(1)非法制作和拥有他人肖像;(2)侮辱、毁损他人肖像;(3)未经本人同意利用他人肖像。在《民法总则》出台之前,依据《民法通则》第一百条的规定,未经他人同意不得以营利为目的使用他人肖像。该条中首次提到了“以营利为目的”使用他人肖像的问题,但该条文是一种权利宣示性规定,规定公民享有肖像权这一人格权利,意图在于明确其权利的正当性,并非侵权责任的要件构成规范。最高人民法院《关于贯彻执行〈中华人民共和国民法通则〉若干问题的意见》第一百三十九条虽然规定在以营利为目的的前提下所实施的若干行为应当认定为构成肖像侵权行为,但不能由此得出“以营利为目的”为肖像权侵权责任构成要件的结论,该条只是对具体的侵犯肖像权行为的认定和解释。之后的《侵权责任法》第二条将肖像权纳入其调整范围,但并没有将侵犯肖像权的行为规定为特殊侵权行为,而是将其作为一般侵权行为而承担一般侵权责任来处理,因而其责任构成要件只要符合一般的侵权责任构成要件即可,不需要以“营利为目的”作为其侵权构成要件。

第二,关于侵犯肖像权的过错认定问题。从《侵权责任法》对一般侵权责任构成要件的规定来看,以过错责任原则为主,无过错责任原则为辅,而适用无过错责任一般都有法律的明文规定,因此侵害肖像权责任构成须行为人主观上具有过错。行为人未经肖像权人同意而使用他人肖像构成一般侵权责任上的加害行为。“未经同意”就意味着主观上存在故意或者过失,而不论以何种目的使用肖像。以营利为目的而使用他人肖像的行为属于主观上具有过错的表现形式之一,但不能反过来认为主观上具有过错就是要求其主观上“以营利为目的”。从社会效果来看,如果非以营利为目的使用他人肖像的行为构成违法阻却事由的话,那么将导致社会对肖像权保护意识的淡薄。

综上所述,侵犯肖像权之侵权责任构成不必将“以营利为目的”作为要件,只要符合未经权利人同意而使用其肖像,不论是否造成损害,将他人之肖像,公布、陈列

或复制者,皆构成对肖像权之侵害。本案中,蓝翔学校在不具有违法阻却事由情况下,未经韩懿莹同意,擅自使用韩懿莹肖像作为电竞专业招生广告,应当认定为存在过错。至于蓝翔学校是否认识或者能够识别肖像为韩懿莹的肖像,不影响过错本身的判定。蓝翔学校在本案中使用韩懿莹肖像的行为构成侵权。

(三)韩懿莹在本案中的肖像是否具有可识别性

作为肖像权保护的客体,肖像应当具有可识别性,即通过肖像本身的外在轮廓等能够确定主体的身份。对个人肖像的利用也必须使他人能够从照片或者其他描述中知道具体的个人,才能构成对肖像权的侵害。这些形式中最具可识别性的是容貌,但不以此为限。对可识别性的理解可以从以下两个方面展开:第一,可识别性理论追求的是肖像与自然人外部形象之间的关联性,应就外部形象呈现之方法、特征、场合、相关文字说明等客观要件加以综合认定。图像中无容貌者或容貌模糊者,也可透过其他身体特征(如姿态、举手投足方法、特殊发型等),或者身体外之特征(服饰、装扮等)或物(如驾驶之车辆等)予以识别。如果侵权人所为行为足以使人将其与某人外部形象相关联,那么就应该将其视为侵犯肖像权,即采一般人之可识别标准而摒弃"面部特征"标准。第二,个人的社会交往范围、社会知名度不同,此种因肖像所产生的人格利益的范围也存在一定的差别。在认定特定肖像是否具有可识别性时,应当考虑权利人的社会交往范围、社会知名度等,综合予以判断。

本案中,蓝翔学校网站中使用的不是韩懿莹的正面脸部照片,而是韩懿莹戴耳机侧脸的照片。虽没有直接使用肖像权人之清晰面容,但借助其他环境因素"模糊化"被使用肖像人之形象或特殊记号,仍可被社会一般人识别之场合,同样应认定侵犯肖像权。韩懿莹是从事电竞运动的专业人士,其在电竞领域具有一定的知名度。韩懿莹比赛时头部经常要佩戴耳机,该形象系韩懿莹参加电竞比赛时的代表性形象,为喜爱她的电竞爱好者所熟知。而蓝翔学校网站所要宣传的目标为电竞专业的招生,恰好是韩懿莹从事的并具有一定影响力的专业领域。在此种情况下,虽然蓝翔学校使用的是韩懿莹的侧脸照片,但此照片所呈现的自然人形象或者部分形象足以使人与韩懿莹之间发生当然联想,应当认为该肖像的内容具有可识别性。

(四)一审确定的损失数额是否合理

肖像上所体现的人格利益包括精神利益和物质利益两部分。本案中,蓝翔学校只是使用韩懿莹的肖像对其学校的专业进行了宣传,并未实施侮辱、诽谤等贬损韩懿莹肖像的行为,故其侵犯韩懿莹的肖像权造成的后果主要是对韩懿莹物质利益的损害。“以营利为目的”虽不至于成为肖像权侵权责任的构成要件之一,但是其在认定赔偿责任大小上仍然具有重要意义。蓝翔学校上诉认为其是非营利性学校,使用韩懿莹的肖像属于非营利性行为。对于“非营利性”一词所涉对象的认识,蓝翔学校存在逻辑误区:非营利性学校是对学校性质的界定,并不代表学校所为的一切行为皆为非营利性行为。本案中,对营利性的考察并非指向行为主体,而是指向具体行为,即使用韩懿莹肖像做电竞专业招生广告的行为。为正确界定此行为的性质,必须对“非营利性”作出正确判断。“非营利性”的具体含义应该包含两个方面:第一,从行为目的上来说,是不以营利为目的,也就是行为的宗旨并不是为了获取利润,并在此基础上谋求自身的发展壮大,而是为了实现某种公益或者一定范围内的公益。第二,不能进行剩余收入(利润)的分配。法人可以开展一定形式的经济活动而获得剩余收入,但是这些收入不能作为利润在成员之间进行分配。蓝翔学校对于使用韩懿莹的肖像做电竞专业招生广告的行为,并未提供充分证据证明符合“非营利性”行为的上述特征。

实践中对肖像的营利性使用通常体现为:(1)以他人的肖像直接做商品广告;(2)以他人的肖像直接作为商品;(3)以他人的肖像做书籍等的装潢、封面;(4)将他人的肖像用于展览橱窗或者其他营利性的陈列;(5)将他人的肖像用于商品或服务的商标或者标记等。由此可见,将他人的肖像用于广告宣传,从而增加自己产品或服务的市场认可度,已成为一种普遍的以营利为目的的使用肖像的行为。蓝翔学校利用韩懿莹肖像做广告的目的在于提升其电竞专业的知名度和招生数量,应当认定为属于营利性行为。

一审法院综合考虑韩懿莹的公众识别度、商业价值、涉案信息传播范围及蓝翔学校在接到通知后及时删除等因素对赔偿金进行了酌情判定,能够体现对韩懿莹肖像的财产价值的保护,本院予以维持。蓝翔学校上诉认为其已经在微博号发布了致歉函,但该道歉行为并不能减轻其已经使用韩懿莹肖像带来的侵害,故此项理由并不构成减轻其赔偿责任的正当理由,亦不能代替其在发布该广告网站之赔礼道歉义务。蓝翔学校对于韩懿莹维权合理支出 2 万元不持异议,本院亦予以维持。

【裁判解析】

肖像是公民外部形象的再现,其表现形式可以是一般的照片、画像,也可以是艺术摄影、雕塑等。肖像权是公民享有的以自己的肖像上所体现的利益为内容的人格权。关于肖像权侵权行为如何认定,当前可兹引用的法律规定并不详尽。何种行为属于肖像权侵权行为,尤其是“以营利为目的”是否为肖像权侵权的构成要件,以及是否存在合理使用肖像权的免责行为,均值得探讨。

(一)肖像权侵权行为的认定

1. 肖像权侵权行为形态

理论上,肖像权的内涵包括自然人所享有的再现、使用并排斥他人侵害的权利。[①]其中,再现权即制作自然人肖像的权利,需借助一定的物质载体;使用权包括公开展示、许可他人使用肖像等。由于肖像是人格尊严与价值的体现,因此未经权利人同意制作或使用肖像即足以构成对其肖像权的侵犯。具体而言,肖像权侵权行为应包含如下形态:

第一,未经同意制作肖像。保护肖像权,首先是维护人格尊严和人格自由的需要,而保护人格尊严和人格自由的第一步,即人对自己的外在形象是否固定在他人的载体之上享有决定权。[②] 未经他人同意制作肖像,属于肖像权侵权行为。行为人在不存在违法阻却事由的情况下,主观上即存在过错。

第二,未经同意使用肖像。分属人格权项下的肖像权不仅包含财产性权能,更囊括权利人的精神利益内涵,因此构成肖像权侵权行为的使用不应仅指商业性使用,还应包括未经他人同意公开展示等非商业性使用。

第三,侮辱、丑化他人肖像。侮辱、丑化肖像构成对其上所载人格利益的侵犯,亦属于肖像权侵权行为。

2. "以营利为目的"并非肖像权侵权的构成要件

关于肖像权侵权行为的认定,目前主要见于如下规定:一是《民法通则》第一百条规定,公民享有肖像权,未经本人同意,不得以营利为目的使用公民的肖像。该条中首次提到了"以营利为目的"使用他人肖像的问题。二是最高人民法院《关于贯彻执行〈中华人民共和国民法通则〉若干问题的意见(试行)》(以下简称《民法通则意见》)第一百三十九条规定,以营利为目的,未经公民同意利用其肖像做广告、商标、装饰橱窗等,应当认定为侵犯公民肖像权的行为。上述规定均提及使用肖像不得"以营利为目的",由此引发了审判实践中是否应将肖像权侵权行为限定于"以营利为目的"这一范畴的问题。

首先,从文义解释来说,上述两条规定均不能直接得出"以营利为目的"构成肖像权侵权责任构成要件的结论。毋宁说,《民法通则》第一百条是一种权利宣示性规定,规定公民享有肖像权这一人格权利,意图在于明确其权利的正当性,而《民法

---

① 王利明主编:《民法》(第 5 版),中国人民大学出版社 2010 年版,第 518 页。

② 王成:《侵犯肖像权之加害行为的认定及肖像权的保护原则》,载《清华法学》2008 年第 2 期。

通则意见》第一百三十九条也只是对具体的侵犯肖像权行为的认定和解释，二者均非界定肖像权侵权的构成要件。之后《侵权责任法》第二条将肖像权纳入其调整范围，但并没有将侵犯肖像权的行为规定为特殊侵权行为，而是将其作为一般侵权行为而承担一般侵权责任来处理。据此，应认定肖像权侵权责任构成不需将“以营利为目的”作为其构成要件。

其次，从肖像权的内涵来看，分属人格权项下的肖像权兼具财产利益与精神利益内涵。并且，任何一种独立的权利都可以认为具有两个方面的权能，即积极权能和消极权能。肖像权人一方面可依其享有的肖像权而为制作、使用、公开肖像等活动，另一方面又可排除他人为制作、使用、公开肖像的行为。[①] 可以看出，“以营利为目的”使用肖像仅涉及肖像权的财产利益和使用方面的权能，不足以覆盖肖像权保护的全部范围，故而不能据上述规定认定肖像权侵权行为的全部形态。

综上，在社会日益进步、权利意识觉醒的背景下，非以营利为目的的肖像权侵害引发了越多重视，肖像权的精神价值获得普遍认同，不应将“以营利为目的”认定为肖像权侵权责任的构成要件。审判实践中，应基于肖像本身所载的人格利益认定肖像权囊括的人格权内涵，将未经同意制作、使用他人肖像及侮辱、丑化他人肖像等均认定为肖像权侵权行为。“未经同意”就意味着主观上存在故意或者过失，而不论是否系“以营利为目的”。以营利为目的而使用他人肖像的行为属于主观上具有过错的表现形式之一，但不能反过来认为主观上具有过错就是要求其主观上“以营利为目的”。

虽然如此，值得注意的是，“以营利为目的”在认定赔偿责任的数额方面仍具重要意义。依据《民法通则意见》第一百五十条的规定，在认定肖像权侵权人应承担的财产损失赔偿数额时，“以营利为目的”作为主观过错及侵权人的营利所得作为侵权行为的后果，应影响赔偿数额的认定。

（二）肖像权的合理使用

在不需“以营利为目的”作为构成要件的情况下，未经肖像权人同意而使用他人肖像即构成侵权。然而，将所有未经许可使用他人肖像的行为均认定为侵权，难免失之过宽。审判实践中还有必要厘清肖像权的合理使用行为，即基于利益平衡在特定情形下对肖像权进行限制，准许使用人在特定情况下可免予取得同意即使用肖像。考虑到完整的肖像权利益包括权利人在制作、公开和使用肖像方面的利

---

① 张红：《“以营利为目的”与肖像权侵权责任认定——以案例为基础的实证研究》，载《比较法研究》2012 年第 3 期。

益,且肖像权必须以作品形式予以展现,与著作权难以分离,[①]故而在当前并无肖像权合理使用的相关规范的情形下,可基于肖像权与著作权在内涵、表现形式等方面存在的诸多实质关联,在一定程度上借鉴著作权法规范认定肖像权的合理使用。

常见的合理使用情形包括,基于国家利益、社会公共利益、个人使用或为肖像权人自身利益之目的,制作或使用肖像。对肖像权的合理使用不应超出与该目的相适应的必要限度和范围。基于国家利益进行合理使用是指国家机关为依法履行职责在必要范围内制作、使用肖像权人的肖像;个人使用指为个人学习、欣赏之目的使用肖像;为肖像权人自身利益之目的合理使用肖像的情况指如寻人启事中使用失踪人肖像的情形。[②] 基于公共利益进行合理使用覆盖的情形比较广泛,如为新闻报道、科学研究、课堂教学等目的,在合理范围和程度内使用他人肖像。在适用公共利益原则时,尤其需要注意合理界定公共利益的范畴,综合使用目的、形式、范围以及侵害程度等因素审查使用人的具体行为,避免因认定过宽损害肖像权人的利益。

(三)本案中侵权行为的认定

本案中,蓝翔学校上诉称其是一所非营利性民办职业技工学校,其收取费用主要用于教育教学活动、改善办学条件和保障教职工待遇,举办者不取得办学收益,因而其使用涉案肖像不属于"以营利为目的",其不存在侵犯韩懿莹肖像权的行为与过错。依据前述分析,"以营利为目的"并非肖像权侵权的构成要件,蓝翔学校未经韩懿莹同意擅自使用其肖像作为电竞专业招生广告,即属实施了侵害韩懿莹肖像权的侵权行为,存在过错。

同时,蓝翔学校亦不能以公共利益为由主张对韩懿莹肖像权的合理使用。蓝翔学校上诉认为其是非营利性学校,使用韩懿莹的肖像属于非营利性行为,其逻辑误区在于非营利性学校是对学校性质的界定,并不代表学校所为的一切行为皆为非营利性行为,本案中仍应具体考察其使用韩懿莹肖像的行为是否具有非营利性,其是否能够援引公共利益原则予以免责。蓝翔学校使用韩懿莹肖像之目的在于为其电竞专业做广告,以提升该专业的知名度和招生数量,其并未提供充分证据证明其上述行为纯粹系出于科研教学等公共利益之目的,故其不能援引公共利益原则主张对韩懿莹肖像权的合理使用。

综上,蓝翔学校未经韩懿莹同意使用其肖像用于招生广告,在缺乏违法阻却

---

① 浦增平:《肖像权保护模式的比较研究》,载《法律科学(西北政法学院学报)》1992 年第 4 期。

② 王利明主编:《民法》(第 5 版),中国人民大学出版社 2010 年版,第 519 页。

事由的情况下，其行为构成对韩懿莹肖像权的侵犯，蓝翔学校应承担相应的侵权责任。

【案例点评】

本案对肖像权侵权行为的认定有借鉴意义。本案明确了“以营利为目的”并非肖像权侵权责任的构成要件，并从肖像权蕴含的精神性与财产性双重利益出发，指出未经同意制作、使用以及侮辱、丑化他人具有可识别性的肖像即构成对肖像权的侵害。案例分析指出，为合理界定肖像权的保护范畴，可基于国家利益、社会公共利益、个人使用或为肖像权人自身利益之目的认定肖像权的合理使用。本案对于公共利益原则的适用进行了探讨，对于适当认定肖像权的合理使用具有指导意义。

【裁判心得】

当前我国关于肖像权保护的具体条文并不多见，内容亦不详尽。在民法典出台之前，肖像权侵权认定可能面临无过多法条可供援引的局面。在审判实践中，应从肖像承载的人格利益与价值出发，明确肖像权作为人格权的属性，将未经肖像权人同意制作、使用或侮辱、丑化肖像的行为均纳入侵权行为的考量范畴。在明确行为人不存在阻却违法的合理使用的情形下，应认定其对上述行为存在过错并承担相应的侵权责任。

吕先计、北京彦其顺达商贸有限公司、刘启涛诉宁波奥胜贸易有限公司、中央民族大学生命权、健康权、身体权纠纷案

丁少芃*

关键词

空调安装　高处悬吊作业　特种作业资质　安全生产条件　选任过失

裁判要旨

1. 从事空调高处安装等高处悬吊作业的人员应取得相应的特种作业资格证书后方可上岗作业。发包人在选用空调设备安装企业时，应当查看其安全生产制度文件及高处悬吊作业人员的特种作业证书，不得将工程项目发包给不具备安全生产条件的单位或个人。

2. 空调生产企业在发包空调设备安装业务时对选用企业疏于审查其是否具有相应安全生产条件的，承包该业务的被选用企业在进行业务分包时疏于审查接受分包业务的企业或个人是否具有相应安全生产条件的，发包方以及分包方均应与接受分包业务的雇主对其雇员因从事雇佣活动所遭受的人身损害承担连带赔偿责任。

相关法条

1.《中华人民共和国侵权责任法》第二条、第六条、第十六条、第二十二条、第三十五条。

* 丁少芃，北京市第一中级人民法院民二庭法官。

2.《中华人民共和国安全生产法》第二十七条。

3. 最高人民法院《关于审理人身损害赔偿案件适用法律若干问题的解释》第十一条第二款、第二十三条、第二十四条、第二十八条。

4. 最高人民法院《关于确定民事侵权精神损害赔偿责任若干问题的解释》第十条。

5.《中华人民共和国民事诉讼法》第一百七十条第一款第二项。

【当事人基本情况】

上诉人(一审原告):吕先计。

上诉人(一审被告):北京彦其顺达商贸有限公司(以下简称彦其顺达公司)。

上诉人(一审被告):刘启涛。

被上诉人(一审被告):宁波奥胜贸易有限公司(原名称:宁波奥克斯空调有限公司)(以下简称奥胜公司)。

一审被告:中央民族大学。

【基本案情】

吕先计向一审法院起诉请求:判令彦其顺达公司、奥胜公司、中央民族大学、刘启涛共同赔偿我 9 845 956. 34 元,其中医疗费人民币 222 094. 02 元,续医费人民币 30 000 元、康复费人民币 5 517 600 元、营养费 15 550 元、住院伙食补助费 7100 元,伤残赔偿金 1 185 714 元、残疾器具费 411 321 元、被扶养人生活费 628 725. 15,护理费 1 239 711. 64 元、误工费 51 123. 29 元、交通费 10 000 元,住宿费 15 000 元,精神损害抚慰金 500 000 元,鉴定费及为鉴定支出的检查费 11 017. 24 元,律师费 1000 元。

一审法院认定事实:2016 年 12 月 30 日,奥胜公司(甲方)与彦其顺达公司(乙方)签订《奥克斯空调安装维修承揽协议》,约定:甲方负责向乙方提供奥克斯的技术资料、维修手册、业务指导文件等资料,负责给乙方结算符合协议条款要求的安装费、维修费;乙方具有当地合法的营业执照、税务登记等必要的证件;乙方积极配合甲方开展售后服务工作;乙方为甲方用户服务时,必须穿着奥克斯或乙方企业工作服;乙方必须安装甲方规定的操作规范和工艺进行安装或维修;乙方应遵守国家相关法律法规,健全安全管理制度,加强日常生产安全管理,配置必要安全生产防护设备,因乙方原因造成安全事故的,由乙方承担全部责任,甲方概不负责;乙方应定期对本单位人员进行培训,保证从业人员具备国家或当地从业资格,制定行之有效的安全管理措施;乙方在户外高空(两层楼及以上)或其他可能造成人身伤害的地点作业时,必须系安全带,使用符合技术要求的维修工具,为员工购买意外事故商业险,并保证在保险有效期内,乙方承诺发生任何安全及其他纠纷时给予妥善解决;非甲方售后服务系统派工,乙方或其员工依法自揽业务时造成自己或他人的人身、财产受到损害,由乙方承担全部责任,并赔偿由此给甲方带来的损失;协议有效期 2017 年 1 月 1 日至 2017 年 12 月 31 日。

彦其顺达公司将其部分空调安装业务交由刘启涛完成,并按件向刘启涛支付费用。2017 年 7 月,刘启涛电话通知吕先计要求其到中央民族大学安装奥克斯空调。7 月 10 日 18 时左右,吕先计在中央民族大学音乐楼 3 楼安装空调室外机时,从室外机托架上坠落。事发时吕先计系有安全带,但其并不确定安全带另一端固定在何处。事发后吕先计被送到中国人民解放军总医院第一附属医院住院治疗,共住院 68 天,出院诊断为胸 11、12 椎体骨折伴脱位,胸脊髓损伤(ASIA A 感觉平面 T11),右锁骨骨折,腰 1 横突骨折,胸 11、12 肋骨骨折,腰背部软组织损伤。后吕先计至山东省菏泽市牡丹人民医院住院治疗,出院诊断为瘫痪、膀胱结石。吕先计共花去医疗费 220 386.02 元,购买残疾辅助器具花费 9681.8 元。

在本案审理过程中,经吕先计申请,法院委托北京中衡司法鉴定所对吕先计的伤残等级、护理依赖程度、营养期、误工期进行评定。2018 年 5 月 18 日,北京中衡司法鉴定所出具鉴定意见为:吕先计双下肢瘫痪,肌力 0 级符合二级伤残,重度排尿功能障碍伴轻度排便障碍符合五级伤残;吕先计需要完全护理依赖,营养期及误工期均截止至评残前一日。吕先计支付鉴定费 6650 元,为鉴定进行检查支付医疗费 4367.24 元。吕先计受伤后,其家人来京探望护理、其就医及鉴定产生了交通费用。吕先计现尚未进行后续治疗。

吕先计为山东省农业户籍,在北京务工,其父母共生育三个子女,吕先计与其妻育有一女一子。吕先计定残时,其父亲 65 岁,其母亲 67 岁,其女 6 岁,其子 4 岁。

庭审中,刘启涛与吕先计均确认其并无空调安装资质,亦未接受相应培训。

另查,吕先计于 2017 年 5 月在北京富鼎恒泰公司(以下简称富鼎恒泰公司)安装奥克斯空调,该公司为吕先计在平安养老保险股份有限公司(以下简称保险公司)投保平安团体意外伤害保险(2013 版)、平安一年期团体定期寿险、平安附加意外伤害团体医疗保险、平安附加意外伤害住院现金补贴团体医疗保险。吕先计在本案事故发生后,曾要求保险公司理赔,保险公司以吕先计发生事故时不是为富鼎恒泰公司工作为由拒绝理赔。对于该保险情况,奥胜公司解释称该保险不是奥胜公司购买,奥胜公司要求各服务商为安装维修人员购买意外保险,并牵头与保险公司达成合作意向确定团体意外险单价,由服务商自行参考并决定是否购买,投保人为各服务商,奥胜公司2017年度合作的保险公司为太平洋保险公司,此份保险为富鼎恒泰公司为吕先计购买。

吕先计就其主张的交通费、住宿费,举证不足;就其主张的康复费,未提供相应证据证明。

二审法院查明:2019年1月14日,宁波奥克斯空调有限公司经核准企业名称变更为宁波奥胜贸易有限公司。二审中,当事人没有提交新证据,一审法院查明的事实属实。

吕先计上诉请求:请求伤残赔偿金(含被扶养人生活费)改判为1 880 207.35元,并由奥胜公司、彦其顺达公司承担连带责任。事实与理由:第一,吕先计符合二级伤残等级和五级伤残等级各一处,累计伤残赔偿指数应为100%,而非一审法院所认定的90%。第二,小型空调高处安装属于高处作业,安装人员须取得《中华人民共和国特种作业操作证》后上岗作业。奥胜公司将空调安装任务委托给彦其顺达公司,未对彦其顺达公司空调安装人员的资质及数量、彦其顺达公司是否对安装人员进行安全技术培训等彦其顺达公司完成该大批量安装任务的实力情况进行考评及复核,具有重大选任过失,故其应当与彦其顺达公司承担连带赔偿责任。第三,彦其顺达公司的经营范围不包括空调安装,该公司亦不具备空调安装的安全生产条件,其安排没有取得特种作业资格的人员从事空调安装且未对相关人员尽到安全教育培训义务,对本案损害结果负有过错。刘启涛和吕先计均受雇于彦其顺达公司,即便刘启涛与彦其顺达公司构成转包关系,彦其顺达公司也对刘启涛存在选任过失,这种过失与奥胜公司对彦其顺达公司的选任过失具有高度相似性。

彦其顺达公司上诉请求:撤销一审判决第一项,改判彦其顺达公司不承担连带赔偿责任,由刘启涛或奥胜公司承担赔偿责任。事实与理由:吕先计与我公司不存在任何形式的劳动关系或劳务关系,且没有直接受我公司控制,其直接受雇于刘启涛,刘启涛与我公司是承揽关系,刘启涛让吕先计去中央民族大学安装空调。我公司不应承担责任,应由刘启涛在法律规定的范围内承担责任。如我公司承担赔偿责任,奥胜公司也应承担连带赔偿责任。吕先计无上岗证件且未按照已知晓的规范操作,自身存在重大过错,是本次损害发生的直接根本原因,故其应自行承担全部或主要责任。我公司对除了鉴定费之外的其他赔偿项目及数额均有异议。

刘启涛上诉请求:撤销一审判决第一项,改判刘启涛不承担连带赔偿责任,由彦其顺达公司与奥胜公司承担连带赔偿责任。事实与理由:刘启涛与吕先计是同事关系,都是彦其顺达公司的员工,刘启涛最多算是彦其顺达公司的负责人。吕先计为彦其顺达公司工作,遵守彦其顺达公司的规章制度,由彦其顺达公司发放工资。刘启涛认可一审法院核定的各项损失及金额。

【审理结果】

北京市海淀区人民法院于 2018 年 11 月 9 日作出(2017)京 0108 民初 50460 号民事判决:一、北京彦其顺达商贸有限公司、刘启涛于本判决生效后七日内赔偿吕先计医疗费 220 386.02 元,营养费 15 550 元、住院伙食补助费 7100 元,伤残赔偿金 1 692 186.6 元、残疾器具费 50 000 元、护理费 1 123 308 元、误工费 51 123.29 元、交通费 5000 元,住宿费 5000 元,精神损害抚慰金 50 000 元,鉴定费及检查费 11 017.24 元,以上共计 3 230 671.15 元;二、驳回吕先计的其他诉讼请求。判决后,吕先计、彦其顺达公司、刘启涛三方均向北京市第一中级人民法院提起上诉。北京市第一中级人民法院于 2019 年 8 月 23 日作出(2019)京 01 民终 5593 号民事判决,判决:一、撤销北京市海淀区人民法院(2017)京 0108 民初 50460 号民事判决;二、刘启涛于本判决生效后三十日内赔偿吕先计医疗费 176 308.82 元、营养费 12 440 元、住院伙食补助费 5680 元,伤残赔偿金(含被扶养人生活费)1 403 943.05 元、残疾辅助器具费 40 000 元、护理费 898 646.4 元、误工费 40 898.63 元、交通费 4000 元、住宿费 4000 元、鉴定费及为鉴定支出的检查费 8813.79 元、精神损害抚慰金 50 000 元,以上共计人民币 2 644 730.69 元;三、北京彦其顺达商贸有限公司、宁波奥胜贸易有限公司对本判决第二项承担连带赔偿责任;四、驳回吕先计的其他诉讼请求;五、驳回北京彦其顺达商贸有限公司的其他上诉请求;六、驳回刘启涛的其他上诉请求。

【裁判理由】

法院生效裁判认为:本案争议的焦点如下。一是对吕先计人身损害后果承担赔偿责任主体的认定;二是对吕先计合理损失项目及数额的核定。以下分别予以阐述:

(一)关于本案损害责任承担主体的认定

首先,关于奥胜公司与彦其顺达公司之间的法律关系。根据本案已查明的事实,奥胜公司与彦其顺达公司签有空调安装维修承揽协议,故双方之间构成承揽合同关系。

其次,关于彦其顺达公司与刘启涛之间的法律关系。彦其顺达公司主张其将部分空调安装业务发包给刘启涛，由刘启涛找安装工人承揽完成彦其顺达公司发包的空调安装业务，并于一审中提交了2017年9月25日的支出凭单、奥克斯央采结算明细等证据，以证明其与刘启涛之间构成承揽合同关系。刘启涛主张其与吕先计同样受雇于彦其顺达公司，其与彦其顺达公司构成雇佣关系。刘启涛认可其在上述证据中签名的真实性，虽抗辩称其在支出凭单上签名时凭单记载内容空白，以及其在结算明细上签名是为借支款项垫付吕先计的救治费用，但其未有充分证据证明其抗辩主张的事实，亦无充分证据能够推翻上述证据所客观载明的内容，且其抗辩理由并不符合民事行为的常理，故本院对有刘启涛签名的上述证据的证明效力予以确认。根据上述证据所记载的内容，彦其顺达公司与刘启涛之间的结算内容既包括央采材料费、央采台费、美的散户台费等各途径客户的空调安装或拆机费用，又包括安装或拆卸空调所需的各种管材配料费用，还包括质保金费用，所涵盖的结算款项类别多样，不单纯为刘启涛个人的劳务工资。且彦其顺达公司与刘启涛关于双方之间按件结算的一致陈述亦能够与上述证据相对应，故本院认为，彦其顺达公司将部分空调安装拆卸业务发包给刘启涛完成，双方之间构成承揽合同关系。

再次，关于吕先计与刘启涛以及彦其顺达公司之间的法律关系。吕先计与刘启涛均认为吕先计受雇于彦其顺达公司。本院认为，虽然因吕先计到岗后尚未领取工资，不能从工资支付的主体参考认定雇主，且吕先计在本次事故发生时身着奥胜公司的工作服作业，但因刘启涛承揽了彦其顺达公司发包的空调安装等业务，刘启涛从彦其顺达公司处获得总发包人奥胜公司指定的作业服装具有合理依据和途径。吕先计与刘启涛亦均认可吕先计参与本案空调安装事宜系由刘启涛通知到岗、分配任务、确认工作量，吕先计并无证据证明其受彦其顺达公司的指示提供劳务，亦无证据证明其与彦其顺达公司之间存在相较于其与刘启涛之间更为紧密的控制、支配和从属关系。故综合本案在案佐证的证据，本院认为吕先计与刘启涛之间构成个人之间的提供劳务法律关系。

最后，关于本案损害责任承担的主体。依据《侵权责任法》第三十五条，个人之间形成劳务关系，提供劳务一方因劳务造成他人损害的，由接受劳务一方承担侵权责任。提供劳务一方因劳务自己受到损害的，根据双方各自的过错承担相应的责任。根据《安全生产法》第二十七条，生产经营单位的特种作业人员必须按照国家有关规定经专门的安全作业培训，取得相应资格，方可上岗作业。特种作业人员的范围由国务院安全生产监督管理部门会同国务院有关部门确定。根据我国原国家安全生产监督管理局颁布的《特种作业人员安全技术培训考核管理规定》中特种作业目录的规定，特种作业的范围中明确包含高处安装、维护、拆除作业，适用于利用专用设备进行建筑物内外装饰、清洁、装修，电力、电信等线路架设，高处管道架设，小型空调高处安装、维修，各种设备设施与户外广告设施的安装、检修、维护以及在高处从事建筑物、设备设施拆除作业。因此，本案中吕先计所从事的空调安装作业属于特种作业，吕先计应取得特种作业操作资格证书后上岗作业。而本案中，吕先计未能经专门的安全作业培训，无证进行特种作业操作，虽具有一定作业工作经验且在本次作业中采取了一定安全防护措施，但因操作失误导致摔伤，其对自身安全负有疏忽和放任的过失。但因吕先计作为农村务工人员对于相关行业许可证照的具备欠缺充分的法律意识，亦相对欠缺自主学习相关技术并申领行业证照的能力，而刘启涛相对更具备相关行业规范的常识经验，具有相对更优势的市场地位，其对于雇佣无作业证照人员所存在的生产安全风险负有相对更大的过错，且其未能充分采取相关措施有效保障作业人员人身安全。刘启涛作为接受个人劳务完成所承揽特种作业的一方，应就吕先计的人身损害后果承担主要责任，本院酌定刘启涛的责任比例为 80%；吕先计应就自身损害后果承担次要责任，本院酌定吕先计的责任比例为 20%。

由北京市安全生产监督管理局、北京市市政市容管理委员会、北京市质量技术监督局联合制定的《北京市高处悬吊作业安全生产规定》第二十二条规定，发包人在发包外墙清洗、广告设施维护工程或选用空调设备安装企业时，应当查看其安全生产制度文件及高处悬吊作业人员的特种作业证书，不得将工程项目发包给不具备安全生产条件的单位或个人。最高人民法院《关于审理人身损害赔偿案件适用法律若干问题的解释》第十条规定，承揽人在完成工作过程中对第三人造成损害或者造成自身损害的，定作人不承担赔偿责任。但定作人对定作、指示或者选任有过失的，应当承担相应的赔偿责任；第十一条第二款规定，雇员在从事雇佣活动中因安全生产事故遭受人身损害，发包人、分包人知道或者应当知道接受发包或者分包业务的雇主没有相应资质或者安全生产条件的，应当与雇主承担连带赔偿责任。本案中，吕先计受刘启涛个人雇佣完成刘启涛承揽的空调安装业务，因彦其顺达公司是该业务的分包人，奥胜公司是该业务的总发包人，故奥胜公司与彦其顺达公司均应在选用空调设备安装企业时查看其安全生产制度文件及高处悬吊作业人员的特种作业证书，不得将工程项目发包给不具备安全生产条件的单位或个人。其中奥胜公司作为空调生产企业，更应熟知并严格遵守国家相关安全生产法规的强制性规定,更应注意通过有效严谨的审查措施尽可能预防因高空安装作业导致的生产安全风险。而奥胜公司未能提交充分证据证明,其在选用彦其顺达公司作为空调设备安装企业时对彦其顺达公司的安全生产制度文件及高处悬吊作业人员的特种作业证书等安全生产条件进行了合理审查,因此奥胜公司负有选任不具备安全生产条件单位的过失。同样,因刘启涛个人不具备高处悬吊作业人员的特种作业证书以及相关高空悬吊作业的承揽经营资质,彦其顺达公司亦负有选任不具备安全生产条件个人的过失。奥胜公司与彦其顺达公司均应与刘启涛承担连带赔偿责任。

(二)关于吕先计的合理损失项目及数额核定

因彦其顺达公司对于一审法院核定的除鉴定费及为鉴定支出的检查费这一项以外的各项损失数额均提出上诉异议,吕先计亦针对伤残赔偿金的赔偿指数提出上诉异议,故本院对鉴定费以外的各项损失数额均进行审核。

首先,关于伤残赔偿金。吕先计经司法鉴定认定双下肢瘫痪,肌力0级符合二级伤残,重度排尿功能障碍伴轻度排便障碍符合五级伤残,一审法院委托北京中衡司法鉴定所进行伤残等级鉴定,但未委托对赔偿指数进行评定,故本院依法对吕先计的伤残赔偿指数进行认定。根据相关规定,受伤人员符合两处以上伤残等级者,需综合计算累计伤残赔偿指数,具体计算方法如下:累计伤残赔偿指数 = 伤残等级最高处的伤残赔偿指数 + 伤残赔偿附加指数。伤残赔偿附加指数的确定:六级至十级伤残,每增加一处,增加5%;二级至五级伤残,直接增加10%。伤残赔偿附加指数不得超过10%,累计伤残赔偿指数不得超过100%。本案中,吕先计具有两处伤残等级,其中二级伤残的赔偿指数应为90%,五级伤残应附加赔偿10%,故吕先计的伤残赔偿指数应为100%。一审法院对伤残赔偿指数的认定不妥,本院予以纠正。但因吕先计在一审起诉时自愿按照95%的赔偿指数提出伤残赔偿金的诉讼请求,本院对此不持异议,故吕先计的伤残赔偿金应按照2017年北京城镇居民人均可支配收入核算为62 406元×20年×95% =1 185 714元。

其次,关于被扶养人生活费。根据最高人民法院《关于审理人身损害赔偿案件适用法律若干问题的解释》第二十八条第二款,被扶养人是指受害人依法应当承担扶养义务的未成年人或者丧失劳动能力又无其他生活来源的成年近亲属。被扶养人还有其他扶养人的,赔偿义务人只赔偿受害人依法应当负担的部分。被扶养人有数人的,年赔偿总额累计不超过上一年度城镇居民人均消费性支出额或者农村居民人均年生活消费支出额;第三十条第二款,被扶养人生活费的相关计算标准,依照前款原则确定。因此,被扶养人生活费的计算方式同伤残赔偿金。因吕先计有四名被扶养人,其同样按照 95% 的赔偿指数主张被扶养人生活费,本院对此亦不持异议,其父母的年平均生活费为 40 346 元 ×95% /3(人) =12 776.23 元,其子女的年平均生活费为 40 346 元 ×95% /2(人) =19 164.35 元。本院经审查,吕先计的被扶养人生活费总额为 40 346 元 ×13 年 +12 776.23 元 +19 164.35 元 +12 776.23元 =569 214.81 元。

最后,关于护理费。吕先计经司法鉴定认定需要完全护理依赖。中国人民解放军总医院第一附属医院于 2017 年 10 月 17 日出具的出院医嘱载明,吕先计长期需 2 名陪护。吕先计于一审起诉时按照吕先计亲属护理产生的误工费主张吕先计在中国人民解放军总医院第一附属医院出院前的护理费,并按照 160 元每天一人护理的标准主张其在出院后至定残前一天的护理费,按照 160 元每天一人护理的标准主张其自定残之日起 20 年的护理费。因吕先计向法院提交的证据不足以证明其亲属因为其护理导致的实际误工情况,且吕先计自愿按照一人护理的标准主张其在出院后的护理费,本院对此不持异议。一审法院结合吕先计住院治疗、伤残评定等情况酌情核定的护理费金额并无明显不当,本院予以维持。

综合本案已查明的事实以及在案佐证的证据,本院经审查认定,一审法院核定的医疗费、营养费、住院伙食补助费、误工费、残疾辅助器具费、交通费、住宿费、精神损害抚慰金的数额并无不当,本院均予以维持。

综上,在不区分责任比例的情况下,吕先计因本次事故导致的合理损失范围如下:医疗费 220 386.02 元、营养费 15 550 元、住院伙食补助费 7100 元,伤残赔偿金(含被扶养人生活费)1 754 928.81 元、残疾辅助器具费 50 000 元、护理费 1 123 308 元、误工费 51 123.29 元、交通费 5000 元、住宿费 5000 元、鉴定费及为鉴定支出的检查费 11 017.24 元以及精神损害抚慰金 50 000 元。

彦其顺达公司上诉主张其先行通过刘启涛向吕先计垫付过医疗费的事实于一审审理过程中并未提出,且其为证明其垫付情形所提交的证据材料不足以证明该款项向刘启涛支付的用途,刘启涛亦表示其向吕先计垫付的款项与彦其顺达公司向刘启涛支付的款项数额不同。各方当事人对于先行垫付的具体数额不能明确,故本院不便在本案二审中一并处理,各方当事人可另行解决。

综上所述,吕先计、彦其顺达公司、刘启涛的上诉请求均有部分成立,应予支持。一审判决认定事实基本清楚,但适用法律不当,本院予以纠正。

【裁判解析】

本案是一起农村务工人员无证高处作业安装空调外挂机时坠落重伤导致截瘫的生命权、健康权、身体权纠纷,伤者向与事故相关的多名主体提出近千万元的索赔,一审判决后共三方主体不服提出上诉。本案涉及对多名主体之间法律关系定性、权利请求基础规范识别、侵权责任构成要件中的过错认定以及具体损失范围核定等方面的争议,两级法院最终作出了不同的裁判结果。以下结合本案的审理思路及相关问题进行解析。

(一)法律关系的区别与认定

本案首先需要对多名主体彼此之间的法律关系进行分析和认定,因为法律关系的定性决定了责任主体的甄别和责任承担方式的确定。上诉争议最大的是吕先计、刘启涛与彦其顺达公司三方之间的法律关系定性。首先是吕先计的受雇主体是刘启涛还是彦其顺达公司,其次是刘启涛与彦其顺达公司之间是雇佣关系还是承揽关系。如吕先计受雇于刘启涛个人,双方应按照各自对损害结果发生所负有的过错比例承担责任,一审判决虽然认定了吕先计受雇于刘启涛个人,但未考虑吕先计的自身过失,将全部过失认定由刘启涛承担;如吕先计与刘启涛均受雇于彦其顺达公司,则应由彦其顺达公司对吕先计的损害承担雇主的无过错责任,而刘启涛不应承担责任,吕先计在无故意或重大过失的情况下亦不应自担责任。因此,在对各方之间法律关系定性时,首先需要厘清雇佣关系与承揽关系的区别,具体考量因素如下:

第一,提供劳务作为手段还是目的。雇佣关系是以直接提供劳务为目的,工作任务的目标即提供体力劳动的劳务,此处的劳务可能并不具有专业技术含量,亦与智力成果是否能够完成和交付无关,提供了劳务即获得薪酬对价的依据;承揽关系是以完成工作成果为目的,侧重完成和交付特定效果的成果,提供劳务仅为完成工作成果的手段,而该工作成果往往需要具备一定专业技术才能够完成。

第二,是否存在控制、支配和从属关系。雇佣关系中,工作任务的完成更多依赖于雇用人的调遣安排或控制支配;承揽关系中,承揽人在完成工作中具有独立性,可以自主决定工作步骤和方式,工作成果是否能够完成更多依赖于承揽人的专业技能,一般不需要接受定作人的控制和支配。

第三,是否由一方指定工作场所、提供劳动工具或设备、限定工作时间。雇佣关系中,雇佣人一般指定工作场所、提供劳动工具或设备、限定工作时间;承揽关系中,承揽人自行提供劳动工具或设备,自行掌握工作时间。

第四,报酬给付和成果提供的方式和周期。雇佣关系中,多为持续性提供劳务,定期多次给付报酬;承揽关系中,多为一次性提供工作成果,一次性结算劳动报酬。

第五,完成的工作内容是否属于相对方的业务范围。雇佣关系中,所提供的劳务一般为接受劳务一方生产经营活动的组成部分,接受劳务一方常进行具有一定规模性、固定性、规律性的经营活动,只是通过雇佣流动性的不特定的主体提供劳务来实现其规模性的经营;承揽关系中,所完成的工作任务一般为承揽人独立经营的、相对固定的业务或活动,不属于相对人的业务范围。

根据在案佐证的证据,彦其顺达公司与刘启涛之间具有大量的结算单据,结算内容既包括央采材料费、央采台费、美的散户台费等各途径客户的空调安装或拆机费用,又包括安装或拆卸空调所需的各种管材配料费用,还包括质保金费用,所涵盖的结算款项类别多样,并不单纯为刘启涛个人的劳务工资,且彦其顺达公司与刘启涛关于双方之间按件结算的一致陈述亦能够与上述证据相对应。综合以上考量因素,彦其顺达公司将部分空调安装拆卸业务发包给刘启涛完成,刘启涛自行安排人员使用相关工具和管材配料完成彦其顺达公司指派的业务,须向彦其顺达公司提供空调安装、拆卸的成果,并按完成成果的工作量向彦其顺达公司主张结算费用。因此可以认定,彦其顺达公司与刘启涛之间构成承揽合同关系。

关于吕先计的受雇主体的认定问题。吕先计到岗后尚未实际领取工资,因此无法从工资支付主体来参考认定雇主。吕先计在本次事故发生时身着奥胜公司的工作服作业,从外观上亦较难判断受雇主体,因为彦其顺达公司与奥胜公司明确约定在双方之间的承揽业务中,由奥胜公司向彦其顺达公司提供代表奥克斯空调的统一服装,而刘启涛从彦其顺达公司处承揽了空调安装等业务,故刘启涛从彦其顺达公司处获得总发包人奥胜公司指定的作业服装亦具有合理依据和途径。因此,应继续从工具提供、任务指派、业务范围等因素审查判断吕先计的受雇主体。吕先计与刘启涛均认可吕先计参与本案空调安装事宜系由刘启涛通知到岗、分配任务、确认工作量,吕先计并无证据证明其受彦其顺达公司的指示提供劳务,亦无证据证明其与彦其顺达公司之间存在相较于其与刘启涛之间更为紧密的控制、支配和从属关系。而且结合吕先计被投保的保险合同来看,吕先计应为不固定地为不同经营主体提供空调安装劳务,吕先计获得薪酬的对价主要是提供空调安装的具体劳务。而刘启涛作为个人承揽空调安装业务的经营主体,其主要负责联络介绍、组织调配具体劳务者完成批量的空调安装业务,其中既包括提供和接受具体的安装服务,还包括辅助配送相关配料器具和代为结算部分款项。刘启涛具有一定规模性的相对固定的经营业务范围与吕先计具体从事的劳务内容相一致。故二审合议庭综合本案在案佐证的证据认定吕先计的受雇主体为刘启涛,双方构成个人之间的提供劳务法律关系。

(二)责任主体的认定及依据

依据《侵权责任法》第三十五条,个人之间形成劳务关系,提供劳务一方因劳务造成他人损害的,由接受劳务一方承担侵权责任。提供劳务一方因劳务自己受到损害的,根据双方各自的过错承担相应的责任。根据法院查明的事实,吕先计向刘启涛个人提供劳务,双方应按照各自的过错比例分担责任,因此首先可以明确应由刘启涛对吕先计承担雇主责任,刘启涛的上诉理由不能成立,二审法院的对各自过错比例的认定思路在下文中予以展开。

彦其顺达公司、奥胜公司是否应承担责任亦是本案核心争议的问题,故二审法院针对权利请求基础规范识别问题查明了详细的法律依据。二审裁判文书中明确引用了法律及司法解释,同时也将原国家安全生产监督管理局发布的部委规章《特种作业人员安全技术培训考核管理规定》以及北京市地方性规范性文件《北京市高处悬吊作业安全生产规定》等列明作为二审法律适用的参照和论理逻辑的衔接,以实现对裁判理由和相关依据的充分补强。通过对法律规范的梳理,二审法院认为,接受劳务一方之外的主体承担责任的前提是其对事故损害后果负有法律上的义务,因此首先应对本案事故原因行为的性质进行分析。

1. 涉案作业的性质及从业条件

《安全生产法》第二十七条,生产经营单位的特种作业人员必须按照国家有关规定经专门的安全作业培训,取得相应资格,方可上岗作业。特种作业人员的范围由国务院安全生产监督管理部门会同国务院有关部门确定。根据我国原国家安全生产监督管理局颁布的《特种作业人员安全技术培训考核管理规定》中特种作业目录3,高处作业指专门或经常在坠落高度基准面2米及以上有可能坠落的高处进行的作业;根据上述特种作业目录3.2,特种作业范围包含高处安装、维护、拆除作业,适用于利用专用设备进行建筑物内外装饰、清洁、装修,电力、电信等线路架设,高处管道架设,小型空调高处安装、维修,各种设备设施与户外广告设施的安装、检修、维护以及在高处从事建筑物、设备设施拆除作业。《北京市高处悬吊作业安全生产规定》第二十九条第一款第三项规定,空调设备安装,指民用分体空调外挂设备的安装、拆除、维修等。本案中吕先计在中央民族大学音乐楼的三层墙体外侧进行空调外挂机的安装作业,其作业时的坠落高度基准面已远超过2米的距离,因此吕先计从事的作业属于高处安装特种作业。吕先计须按照国家有关规定经专门的安全作业培训,取得相应资格,方可上岗作业。

2. 责任承担的基础规范

最高人民法院《关于审理人身损害赔偿案件适用法律若干问题的解释》第十一条第二款规定,雇员在从事雇佣活动中因安全生产事故遭受人身损害,发包人、分包人知道或者应当知道接受发包或者分包业务的雇主没有相应资质或者安全生产条件的,应当与雇主承担连带赔偿责任。由北京市安全生产监督管理局、北京市市政市容管理委员会、北京市质量技术监督局联合制定的《北京市高处悬吊作业安全生产规定》第二十二条规定,发包人在发包外墙清洗、广告设施维护工程或选用空调设备安装企业时,应当查看其安全生产制度文件及高处悬吊作业人员的特种作业证书,不得将工程项目发包给不具备安全生产条件的单位或个人。根据已查明的事实,因吕先计受刘启涛个人雇佣完成刘启涛承揽的空调安装业务,彦其顺达公司是该业务的分包人,奥胜公司是该业务的总发包人,奥胜公司与彦其顺达公司均应在选用空调设备安装企业时查看其安全生产制度文件及高处悬吊作业人员的特种作业证书,不得将工程项目发包给不具备安全生产条件的单位或个人。其中奥胜公司作为空调生产企业,更应熟知并严格遵守国家相关安全生产法规的强制性规定,更应注意通过有效严谨的审查措施尽可能预防因高空安装作业导致的生产安全风险。而奥胜公司未能提交充分证据证明其在选用彦其顺达公司作为空调设备安装企业时对彦其顺达公司的安全生产制度文件及高处悬吊作业人员的特种作业证书等安全生产条件进行了合理审查,因此奥胜公司负有选任不具备安全生产条件单位的过失。同样,因刘启涛个人不具备高处悬吊作业人员的特种作业证书以及相关高空悬吊作业的承揽经营资质,彦其顺达公司亦负有选任不具备安全生产条件个人的过失,奥胜公司与彦其顺达公司均应与刘启涛承担连带赔偿责任。

(三)责任承担方式及责任比例划分

1. 提供劳务法律关系中双方错过的认定

本案中,吕先计未能经专门的安全作业培训,无证进行特种作业操作,虽具有一定作业工作经验且在本次作业中采取了一定安全防护措施,但因操作失误导致摔伤,其对自身安全负有疏忽和放任的过失。但此种过失尚未构成故意或重大过失,因为吕先计作为农村务工人员对于相关行业许可证照的具备欠缺充分的法律意识,亦相对欠缺自主学习相关技术并申领行业证照的能力,且在作业中实际采取了一定安全防护措施。相反,刘启涛作为规模性承揽经营的主体,其相对更具备相关行业规范的常识经验,具有相对更优势的市场地位,对于雇佣无作业证照人员所存在的生产安全风险负有相对更大的过错,且其未能充分采取相关措施有效保障作业人员人身安全。故刘启涛作为接受个人劳务完成所承揽特种作业的一方,应就吕先计的人身损害后果承担主要责任,二审法院酌定刘启涛的责任比例为80%;吕先计应就自身损害后果承担次要责任,法院酌定吕先计的责任比例为20%。二审合议庭对于责任比例的酌定,考虑了空调安装行业参与经营主体对于安全生产条件相对漠视的客观现状,亦对未来行业准入条件和风险防控具有积极的导向意义。

2. 责任主体及责任承担方式的甄别

首先,奥胜公司是否应承担赔偿责任是一、二审法院在适用法律上所存在的核心认识差异。一审法院虽认定奥胜公司与彦其顺达公司之间构成承揽合同关系,但未认定奥胜公司的过错及责任。其次,关于奥胜公司应承担按份责任还是连带责任,二审合议庭亦进行了深入的合议。以下一并予以阐述:

《安全生产法》的制定目的是加强安全生产工作,防止和减少生产安全事故,保障人民群众生命和财产安全,促进经济社会持续健康发展,强调安全生产工作应当以人为本,坚持安全发展,坚持安全第一、预防为主、综合治理的方针,强化和落实生产经营单位的主体责任,建立生产经营单位负责、职工参与、政府监管、行业自律和社会监督的机制。北京市安全生产监督管理局、北京市市政市容管理委员会、北京市质量技术监督局联合制定的《北京市高处悬吊作业安全生产规定》亦明确,该规定的制定是为了加强本市高处悬吊作业安全生产工作,防止和减少高处坠落事故,保障人民群众生命和财产安全。因此,无论是与安全生产相关的法律还是其他规范性文件,所要实现的社会效果均是预防风险,保护社会公众的生命和财产安全。

《安全生产法》第二十七条第一款规定,生产经营单位的特种作业人员必须按照国家有关规定经专门的安全作业培训,取得相应资格,方可上岗作业。北京市人民代表大会常务委员会通过的《北京市安全生产条例》第十五条规定:"生产经营单位应当具备下列安全生产条件:(一)生产经营场所和设备、设施符合有关安全生产法律、法规的规定和国家标准或者行业标准的要求。(二)矿山、建筑施工单位和危险化学品、烟花爆竹、民用爆破器材生产单位依法取得安全生产许可证。(三)建立健全安全生产责任制,制定安全生产规章制度和相关操作规程。(四)依法设置安全生产管理机构或者配备安全生产管理人员。(五)从业人员配备符合国家标准或者行业标准的劳动防护用品。(六)主要负责人和安全生产管理人员具备与生产经营活动相适应的安全生产知识和管理能力。(七)从业人员经安全生产教育和培训合格。特种作业人员按照国家和本市的有关规定,经专门的安全作业培训并考核合格,取得特种作业操作资格证书。(八)法律、法规和国家标准或者行业标准、地方标准规定的其他安全生产条件。不具备安全生产条件的单位不得从事生产经营活动。”从上述规定可见,我国中央及地方的立法机构、执法机构均对安全生产条件的欠缺持有禁止性态度。

本案中,奥胜公司作为专业的空调设备生产企业,应熟知并严格遵守国家相关安全生产法规的强制性规定,更应注意通过有效严谨的审查措施尽可能预防因高空安装作业导致的生产安全风险,其应主动审查彦其顺达公司是否具备空调高处安装特种作业的相关资质和条件,而不应根据营业执照登记载明的经营范围简单推定彦其顺达公司具备相应的特种作业安全生产条件。奥胜公司应依据上述规范性文件的规定,主动审查生产经营单位是否具备符合有关安全生产法律、法规的规定和国家标准或者行业标准的要求的生产经营场所和设备、设施,是否建立健全安全生产责任制并制定安全生产规章制度和相关操作规程,是否依法设置安全生产管理机构或者配备安全生产管理人员,从业人员是否配备符合国家标准或者行业标准的劳动防护用品,从业人员是否经安全生产教育和培训合格,特种作业人员是否按照国家有关规定经专门的安全作业培训并取得特种作业操作资格证书等事项,并可要求合作意向单位提交上述审查文件或相关证照予以备案或作为合同附件。如奥胜公司在本案中能够提交相关证据证明其履行了缔约前的法定审查义务,而仅仅是承揽单位未按照法定或约定方式具体进行作业,则奥胜公司可就其选任过失予以免责。

虽然二审合议庭也考虑到本案的裁判结果可能会对目前的空调行业运营现状产生一定影响,且可能在客观上会增加空调生产企业的经营成本,但对企业经营与行业发展的保护,不应违背法律对不特定社会主体生命健康安全充分保护的价值取向。相反,本案中侵权责任的认定可以有效提示和促进空调生产企业在选任相关从业企业时切实履行审查注意义务,合理防范相关经营风险。故二审合议庭认为,奥胜公司未能提交充分证据证明其在选用彦其顺达公司作为空调设备安装企业时对彦其顺达公司的安全生产制度文件及高处悬吊作业人员的特种作业证书等安全生产条件进行了合理审查,其行为放任了不特定无资质从业主体安全隐患的发生,违反了法律所规定的强制性义务,负有法定的选任过失。同样,因刘启涛个人不具备高处悬吊作业人员的特种作业证书以及相关高空悬吊作业的承揽经营资质,彦其顺达公司亦负有选任不具备安全生产条件个人的过失。上述三个主体均应就吕先计的损失承担赔偿责任。

而关于责任的具体承担方式,最高人民法院《关于审理人身损害赔偿案件适用法律若干问题的解释》第十条规定,承揽人在完成工作过程中对第三人造成损害或者造成自身损害的,定作人不承担赔偿责任。但定作人对定作、指示或者选任有过失的,应当承担相应的赔偿责任。虽然上述规定中对于"相应责任"未予明确具体是按份责任还是连带责任,但可以明确的是,定作人应承担与其选任过失相适的责任。与此同时,上述司法解释第十一条第二款规定,雇员在从事雇佣活动中因安全生产事故遭受人身损害,发包人、分包人知道或者应当知道接受发包或者分包业务的雇主没有相应资质或者安全生产条件的,应当与雇主承担连带赔偿责任。如上文分析,吕先计在本案中的作业性质属于高处悬吊特种作业,作业内容属于安全生产的范围,因此此类业务的发包和承包可以适用上述司法解释第十一条第二款的特别规定。且因本案中的特种作业具有高致害的风险,其相关安全生产条件的审查缺位也是对不特定从业人员生命健康安全这一公共利益的隐患的放任,因此二审合议庭依据上述规范认定奥胜公司与彦其顺达公司均应与刘启涛承担连带赔偿责任,而不应按份划分各自的责任。

(四)合理损失范围的核定

1. 存在多处伤残时赔偿指数的认定

本案吕先计的伤残赔偿指数问题是吕先计上诉的第二个核心争议问题。吕先计经司法鉴定认定双下肢瘫痪,肌力 0 级符合二级伤残,重度排尿功能障碍伴轻度排便障碍符合五级伤残。一审法院委托北京中衡司法鉴定所进行伤残等级鉴定,但未委托对赔偿指数进行评定,故本院依法对吕先计的伤残赔偿指数进行认定。根据北京市高级人民法院、北京市司法局《关于伤残评定问题研讨会会议纪要》的规定,受伤人员符合两处以上伤残等级者,需综合计算累计伤残赔偿指数,具体计算方法如下:累计伤残赔偿指数 = 伤残等级最高处的伤残赔偿指数 + 伤残赔偿附加指数。伤残赔偿附加指数的确定:六级至十级伤残,每增加一处,增加 5%;二级至五级伤残,直接增加 10%。伤残赔偿附加指数不得超过 10%,累计伤残赔偿指数不得超过 100%。本案中,吕先计具有两处伤残等级,其中二级伤残的赔偿指数应为 90%,五级伤残应附加赔偿 10%,故吕先计的伤残赔偿指数应为 100%。一审判决于上述会议纪要正式下发之前作出,但未按照上述会议纪要的规定累计计算伤残赔偿指数,二审合议庭参照上述规范性文件在不超出当事人诉讼请求的范围内对此予以纠正。

2. 对当事人自由行使权利的尊重

法院判决支持的项目及金额均不能超出当事人的诉讼请求范围,且应充分尊重当事人对于诉讼权利的行使。本案中,虽然吕先计未对一审法院核定的其他项目损失金额提出异议,但因彦其顺达公司上诉对除鉴定费之外的各项损失均提出异议,故二审法院对吕先计的合理损失范围重新进行了审查。

本案中,吕先计的伤残赔偿金及被扶养人生活费均可按照 100% 赔偿指数主张,但其于一审起诉时自愿按照 95% 主张,故二审法院尊重当事人的权利自治,均按照 95% 的赔偿指数核定上述两项损失金额。

二审承办法官在阅卷中还发现,吕先计经司法鉴定认定需要完全护理依赖,中国人民解放军总医院第一附属医院于 2017 年 10 月 17 日的出院医嘱中载明,吕先计长期需 2 名陪护。吕先计于一审起诉时按照 160 元每天一人护理的标准主张其自出院后至定残前一天的护理费,按照 160 元每天一人护理的标准主张其自定残之日起 20 年的护理费。因吕先计自愿按照一人护理的标准主张出院后的护理费,故二审法院亦尊重当事人的权利自治。

【案例点评】

本案二审裁判结果可能会对目前的空调行业运营现状产生一定影响,且可能会在客观上增加空调生产企业的经营成本,但对于空调生产及安装企业所应遵守的相关规定以及所应承担的相关责任的明确具有一定参考意义,并体现了对企业经营与行业发展的保护不应违背法律对不特定社会主体生命健康安全充分保护这一价值取向的裁判观点。本案中侵权责任的认定,亦可以有效提示和促进空调生产企业在选任相关从业企业时切实履行审查注意义务,合理防范相关经营风险,对于行业规范具有一定的积极意义。

【裁判心得】

本案是一起农村务工人员无证高处作业时坠落重伤导致高位截瘫的人身损害纠纷,索赔金额巨大,多方主体上诉,亲属情绪激动,争议问题较多,是法律争议与社会效果需统筹兼顾的具有一定代表性的侵权案件,暴露出目前空调安装行业主体与空调生产行业主体在一定范围内相互分离的客观现状。本案明确了空调生产企业在选用空调设备安装企业时疏于履行法定审查义务的过失及责任承担方式。法官在裁判中不仅应充分梳理和严格依据各类法律规范,也应秉承保护社会公共利益和促进完善行业规范的价值取向。

中国电子器材东北有限公司诉中电工信通讯设备有限公司、孙丹财产损害赔偿纠纷案

丁少芃*

关键词

合同相对性　票据行为无因性　物权变动基础关系　合同约束效力　法定代表人双重身份

裁判要旨

以挂靠、联营、合作等方式借用他人名义与第三人签订合同并实际开展经营业务时，第三人的合同相对方及该合同标的的实际权利主体在“借名”关系中偶会发生争议。在对上述问题作出判断时，不仅要根据证据规则综合审查各方所举证据的证明力，更要遵从合同具有相对性的基本原理，注意审查并严格把握不同主体之间合同的约束效力范围。

相关法条

1.《中华人民共和国侵权责任法》第六条、第十五条。

2.《中华人民共和国合同法》第八条、第一百三十条。

3.《中华人民共和国票据法》第二十六条、第三十七条。

4.《中华人民共和国民事诉讼法》第六十四条、第一百七十条第一款第二项。

【当事人基本情况】

上诉人（一审原告）：中国电子器材东北有限公司（以下简称东北公司）。

* 丁少芃，北京市第一中级人民法院民二庭法官。

被上诉人(一审被告):中电工信通讯设备有限公司(曾用名为北京中电工信通讯技术有限公司)(以下简称中电公司)。

被上诉人(一审被告):孙丹。

【基本案情】

东北公司向一审法院起诉请求:(1)判令中电公司、孙丹共同构成侵权,中电公司向东北公司赔偿手机款660万元,并支付自2012年6月1日至2015年12月31日的利息140.45万元;(2)判令孙丹承担连带赔偿责任。

一审法院认定事实:2009年10月31日,东北公司与中邮泰达(北京)商贸有限公司(以下简称中邮泰达公司)签订《合作协议》。双方约定合作经营东北公司下属移动通讯事业部及其移动电话购销和其他移动通讯业务。合作经营期限三年,自2009年10月31日起至2012年10月31日止。经营期间,双方经营本协议项目的经营活动对外要以东北公司下属移动通讯事业部的名义进行。东北公司负责保管移动通讯事业部的印章,根据中邮泰达公司的申请决定印章使用,移动通讯事业部的印章为东北公司20号合同专用章(以下简称20号合同专用章),中邮泰达公司自主从事移动通讯事业部的经营活动,承担经营活动的全部法律后果和责任。中邮泰达公司保证合作项目的每年利润点不得低于销售额的0.6%,保证东北公司每年收取的利润不低于180万元,中邮泰达公司利润为销售额的0.6%以外部分。2011年3月,双方签订了补充协议。

2011年1月6日、3月25日,中邮泰达公司与北京中电工信通讯技术有限公司(以下简称北京中电公司)签订两份《业务转让协议》,中邮泰达公司将上述《合作协议》的责任权利义务被概括转让给北京中电公司。

2010年11月30日,东北公司(甲方)与北京中电公司(乙方)签订《合作协议》,约定:双方合作经营甲方下属的移动通信事业部及其移动电话购销和其他移动通信业务,其中合作经营期限自2010年11月30日至2012年10月31日。本协议经营期间,甲乙双方经营本协议项目的经营活动,以甲方下属的移动通信事业部的名义对外经营。甲方有权对乙方按照本协议从事的经营活动及财务活动进行监管,甲方为乙方提供两名财务人员的办公条件,并派人监管乙方财务状况;甲方负责保管甲方移动通信事业部的印章,为本协议之目的根据乙方的申请决定印章的使用。

2011年3月1日,东北公司(甲方)、胡嘉(乙方)与孙丹(丙方)签订《岗位聘用协议(2011-015)》,约定孙丹担任经理职务,主抓公司的手机经营业务。合同时间为 2011 年 1 月 1 日至 2011 年 12 月 31 日。根据公司的经营决策负责本部门的经营业务决策,丙方的任何经营行为应对甲乙方负责。负责本部门经济合同的签订执行,合同文本应送交甲方保存管理,防止发生事故。避免不良债权债务发生,负责本部门商品盘点,做到账账、账物相符,发现问题及时处理。丙方所有的经营活动,必须在甲方规定的管理范围内实施。

2011 年 12 月 21 日,东北公司与深圳市恒路物流股份有限公司(以下简称深圳恒路公司)签订《货物运输服务协议》,约定:深圳恒路公司为东北公司提供货物运输服务及东北公司要求的其他物流相关服务,包括但不限于运输、仓储、包装、保管、搬运等。深圳恒路公司若将货物运至错误的到货地点或接货人,则应无偿运至合同规定的到货地点或接货人。如果货物逾期到达,承运方应偿付逾期交货的违约金货值的 5%。

2011 年 12 月 21 日,东北公司与深圳恒路公司签订《等通知放货补充协议》,约定:东北公司在向深圳恒路公司下达放货通知单时,通知单上必须有授权人的亲笔签名并加盖公司公章,二者必具备,否则深圳恒路公司将东北公司的放货通知视为无效。《授权书》授权朱玉华、杜蕊睿作为东北公司等通知放货业务下达放货指令人员。在公司下达放货通知单时,单上必须有授权人的亲笔签名和公司公章。以上《货物运输服务协议》《等通知放货补充合同》《授权书》均加盖了 20 号合同专用章。

2011 年,北京中电公司与深圳恒路公司签订《货物运输服务协议》,注明北京中电公司的传真号为 010 - 63171776。

2011 年 12 月 26 日,东北公司与中兴通讯股份有限公司签订《中兴手机购销合同》(合同编号:S3NN2011122001TMP)一份,载明:东北公司购买中兴通讯股份有限公司 T9 手机 10 000 台,单价 1320 元,折让 154 台 T9 手机。乙方以六个月银行承兑汇票的方式向甲方支付货款。通讯事业部地址为北京市石景山区石景山路 23 号院(中国电子中础大厦西配楼三层),传真号为 010 - 63171776。2011 年 12 月 26 日,东北公司与中兴通讯股份有限公司南宁办事处签订了补充协议。合同及补充协议加盖了东北公司的 20 号合同专用章。中电公司称该协议系其员工张卫签订。

2012 年 4 月 27 日,中兴通讯公司向东北公司出具《深圳增值税专用发票》一张,载明 T9 型号手机 5000 台,价税合计 660 万元。东北公司提供两张银行承兑汇票以证明诉争手机货款系其公司出具。其中,2011 年 12 月 23 日银行承兑汇票(单据号 20315027)载明:出票人东北公司,收款人中兴通讯股份有限公司,出票金额 1 765 000 元。其中,2011 年 12 月 23 日银行承兑汇票(单据号 20064383)载明:出票人厦门市新阳隆汽车销售有限公司,收款人上海上汽大众汽车销售有限公司,出票金额为 7 660 000 元人民币,该承兑汇票经上海上汽大众汽车销售有限公司、华康商行及东北公司背书。

此外,东北公司于 2011 年 12 月 29 日向中兴通讯公司出具两份款项说明,内容为:东北公司于 2011 年 12 月 26 日以银行承兑汇票方式向中兴通讯公司支付 20315027 号单据,金额 1 765 000 元款项中的 613 646 元,用于东北公司 S3NN2011122001TMP 合同。东北公司于 2011 年 12 月 28 日以银行承兑汇票方式向中兴通讯公司支付 20064383 号单据,金额 7 660 000 元款项中的 5 986 354 元,用于东北公司 S3NN2011122001TMP 合同。其中一份款项说明加盖了北京中电公司公章。中电公司及孙丹对此否认,主张诉争手机货款系中电公司出具。

北京中电公司提供 2011 年 12 月 25 日其向华康商行出具的《委托付款函》,委托华康商行于 2011 年 12 月 27 日向东北公司支付金额为 7 660 000 元的货款,其中 660 万元用于支付东北公司与中兴通讯公司的采购合同货款(合同号 S3NN2011122001TMP),及华康商行于 2011 年 12 月 27 日向东北公司出具《付款委托函》,载明华康商行自愿代北京中电公司以银行承兑汇票方式向东北公司支付金额 7 660 000 的款项,其中 660 万元用于支付东北公司与中兴通讯公司的采购合同货款(合同号 S3NN2011122001TMP)。东北公司对此不予认可,主张北京中电公司提供的《委托付款函》、《付款委托函》、记账凭证等均系事后伪造形成,不具有真实性。

此外,东北公司提供了辅助明细账,以证实华康商行转付的货款为东北公司与华康商行之间的纠纷,中电公司及孙丹对此否认。

2011 年 9 月 28 日,北京中电公司与南宁市神州通货运代理有限公司签订了《货物运输服务协议》。同日,朱玉华以东北公司名义又与恒路物流公司签订了《货物运输服务协议》、《等通知放货补充协议》及附件《授权书》。

2012 年 2 月 7 日,东北公司向深圳恒路公司发出《暂存通知单》,载明:我司于 2012 年 2 月 7 日从南宁神州通提出 T9 手机 5077 台,贵公司授权收货人为江茂华,收货地址是深圳市宝安区恒路物流中心。该通知盖有东北公司 20 号合同专用章。2012 年 2 月 27 日、2012 年 3 月 27 日、2012 年 4 月 27 日、2012 年 5 月 28 日,深圳恒路公司出具上述手机的库存对账单。

2012 年 5 月 30 日,深圳恒路公司收到东北公司《发货通知单》,分货单号为 W201205029 - 1,该通知单上加盖东北公司(20)合同专用章,但没有人员签字。同日,又收到北京中电公司《发货通知单》,分货单号为 W201205031 - 1,该通知单上加盖"北京中电工信通讯技术有限公司合同专用章",有汤达签字。两份《发货通知单》格式相同,除了备注栏仓储交费的内容略有不同外,其他内容均为:由张广生(身份证号码 231004195508141210,联系电话 13380345415)上门自提 5077 台 T9 手机,仓储费由客户支付。2012 年 5 月 30 日、31 日,张广生分两次提取了 5077 台手机。

另查,中电公司曾提供神州通货运公司向恒路物流公司出具的《声明》,其中载明:对 2012 年 2 月 7 日北京中电公司委托其的发货通知单号、货运单号、委托单号、客户指令号、红衣指令、委托单号均予以确认,并就其与东北公司、北京中电公司合同关系事宜,声明其与东北公司无合同关系,至今未操作过东北公司任何业务。东北公司对此否认。

再查,东北公司和北京中电公司在合作期间,对外均使用东北公司(20)合同专用章,且在与恒路物流公司的往来电子邮件、对账单、发货通知单、信函以及协议合同中,均使用同一个地址,即北京市石景山区石景山路 23 号院(中国电子中础大厦西配楼三层),该地址为北京中电公司注册地。邮编均为 100049;均使用同一个传真号码 01063171776,此为北京中电公司的电话。

另查,中电公司提供了中兴通讯公司发送的相关邮件,以证实实际手机购买人。中电公司提供了多份与中兴通讯公司签订的合同、华康商行出具的多份承兑汇票以证实业务模式,中电公司提供了结算单据以证实其与东北公司之间的合同履行情况。东北公司对此否认,亦提供了多份与中兴通讯公司签订的合同、发票、转款凭证等以证实业务模式,中电公司对此否认。

再查,广发银行北京翠微路支行《代发工资业务查询明细》《2011 年度北京市社会保险个人缴费信息对账单》等载明了朱玉华、杜蕊睿的相应款项发放情况。

2013 年 4 月 25 日,北京中电工信通讯技术有限公司经北京市工商行政管理局石景山分局核准,名称变更为中电工信通讯设备有限公司。

中电公司提供了 2012 年 6 月其与普兴移动通讯设备有限公司签订的购销合同、2012 年 7 月普兴移动通讯设备有限公司出具的委托提货函、2012 年 7 月中兴通讯股份有限公司南宁办事处出具的收货确认单等证据,东北公司对此否认。

另查,东北公司曾将深圳恒路公司作为被告,将中电公司作为第三人以仓储合同纠纷为由诉至法院,辽宁省沈阳市中级人民法院作出判决驳回了东北公司请求深圳恒路公司赔偿的全部诉讼请求。东北公司不服提出上诉,辽宁省高级人民法院于 2015 年 5 月 29 日作出判决,维持原判。

2017 年 2 月 13 日,中兴通讯股份有限公司南宁办事处出具证明,载明实际手机购买人为中电公司,东北公司提供平台。东北公司对该证明否认。

再查,本案东北公司曾以不当得利纠纷诉至法院,法院于 2016 年 9 月 26 日作出(2016)京 0107 民初 885 号民事判决书。判决作出后中电公司不服提出上诉,北京市第一中级人民法院于 2017 年 2 月 23 日作出(2017)京 01 民终 85 号民事裁定书,将该案发回重审,即本案。

二审法院查明:东北公司主张利息损失按照中国人民银行同期贷款利率计算。东北公司与中电公司于二审庭审中均认可,东北公司向中兴通讯公司开具的两份《款项说明》原件上均各自仅盖有两个东北公司(20)合同专用章红章,并无中电公司红章,其中金额为 7 660 000 元的《款项说明》显示还额外盖有中电公司公章的效果系因东北公司原始证据丢失,使用中电公司提交的证据复印所得。中电公司认可华康商行系孙丹的父亲孙振东注册的个体工商户。2017 年 10 月 20 日,中国电子器材东北公司经沈阳市工商行政管理局核准,名称变更为中国电子器材东北有限公司。

东北公司上诉请求:撤销一审判决,依法改判支持我公司的一审全部诉讼请求。事实与理由:一、本案中,系我公司与销售方中兴通讯股份有限公司(以下简称中兴通讯公司)签订的《中兴手机购销合同》及《补充协议》,并且涉案手机款人民币 660 万元亦由我公司支付。同时,中兴通讯公司也将涉案手机款发票全额开具给了我公司。更为重要的是,中兴通讯公司也按照我公司的指示将涉案手机存入到我公司指定的仓库,向我公司交付了该批手机,甚至在我公司指令将涉案手机运往深圳准备向中兴通讯公司办理退货时,负责仓储的公司也是与我公司进行多次对账。由此可见,我公司不仅是涉案手机的买受人,同时也是涉案手机的物权人。一审法院认为上述事实“不能成为原告具有诉争手机物权的认定依据和标准”,属于认定事实错误。二、一审法院实际上已经查明,我公司与中电公司于 2010 年 11 月 31 日签订了《合作协议》,双方实际上是一种代理性质的合作关系,即我公司与中电公司共同经营我公司的移动通讯事业部,在合作期内,中电公司对外代表我公司完成手机谈判、签约等运营工作,由此产生的利润归我公司所有,而后我公司再按照约定向中电公司进行分成这样一种合作经营模式。由此可见,中电公司在履行《合作协议》过程中所产生的一切法律后果实际上都是由我公司来承担。双方实际上已经通过《合作协议》明确涉案手机的所有权人就是我公司。三、在本案双方当事人均主张己方系涉案手机的所有权人的情况下,对比双方提交的证据,我公司所提供的证据,即我公司与中电公司签订的《合作协议》、我公司与销售方中兴通讯公司签订的《中兴手机购销合同》及《补充协议》、支付手机款的银行汇票、中兴通讯公司开具的发票等,能够形成完整的证据链条,并且上述证据均属于能够证明我公司系涉案手机所有权人的直接证据,证明力远远高于中电公司提供的间接证据。一审判决适用法律错误。四、本案中,孙丹是整件侵权行为的实际参与人,其不仅实际控制着中电公司,同时还利用其为我公司聘用的移动通讯事业部经理的双重身份,协助中电公司侵占了该批涉案手机,而中电公司在本案一审中也承认该批手机由其提货后予以销售,即中电公司实际上完成了侵占的行为并由此获利。可见,正是在孙丹的配合下,中电公司完成了这一侵权行为。因此,中电公司与孙丹构成共同侵权行为,孙丹应当与中电公司共同向我公司承担赔偿责任。

【审理结果】

北京市石景山区人民法院于 2018 年 12 月 27 日作出(2017)京 0107 民初 5263 号民事判决:驳回中国电子器材东北公司的诉讼请求。判决后,中国电子器材东北有限公司向北京市第一中级人民法院提起上诉。北京市第一中级人民法院于 2019 年 6 月 26 日作出(2019)京 01 民终 3794 号民事判决,判决:一、撤销北京市石景山区人民法院(2017)京 0107 民初 5263 号民事判决;二、中电工信通讯设备有限公司于本判决生效后十五日内赔偿中国电子器材东北有限公司 5077 台 T9 手机价款六百六十万元;三、中电工信通讯设备有限公司于本判决生效后十五日内支付中国电子器材东北有限公司 5077 台 T9 手机价款六百六十万元对应的利息损失(以六百六十万元为基数,自二〇一二年六月一日起至二〇一五年十二月三十一日止,按照中国人民银行同期贷款利率计算);四、驳回中国电子器材东北公司的其他诉讼请求。

【裁判理由】

法院生效裁判认为:本案争议的焦点如下。一、东北公司是否为涉案手机的权利人;二、中电公司是否构成对东北公司财产权利的侵害;三、孙丹是否应承担连带责任。以下分别予以论述:

(一)关于东北公司是否为涉案手机的权利人

当事人对自己提出的主张,有责任提供证据。当事人对自己提出的诉讼请求所依据的事实或者反驳对方诉讼请求所依据的事实有责任提供证据加以证明。当事人未能提供证据或者证据不足以证明其事实主张的,由负有举证证明责任的当事人承担不利后果。《合同法》第一百三十条规定,买卖合同是出卖人转移标的物的所有权于买受人,买受人支付价款的合同。本案中东北公司主张其为涉案手机的权利人,因涉案手机系从中兴通讯公司购买所得,故东北公司应举证证明其为涉案手机的买受人。

东北公司提交了其与中兴通讯公司签订的《中兴手机购销合同》及《补充协议》,中电公司亦认可涉案手机购销合同的主体为东北公司与中兴通讯公司,因此《中兴手机购销合同》及《补充协议》对东北公司与中兴通讯公司具有法律上的合同约束力。针对涉案手机的付款情况,东北公司提交了由其出票或背书的银行承兑汇票。《票据法》第二十六条规定,出票人签发汇票后,即承担保证该汇票承兑和付款的责任。出票人在汇票得不到承兑或者付款时,应当向持票人清偿本法第七十条、第七十一条规定的金额和费用。《票据法》第三十七条规定,背书人以背书转让汇票后,即承担保证其后手所持汇票承兑和付款的责任。背书人在汇票得不到承兑或者付款时,应当向持票人清偿本法第七十条、第七十一条规定的金额和费用。因此,从涉案承兑汇票的出票及背书的法律效力上看,东北公司对中兴通讯公司负有绝对的付款义务。中电公司虽抗辩称其以东北公司名义与中兴通讯公司缔约,且前期通过华康商行向东北公司支付了涉案手机购买款项,但因合同具有相对性,中电公司与东北公司内部合作模式的约定,不能推翻和对抗东北公司对外须承担涉案手机购销合同中约定的买受人义务及相应经营风险的事实;也因票据具有无因性,中电公司所主张的款项前手来源,亦不能推翻东北公司对中兴通讯公司负有直接承兑和付款责任的事实。因此,关于涉案手机购销合同成立的缔约情况以及该购销合同履行的付款情况等基本事实,东北公司提交的证据效力高于中电公司提交的证据效力,故可以认定东北公司系涉案手机购销合同的买受人,东北公司是涉案手机的权利人。

(二)关于中电公司是否构成对东北公司财产权利的侵害

因东北公司是涉案手机的权利人,须承担在非约定区域内销售的违约责任,其在涉案手机于约定区域内销售不理想的情况下,有权依据涉案手机购销合同的约定退回中兴通讯公司以避免经营风险。根据本案已查明的事实可知,作为仓储涉案手机的深圳恒路公司,于 2012 年 5 月 30 日同一天,先后收到东北公司和中电公司的《发货通知单》,两张《发货通知单》的分货单号相近,东北公司发出的《发货通知单》上加盖有东北公司(20)合同专用章,但没有人员签字。中电公司发出的《发货通知单》上加盖有“北京中电工信通讯技术有限公司合同专用章”,并有汤达签字。两份《发货通知单》格式相同,除了备注栏仓储交费的内容略有不同外,其他内容均为:由张广生(身份证号码231004195508141210,联系电话13380345415)上门自提5077台T9手机,仓储费由客户支付。深圳恒路公司与东北公司签订有《货物运输服务协议》、《等通知放货补充协议》及附件《授权书》,深圳恒路公司与东北公司的等通知放货业务须经过东北公司作出专门的意思表示,即必须有指定授权人的亲笔签名并加盖东北公司的公章,因此东北公司发出的上述《发货通知单》不应理解为东北公司同意放货。而孙丹作为东北公司聘请的移动通讯事业部经理,其有权具体操作东北公司的手机购销业务,其同时具有中电公司法定代表人的身份,中电公司发出的《发货通知单》上加盖有“北京中电工信通讯技术有限公司合同专用章”,应理解为中电公司指令深圳恒路公司将涉案手机放货,中电公司亦认可其通知深圳恒路公司放货后将涉案手机销往武汉地区。

综上可以认定,中电公司将涉案手机指令放货并售出,但未经过权利人东北公司的同意,导致东北公司支付了涉案手机价款但丧失了涉案手机物权,不仅造成东北公司资金上的损失,还可能造成东北公司对外承担因涉案手机购销合同产生的窜货违约责任,故中电公司构成对东北公司财产权益的侵犯。中电公司未举证证明其将涉案手机销售后将款项支付给东北公司,故中电公司应赔偿东北公司支付的涉案手机价款660万元,并应支付东北公司相应的资金利息损失。东北公司按照中国人民银行同期贷款基准利率主张自2012年6月1日至2015年12月31日的利息具有事实及法律依据,本院予以支持。

(三)关于孙丹是否应承担连带责任

《侵权责任法》第八条规定,二人以上共同实施侵权行为,造成他人损害的,应当承担连带责任。东北公司主张孙丹就中电公司的侵权行为承担责任,应举证证明孙丹个人与中电公司共同实施了侵权行为。本案中,孙丹作为中电公司的法定代表人,其所从事的民事活动均以中电公司的名义进行,东北公司未能举证证明孙丹以个人名义具体实施了违约通知放货等行为。故孙丹所进行的民事活动 的法律后果应由法人中电公司承受,孙丹不应就中电公司的赔偿责任承担个人的连带责任。

综上所述,东北公司的上诉请求部分成立,应予支持;一审判决认定事实及适用法律错误,本院予以纠正。

【裁判解析】

本案是一起因“借名”经营的合作方私自通知放货使“出名”经营的买受人丧失购买标的物导致财产损失而引发的诉讼。难点是在“借名”经营的合作两方之间对涉案标的物物权人作出判断,具体争议焦点是对获得标的物物权所基买卖合同的买受人的认定。以下结合本案的审理思路及相关问题进行解析:

(一)依据合同相对性原理考量缔约主体

合同关系是存在于特定当事人之间的权利义务关系,原则上仅在合同当事人之间发生效力,并不及于第三人。这一原则也称为合同的相对性原则,我国《合同法》即采纳此原则。《合同法》第一百二十一条规定,当事人一方因第三人的原因造成违约的,应当向对方承担违约责任。当事人一方和第三人之间的纠纷,依照法律规定或者按照约定解决。因此,合同的约束效力原则上仅在缔约主体之间产生,判断权利主体的第一步可以从缔约主体入手。

本案中,同时存在以下这几个合同关系:一是东北公司与中电公司之间的合作合同关系,中电公司对外经营时以东北公司下属移动通信事业部的名义,对外签订合同时加盖东北公司20号合同专用章(以下简称20号公章)。因该移动通信事业部并非独立核算的企业分支机构,因此以20号公章对外签订的合同在法律上的责任主体为东北公司。为了充分防范相应的经营风险,东北公司将本公司业务专员派驻中电公司工作,负责保管20号公章并指定在对外业务往来的放货通知上须由该专员签字。二是东北公司与中电公司法定代表人孙丹之间存在聘用合同关系。为了促进上述合作业务的顺利开展,孙丹在上述合作合同有效期内还被聘用为东北公司的经理,主要负责移动通信事业部的手机销售业务。三是东北公司对外与中兴公司存在手机买卖合同关系(具体加盖有20号公章),购买方地址及传真显示为中电公司的办公地址和传真电话,东北公司提交了买卖合同约定付款方式的承兑汇票、付款说明以及中兴公司开具的发票。四是东北公司与深圳恒路公司存在货运合同关系(具体加盖有20号公章),东北公司约定在向深圳恒路公司下达放货通知单时,通知单上必须有被指定授权人(东北公司派驻在中电公司的业务专员)的亲笔签名并加盖公司公章,二者必具备,否则深圳恒路公司将东北公司的发货通知视为无效。

本案一审法院认为,东北公司与中电公司存在合作关系,双方的合作协议中明确载明对外进行民事活动时一致采用东北公司名称,加盖东北公司相应公章。而按照一般民事活动经验法则,民事活动相对人在签订合同、收取款项及出具发票时,将合同记载为东北公司名称、将发票记载为东北公司名称符合一般商业习惯。故东北公司与中电公司内部的权利义务关系的认定,不能以对外签订合同、交纳款项或取得相应票据时载明的名称作为依据。因此相应购销合同中载明的购买人、出具的发票载明的付款人以及实际付款人,不能成为东北公司具有诉争手机物权的认定依据与标准。而二审法院认为,因合同具有相对性,东北公司与中兴公司签订的买卖合同约定,由东北公司对外承担买卖合同约定的买受人的付款、收货义务及相应的经营风险,即对外承担因涉案手机购销合同产生的窜货违约责任。合同的权利义务应保持一致,东北公司与中电公司内部的合作协议以及实践中的交易习惯均不应否定和对抗东北公司基于其与中兴公司之间的买卖合同而享有的法定权利。本案争议标的物系从第三人处购买的商品,对于该商品权利人的判断,已经不再仅仅是在东北公司与中电公司内部经营关系中进行,而应基于客观发生的外部买卖合同关系予以认定。

(二)依据票据行为无因性考量履行主体

本案争议标的物的购买付款方式是汇票,该付款方式的无因性这一特征也成为二审合议庭判断合同履行主体的重要考量因素。

票据是具有无因性的完全有价证券和要式证券。根据票据行为的不同性质,票据行为分为基本票据行为和附属票据行为。基本票据行为是能够引起票据法律关系的行为,如出票;附属票据行为是指出票行为以外的其他票据行为,如背书、保证、承兑、付款等。票据行为与一般法律行为相比,具有要式性、文义性、无因性、独立性、连带性等特征。

无因性是指票据行为与作为其发生前提的基础关系(又称实质关系)相分离,从而使票据行为的效力不再受基础关系存在与否及效力瑕疵的影响。票据行为的无因性是为了保障票据的流通性和安全性,而适应商品经济活动的需要,是由《票据法》特别加以规定的,体现了《票据法》的技术性。票据行为的这一特征,为票据的流通和使用带来了极大的便利与安全性。票据行为的无因性包括内在无因性和外在无因性。票据行为的内在无因性是指将产生票据关系、引起票据行为的实质原因从票据行为中抽离,使其不构成票据行为的自身内容。当形成票据债权债务时,票据债务人不得以基础关系所产生的抗辩事由对抗票据债权的行使。票据的外在无因性是指票据行为所引起的法律效果,具体体现在:(1)票据行为的效力独立存在;(2)持票人不负证明给付原因的责任。[①]

《票据法》第二十六条规定,出票人签发汇票后,即承担保证该汇票承兑和付款的责任。出票人在汇票得不到承兑或者付款时,应当向持票人清偿本法第七十条、第七十一条规定的金额和费用。《票据法》第三十七条规定,背书人以背书转让汇票后,即承担保证其后手所持汇票承兑和付款的责任。背书人在汇票得不到承兑或者付款时,应当向持票人清偿本法第七十条、第七十一条规定的金额和费用。针对涉案手机的付款情况,东北公司提交了由其出票或背书的银行承兑汇票。从涉案承兑汇票的出票及背书的法律效力上看,东北公司对中兴通讯公司负有绝对的付款义务。中电公司虽抗辩称其以东北公司名义与中兴通讯公司缔约,且前期通过华康商行向东北公司支付了涉案手机购买款项,但因票据具有无因性,中电公司所主张的款项前手来源,不能推翻东北公司对中兴通讯公司负有直接承兑和付款责任的事实。如按华康商行所述,其自愿代中电公司向东北公司支付涉案手机款,可以直接背书给中兴通讯公司,无须先背书给东北公司之后再由东北公司背书给中兴通讯公司。且华康商行系由孙丹的父亲个体经营,华康商行所出具证据的证明效力相对较低,无论证据外观还是内在逻辑均不足以对抗东北公司符合承担付款义务的购买人的事实。

二审合议庭在此充分斟酌了各方证据的证明效力。本案中的细节性事实对于基本事实的认定确实具有一定迷惑性,例如东北公司与中兴公司签订合同所用的地址是中电公司的具体办公地点,货运公司声明其至今未操作过东北公司任何业务,中兴公司曾书面表示实际手机购买人为中电公司,中电公司提交其向华康商行出具的两份《委托付款函》以证明华康商行自愿代中电公司以银行承兑汇票方式向东北公司支付涉案标的手机款项等。上述证据也较易产生中电公司为涉案手机的实际购买人的事实认定。但上述所有证据,相对于东北公司提交的其与中兴公司签订的买卖合同、承兑汇票、仓储通知单等直接证据来说,大部分均属于辅助性的间接证据,且均无法推翻东北公司所提交的证据直接体现的法律效果。在面对较为复杂的证据和案情时,二审合议庭主要依据合同相对性及票据行为无因性两条逻辑主线来对本案基本事实予以认定。

(三)依据物权变动的基础法律关系考量侵权责任

一审法院经认为诉争手机的物权,应当以东北公司与中电公司内部约定、双方

---

① 范健、王建文:《商法学》(第4版),法律出版社2015年版,第425~426页。

实际履行合作协议,及双方当事人的实际行为产生的法律后果作为衡量标准进行认定。手机作为动产,其相应权利的转让应当以交付为认定标准,自交付时发生效力。而根据本案现有证据,无法认定相应手机原权利人将手机包括支配、销售等权能在内的全部所有权交付给东北公司或中电公司。换言之,手机交付给东北公司或中电公司,也仅为手机物权中包括占有部分的权能交付,手机的使用、销售、分配、处分等相应权能是否完全由东北公司享有,则需在东北公司与中电公司的合作协议的内容及履行过程中进行进一步认定。而双方现提交的证据均不足以认定上述事实。在中电公司按照与东北公司的合作协议享有在东北公司监管下的经营权利的前提下,法院无法在财产损害赔偿纠纷基础法律关系的框架下,对此进行明确认定。退一步讲,即使按照东北公司陈述意见,手机所有权人为东北公司,东北公司亦未明确提供有效证据,以否定中电公司在东北公司监管下的经营权。

二审法院认为,《合同法》第一百三十条规定,买卖合同是出卖人转移标的物的所有权于买受人,买受人支付价款的合同。本案中东北公司主张其为涉案手机的权利人,因涉案手机系从中兴通讯公司购买所得,根据上述分析东北公司已举证证明其为涉案手机的买受人。买卖合同系物权转移的基础前提,本案中,东北公司不但是缔约主体、付款主体,还是标的物的收货主体,合同标的物已到达东北公司指定的负责仓储和运输的深圳恒路公司,深圳恒路公司多次向东北公司出具涉案手机的库存对账单。中电公司虽抗辩由其指示中兴公司向深圳恒路公司发货并支付了仓储标的手机的费用,但中电公司未能提交其缴纳仓储费用的凭证。即使中电公司具体与深圳恒路公司沟通联络收货,因其从外观上与东北公司不能相互区分,甚至可以理解为对东北公司的代表,故亦不足以推翻对外经营主体为东北公司的事实。因此二审合议庭认为东北公司为收货主体,并依买卖合同获得了标的物的物权。一审法院对于涉案标的物物权的认定,主要是基于基础买卖合同关系中实质意义买受人的认识,故认为涉案手机的使用、销售、分配、处分等相应权能是否完全由东北公司享有,需在东北公司与中电公司的合作协议的内容及履行过程中进行进一步认定。对此二审合议庭认为,本案中,东北公司与中兴公司之间的买卖合同并未约定所有权或其他权利的限制保留,涉案标的物的所有权转移应按照相关法律规定,亦不因东北公司与中电公司的内部合作关系而有所改变。

因东北公司是涉案手机的权利人,须承担在非约定区域内销售的违约责任,故其在涉案手机于约定区域内销售不理想的情况下,有权依据涉案手机购销合同的约定将涉案手机退回中兴通讯公司以避免经营风险。根据本案已查明的事实可知,作为仓储涉案手机的深圳恒路公司,于2012年5月30日同一天,先后收到东北公司和中电公司的《发货通知单》,两张《发货通知单》的分货单号相近。东北公司发出的《发货通知单》上加盖有东北公司(20)合同专用章,但没有人员签字。中电公司发出的《发货通知单》上加盖有"北京中电工信通讯技术有限公司合同专用章",并有汤达签字。两份《发货通知单》格式相同,除了备注栏仓储交费的内容略有不同外,其他内容均为:由张广生上门自提5077台T9手机,仓储费由客户支付。深圳恒路公司与东北公司签订有《货物运输服务协议》、《等通知放货补充协议》及附件《授权书》,深圳恒路公司与东北公司的等通知放货业务须经过东北公司作出专门的意思表示,即必须有指定授权人的亲笔签名并加盖东北公司的公章,因此东北公司发出的上述《发货通知单》不应理解为东北公司同意放货。而孙丹作为东北公司聘请的移动通讯事业部经理,其有权具体操作东北公司的手机购销业务,其同时具有中电公司法定代表人的身份。中电公司发出的《发货通知单》上加盖有"北京中电工信通讯技术有限公司合同专用章",应理解为中电公司指令深圳恒路公司将涉案手机放货,中电公司亦认可其通知深圳恒路公司放货后将涉案手机销往武汉地区。综上可以认定,中电公司将涉案手机指令放货并售出,但未经过权利人东北公司的同意,导致东北公司支付了涉案手机价款但丧失了涉案手机物权,不仅造成东北公司资金上的损失,还可能造成东北公司对外承担因涉案手机购销合同产生的窜货违约责任,故中电公司构成对东北公司财产权益的侵犯。

(四)法定代表人的双重身份

《民法通则》第四十三条规定,企业法人对它的法定代表人和其他工作人员的经营活动,承担民事责任。《民法总则》第六十二条规定,法定代表人因执行职务造成他人损害的,由法人承担民事责任。法人承担民事责任后,依照法律或者法人章程的规定,可以向有过错的法定代表人追偿。我国《民法总则》将《民法通则》第四十三条企业法人对其法定代表人的责任进一步体系化修订。本案中孙丹既是中电公司的法定代表人,又是东北公司聘用的业务经理,中电公司在本案中的私自通知放货行为确实可能经由孙丹指示和批准,因此孙丹个人于本案中被东北公司主张承担连带侵权责任。一般来说,法定代表人执行职务行为时,无论对外产生合同责任还是侵权责任,均应由该法人代其承担。而执行职务行为主要是指执行法人目的事业职务内的行为,主要包括两种情形,一是狭义的职务上的行为,二是与职务行为有牵连的行为。

一审法院认为,孙丹具有双重工作身份,其既为中电公司法定代表人,亦曾为东北公司聘任的经理。按照此前生效民事判决书认定的事实及阐述的理由,物流公司因孙丹亦具有东北公司员工身份,而"无法识别东北公司通信事业部与中电公司之间的内部关系"。故孙丹作为东北公司聘任的经理,其是否存在侵权行为,应当在其担任东北公司经理的劳动关系或其他聘任关系的基础法律关系下,先行进行确认。所以综合以上分析,一审法院认定现东北公司径行向中电公司及孙丹依据财产损害赔偿纠纷主张权利,并不具备事实及法律依据,现暂不予支持。当然,就东北公司、中电公司及孙丹之间的权利义务关系,各方当事人应当秉承公平原则,恪守诚实信用原则,可以依据适当的基础法律关系,另行主张解决。

二审法院认为,《侵权责任法》第八条规定,二人以上共同实施侵权行为,造成他人损害的,应当承担连带责任。东北公司主张孙丹就中电公司的侵权行为承担责任,应举证证明孙丹个人与中电公司共同实施了侵权行为。本案中,孙丹作为中电公司的法定代表人,其所从事的民事活动均以中电公司的名义进行,东北公司未能举证证明孙丹以个人名义具体实施了违约通知放货等行为,故孙丹所进行的民事活动的法律后果应由法人中电公司承受,孙丹不应就中电公司的赔偿责任承担个人的连带责任。

【案例点评】

本案是一起因"借名"经营的合作方私自通知放货使"出名"经营的买受人丧失购买标的物导致财产损失而引发的诉讼。"出名"经营的东北公司曾于辽宁和北京两地法院经历近5年共计三轮一、二审诉讼主张权利。本案二审系由本院发回重审后的上诉案件,证据繁多、案情复杂,在法律关系定性、权利主体甄别、责任承担认定等问题上极易产生认识上的差异。二审改判的审理思路对于在借用名义合作经营的情形下,外部合同权利义务承担主体的判断以及合作经营主体内部法律关系的认定具有一定参考意义。

【裁判心得】

本案一审卷宗10余本,证据繁多,涉案交易环节涉及案外多个主体,原告维权诉讼较为波折漫长,因此整体案情较为复杂。二审合议庭通过庭前阅卷、二审询问、庭前合议、公开开庭等完整的审理流程,对于案件的整体脉络和细节均作了认真的梳理和分析,并在复杂的法律关系及案件事实中,紧紧围绕合同具有相对性的核心逻辑主线,依据票据行为无因性的原理,对于物权基础法律关系的缔约及履行主体进行了有效甄别。

北京天港惠达科技有限公司诉魏晓东劳动争议案

刘　芳[*]　高天琪[**]

关键词

形成权　单方解除权　即时解除权　附期限

裁判要旨

1.《劳动合同法》对劳动者与用人单位分别赋予了即时解除劳动合同的权利，该解除权可附期限行使，且其解除的意思表示到达对方时，可发生“双方劳动合同于所附日期解除”的法律效力。

2. 劳动者依据《劳动合同法》第三十八条规定解除劳动合同时，用人单位是否存在劳动者主张的情形，均不影响双方劳动合同自劳动者所附解除日期起解除的法律效果。

3. 当劳动者与用人单位先后向对方作出附期限的单方解除行为，劳动者在先作出的解除行为不因用人单位后作出的解除行为而失去法律效力。

相关法条

《中华人民共和国劳动合同法》第三十八条、第三十九条。

【当事人基本情况】

上诉人（原审被告）：魏晓东。

被上诉人（原审原告）：北京天港惠达科技有限公司。

---

[*] 刘芳，北京市第一中级人民法院民六庭法官。

[**] 高天琪，北京市第一中级人民法院民六庭法官助理。

【基本案情】

魏晓东于 2008 年 3 月 17 日入职北京天港惠达科技有限公司(以下简称天港惠达公司),担任架构师,双方在 2015 年 12 月 31 日签订的最后一份劳动合同为无固定期限劳动合同。天港惠达公司支付魏晓东工资至 2018 年 5 月 31 日,魏晓东出勤至当日。2018 年 5 月 30 日下午,魏晓东向天港惠达公司邮寄了一份《解除劳动合同通知》,天港惠达公司于 2018 年 5 月 31 日收到上述通知,该通知载有:"……自 2016 年 5 月起,我的工资标准为每月 31 000 元。2018 年 1 月,公司告知我每月的工资按 80% 发放,其余 20% 挂账,于年终考评后发放……自 2018 年 1 月起,公司未足额向我支付工资……《劳动合同法》第三十八条规定:'用人单位有下列情形之一的,劳动者可以解除劳动合同:……(二)未及时足额支付劳动报酬的……'因此,我依该规定向公司送达本《解除劳动合同通知》,要求如下:一、自 2018 年 6 月 1 日起解除我与公司于 2015 年 12 月 31 日签定的《劳动合同书》;二、要求公司于 2018 年 6 月 10 日前补发 2018 年 1 月至 2018 年 4 月克扣我的工资合计 12 520 元(3130 ×4),并按原工资标准支付 5 月份工资;三、要求公司于 2018 年 6 月 10 日前向我支付经济补偿金 266 711 元……请公司于 2018 年 6 月 10 日前派人与我进行工作交接,并办理结算工作……"

天港惠达公司在收到魏晓东的《解除劳动合同通知》后,于同日即 2018 年 5 月 31 日,向魏晓东出具了《辞退通知书》,该通知书载有:"公司于 2018 年 5 月 31 日上午收到了你快递来的《解除劳动合同通知》,鉴于你以这种形式主动放弃了公司给予的改过机会,单方面关闭了公司与你正常沟通的大门,为此,公司决定向你发出辞退通知,具体如下:2018 年 5 月 11 日 – 18 日期间,你在未得到相关领导最终审批的情况下,自行休假,直至接到公司的正式通知后,才于 2018 年 5 月 21 日复工。你的上述无故未到岗行为,已构成旷工。根据公司《考勤管理规定》,此旷工行为已属严重违纪,据此,经公司经营管理委员会研究并报总经理批准,与你终止劳动关系,且不再给予任何形式的经济补偿。现正式通知你:因你发生上述严重违纪,自 2018 年 6 月 1 日起公司与你解除劳动关系,请你于 2018 年 5 月 31 日到公司进行工作交接和设备、物品的清退……"

双方产生争议后,魏晓东以要求天港惠达公司支付工资差额及违法解除劳动合同赔偿金为由向北京市海淀区劳动人事争议仲裁委员会(以下简称海淀仲裁委)提出申请,海淀仲裁委裁决:(1)天港惠达公司支付魏晓东违法解除劳动合同赔偿金 533 421 元;(2)天港惠达公司支付魏晓东 2018 年 1 月 1 日至 2018 年 5 月 31 日工资差额20 394.48元;(3)驳回魏晓东其他仲裁请求。天港惠达公司不服此仲裁裁决,于法定期限内向法院提起诉讼。

天港惠达公司向一审法院起诉请求判令天港惠达公司无需支付魏晓东:(1)违法解除劳动合同赔偿金533 421元;(2)2018年1月1日至2018年5月31日工资差额20 394.48元。一审审理中,天港惠达公司同意按照仲裁裁决的工资差额金额支付魏晓东。一审法院确认天港惠达公司无需支付魏晓东违法解除劳动合同赔偿金533 421元。

一审判决后,魏晓东提出上诉,主要理由为:(1)根据《合同法》及相关司法解释,当事人通知对方解除合同的,需要具备约定或法定的解除权,合同才能解除;人民法院在审查合同是否解除时,需要审查发出解除通知的一方是否享有合同解除权。一审法院认定魏晓东向天港惠达公司发出的《解除劳动合同通知》到达该公司时发生法律效力,而对该解除通知的解除理由是否成立、魏晓东是否具有解除权未予审查及处理,属适用法律错误。(2)由于一审法院未对魏晓东发出的《解除劳动合同通知》中载明的解除理由是否成立、魏晓东是否具有解除权进行认定,导致魏晓东在该解除通知中基于天港惠达公司的违法行为而提出的支付经济补偿金的请求未被审查和认定,进而使魏晓东不仅未得到违法解除劳动合同赔偿金,亦未得到经济补偿金,判决结果显然错误。(3)天港惠达公司发出的《辞退通知书》发生了解除合同的效力,且双方依据该通知书实际办理了工作交接及工资结算手续;而魏晓东所发出的《解除劳动合同通知》附了延缓期限,在天港惠达公司发出《辞退通知书》并解除双方劳动合同之时,《解除劳动合同通知》尚未发生解除合同的效力。(4)魏晓东的休假经天港惠达公司批准,不存在旷工情形,该公司以魏晓东旷工为由作出辞退决定属于违法解除劳动合同,应支付赔偿金。

【审理结果】

北京市海淀区人民法院于2019年6月17日作出(2018)京0108民初54834号民事判决:一、确认北京天港惠达科技有限公司无需支付魏晓东违法解除劳动合同赔偿金533 421元;二、北京天港惠达科技有限公司于判决书生效后七日内支付魏晓东二〇一八年一月一日至二〇一八年五月三十一日的工资差额20 394.48元。判决后,魏晓东向北京市第一中级人民法院提起上诉,请求撤销一审判决第一项,依法改判天港惠达公司支付魏晓东违法解除劳动合同赔偿金533 421元。北京市第一中级人民法院于2019年9月16日作出(2019)京01民终8400号民事判决:驳回上诉,维持原判。

【裁判理由】

法院生效裁判认为:本案争议焦点为双方劳动合同系因魏晓东发出的《解除劳动合同通知》还是天港惠达公司出具的《辞退通知书》而解除。对此,法院具体分析如下:

首先,与传统民事缔约关系相比,劳动关系具有从属性、持续性等特点,故两者适用不同的法律规定,魏晓东在上诉理由中提出的《合同法》相关法律规定及法律意见并不当然适用于劳动争议。具体到本案,魏晓东以天港惠达公司存在《劳动合同法》第三十八条第一款第二项规定的情形为由,向该公司提出解除劳动合同,魏晓东的解除行为发生解除双方劳动合同的效力并不以欠薪事实确实存在为生效要件。

其次,双方劳动合同于 2018 年 6 月 1 日解除。一方面,魏晓东发出的《解除劳动合同通知》与天港惠达公司出具的《辞退通知书》中,均载明双方劳动合同的解除日期为 2018 年 6 月 1 日。另一方面,虽魏晓东主张双方劳动合同于 2018 年 5 月 31 日解除,但天港惠达公司系在收到《解除劳动合同通知》后,要求魏晓东于 2018 年 5 月 31 日下午进行工作交接。在此情况下,因天港惠达公司与魏晓东均对双方劳动合同于 2018 年 6 月 1 日解除存在预期,故天港惠达公司向魏晓东提出上述要求且魏晓东同意并履行,并不产生双方劳动合同于工作交接当天即解除的法律效果,即双方劳动合同于 2018 年 5 月 31 日仍处于存续状态,法院对魏晓东上述主张不予采纳。

再次,魏晓东于 2018 年 5 月 30 日发出的《解除劳动合同通知》并不因天港惠达公司于 2018 年 5 月 31 日出具《辞退通知书》而失效。法院认为,虽然天港惠达公司于 2018 年 6 月 1 日前也作出了与魏晓东解除劳动合同的决定,但魏晓东提出解除劳动合同在先,且天港惠达公司出具的《辞退通知书》中载明其公司已收到魏晓东发出的《解除劳动合同通知》。一审法院认定魏晓东系本次劳动合同解除的提出主体并无不当,法院予以确认。

最后,魏晓东在本案仲裁、一审及二审阶段中,均未向海淀仲裁委及一、二审法院提出要求天港惠达公司支付经济补偿金的请求,均主张双方劳动合同由天港惠达公司违法解除并要求支付违法解除劳动合同赔偿金。而如上所述,双方劳动合同系因魏晓东提出解除而于 2018 年 6 月 1 日解除。魏晓东要求天港惠达公司支付违法解除劳动合同赔偿金的上诉请求,缺乏依据,法院不予支持。

【裁判解析】

《劳动合同法》第三十八条规定了在几种法定情形下，劳动者有权即时解除劳动合同而无需与用人单位协商一致或提前一定期限以书面形式通知，一般称之为劳动者即时解除权。而该法第三十九条则规定了用人单位单方辞退劳动者而无需支付经济补偿金或赔偿金的法定情形。本案劳动者与用人单位先后依上述法律规定向对方作出附期限的单方解除行为，这种情形下，两种解除行为的效力如何认定，关系到本案劳动者主张用人单位违法解除劳动合同并要求赔偿金的诉求能否得到支持。现结合本案案情，从以下几个方面对该问题进行梳理。

（一）劳动者以《劳动合同法》第三十八条为依据作出解除劳动合同行为的法律效果

在理论与长期的司法实践中，通常将《劳动合同法》第三十八条规定的劳动者即时解除权理解为民事上的形成权。形成权是一类民事权利的统称，指权利人凭其单方意思表示就能促使法律关系发生、变更或消灭的权利，如解除权、撤销权、追认权等。形成权可依法定或约定而产生，相对人必须接受权利人行使形成权的结果，不得拒绝或异议，权利人的意思表示一经到达接受方即行生效。从法律规定看，劳动者即时解除权符合形成权的特征，劳动者解除劳动合同的意思表示到达用人单位即发生法律效力。

本案魏晓东上诉时，参考最高人民法院民二庭第七次法官会议（2017 年 12 月 2 日）对《合同法》中通知解除的认定达成的多数意见，提出根据《合同法》及相关司法解释，当事人通知对方解除合同的，需要具备约定或法定的解除权，合同才能解除；人民法院在审查合同是否解除时，需要审查发出解除通知的一方是否享有合同解除权，故一审法院应先对该解除通知的解除理由是否成立进行认定，才能认定魏晓东是否具有解除权。魏晓东该上诉理由不能成立的原因在于，传统缔约关系中的合同解除权与劳动者即时解除权，确均被纳入形成权范畴，但基于劳动关系具有从属性、持续性等与传统缔约关系不同的特点，《合同法》相关规定并不当然适用于劳动争议。根据特别法优于一般法的原则，本案中，当《劳动合同法》的相关规定不同于《合同法》时，应适用《劳动合同法》。而根据《劳动合同法》的规定，劳动者行使即时解除权时，即发生解除劳动合同的法律效果，该效果的发生并不以《劳动合同法》第三十八条规定的情形确实存在为要件。就本案来说，魏晓东以天港惠达公司存在欠薪情形为由提出解除劳动合同，在魏晓东未向法院主张解除劳动合同经济补偿金的情况下，法院在认定魏晓东作出的解除行为的法律效力时，无需审查欠薪事实是否成立并以欠薪事实的成立作为解除行为发生效力的要件。魏晓东解除劳动合同的意思表示一经到达天港惠达公司即生效。

虽然《劳动合同法》对劳动者和用人单位均赋予了即时解除权,但该法基于劳动者处于弱势地位的客观实际以及充分保护劳动者合法权益的立法宗旨,对双方分别享有的即时解除权作了不同的规定。用人单位以劳动者存在《劳动合同法》第三十九条规定的情形为由,单方解除劳动合同时,劳动者可在要求双方劳动合同继续履行和主张违法解除劳动合同赔偿金两种方式中选择一种进行维权。当劳动者要求双方劳动合同继续履行时,经审查若用人单位主张的情形确不成立或解除程序违法,用人单位的单方解除行为并不必然发生解除双方劳动合同的效力。而当劳动者以用人单位存在《劳动合同法》第三十八条规定的情形为由,提出解除劳动合同,该解除的意思表示送达用人单位时,即发生解除劳动合同的法律效力。劳动者主张的情形是否成立,将影响其主张的解除劳动合同经济补偿金的请求以及用人单位主张因劳动者违法离职而造成的损失能否得到支持,而并不影响劳动合同解除的法律效果。

(二)附期限单方解除劳动合同行为的法律效力

《劳动合同法》第三十七条规定了劳动者的预告解除权,即劳动者提前 30 日以书面形式通知用人单位,可以解除劳动合同;劳动者在试用期内提前 3 日通知用人单位,可以解除劳动合同。将预告解除权理解为附期限的形成权并无争议,但本案双方当事人行使各自的即时解除权时亦附解除日期,而关于即时解除权能否附期限行使,存在不同的观点,具有一定的讨论空间。

有观点认为,即时解除权既然是法定的,则设置解除期限没有意义,因为权利人大可在其想发生解除效果时再行使,而无须提前行使,造成法律关系的混乱。对形成权附期限行使属于权利滥用,应为法律禁止。

而我们认为,虽学界并不鼓励形成权附期限行使,但在现行法律体系下,仅有《合同法》对抵销权进行了明确的“不得附条件和期限”的规定,因抵销权以尽快确定和简化法律关系为主要目的,若对抵销权附条件或期限,则发生未行使形成权的法律效果。而对于除抵销权外的其他法定形成权,主要目的在于对当事人之间失衡的权利义务进行矫正,法律上并未对此禁止附条件和期限。在劳动法领域下,因劳动关系具有持续性的特点,法律上也并未禁止解除权附期限。当劳动者或用人单位行使即时解除权时,通知对方在合理期限到达后解除劳动合同,不应当发生解除行为无效或所附期限无效的后果。本案中,魏晓东与天港惠达公司分别作出的附期限解除行为均应认定为有效，且在所附期限到达前，双方劳动合同处于存续状态。

（三）用人单位在收到劳动者附期限的解除通知后，亦作出解除行为，劳动者解除行为的效力认定

如上所述，劳动者与用人单位分别作出的附期限解除行为均为有效。当劳动者所附期限尚未到达时，若其撤回的意思表示早于解除意思表示到达对方的时间或同时到达对方，则可以发生撤回的法律效力。若不存在上述情形，则用人单位收到劳动者附期限的解除通知后，在期限到达前亦作出解除行为时，劳动者的解除行为并不因此而失效。

本案中，魏晓东发出的《解除劳动合同通知》与天港惠达公司出具的《辞退通知书》均为有效的意思表示。一方面，在魏晓东未作出有效的撤回解除的意思表示情形下，其发出的《解除劳动合同通知》并不因天港惠达公司的《辞退通知书》而失效。另一方面，魏晓东主张双方劳动合同于2018年5月31日解除，理由之一为双方已按照天港惠达公司发出的《辞退通知书》的要求，实际办理了工作交接及工资结算手续。但天港惠达公司系在收到《解除劳动合同通知》后，方要求魏晓东于2018年5月31日下午进行工作交接。在此情况下，因天港惠达公司与魏晓东均对双方劳动合同于2018年6月1日解除存在预期，天港惠达公司向魏晓东提出交接要求且魏晓东同意并履行，在双方无其他约定的情况下，上述事实并不能导致双方劳动合同于工作交接当天即解除的法律效果。

综上所述，虽双方所附解除劳动合同期限为同一日，但因魏晓东提出解除劳动合同在先，且天港惠达公司出具的《辞退通知书》中载明其公司已收到魏晓东发出的《解除劳动合同通知》，法院应认定魏晓东系本次劳动合同解除的提出主体。魏晓东在本案中主张天港惠达公司违法解除劳动合同并要求支付违法解除劳动合同赔偿金，缺乏事实依据，法院不应支持。

【案例点评】

本案涉及劳动合同解除的一种极特殊情形，即劳动者与用人单位先后向对方作出附期限的单方解除劳动合同行为，所附解除日期亦为同一日。在此情形下，双方劳动合同解除原因的认定成为双方当事人争议焦点及法院裁判难点。本案通过对双方享有的即时解除权性质、生效要件、法律效果进行梳理，对二者作出的附期限法律行为效力作出认定，将法理与案情紧密结合，并充分回应了双方意见，论理

充分,条理清晰,实现了审判者在判决中释法明理的积极裁判效果。

【裁判心得】

通过总结本案的争议焦点以及分析其产生的原因,有两点裁判经验对今后的审理工作具有启示意义:一是《劳动合同法》与《合同法》所调整的社会关系具有差异性,传统缔约理论及法律规定并不当然适用于劳动法领域。但在劳动争议案件中,常出现部分当事人以《合同法》的相关法理及规定作为其意见的情况。此时,法院不仅要做个案的裁判者,更要做法律和法理的普及者。二是遇到特殊或复杂等"非常规"案件时,通过对案情抽丝剥茧,将案情抽象化、法律化,追本溯源,充分梳理法理和法律要素,完成对案件的法律适用分析。

北京市海淀区汽车驾驶学校诉胡振西劳动争议案

何　锐*

关键词

一次性工伤医疗补助金　解除劳动合同

裁判要旨

用人单位已为劳动者缴纳工伤保险费，劳动者发生工伤并被鉴定为七级至十级伤残，用人单位依据《劳动合同法》第三十九条规定与劳动者合法解除劳动合同后，劳动者要求由用人单位支付一次性工伤医疗补助金的，人民法院不予支持。

相关法条

1.《中华人民共和国社会保险法》第三十八条、第三十九条。

2.《工伤保险条例》第三十七条。

【当事人基本情况】

上诉人（原审原告、被告）：北京市海淀区汽车驾驶学校（以下简称海淀驾校）。

被上诉人（原审被告、原告）：胡振西。

【基本案情】

胡振西于2002年6月7日入职海淀驾校，双方签订有无固定期限劳动合同，胡振西于2017年5月6日因工负伤，后被认定为工伤等级十级，2017年12月26日胡振西停工留薪期结束，其后返岗工作至2018年3月29日，双方劳动关系于2018年3月30日解除。

---

* 何锐，北京市第一中级人民法院民六庭法官。

胡振西主张其停工留薪期结束返岗工作后,海淀驾校降低其工资标准。经询问,海淀驾校表示胡振西工作时间为早 8:00 至下午 16:00,其受伤后,该单位安排其从事与教练员相关的岗位工作,每天工作 8 小时,每周工作 5 天;胡振西庭审中对此予以认可,后又改称其工作时间为早 8:00 至下午 15:45。海淀驾校称胡振西工资按照每天出勤小时数乘以小时工资 11.5 元计算得出,并提交考勤表证明胡振西的出勤小时数。经询问,胡振西表示认可海淀驾校根据考勤表核算的出勤小时数,但对海淀驾校所称的小时工资不予认可,称其担任教练员期间,合格率高的情况下小时工资为 13 元,合格率低的情况下小时工资为 12 元,另有每月绩效 900 元、每月安全奖 400 元、校龄工资每月 300 元,故其按照小时工资 13 元、每月绩效 900 元、每月安全奖 400 元、校龄工资每月 300 元的标准主张 2017 年 12 月 26 日至 2018 年 3 月 30 日的工资差额。海淀驾校不予认可,称胡振西返岗前后小时工资并未发生变化,均为 11.5 元,返岗后胡振西仍然从事与教练员相关的岗位工作,负责对教练车出入停车场进行协调工作,但是不带车,不带车的情况下没有安全奖,出勤满 168 小时月绩效工资为 900 元,不满 168 小时的月绩效工资为 450 元,校龄工资每月 300 元。另查,胡振西在仲裁阶段自行陈述执行小时工资,不带车的情况下小时工资为 11.5 元,月出勤满 168 小时绩效 900 元,不满 168 小时绩效 450 元,每月安全奖 400 元,校龄每月 300 元。

胡振西要求海淀驾校支付医疗费及护理费,并就此提交医疗费单据以及北京环亚人力资源管理有限公司开具的护理费发票。海淀驾校对上述票据的真实性不持异议,对证明目的不予认可,称胡振西符合报销条件的医疗费及护理费业已由医保部门进行报销,其本次提交的票据均不符合报销条件。

海淀驾校称其单位曾为胡振西申请一次性工伤医疗补助金,但相关部门答复,只有劳动者本人提出解除劳动合同的,工伤保险基金才对该款项予以列支,胡振西不属于此情形,故工伤保险基金不予列支此款项。

就劳动关系处理一节。2018 年 3 月 30 日,海淀驾校作出《关于解除胡振西劳动合同的处理决定》,载明:2018 年 3 月 28 日,胡振西在"海驾一桥"6 号岗位工作期间操作手机,在培训部管理人员发现其违纪行为并予以指出时,胡振西拒不服从管理并辱骂、顶撞管理人员,严重影响驾校正常办公。按照《员工手册》"员工奖励、管理办法"第四条第七款"违纪不接受处理,无理取闹,劝阻无效影响驾校正常办公或打骂、报复管理人员、检查人员、举报人员"的规定,其行为属于严重违反驾校规章制度,减发相应全部奖项(服务奖、安全奖),同时解除劳动合同或劳务关系。

根据以上事实,经校务会研究决定,并报工会同意,给予原第二教练队教练员胡振西解除劳动合同(劳动关系)处理。胡振西认可收到该处理决定,但认为海淀驾校属于违法解除劳动合同行为。同日,该单位工会复函同意海淀驾校与胡振西解除劳动合同。海淀驾校就其解除与胡振西劳动合同的合法性提交以下证据:(1)视频部分对话资料。其中海淀驾校相关人员称胡振西上班时间操作手机,违纪一次,胡振西称"随便",并称"我没说没操作呀",校方人员告知其违纪一次,安纪科记录一次。视频对话中胡振西多次出现辱骂及不文明用语。胡振西对该证据的真实性不持异议,对证明目的不予认可,称系与校方员工私下发生口角,且时间显示为当日15:57:20,系下班时间,其与对方沟通过程中所使用的系口头语,不属于辱骂。海淀驾校不予认可,称视频时间为15:57:20,但胡振西操作手机时间早于该时间,该校系发现其操作手机行为之后才派人与其谈话。(2)员工手册。员工手册第45页及第46页内容载明,违纪不接受处理,无理取闹,劝阻无效影响驾校正常办公或打骂、报复管理人员、检查人员、举报人员的情形,属严重违反驾校规章制度,可以解除劳动合同。海淀驾校称根据员工手册减发安全奖条款第四项第八条及第十条,减发绩效奖中第五项第二十九条,操作手机视为违纪。员工手册声明中有胡振西签字确认。胡振西对其签字的真实性不持异议,对员工手册内容真实性不予认可,对证明目的亦不予认可,称员工手册中所载明的操作手机行为均不适用于胡振西的工作岗位。

胡振西以要求海淀驾校支付违法解除劳动合同赔偿金、待通知金、工资差额、一次性工伤医疗补助金、一次性伤残就业补助金、医疗费及护理费为由向北京市海淀区劳动人事争议仲裁委员会申请仲裁,仲裁委员会作出京海劳人仲字[2018]第8667号裁决书,裁决:(1)海淀驾校向胡振西支付2017年12月26日至2018年3月30日工资差额671元;(2)海淀驾校向胡振西支付一次性工伤医疗补助金23 118元;(3)海淀驾校向胡振西支付一次性伤残就业补助金23 118元;(4)驳回胡振西的其他申请请求。海淀驾校与胡振西均不服仲裁裁决,于法定期限内向法院提起诉讼,海淀驾校起诉在先。

海淀驾校向一审法院起诉请求:(1)海淀驾校无须支付胡振西一次性工伤医疗补助金23 118元;(2)本案诉讼费用由胡振西承担。

胡振西向一审法院起诉请求:海淀驾校支付胡振西:(1)违法解除劳动合同赔偿金129 415.68元;(2)未提前30日通知解除劳动合同一个月工资补偿4044.24元;(3)2017年12月26日至2018年3月30日工资差额3633.38元;(4)一次性工

伤医疗补助金 23 118 元;(5)一次性伤残就业补助金 23 118 元;(6)医疗费 2652.71 元;(7)护理费 3400 元;(8)本案诉讼费用由海淀驾校承担。

【审理结果】

北京市海淀区人民法院于 2018 年 12 月 28 日作出(2018)京 0108 民初 56570 号民事判决:一、北京市海淀区汽车驾驶学校于判决生效之日起七日内向胡振西支付二〇一七年十二月二十六日至二〇一八年三月三十日工资差额 647 元;二、北京市海淀区汽车驾驶学校于判决生效之日起七日内向胡振西支付一次性工伤医疗补助金 23 118 元;三、北京市海淀区汽车驾驶学校于判决生效之日起七日内向胡振西支付一次性伤残就业补助金 23 118 元;四、驳回北京市海淀区汽车驾驶学校的其他诉讼请求;五、驳回胡振西的其他诉讼请求。判决后,海淀驾校不服,向北京市第一中级人民法院提起上诉。北京市第一中级人民法院于 2019 年 6 月 18 日作出(2019)京 01 民终 4341 号民事判决:一、维持北京市海淀区人民法院(2018)京 0108 民初 56570 号民事判决第一项、第三项;二、撤销北京市海淀区人民法院(2018)京 0108 民初 56570 号民事判决第二项、第四项、第五项;三、北京市海淀区汽车驾驶学校无须支付胡振西一次性工伤医疗补助金 23 118 元;四、驳回胡振西的其他诉讼请求。

【裁判理由】

法院生效裁判认为:本案二审争议焦点为海淀驾校是否应当支付胡振西一次性工伤医疗补助金。《社会保险法》第三十八条规定:"因工伤发生的下列费用,按照国家规定从工伤保险基金中支付:……(七)终止或者解除劳动合同时,应当享受的一次性医疗补助金……"该法第三十九条规定:"因工伤发生的下列费用,按照国家规定由用人单位支付:(一)治疗工伤期间的工资福利;(二)五级、六级伤残职工按月领取的伤残津贴;(三)终止或者解除劳动合同时,应当享受的一次性伤残就业补助金。"本案中,在海淀驾校已为胡振西缴纳工伤保险费的情形下,海淀驾校并非支付一次性工伤医疗补助金的责任主体,故胡振西要求海淀驾校支付一次性工伤医疗补助金的诉讼请求缺乏法律依据,本院不予支持,一审法院对该争议款项的处理有误,本院予以纠正。

【裁判解析】

(一)关于一次性工伤医疗补助金的规范梳理

在 2003 年国务院通过的《工伤保险条例》中,第三十五条规定,职工因工致残被鉴定为七级至十级伤残的,享受以下待遇:……(二)劳动合同期满终止,或者职工本人提出解除劳动合同的,由用人单位支付一次性工伤医疗补助金和伤残就业补助金。具体标准由省、自治区、直辖市人民政府规定。

2010 年 10 月 28 日,全国人大常委会通过《社会保险法》,其中第三十八条规定:"因工伤发生的下列费用,按照国家规定从工伤保险基金中支付:……(七)终止或者解除劳动合同时,应当享受的一次性医疗补助金……"该法第三十九条规定:"因工伤发生的下列费用,按照国家规定由用人单位支付:(一)治疗工伤期间的工资福利;(二)五级、六级伤残职工按月领取的伤残津贴;(三)终止或者解除劳动合同时,应当享受的一次性伤残就业补助金。"

2010 年 12 月 20 日,国务院公布《关于修改〈工伤保险条例〉的决定》,将原第三十五条改为第三十七条:职工因工致残被鉴定为七级至十级伤残的,享受以下待遇:……(二)劳动、聘用合同期满终止,或者职工本人提出解除劳动、聘用合同的,由工伤保险基金支付一次性工伤医疗补助金,由用人单位支付一次性伤残就业补助金。一次性工伤医疗补助金和一次性伤残就业补助金的具体标准由省、自治区、直辖市人民政府规定。

从上述规定可知,在《社会保险法》出台之前,一次性工伤医疗补助金和伤残就业补助金均由用人单位支付。而在《社会保险法》中则规定,终止或者解除劳动合同时,应当享受的一次性医疗补助金,按照国家规定从工伤保险基金中支付。但对于如何理解《社会保险法》的该规定,实践中存在分歧,原因在于 2010 年 12 月 20 日国务院公布的《关于修改〈工伤保险条例〉的决定》中规定,劳动、聘用合同期满终止,或者职工本人提出解除劳动、聘用合同的,由工伤保险基金支付一次性工伤医疗补助金,由用人单位支付一次性伤残就业补助金。有观点据此认为,《工伤保险条例》在《社会保险法》出台之后修改,是对《社会保险法》中"按照国家规定从工伤保险基金中支付"的明确,即只有在劳动、聘用合同期满终止,或者职工本人提出解除劳动、聘用合同时,从工伤保险基金中支付一次性工伤医疗补助金,而在用人单位解除劳动合同时,由于不符合从工伤保险基金中支付一次性工伤医疗补助金的条件,故仍应由用人单位支付一次性工伤医疗补助金。笔者认为,该观点值得商榷,具体理由将在下文详述。

（二）在用人单位为劳动者缴纳工伤保险费的情况下,不应由用人单位承担支付一次性工伤医疗补助金的责任

从立法目的看,在 2003 年国务院通过的《工伤保险条例》中规定了一次性工伤医疗补助金和一次性伤残就业补助金,是由于工伤职工在伤病治愈或医疗终结后,

有可能伤病发生变化需要治疗,而且可能会在今后的求职就业中与非工伤人员相比存在一定的困难。为了使工伤职工在寻找到新的工作以前,基本生活开支有必要的保障,并有能力医治疾病,2003 年《工伤保险条例》规定由用人单位支付一次性工伤医疗补助金和一次性伤残就业补助金。但随着工伤保险实践不断推进,很多用人单位提出,缴纳工伤保险费,本来是为了分散用人单位的经营风险,由工伤保险基金替用人单位分担一部分工伤医疗费用,规定由用人单位支付一次性工伤医疗补助金和一次性伤残就业补助金,并没有使用人单位的负担减轻,影响了制度的吸引力。故《社会保险法》规定,一次性医疗补助金由工伤保险基金负担,从而使用人单位和工伤保险基金的责任分担更加科学合理。

应当注意的是,除劳动、聘用合同期满终止,或者职工本人提出解除劳动、聘用合同外,在工伤职工具有《劳动合同法》第三十九条规定的情形时,用人单位也可以解除劳动合同。虽然劳动合同系由于劳动者的过错而解除,但从一次性工伤医疗补助金的立法目的看,是对工伤职工在伤病治疗方面的保障,与工伤直接相关,而与解除原因不具关联性。故即使由于劳动者存在过错导致劳动合同解除,也并不因此影响工伤职工享受一次性工伤医疗补助金的权利,并不免除工伤保险基金支付一次性工伤医疗补助金的责任。

事实上,从规范层级看,在《社会保险法》中规定,终止或者解除劳动合同时,工伤职工应当享受的一次性医疗补助金由工伤保险基金支付,并未区分终止或者解除劳动合同的具体原因,同时,在《社会保险法》中并未规定用人单位负有支付一次性工伤医疗补助金的责任。《社会保险法》属于全国人民代表大会常务委员会通过的法律,效力高于作为行政法规的《工伤保险条例》。《工伤保险条例》未规定在用人单位合法解除劳动合同时一次性工伤医疗补助金和一次性伤残就业补助金的支付责任,属于法律漏洞。在这种情况下,应当按照《社会保险法》的规定,由工伤保险基金支付一次性工伤医疗补助金,而不应由用人单位支付一次性工伤医疗补助金。因此,在用人单位已为劳动者缴纳工伤保险费的情形下,对劳动者要求由用人单位支付一次性工伤医疗补助金的请求,人民法院不予支持。

【案例点评】

在劳动合同系由于劳动者的过错而由用人单位提出解除的情况下,一次性工伤医疗补助金究竟应当由基金支付还是由用人单位承担,无论是社保基金管理中心、劳动仲裁委,还是法院,对此问题都存在意见分歧。本案例通过对相关规范进行历史梳理,从立法目的及规范效力层级两方面论证了,《工伤保险条例》未规定在用人单位合法解除劳动合同时一次性工伤医疗补助金和一次性伤残就业补助金的支付责任,属于法律漏洞,在用人单位为劳动者缴纳工伤保险费的情况下,不应由用人单位承担支付一次性工伤医疗补助金的责任,对今后处理相关案件能起到有益的借鉴作用。

【裁判心得】

在劳动争议审判实践中,由于法律规定的原则性以及具体政策的地方性,如何正确适用法律有时是个难点问题。同时,劳动争议是一裁两审程序,而劳动仲裁机构是处理劳动争议案件的专门机构,法官在处理案件时较容易受到仲裁结果的影响,有时对于仲裁裁决在适用法律上存在的一些问题就难以发现。这就需要法官能够熟悉相关劳动法律规定的来龙去脉,理解相关劳动法律规定的立法目的,熟练运用法学方法论,来正确处理案件,正确实施法律,依法维护当事人的合法权益。

姜春蕾诉北京博恩行知教育科技有限公司劳动争议案

王丽蕊*

关键词

竞业限制　未约定经济补偿金　效力　解除权

裁判要旨

当事人签订了竞业限制协议或约定了竞业限制条款，但未约定用人单位向劳动者支付经济补偿。双方劳动关系解除后用人单位未主动支付竞业限制经济补偿，劳动者亦未主张用人单位支付竞业限制经济补偿金，而要求解除竞业限制协议或竞业限制条款的情况下，法院认为，该竞业限制约定有效，因用人单位的原因导致三个月未支付经济补偿的，劳动者可解除竞业限制约定。

相关法条

1.《中华人民共和国劳动合同法》第二十三条第二款。

2. 最高人民法院《关于审理劳动争议案件适用法律若干问题的解释（四）》第六条、第八条。

【当事人基本情况】

上诉人（一审原告）：姜春蕾。

被上诉人（一审被告）：北京博恩行知教育科技有限公司。

---

* 王丽蕊，北京市第一中级人民法院民六庭法官。

【基本案情】

姜春蕾向一审法院起诉请求：(1)判令解除姜春蕾与北京博恩行知教育科技有限公司(以下简称博恩行知公司)于2015年7月24日签订的《竞业禁止协议书》；(2)本案诉讼费由博恩行知公司承担。

法院认定事实：姜春蕾于2015年4月1日入职博恩行知公司，担任教学部门讲师，工作内容包括教师资格证培训等内容，于2018年6月12日以个人原因离职。

2015年7月24日，博恩行知公司与姜春蕾签订《竞业禁止协议书》，其上载明姜春蕾在职期间及离职后两年之内不得以任何形式从事与其公司业务类型相同或相似存在竞争关系的业务，限制地域为全国，限制领域包括但不限于教师资格证培训、教师招聘考试培训、特岗教师培训、心理咨询、图书出版、网络教学、中小学全科辅导等，同时约定姜春蕾若违反该协议应承担任职期间所得劳动报酬总额50%的违约金；其上并未约定竞业限制补偿金的金额和给付方式。

姜春蕾于2018年8月8日向博恩行知公司送达《解除竞业限制协议书》，其上载有如下内容："本人与公司订立的《竞业禁止协议书》仅仅约定了竞业限制，但没有约定经济补偿。本人于2018年6月12日离职时，公司没有提出是否继续履行竞业限制约定，至今也没有向本人支付竞业限制经济补偿，因此本人通知公司，依法解除公司与本人的竞业(协议)限制的约定。"

博恩行知公司于2018年8月10日向姜春蕾支付12 998元，载明用途为7～8月竞业限制补偿金。2018年8月14日，该公司工作人员生秀敏与姜春蕾通过微信沟通，生秀敏向姜春蕾发送保密、竞业禁止义务告知书的图片，其上载有如下内容："姜春蕾……劳动关系解除后，您与我公司签订的《员工保密协议书》《员工竞业禁止协议书》将继续有效。其中竞业禁止期限为劳动关系解除后两年内，即2018年6月12日—2020年6月11日。在此期间，我公司将按照您劳动合同解除前12个月平均工资的30%按月向您支付竞业禁止补偿金。前两个月的补偿金已于2018年8月10日汇入您的原工资账户，公司已代扣代缴个人所得税。自2018年9月份起，您可于每月10号前往公司财务处以现金形式领取补偿金，并报告您的就业情况。同时，您应继续履行上述协议约定的保密和竞业禁止义务。您向公司发出的《解除竞业限制协议书》无效，公司不同意解除该协议。"姜春蕾回复："秀敏，竞业限制协议已经事先依法通知公司解除了在先，并且海淀法院也已经立案，之前公司也收到我发的通知了。公司如果在解除后向我支付费用，只是公司单向行为，因此造成损失自负……”

2018 年 8 月 2 日,姜春蕾以要求解除竞业(协议)限制的约定为由向北京市海淀区劳动人事争议仲裁委员会提出申请,仲裁委员会当日以上述申请不属于受案范围为由,决定不予受理。姜春蕾不服上述不予受理案件决定,在法定期限内向一审法院提起了诉讼。

【审理结果】

北京市海淀区人民法院于 2018 年 11 月 7 日作出(2018)京 0108 民初 46277 号民事判决:驳回姜春蕾的全部诉讼请求。判决后,姜春蕾向北京市第一中级人民法院提起上诉。北京市第一中级人民法院于 2019 年 4 月 15 日作出(2019)京 01 民终 2016 号民事判决,判决:驳回上诉,维持原判。

【裁判理由】

法院生效裁判认为:本案中,双方签订的《竞业禁止协议书》约定了劳动者的竞业限制义务,但未约定竞业限制期限内用人单位给予劳动者经济补偿。《劳动合同法》第二十三条第二款规定:“对负有保密义务的劳动者,用人单位可以在劳动合同或者保密协议中与劳动者约定竞业限制条款,并约定在解除或者终止劳动合同后,在竞业限制期限内按月给予劳动者经济补偿。劳动者违反竞业限制约定的,应当按照约定向用人单位支付违约金。”据此,在约定竞业限制的前提下,经济补偿的给付具有强制性。未约定经济补偿的竞业限制条款,为欠缺合同必备条款,应当进行补充。对此,最高人民法院《关于审理劳动争议案件适用法律若干问题的解释(四)》第六条规定:“当事人在劳动合同或者保密协议中约定了竞业限制,但未约定解除或者终止劳动合同后给予劳动者经济补偿,劳动者履行了竞业限制义务,要求用人单位按照劳动者在劳动合同解除或者终止前十二个月平均工资的 30% 按月支付经济补偿的,人民法院应予支持。前款规定的月平均工资的 30% 低于劳动合同履行地最低工资标准的,按照劳动合同履行地最低工资标准支付。”上述规定以法定形式对欠缺的竞业限制条款作出了补充,故竞业限制约定对双方当事人仍具有约束力。本案中,双方劳动关系于 2018 年 6 月 12 日解除,姜春蕾于 2018 年 8 月 8 日作出解除竞业限制约定的意思表示。对此法院认为,《合同法》第九十四条规定:“有下列情形之一的,当事人可以解除合同:……(三)当事人一方迟延履行主要债务,经催告后在合理期限内仍未履行……”而合理期限和解除方式的认定应类推适用最高人民法院《关于审理劳动争议案件适用法律若干问题的解释(四)》第八条规定:“当事人在劳动合同或者保密协议中约定了竞业限制和经济补偿,劳动合同解除或者终止后,因用人单位的原因导致三个月未支付经济补偿,劳动者请求解除竞业限制约定的,人民法院应予支持。”也就是说,因用人单位的原因导致三个月未支付经济补偿,劳动者可不经催告程序径行解除竞业限制约定。而本案中,姜春蕾在双方解除劳动合同后未达三个月即行使解除权,且博恩行知公司在收到姜春蕾通知后及时按法律规定的标准补充支付了竞业限制经济补偿金,故姜某的解除行为缺乏法律依据,法院对其解除《竞业禁止协议书》的上诉请求不予支持。

【裁判解析】

竞业限制不仅涉及用人单位商业秘密权,同时也涉及劳动者的就业权。《劳动合同法》、最高人民法院《关于审理劳动争议案件适用法律若干问题的解释(四)》等法律规定对竞业限制及经济补偿金等作出了规定,但未明确规定当事人在劳动合同或者保密协议中约定了竞业限制但未规定经济补偿,双方劳动关系解除后用人单位未主动支付竞业限制经济补偿,劳动者亦未主张用人单位支付竞业限制经济补偿,而要求解除竞业限制协议或竞业限制条款的情况下,如何裁处。对此,学界和司法实务界有不同认识。

(一)观点一:此类竞业限制条款属于无效条款

这一观点的理由主要在于:在约定竞业限制义务的情形下,为了保护用人单位的商业秘密,劳动者在竞业限制期间不能运用自己所掌握的知识为原用人单位的竞争对手提供服务,也不能自行经营或从事与原用人单位存在竞争关系的业务。在行业分工和知识细分越来越精细的当今社会,劳动者的从业能力和竞争优势越来越多地集中于某一特定领域,而无法轻易地转换至其他领域。劳动者遵守竞业限制义务,将导致其竞业限制期间的就业范围被极大程度压缩,收入能力也相应显著下降,尤其在社会进步高速发展的大背景下。即便竞业限制期限届满后,劳动者也已经离开自己的主流行业相当长时间,甚至会致命性地被剥夺在该领域获取竞争优势的能力。所以,竞业限制对劳动者而言极大程度让渡了就业权,进一步直接关系其生存权。那么在对劳动者科以竞业限制义务的情形下,作为对价,用人单位未支付经济补偿金,甚至根本未作出经济补偿金的约定或承诺,属于免除自己的法定责任,双方权利义务显失公平。《劳动合同法》第二十六条规定,用人单位免除自己的法定责任、排除劳动者权利的,劳动合同无效或者部分无效。故对于未约定竞业限制补偿的协议,应当根据上述法律规定认定其无效。

(二)观点二:未约定经济补偿金的竞业限制条款对劳动者不发生效力

例如,江苏省高级人民法院、江苏省劳动争议仲裁委员会发布的《关于审理劳动争议案件的指导意见》第十三条规定:“用人单位与劳动者约定了竞业限制条款但未约定经济补偿,或者约定了经济补偿但未按约定支付的,该竞业限制条款对劳动者不具有法律约束力。劳动者依约遵守了竞业限制条款,但用人单位未按约支付经济补偿,劳动者请求用人单位支付经济补偿的,应予支持……”2008 年 6 月广东省高级人民法院、劳动争议仲裁委员会发布的《关于适用〈劳动争议调解仲裁法〉、〈劳动合同法〉若干问题的指导意见》第二十六条第一款规定:“用人单位与劳动者约定竞业限制的,应当在竞业限制期限内依法给予劳动者经济补偿,用人单位未按约定支付经济补偿的,劳动者可要求用人单位履行竞业限制协议。至工作交接完成时,用人单位尚未承诺给予劳动者经济补偿的,竞业限制条款对劳动者不具有约束力。”此类观点首先尊重了双方的缔约合意和意思自治,不当然否认此情形下竞业限制约定的效力;但同时强调科以用人单位必要的补偿金承诺及支付义务,如用人单位未及时、足额支付补偿金,则以其不作为的行为推定其自认对要求劳动者遵循竞业限制义务的放弃。

(三)观点三:未约定经济补偿金的竞业限制条款应当认定有效

这一观点的理由主要有三:

1. 从意思自治原则和信赖利益保护原则角度

竞业限制协议的缔约双方均为具有完全民事行为能力的主体,应当对己方签署的合同以及对己方权利的处分具有客观、清醒的认知,司法权应当在此基础上进行审查,并保护合同效力的稳定性。且现在越来越多用人单位在劳动关系存续期间即与劳动者签署离职后的竞业限制协议,用人单位对劳动者进行商业秘密的开示一定程度上基于确信劳动者离职后仍具有竞业限制义务。双方事实上不仅通过竞业限制协议、也通过在职期间的多种其他方式已经进行了相关权利义务分配,肯定竞业限制约定的效力有利于对信赖利益的保护和对客观形成的权利义务关系的尊重。

2. 从保护营商环境的大背景和商业利益保护的现实困境角度

司法实践永远根植于并服务于时代命题。应当看到,在现今的市场环境中,客观上大量存在劳动者违反竞业限制义务、泄露用人单位商业秘密和损害用人单位竞争优势的情形,而在此情形下用人单位知悉劳动者离职后的就业去向本身就非常困难,举证证明劳动者违反竞业限制义务则更加困难;此外,用人单位还存在诸如劳动者利用家人、朋友的身份从事竞业限制行为等在取证和法律认定方面更为困难的障碍。为保护公平竞争、诚实守信的营商环境,司法权应当发挥应有的作用,其价值选择不应轻易否定既有的竞业限制效力,在此基础上才得以深化、细化竞业限制权利义务的平衡保护问题。

3. 从成文法适用角度

(1)对欠缺必备要件的竞业限制约定内容进行补充

《合同法》第六十一条规定:“合同生效后,当事人就质量、价款或者报酬、履行地点等内容没有约定或者约定不明确的,可以协议补充;不能达成补充协议的,按照合同有关条款或者交易习惯确定。”竞业限制协议作为合同的一种,可以参照适用《合同法》的相关规则和原理进行合同补充。

《劳动合同法》第二十三条第二款规定:“对负有保密义务的劳动者,用人单位可以在劳动合同或者保密协议中与劳动者约定竞业限制条款,并约定在解除或者终止劳动合同后,在竞业限制期限内按月给予劳动者经济补偿。劳动者违反竞业限制约定的,应当按照约定向用人单位支付违约金。”据此,在竞业限制约定中,劳动者与用人单位分别负有履行竞业限制和支付经济补偿金的对待给付义务。在约定劳动者竞业限制义务的前提下,用人单位的经济补偿支付义务具有强制性。未约定经济补偿的竞业限制协议,为欠缺必备条款的合同,可以参照《合同法》原理进行合同补充。而基于竞业限制权利义务,用人单位负有支付经济补偿金的法定义务。即便当事人在竞业限制协议中未明确约定支付经济补偿金,甚至从未协商过,但基于法律的强制性规定,经济补偿金的支付仍具有不言自明的效力,应作为默示条款补充进竞业限制协议。

依据同样的原理,最高人民法院《关于审理劳动争议案件适用法律若干问题的解释(四)》第六条规定:“当事人在劳动合同或者保密协议中约定了竞业限制,但未约定解除或者终止劳动合同后给予劳动者经济补偿,劳动者履行了竞业限制义务,要求用人单位按照劳动者在劳动合同解除或者终止前十二个月平均工资的30%按月支付经济补偿的,人民法院应予支持。前款规定的月平均工资的30%低于劳动合同履行地最低工资标准的,按照劳动合同履行地最低工资标准支付。”上述规定以法定形式对未作出约定的经济补偿金的支付标准进行了强制性规定,即便当事人在竞业限制协议中未约定经济补偿金的支付标准,法定标准仍应作为默示条款补充进竞业限制协议。

至此,在用人单位与劳动者之间签订的竞业限制仅约定了竞业限制义务而未约定经济补偿金的情形下,根据合同补充原理可以得出结论:“用人单位在解除或者终止劳动合同后,在竞业限制期限内按月给予劳动者经济补偿”“经济补偿金标准为劳动者在劳动合同解除或者终止前十二个月平均工资的 30%”应当作为默示条款补充进竞业限制协议,竞业限制的核心权利义务约定至此相对完备,对用人单位和劳动者均具有约束力。

(2)对法定解除权条款进行类型化情形下的扩张解释

最高人民法院《关于审理劳动争议案件适用法律若干问题的解释(四)》第八条规定:“当事人在劳动合同或者保密协议中约定了竞业限制和经济补偿,劳动合同解除或者终止后,因用人单位的原因导致三个月未支付经济补偿,劳动者请求解除竞业限制约定的,人民法院应予支持。”该条款对同时约定竞业限制和经济补偿的竞业限制的解除权规则作出了规定。如前所述,通过合同补充,对未约定经济补偿的竞业限制协议,能够通过合同补充的形式对经济补偿金条款进行补充,故约定和未约定经济补偿的竞业限制协议在权利义务的核心文义上高度一致,应当作为同类型化案件,适用相同的解除权规则。尽管从文义解释上来看最高人民法院《关于审理劳动争议案件适用法律若干问题的解释(四)》第八条仅适用于同时约定竞业限制和经济补偿的竞业限制协议,但其字面含义不足以适用于待决案件,可以通过扩张解释的方法适用于未约定经济补偿金的竞业限制协议。

此外,对比《合同法》对于解除权的一般规定。《合同法》第九十四条规定:“有下列情形之一的,当事人可以解除合同:……(三)当事人一方迟延履行主要债务,经催告后在合理期限内仍未履行……”用人单位未及时支付竞业限制的经济补偿金,构成当事人一方迟延履行主要债务的情形,根据《合同法》的一般规则,需满足两个条件方能解除合同:一是履行催告程序,二是经合理期限仍未履行。而最高人民法院《关于审理劳动争议案件适用法律若干问题的解释(四)》以特别法形式对竞业限制领域的解除权规则作出了安排,不仅免除了催告程序,且将“合理期限”进行了具体化,既不违背合同解除的一般规定,事实上亦对劳动者行权更具便利,符合劳动法律制度保护劳动者权利的立法和司法理念。故对最高人民法院《关于审理劳动争议案件适用法律若干问题的解释(四)》第八条进行扩张解释,将其适用于未约定经济补偿的竞业限制,具有法律解释方法和结论上的正当性。

综上,根据上述法律适用规则可以得出结论,当事人在劳动合同或者保密协议中约定了竞业限制,不论是否约定经济补偿,劳动合同解除或者终止后,因用人单位的原因导致三个月未支付经济补偿,劳动者可不经催告程序径行解除竞业限制约定。本案中,姜春蕾与博恩行知公司签订了竞业限制协议,尽管未约定博恩行知公司支付经济补偿金,该竞业限制协议仍然有效,并对姜春蕾具有约束力。博恩行知公司在劳动合同解除后未支付经济补偿金的，姜春蕾可在三个月后不经催告程序径行解除竞业限制约定，而姜春蕾未满三个月即行使解除权，缺乏法律依据。

在本案的判决中，合议庭认为第三种观点在法律适用和价值衡量层面均更具有合理性，最终选择了第三种观点。但这并不是说该观点即是毫无瑕疵的，这一问题在理论界和实务界仍具有巨大争论，本案系以一个角度为此类案件的裁判寻求解决路径和理论论证，必须说这种选择仍是在现行竞业限制存在缺失的现实状况下作出的艰难妥协。笔者建议，在劳动者的就业权、生存权与用人单位商业利益权之间，立法权和司法权均应当进一步向精细化方向迈进，并在价值选择上进一步实现双方权利之间的二元保护和平衡共赢。

【案例点评】

当事人约定了劳动者的竞业限制义务，但未约定用人单位支付经济补偿，用人单位亦未实际支付竞业限制经济补偿的情况下，劳动者能否解除竞业限制协议，现行成文法缺乏明确规定。本文总结了司法实务界三种不同的处理思路并从中作出选择，同时从不同层面阐述了该种司法裁量尺度的法理基础和时代内涵，对类案处理具有积极的借鉴意义。

【裁判心得】

竞业限制旨在保护用人单位的秘密信息和竞争利益，但其以限制劳动者的再就业权为代价，司法中应特别注重平衡保护双方利益，引导竞业限制制度在宏观经济生活中发挥其应有的作用。特别是在现行成文法对竞业限制制度的安排非常有限的情况下，司法审查需要在个案中寻求适宜的纠纷解决规则。本文探讨了未约定经济补偿的竞业限制协议的法律效力及解除权规则，尝试为此类案件的裁判寻求较为妥当的路径。

北京首颐体育有限公司诉王希斌劳动争议案

吴博文*

关键词

劳动关系解除/终止确认书　离职证明

裁判要旨

本案的关键有两点，第一点是离职证明在实体法上的法律性质，第二点是离职证明在诉讼中的证据性质。对于第一点，笔者从法律和行政法规的条文和立法本意着手，认为离职证明只是记载劳资双方劳动合同履行情况的证明材料，而不是双方结算债务、处分权利的协议或单方承诺。关于第二点，笔者从证据角度分析认为，离职证明在诉讼中属于以书证形式存在的当事人诉讼外的自认。

相关法条

1.《中华人民共和国劳动合同法》第五十条、第八十二条、第八十九条。

2.《劳动合同法实施条例》第二十四条。

【当事人基本情况】

上诉人(一审原告):北京首颐体育有限公司。

被上诉人(一审被告):王希斌。

【基本案情】

2018年3月5日，北京首颐体育有限公司(以下简称首颐体育公司)与王希斌签订《劳动关系解除/终止确认书》，内容为:“乙方原为甲方球队事务，因个人原因

* 吴博文，北京市第一中级人民法院民六庭法官。

提出辞职，双方于 2018 年 3 月 5 日解除劳动关系。乙方工资已结清，无其他经济纠纷或劳动争议。”

之后王希斌向北京市石景山区劳动人事争议仲裁委员会申请仲裁，该仲裁委裁决：一、首颐体育公司支付王希斌基本工资 954.55 元；二、首颐体育公司支付王希斌未签订劳动合同双倍工资差额 33 561.29 元；三、驳回王希斌其他仲裁申请。

首颐体育公司不服仲裁裁决，向北京市石景山区人民法院（以下简称一审法院）起诉，请求判决其无需支付王希斌基本工资 954.55 元及未签订书面劳动合同的二倍工资差额 33 561.29 元。

在一审中，首颐体育公司认可双方自 2017 年 5 月 27 日至 2018 年 2 月 28 日存在劳动关系，认可在劳动关系存续期间未签订劳动合同，认可 2018 年 2 月份及 3 月份未发放王希斌工资。但主张王希斌在离职时与公司签订了《劳动关系解除/终止确认书》，注明双方工资已结清，无其他经济纠纷或劳动争议，因此，其公司不应再支付王希斌工资及未订立书面劳动合同的二倍工资差额。

对于王希斌的工资标准，双方产生争议，对此王希斌提交了中国光大银行交易明细，其显示王希斌 2017 年 8 月 4 日收到 6 月份工资 3000 元、同日收到报销款 1424.5 元（6 月共计 4424.5 元）；2017 年 8 月 30 日收到 7 月份工资 3120 元、9 月 4 日收到报销款 1000 元（7 月合计 4120 元）；2017 年 9 月 28 日收到 8 月份工资 4683.4 元、次日收到 8 月报销款 1676 元（8 月合计 6359.4 元）；2017 年 11 月 2 日收到 9 月份工资 3984.96 元、次日收到 9 月报销款 2848 元（9 月合计 6832.96 元）；2017 年 12 月 4 日收到 10 月份工资 4171.22 元、当日收到 10 月报销款 1500 元（10 月合计 5671.22 元）；2018 年 1 月 5 日收到 11 月份工资 4224.96 元、当日收到 11 月报销款 1500 元（11 月合计 5724.96 元）；2018 年 2 月 2 日收到 12 月份工资 4235.22 元、2 月 11 日收到 12 月报销款 1500 元（12 月合计 5735.22 元）；2 月 11 日收到 1 月份工资 3944.22 元，3 月 14 日收到 1 月报销款 1500 元（1 月合计 5444.22 元）。王希斌主张每月标注为工资及报销款的总额为工资数。首颐体育公司对此不予认可，提交了工资薪酬明细表，其中没有领取者的签字。

一审法院判决：一、北京首颐体育有限公司于判决生效后七日内支付王希斌 2018 年 2 月 1 日至 2 月 28 日基本工资 954.55 元；二、北京首颐体育有限公司于判决生效后七日内支付王希斌未签订劳动合同双倍工资差额 33 561.29 元；三、驳回北京首颐体育有限公司的全部诉讼请求。

一审判决作出后，首颐体育公司提起上诉，请求撤销一审判决，发回重审或依法改判支持其在一审法院提出的全部诉讼请求,诉讼费用由王希斌承担。首颐体育公司的上诉理由与其在一审中主张的理由基本一致,即:(1)王希斌入职后,公司曾多次找其订立劳动合同,但均被其拒绝,因此,未订立书面劳动合同的责任在王希斌;(2)一审判决将报销款合并计入工资基数,该计算方式明显错误,报销款不应被视为工资;(3)王希斌在离职时与公司签订了《劳动关系解除/终止确认书》,注明双方工资已结清,无其他经济纠纷或劳动争议,因此,其公司不应再支付王希斌工资及未订立书面劳动合同的二倍工资差额。

【审理结果】

北京市石景山区人民法院于 2018 年 11 月 14 日作出(2018)京 0107 民初 14197 号民事判决:一、北京首颐体育有限公司于判决生效后七日内支付王希斌 2018 年 2 月 1 日至 2 月 28 日基本工资 954.55 元;二、北京首颐体育有限公司于判决生效后七日内支付王希斌未签订劳动合同双倍工资差额 33 561.29 元;三、驳回北京首颐体育有限公司的全部诉讼请求。宣判后,首颐体育公司向北京市第一中级人民法院提起上诉。北京市第一中级人民法院于 2019 年 1 月 9 日作出(2019)京 01 民终 385 号民事判决:驳回上诉,维持原判。

【裁判理由】

法院生效裁判认为:对于王希斌的工资标准,一审判决通过对比王希斌提交的银行交易明细和首颐体育公司提交的没有王希斌签字的工资薪酬明细表的证明效力,认定王希斌的月工资标准,该认定符合《民事诉讼法》规定的举证规则,应予以确认。劳动者提供劳动,用人单位应支付工资,首颐体育公司认可 2018 年 2 月份未发放王希斌工资,又没有证据证明王希斌 2 月份未提供劳动,故首颐体育公司应支付相应的工资。《劳动合同法》第八十二条第一款规定,用人单位自用工之日起超过一个月不满一年未与劳动者订立书面劳动合同的,应当向劳动者每月支付二倍的工资。首颐体育公司未与王希斌订立书面劳动合同,其虽主张原因在于王希斌拒绝订立书面合同,但并未提供证据证明该主张,故其应支付相应的未订立书面劳动合同二倍工资的差额。首颐体育公司抗辩称,王希斌在离职时与公司签订了《劳动关系解除/终止确认书》,注明双方工资已结清,无其他经济纠纷或劳动争议,因此,其公司不应再支付王希斌工资及未订立书面劳动合同的二倍工资差额。但其一,上述《劳动关系解除/终止确认书》,其法律效力只是首颐体育公司制作的证明劳动关系解除的书面格式化材料,它既非双方间处分债权债务的协议,亦不应被理解为王希斌放弃权利的单方承诺。王希斌虽然在该确认书上签字,但该签字只能起到确认双方劳动关系解除的证明效力，而不能由此推定王希斌作出了放弃向公司主张债权的意思表示。其二，根据查明的事实，首颐体育公司既未与王希斌结清工资，亦未向其支付未订立书面劳动合同的二倍工资。因此，上述《劳动关系解除/终止确认书》中载明的“乙方工资已结清，无其他经济纠纷或劳动争议”与事实不符，对王希斌显失公平。因此，对首颐体育公司的上述抗辩不予采纳，其仍应向王希斌支付相应的工资和二倍工资差额。

【裁判解析】

本案牵涉到实务中常见的《劳动关系解除/终止确认书》的法律性质及其约束力，值得探讨。

首先需明确的是，本案所涉《劳动关系解除/终止确认书》的法律性质到底为何？一审似乎认为其属于“用人单位与劳动者解除或终止劳动合同时，自愿签订的和解协议”。就该观点，笔者认为可以商榷。因为从本案查明的事实来看，没有证据显示双方在劳动合同解除之前发生过纠纷，进而诉诸和解；双方当事人也均未主张该确认书系一份和解协议。而从其内容看，其先是载明王希斌在首颐体育公司的工作内容，接着写明双方劳动关系解除的原因和时间，最后声明王希斌工资已结清，双方再无争议。显然，该确认书即《劳动合同法》第五十条第一款提到的“解除或者终止劳动合同的证明”，也就是俗称的“离职证明”。

根据《劳动合同法》第五十条第一款的规定，用人单位应当在解除或者终止劳动合同时出具“解除或者终止劳动合同的证明”；根据该法第八十九条的规定，用人单位未向劳动者出具该证明的，不仅可能会被劳动行政部门责令改正，给劳动者造成损失的，还应当赔偿损失。《劳动合同法实施条例》第二十四条对该证明的内容进一步作出规定：“用人单位出具的解除、终止劳动合同的证明，应当写明劳动合同的期限、解除或终止劳动合同的日期、工作岗位、在本单位的工作年限。”由上述规定可见，首先，离职证明是一份证明，是用人单位在解除或者终止劳动合同时向劳动者出具的证明，其功能是证明劳动者与原用人单位劳动合同的履行、解除或者终止情况，从而有利于劳动者与新的用人单位建立劳动关系。其次，由用人单位为劳动者及时出具离职证明，是《劳动合同法》负以用人单位的法定义务，用人单位违反该义务，可能会导致被责令改正、赔偿劳动者的损失等法律责任的产生。最后，行政法规对离职证明的内容作出了明确具体的规定，即离职证明应当写明劳动合同的期限、解除或终止劳动合同的日期、工作岗位和在本单位的工作年限，上述内容是有关双方劳动合同履行的基本信息，具有易于证明、不容易起争议的特点。

但是在实践中,常见离职证明上载明"某某工资已结清,双方无其他经济纠纷或劳动争议"等内容,且落款处有劳动者签名确认,用人单位据此主张其与劳动者之间已经结清债权债务。那么,能否认定离职证明兼具结算债务、处分权利的协议之性质,甚至是劳动者放弃债权的单方承诺呢?笔者认为,不能作这样的认定,理由如下:

其一,正因为向劳动者出具离职证明被规定为用人单位的一项法定义务,所以离职证明基本上由用人单位单方制作,其具体内容往往亦未经与劳动者协商一致达成。因此,为防止离职证明载明的内容与实际不符,对劳动者产生不利影响,《劳动合同法实施条例》第二十四条特地以列明的方式规定了离职证明应当载明的内容。从该条文来看,离职证明应当载明的只是有关双方劳动合同履行的基本信息,这些信息具有易于证明、不容易起争议的特点。

但是出于对自身利益的维护,用人单位往往会在离职证明的内容上超出《劳动合同法实施条例》的规定,多列明诸如本案中"王某工资已结清,无其他经济纠纷或劳动争议"这样隐含减轻或免除自身债务、替劳动者处分权利的条款。并且,为了证明劳动者对其内容认可,用人单位会让劳动者在离职证明上签字。而劳动者为了及时、顺利地与新用人单位建立劳动关系(现实中出于自我保护,用人单位通常要求劳动者携原用人单位出具的离职证明方能入职),在离职证明的内容上,没有与用人单位协商修改、讨价还价的能力。

因此,如果没有证据显示离职证明是劳资双方协商或者是劳动者主动承诺的产物,而裁判者仅因劳动者的签字,就将其理解成双方的合意甚至是劳动者的单方承诺,进而认定劳动者已经与用人单位结清了债权债务或者单方抛弃了某些权利,那么显而易见的是:用人单位只要让劳动者在离职证明上签字,就轻松地将本属于其法定义务的出具证明的行为,变成减轻或免除自身债务、对劳动者不利的手段了。这显然与《劳动合同法》第五十条第一款和第八十九条的立法本意背道而驰,也是变相引诱用人单位作出有违诚实信用、与事实不符的离职证明。

其二,既然为劳动者出具离职证明被规定为用人单位的一项法定义务,那么出具离职证明的首要目的就只能是为了促进和保障劳动者的劳动权益,而不是为了保护原用人单位的利益。且《劳动合同法》也没有规定劳动者需要在离职证明上签字确认,之所以实务中常见离职证明上有劳动者签字,很大可能是应用人单位的要求所签,劳动者如果不签字,可能就无法从用人单位处领取离职证明。因此,对于劳动者签名的法律效果,原则上应解释为其对收到离职证明的一种确认,也就是签收的效果,而不能解释为劳动者就证明上载明的内容与用人单位达成了一致。否则,对劳动者而言,本来是权利,却变成了负担。

如上所述,基于《劳动合同法》的立法本意,原则上,离职证明应是一份解除或者终止劳动合同的书面证明,而不是用人单位与劳动者达成的债务结算或权利处分协议,更不是劳动者放弃权利的单方承诺。那么,如果双方在之后发生的劳动争议中提举离职证明作为证据,对其上记载的相关内容,应作何认定?

笔者认为,正因为向劳动者出具离职证明是用人单位的一项法定义务,所以裁判者应当推定离职证明系由用人单位单方制作、其内容未经与劳动者协商一致,除非用人单位提出反证推翻该推定。如果没有证据能证明离职证明是劳动者与用人单位协商的产物,或者是劳动者主动作出的承诺,则离职证明属于一种用人单位在诉讼外的自认。如果劳动者以其佐证对自己有利、对单位不利的主张,则用人单位可以提举反证推翻该自认;用人单位以其佐证对劳动者不利的主张时,如果劳动者否认,则用人单位仍需进一步举证来证明自己的主张。如果有证据显示离职证明是劳动者与用人单位协商的产物,或者是劳动者主动作出的承诺,则离职证明兼具了债务结算或权利处分协议的性质,用人单位据以主张对其有利、对劳动者不利的请求,自然应予支持。

【案例点评】

为劳动者出具离职证明本是用人单位的法定义务,但实践中用人单位往往利用其支配地位,在离职证明上写上诸如“工资已结清、双方无经济纠纷”等有关债务结算和权利处分的内容,从而变法定义务为排除劳动者权利的手段。该案例从关于离职证明的法律规定入手,阐释了离职证明的法律性质及其能够产生的证明效力,说理充分,对相关实务具有一定的参考意义。

【裁判心得】

在实务中,对离职证明法律性质和证明效力的认定,经常能见到不同的处理,究其原因,多因仅从离职证明的字面意思去认定其效力。倘若我们换个角度,从立法本意入手,并对相关法律和行政法规作体系化的解释,可能会有益于对离职证明法律性质及其证明效力的理解,也有利于统一该类案件的法律适用。

王硕梅诉软通动力技术服务有限公司北京分公司劳动争议案

吴博文[*]　张江南[**]

关键词

单方变更　劳动合同目的　工作地点　充分合理性

裁判要旨

用人单位经与劳动者协商一致,可以变更劳动合同约定的内容。用人单位因行使自主管理权单方变更劳动者工作地点的,如在合理限度内,仍得对劳动者发生约束力。

相关法条

1.《中华人民共和国劳动法》第四十五条。

2.《中华人民共和国劳动合同法》第三十五条、第三十九条。

【当事人基本情况】

上诉人(原审原告):王硕梅。

被上诉人(原审被告):软通动力技术服务有限公司北京分公司。

【基本案情】

王硕梅向一审法院起诉请求:(1)软通动力技术服务有限公司北京分公司(以下简称软通动力北京分公司)支付其违法解除劳动合同赔偿金 182 400 元;(2)软通动力北京分公司支付 2018 年 5 月 28 日至 2018 年 6 月 7 日工资差额 6000 元;

[*] 吴博文,北京市第一中级人民法院民六庭法官。

[**] 张江南,北京市第一中级人民法院民六庭法官助理。

(3)软通动力北京分公司支付2018年1月1日至2018年6月7日未休带薪年休假工资16 800元;(4)软通动力北京分公司支付未提前三十日书面通知解除劳动合同额外一个月工资补偿15 200元。

一审法院认定事实:王硕梅曾系软通动力北京分公司软件工程师,双方签订了期限自2015年10月1日起的无固定期限劳动合同,软通动力北京分公司于2018年6月7日向王硕梅发送《关于解除劳动合同的通知函》电子邮件,以"2018年5月29日至2018年6月5日在未履行任何请假手续的情况下,无故缺勤,属于旷工行为;同时,您拒绝主管人员合理工作安排造成严重损失;以上行为严重违反公司规章制度"为由与王硕梅解除劳动合同。软通动力北京分公司向王硕梅支付工资至2018年5月28日。软通动力北京分公司《奖惩管理制度》中规定连续旷工2天或月累计旷工3天或年累计旷工5天以上者,公司有权解除劳动关系。王硕梅与软通动力北京分公司签署的劳动合同中就工作地点约定为"北京及乙方(王硕梅)参与的项目或工作任务所涉及的区域"。

双方就劳动关系解除情况存在争议。王硕梅主张自2013年3月起软通动力北京分公司将其安排在海淀区永丰路的中国银行软件中心维护二部(以下简称中行项目部)工作,在中行项目部工作期间由中行项目部提供上下班的班车。2017年12月,软通动力北京分公司要求其结束中行项目部工作,并回到位于西北旺东路10号院东区16号楼的公司总部。王硕梅表示2018年5月28日公司在没有与其协商一致的情况下通知其于2018年5月29日到海淀区西北旺东路10号楼东区17号楼文思海辉ODC(以下简称文思海辉项目部)工作,工资结构、薪酬均没有变化,但因该项目的工作地点、岗位设置、工作强度均与此前工作岗位发生巨大变化,故其向软通动力北京分公司提出异议,本人并未到文思海辉项目部报道,仍旧在公司总部出勤。就上述主张王硕梅提交2018年5月28日至2018年6月5日数份与公司沟通工作调整的电子邮件,其与中行项目部班车司机微信聊天记录。软通动力北京分公司认可王硕梅提交的数份邮件真实性,并表示王硕梅提交的电子邮件印证公司告知王硕梅工作安排、薪资待遇也不变化的相关情况。对于聊天记录,公司表示王硕梅提交的案外人的微信情况公司也无法核实真实性,即使中行项目部允许王硕梅乘坐班车也是中行项目部的安排,与公司并无关联关系。软通动力北京分公司表示王硕梅在中行项目部工作结束后回到公司总部,直至2018年5月期间公司也多次为王硕梅协调推荐多个项目,均被王硕梅拒绝。2018年5月28日文思海辉项目部工作地点与公司总部相距仅20米,工作内容及薪资待遇均不发生变化,王硕梅拒绝到岗的行为构成旷工。

王硕梅以要求软通动力北京分公司支付违法解除劳动关系赔偿金、未休年假工资、工资差额及未提前三十日通知解除劳动关系的补偿金为由向北京市海淀区劳动人事争议仲裁委员会提起仲裁申请,该委作出京海劳人仲字[2018]第 13049 号裁决书,裁决:(1)软通动力北京分公司向王硕梅支付 2018 年 1 月 1 日至 2018 年 5 月 28 日未休年假工资 1428.08 元;(2)驳回王硕梅其他仲裁请求。王硕梅不服该裁决向法院起诉。

【审理结果】

北京市海淀区人民法院于 2019 年 3 月 15 日作出(2019)京 0108 民初 5917 号民事判决:一、软通动力技术服务有限公司北京分公司于本判决生效之日起十日内向王硕梅支付 2018 年 1 月 1 日至 2018 年 5 月 28 日未休年假工资 1677.59 元;二、驳回王硕梅其他诉讼请求。判决后,王硕梅向北京市第一中级人民法院提起上诉。北京市第一中级人民法院于 2019 年 7 月 29 日作出(2019)京 01 民终 5357 号民事判决,判决:驳回上诉,维持原判。

【裁判理由】

法院生效裁判认为:本案争议焦点有二。一为软通动力北京分公司的解除行为是否合法;二为王硕梅未休年假工资的计算标准。

就软通动力北京分公司是否系违法解除一节。软通动力北京分公司以旷工为由与王硕梅解除劳动关系,故其应对王硕梅构成旷工这一主张提举证据予以证明。现软通动力北京分公司主张其于 2018 年 5 月 28 日通知王硕梅至文思海辉项目部工作,而王硕梅之后并未至上述地点进行工作,故构成旷工。王硕梅确认其未按照软通动力北京分公司的通知至新的工作地点工作,但主张公司系对其恶意调岗,未与其协商一致。故本院认为双方的主要分歧在于:软通动力北京分公司 2018 年 5 月 28 日通知王硕梅至文思海辉项目部工作这一行为是否具有充分合理性。

对此,首先,《劳动合同法》第三十五条规定,用人单位与劳动者协商一致,可以变更劳动合同约定的内容。但,依此并不能“一刀切”地否认用人单位基于自主管理权而单方对劳动者进行工作安排的权利。企业的生产经营状况随着市场竞争的形势和企业自身的情况不断发生变化,企业根据自身生产经营需要调整员工的工作内容及工作地点是企业用人自主权的重要内容。本案中,软通动力北京分公司的业务范围为技术外包,而王硕梅的工作内容系在外包服务单位提供技术服务。

现王硕梅之前所在项目已结束近半年,软通动力北京分公司根据企业本身实际需求安排王硕梅进入新的项目工作,并无不当。且王硕梅在与软通动力北京分公司订立合同时约定其职位为技术岗位,工作地点为“北京及乙方(王硕梅)参与的项目或工作任务所涉及的区域”,据此,可以明确的是王硕梅对于项目结束后的工作内容及工作地点可能发生变化这一情况应已具有明确的预期。

其次,企业根据工作性质、营业需要来调整员工的工作内容及工作地点的,其权利应限制在一定的合理范围内。本案中王硕梅自述新的工作内容系技术开发,而其在先前项目中从事运维工作,但自认运维及技术开发同属技术岗位。本院认为,在用人单位保障劳动者享受劳动权利的情况下,劳动者亦应积极提升自身素质,以便应对市场优胜劣汰的基本法则。且,《劳动法》中明确规定有劳动者应当完成劳动任务、提高职业技能等内容。故,即便如王硕梅所言,工作内容较在先项目有所不同,但其亦自认新的工作内容并未超出双方约定的岗位职责。结合王硕梅负有在劳动中自我学习、提升职业技能的义务,本院认定软通动力北京分公司安排王硕梅至文思海辉项目部工作并未改变劳动者订立劳动合同的目的,具备合理性。且,据查明,文思海辉项目部的位置与软通动力北京分公司总部所在距离较近,结合王硕梅已连续在该总部处出勤数月之久的事实,该工作地点变化不足以给劳动者的正常生活带来不便利的影响,亦未严重影响双方劳动合同目的的实现,故王硕梅以工作地点变化为由拒绝用人单位工作安排的主张缺乏依据,本院不予支持。

最后,依据王硕梅提供的电子邮件可知,软通动力北京分公司在作出前述工作安排时,并未对劳动者作出不利的变化,薪酬及待遇亦未有所降低。

综合前述,本院认为,在先前项目结束近半年的情况下,软通动力北京分公司根据本身生产经营的需要,未降低王硕梅薪酬待遇,对其作出新的工作安排,并未严重影响其订立劳动合同的目的及正常生活。软通动力北京分公司的该项工作安排具备合理性,王硕梅不服从用人单位合理的工作安排,拒绝至新项目处报到,已经构成旷工。基于此,软通动力北京分公司依据规章制度对王硕梅作出解除劳动合同的决定,符合法律规定。王硕梅所持软通动力北京分公司应支付其违法解除劳动合同经济赔偿金的上诉请求,缺乏依据,本院不予支持。

【裁判解析】

在审判实践中,判断用人单位单方变更劳动者工作地点的效力是一大难点。《劳动合同法》第十七条将“工作内容和工作地点”作为劳动合同的必备条款。根据《劳动合同法》第三十五条第一款的规定[①],一般情况下,工作地点的变更应当经双方协商一致。但是,经双方协商但未达成一致意见,用人单位单方变更劳动者工作地点的,是否一概认定为无效行为?在回答这个问题之前,须对“经协商不成,用人单位是否有权单方变更劳动合同的约定内容”这一前提予以回应。笔者认为,应肯定用人单位有权单方变更劳动合同的约定内容。理由如下:

首先,依据《劳动合同法》第三十五条规定的内容来看,其仅规定了劳动合同的协商变更情形,而对于单方变更行为,并未有明确的规定。换言之,《劳动合同法》并未明确禁止单方变更劳动合同约定的行为,亦未规定单方变更劳动合同约定内容的效力。这明显与《合同法》在第八条中明确规定“当事人不得擅自变更合同”的立法模式有所不同。但仍有观点认为,依《劳动合同法》第三十五条规定可得出“用人单位未经对方当事人同意改变合同内容的,在法律上是无效行为”的结论。我们认为上述观点并不妥当,理由有二,一是无论依照文义解释还是体系解释、目的解释等方法对该条进行解读,均不能得出前述结论;二则是劳动合同在订立主体、履行过程、人身从属性等方面与传统民事合同均存在较大差异,不能任意适用《合同法》来解读《劳动合同法》的相关规定。

其次,劳动合同具有全面性、持续性的特征。劳动合同约定内容涉及劳动者的工作期限、报酬、工作内容、工作地点等各个方面,而企业基于正常的生产经营需要和现代管理理念,对劳动者的薪酬和岗位进行调整亦属于企业自主管理权的重要内容,二者存在一定程度的冲突和重合。即,用人单位在行使自主管理权的过程中,会无可避免地涉及变更劳动合同中约定的内容。且,在劳动合同存续期间,用人单位和市场环境处于动态之中,企业的生产经营状况往往会随着市场竞争的形式和企业自身情况而不断发生具体的变化,如“一刀切”地否定用人单位的单方变更权,无疑对用人单位的自主经营产生较大限制。相反,企业积极行使自主管理权,根据自身生产经营需要调整员工的工作岗位和工作地点,对企业的可持续发展和应对市场风险不可或缺。承认并保证用人单位有效行使自主管理权,对于企业的发展存续和切实保护劳动者的利益(较大意义上,劳动者利益与用人单位利益存在一致性)具有重要意义。

综上,在法律并未明确禁止的前提下,基于劳动关系的特性、劳动合同的不完全合约性质和企业的市场主体性,赋予、承认用人单位的单方变更权,是必要而应

---

① 《劳动合同法》第三十五条第一款规定:“用人单位与劳动者协商一致,可以变更劳动合同约定的内容。变更劳动合同,应当采用书面形式。”

当的。

但承认用人单位具有单方变更劳动合同内容的权利,并不意味着对其单方变更权毫无限制。相反,由于用人单位的单方变更权与劳动者的权益紧密相连,劳动合同内容的改变极易引发劳动者的生活地点、生活方式或经济来源等发生变化,给劳动者带来信赖利益的损失,故在司法实践中应严格限制用人单位的单方变更权。至于限制途径,笔者认为应重点把握用人单位基于行使自主管理权而单方变更劳动合同内容的行为是否具有充分合理性。

本案中,劳动者因不同意用人单位单方调整其工作地点而拒绝至新工作地点出勤,进而被用人单位以旷工为由予以解除劳动关系。故软通动力北京分公司单方变更王硕梅的工作地点是否具有充分合理性就成为本案主要的争议焦点之一。因无明确的法律规定对于"充分合理性"进行界定,故笔者结合司法实践中的经验和相关契约理论,认为"充分合理性"应同时满足以下条件:

其一,从劳动者角度来看,用人单位单方调整工作地点是否导致劳动合同目的难以实现。我国现行法中对于"劳动合同目的"并无规定,但"合同目的"的表述在《合同法》中多处出现。根据合同目的理论,当事人订立合同系为追求因履行合同而期待能够得到的东西,诸如典型的交易目的、某些情况下的动机、达到特定的法律效果等。[①] 具体谈到劳动合同目的,劳动者与用人单位订立劳动合同,系从其自身发展需要、劳动报酬的获得、劳动时间的付出等因素予以综合衡量而确定的。相比较合同目的而言,劳动合同目的的涵盖范围更广,且内容复杂、相互关联。如果用人单位肆意单方调整劳动者的工作地点,有较大可能会导致员工通勤时间增加或者上班成本大幅提高,进而会影响劳动者劳动合同目的的实现;但在用人单位的单方变更行为并未对劳动者订立劳动合同目的的实现产生较为明显的不利影响的情况下,劳动者理应服从用人单位的安排。具体到本案中,王硕梅自中行项目部工作结束后的近半年时间里,均在位于西北旺东路 10 号院东区 16 号楼公司总部出勤工作,现软通动力北京分公司调整其工作地点为文思海辉项目部(地点为西北旺东路 10 号院东区 17 号楼),调整前后的工作地点位置毗邻,明显未对王硕梅的出勤成本或者通勤时间造成严重影响。此时,软通动力北京分公司虽系单方变更王硕梅的工作地点,但并未影响到王硕梅与之订立劳动合同目的的实现,王硕梅理应服从用人单位的工作安排。

---

① 崔建远:《论合同目的及其不能实现》,载《吉林大学社会科学学报》2015 年第 3 期。

其二,从用人单位角度来看,企业单方调整员工工作地点是否具有必要性。可以从以下两个维度予以分析:(1)工作性质。当事人在订立合同时,应明确劳动者的工作内容为双方所了解并具有明确预期。某些工作岗位,如司机、建筑工人等,工作地点可能不会固定。(2)业务需要。如用人单位基于正常开展工作的需要而调整员工工作地点的,应属积极行使自主经营权范畴。本案中,软通动力北京分公司的业务范围为技术外包,而王硕梅的工作内容系在外包服务单位提供技术服务,且双方约定工作地点为“北京及乙方(王硕梅)参与的项目或工作任务所涉及的区域”。也即王硕梅对于其工作地点随着项目变动应有明确的预期,软通动力北京分公司安排其进入新项目工作也是正常业务开展,属于合理行使自主经营权,并未滥用单方调整权利。

综合前述“充分合理性”的具体衡量标准来分析,软通动力北京分公司单方调整王硕梅的工作地点并未影响到其与企业订立劳动合同的目的,且该调整亦不属于变相解除劳动的形式,系用人单位出于积极行使自主经营权而作出的管理行为,符合充分合理性的要求,因此,劳动者应当服从用人单位的安排。故王硕梅未到新的工作地点出勤应认定为旷工行为,软通动力北京分公司以此为由对其劳动合同予以解除系合法解除。

【案例点评】

用人单位单方变更行为的效力,因缺乏明确规定,认定标准不尽统一,加上实践中类似案件大量出现,是审判中的难点。作者结合劳动合同目的等理论,通过分析用人单位单方变更行为的“充分合理性”的具体衡量标准,对本案涉及的事实进行了全面梳理并作出正确认定。案例中提出的充分合理性的认定标准,为解决类似案件提供了统一的裁判思路,具有重要借鉴意义。

【裁判心得】

本案中,判断用人单位单方变更劳动者的工作地点的行为效力系法官作出正确认定的前提。因单方变更劳动者的工作地点与企业行使自主经营权具有重合之处,故应从严把握单方变更行为的充分合理性。对类似案件进行裁判时应注意把握“充分合理性”的尺度,以劳动合同目的的实现为基本出发点,兼顾用人单位经营需要进行综合考虑。如符合充分合理性的要求,用人单位单方调整工作地点的行为即可对劳动者发生约束力,劳动者应服从安排。

北京中铁工业有限公司与郭旭劳动争议案

王　磊[*]　郏映映[**]

关键词

规章制度　克扣工资　合法有效　合理性审查

裁判要旨

以违反规章制度为由克扣工资是否合法，关键要对规章制度本身进行合法性和合理性审查。通过民主程序制定并已向劳动者公示的规章制度，只要其不违反法律法规的强制性规定，就可以作为用人单位管理的依据和法院裁判的依据。

相关法条

1.《中华人民共和国劳动合同法》第二条、第四条、第三十七条。

2.最高人民法院《关于审理劳动争议案件适用法律若干问题的解释》第十九条。

【当事人基本情况】

上诉人(一审原告):北京中铁工业有限公司(以下简称北京中铁工业公司)。

上诉人(一审被告):郭旭。

【基本案情】

北京中铁工业公司向一审法院起诉请求:(1)判令确认北京中铁工业公司与郭旭解除劳动合同(开除)的时间是2018年7月6日;(2)判令北京中铁工业公司无

---

* 王磊，北京市第一中级人民法院民六庭法官。

** 郏映映，北京市第一中级人民法院民六庭法官助理。

需支付郭旭 2017 年 1 月至 2018 年 4 月未足额支付工资 45 008 元;(3)判令北京中铁工业公司无需支付郭旭的 2016 年绩效奖金 15 000 元。

一审法院认定事实:郭旭于 2007 年 8 月 1 日入职北京中铁工业公司,双方签订了劳动合同,最后一次于 2016 年 8 月 1 日续签为无固定期限劳动合同。北京中铁工业公司自 2016 年 12 月 22 日起未再给郭旭安排工作,此后按北京市最低工资标准支付郭旭工资至 2018 年 4 月。郭旭提供劳动的截止日为 2018 年 5 月 4 日。北京中铁工业公司认可未支付郭旭 2017 年 1 月至 2018 年 4 月剩余工资 45 008 元及 2016 年绩效考核奖金 15 000 元。

北京中铁工业公司主张于 2016 年 12 月接群众举报反映郭旭利用职务之便,推荐其亲属的企业与北京中铁工业公司签订了买卖合同,造成北京中铁工业公司巨大经济损失,2016 年 12 月至 2018 年 4 月,北京中铁工业公司对郭旭进行调查。北京中铁工业公司提供立案审批表、关于申请查办郭旭案件的报告、立案通知书、对郭旭的调查谈话笔录等证据,以证实就群众举报问题对郭旭进行了调查处理。郭旭认可因其前妻对其进行举报,北京中铁工业公司对其进行了相应调查,调查期间郭旭就是在单位坐着看书,没有工作内容。郭旭于 2018 年 4 月 3 日向北京中铁工业公司提出书面离职申请,北京中铁工业公司以郭旭在被调查期间为由未予批准。2018 年 5 月 4 日之后,郭旭未再到北京中铁工业公司上班,北京中铁工业公司亦未再支付郭旭工资。

2018 年 5 月 17 日,郭旭向北京市石景山区劳动人事争议仲裁委员会(以下简称石景山仲裁委)提起仲裁。2018 年 7 月 6 日,北京中铁工业公司作出给予郭旭开除党籍处分及行政纪律开除(解除劳动合同)处分。

2018 年 10 月 11 日,石景山仲裁委作出京石劳人仲字[2018]第 1599 号仲裁裁决书,裁决:一、北京中铁工业公司与郭旭自 2018 年 5 月 4 日解除劳动关系;二、自裁决书生效之日起十五日内,北京中铁工业公司支付郭旭 2017 年 1 月至 2018 年 4 月未足额支付工资 45 008 元;三、自裁决书生效之日起十五日内,北京中铁工业公司支付郭旭 2016 年绩效考核奖金 15 000 元;四、自裁决书生效之日起十五日,北京中铁工业公司为郭旭出具离职证明,并为郭旭办理档案和社会保险关系转移手续;五、驳回郭旭其他的仲裁请求。北京中铁工业公司不服石景山仲裁委的仲裁裁决,提起本案诉讼。

北京中铁工业公司提交的《北京中铁工业有限公司员工日常管理规定(暂行)》(以下简称《员工日常管理规定》)第二十三条规定:员工被纪检部门立案并停

职调查，停职调查期间停发岗位工资和各项奖金、补贴，工资按当地最低标准发放。立案调查结束免于追究责任的，补发停职调查期间的相关待遇，并按新任职后的岗位发放工资及相关待遇。郭旭认可单位公布过该规定，且亦参加了职工代表大会的会议。

【审理结果】

北京市石景山区人民法院于2018年12月6日作出(2018)京0107民初30079号民事判决：一、确认北京中铁工业有限公司与郭旭之间的劳动合同关系于2018年5月4日解除；二、北京中铁工业有限公司无需向郭旭支付2017年1月至2018年4月的差额工资45 008元；三、北京中铁工业有限公司无需向郭旭支付2016年的绩效考核奖金15 000元；四、自判决生效之日起十五日内，北京中铁工业有限公司为郭旭出具离职证明，并为郭旭办理档案和社会保险转移手续；五、驳回北京中铁工业有限公司的其他诉讼请求。判决后，北京中铁工业有限公司、郭旭均向北京市第一中级人民法院提起上诉。北京市第一中级人民法院于2019年6月21日作出(2019)京01民终1833号民事判决，判决：驳回上诉，维持原判。

【裁判理由】

法院生效裁判认为：中华人民共和国境内的企业等组织与劳动者建立劳动关系，订立、履行、变更、解除或终止劳动合同的，适用《劳动合同法》规定处理。国家机关、事业单位、社会团体和与其建立劳动关系的劳动者，订立、履行、变更、解除或者终止劳动合同的，依照《劳动合同法》规定处理。北京中铁工业公司与郭旭签订书面劳动合同并约定了双方的权利义务，双方之间形成劳动合同关系，故在二者之间因履行劳动合同而发生争议时，应依据《劳动合同法》相关规定处理双方之间的争议。北京中铁工业公司主张参照《公务员法》处理双方之间的劳动合同争议，并主张郭旭应当适用《监察法》，其主张缺乏法律依据，法院不予采纳。

根据《劳动合同法》第三十七条之规定，劳动者提前三十日以书面形式通知用人单位，可以解除劳动合同。这一法律规定赋予了劳动者单方解除劳动合同的权利，但劳动者行使解除劳动合同的权利时必须遵守法定的程序，即应当提前三十日以书面形式通知用人单位。郭旭于2018年4月3日向北京中铁工业公司提出书面辞职申请，北京中铁工业公司认可收到郭旭的离职申请，故郭旭行使解除劳动合同的权利的行为，符合《劳动合同法》的规定，法院予以确认。北京中铁工业公司上诉要求确认双方劳动关系于2018年7月6日解除，缺乏事实和法律依据，法院不予采纳。

用人单位通过民主程序制定的规章制度,不违反国家法律、行政法规及政策规定,并已向劳动者公示的,可以作为人民法院审理劳动争议案件的依据。《员工日常管理规定》内容合法,制定过程有企业职工的民主参与,经过了民主程序及公示,故该规定具有法律效力。根据《员工日常管理规定》第二十四条,员工在停职调查期间停发岗位工资和各项奖金、补贴,工资按当地最低标准发放。根据北京中铁工业公司提交的立案审批表、调查谈话笔录、立案通知书等证据并结合郭旭的自述,郭旭在职期间确实存在被纪检部门立案并停职调查的事实,且北京中铁工业公司亦对郭旭作出了相关处理决定。故北京中铁工业公司请求不予支付郭旭调查待岗期间的差额工资及奖金的主张,有事实和法律依据,一审法院据此支持北京中铁工业公司的诉讼请求并无不当,法院予以维持。现郭旭上诉主张由中铁工业公司向其支付未足额支付的工资及绩效奖金,事实与法律依据不足。

【裁判解析】

用人单位的劳动规章制度是《劳动法》《劳动合同法》等法律的有效延伸和补充,它将国家法律法规和用人单位的实际管理需要牢牢结合,是用人单位实现自主经营权所具备的权能之一。本案双方当事人争议的主要焦点即为作为用人单位的北京中铁工业公司能否依据其规章制度停发郭旭的岗位工资和各项奖金、补贴。对此,一、二审法院依照最高人民法院《关于审理劳动争议案件适用法律若干问题的解释》第十九条之规定,支持了用人单位按照其规章制度不予支付劳动者被停职调查期间的岗位工资及奖金、补贴的请求。具体分析如下:

(一)规章制度的合法性审查

用人单位规章制度的生效需要具备法定的要件,包括内容合法和程序合法。

1.内容的合法性

规章制度内容合法性的判断,应站在用人单位经营自主权和劳动者权利保护的二元视角,既要规范用人单位的管理行为,也要权衡好劳动者的权益。从应然的角度讲,用人单位在制定规章制度过程中即便具体的内容或有不同,但不得违反法律规定,不得对劳动者的合法权益进行侵害,此为基本原则。诸如能够保障劳动者权利和履行劳动义务的内容,都属于规章制度的内容,但应对其中属于法律保留或专属于劳动合同的事项予以区分,用人单位不得作出与法律法规相冲突的规定。比如限制女职工生育权、限制劳动者请病假权等,都是明显的违法设定。而本案值得探究的问题就是北京中铁工业公司能否在规章制度中规定克扣劳动者的岗位工资和各项奖金、补贴。

克扣工资是用人单位行使惩戒权的手段之一。惩戒权是用人单位作为管理者出于维护工作秩序和经营秩序的实际需要而拥有的对违反劳动纪律的劳动者惩罚的权利,劳动规章制度中的核心内容就是如何规范确立和行使用人单位的惩戒权。且实践证明,在法律允许的限度内对劳动者实施通报批评、克扣工资或者解除劳动合同等惩罚措施,是行之有效的管理手段。其中,克扣工资是对违纪劳动者进行适当的经济处罚,势必影响劳动者的获得劳动报酬权,因此,必须对规章制度中所规定的克扣工资的范围、内容、金额等进行必要的限制。

原劳动部发布的《工资支付暂行规定》第十五条和《对〈工资支付暂行规定〉有关问题的补充规定》第三条规定,用人单位不得克扣劳动者的工资。但"克扣"不包括以下减发工资的情况:(1)国家的法律、法规中有明确规定的;(2)依法签订的劳动合同中有明确规定的;(3)用人单位依法制定并经职代会批准的厂规、厂纪中有明确规定的等。由此可见,用人单位无故克扣劳动者的工资是违反法律规定的行为,但本案诉争的工资为岗位工资、各项奖金、补贴,均与劳动者的在岗情况、工作业绩挂钩,发放标准和发放条件可以由用人单位自行制定。如果用人单位经过法定程序制定了相关制度,那就不属于克扣工资的情形,也就不违反法律强制性规定。

2. 程序的合法性

程序的合法性体现在以下几个方面:其一,规章制度的制定主体上,必须是用人单位,而不能是用人单位的下属部门或者分支机构。其二,规章制度的讨论程序上,应经过职代会或者全体职工讨论。特别指出的是,《劳动合同法》第四条第二款中的表述为"与工会或者职工代表平等协商确定",而非"协商一致决定"。司法实践中,一般只要求用人单位提交已经就规章制度草案征求过职工或职工代表和工会的意见的证据,即可以认定规章制度的制定程序合法,用人单位无须举证证明劳动者对规章制度内容无异议。其三,规章制度的公示程序上,劳动规章制度应当由用人单位公示,或者告知劳动者。即"告知"不是必经程序,只是选择性程序,"公示"后也可以作为定案依据。

本案中,经过程序性审查,郭旭认可北京中铁工业公司公布的《员工日常管理规定》,其本人亦参加了职工代表大会,故该规定对郭旭具有约束力。

(二)规章制度的合理性审查

用人单位以劳动者违反规章制度为由而作出相应的处理,除了要有符合法律规定的劳动者违规违章的事实证据,还要确证规章制度本身的合理性。司法实践中在判断劳动规章制度的合理性时要考虑的要素包括行业因素、劳动者的工作岗位、是否符合公序良俗、是否不超过生产经营活动范围及企业的经营状况等。例如,劳动者违反规章制度在工作场所吸烟,由于在写字楼和加油站吸烟的危害程度不同,严重程度显然不同。此外,用人单位的规章制度在制定和适用时还应当遵循谦抑性原则,惩罚措施与劳动者的过错及不利后果之间应具有一定的阶梯或比例。就本案诉争的规章制度是否合理,需要从以下两个方面进行探讨:

一是规章制度的设置是否合理,即劳动者的违纪行为是否可以纳入劳动规章制度的调整范畴。用人单位的规章制度应当根据劳动者违纪行为的不同给予不同层次的惩罚,还应与企业性质、行业因素、过错程度等相结合。本案中,从用人单位的性质上看,北京中铁工业公司系国有企业,内部员工特别是中层管理人员的违纪行为一般会触犯党纪党规,也势必会造成国有资产的损失。从劳动者默示义务上看,即使规章制度没有规定某项行为的违规性,但劳动者确实存在有违基本劳动纪律、诚实信用原则等行为,也应当认定为“违反劳动规章制度”。郭旭的行为显然违反了基本劳动纪律和职业道德,没有履行劳动者的忠实义务。因此,北京中铁工业公司可以将违反党纪党规的行为纳入行使企业惩戒权的范围。

二是规章制度的适用是否合理,即用人单位的处理规定是否过于严苛。对此,应考量用人单位在适用规章制度时是否平衡劳动者的利益,是否造成企业直接的经济损失及严重影响企业正常经营管理秩序等。涉案规定从以下三个方面限定了该条的适用条件:一是适用主体是被纪检部门立案并停职调查的员工;二是适用期间仅为停职调查期间;三是适用内容为停发岗位工资和各项奖金、补贴,但工资不能低于最低工资标准。由此可见,北京中铁工业公司的此条规定既惩戒了违纪人员的不当行为,又对扣款的期限和数额进行了严格的限制,并未违反法律的强制性规定,又在一定程度上保障了劳动者的基本生活,惩罚力度与违纪程度相当,符合谦抑性原则。

综上,用人单位制定规章制度是其进行有效管理及预防经营风险的重要手段,在不违反法律法规规定的前提下,可以依据其自身特点制定规章制度。本案一、二审法院依据用人单位合法合理的规章制度作出相应的裁判,尊重了企业的用工自主权,有利于优化营商环境。

【案例点评】

用人单位规章制度中关于克扣工资的规定能否对劳动者具有法律上的约束

力，司法实务中认识不一。本篇案例以保障企业自主经营、优化营商环境为出发点，从合法性和合理性两个层面探析规章制度的效力，认定内容合法合理并经过民主程序制定且已向劳动者公示的规章制度可以作为用人单位管理的依据和法院裁判的依据，打破了以往一味单方保护劳动者的裁判思路，有理有据，值得借鉴。

【裁判心得】

企业的自主经营权是市场经济活动的源泉，法律赋予了用人单位依法制定劳动纪律和惩戒制度的自主权。对劳动规章制度的司法审查除了从内容和程序上审查其合法性外，还应考量规章制度在具体实施过程中的合理性。合法性审查应坚持严格审查的原则，坚持实体与程序并重的标准，以免用人单位滥用惩戒权，损害劳动者权益；合理性审查应遵循适度宽松的原则，坚持责任与处分相当的标准，充分尊重用人单位的用工自主权，发挥规章制度对劳动关系双方主体的指引作用。

北京首科万业物业管理有限公司诉张春明婚姻家庭纠纷案

刘福春[*] 方 硕[**]

关键词

夫妻共同债务 共同生产经营 认定标准

裁判要旨

夫妻一方对外担保之债是否属于共同债务不能一概而论。当该担保之债与夫妻共同生活或共同生产经营密切相关时,该担保之债宜认定为夫妻共同债务。其中认定"共同生产经营"应至少满足经营合意及双方共同参与两个要件。

相关法条

1.《中华人民共和国担保法》第十八条。

2. 最高人民法院《关于审理涉及夫妻债务纠纷案件适用法律有关问题的解释》第三条。

【当事人基本情况】

上诉人(原审原告):北京首科万业物业管理有限公司。

被上诉人(原审被告):张春明。

原审第三人:杨立新。

【基本案情】

2006 年 8 月 15 日,北京首科万业物业管理有限公司(以下简称首科万业公

* 刘福春,北京市第一中级人民法院团河法庭法官。
** 方硕,北京市第一中级人民法院团河法庭法官助理。

司)与海南万勃公司达成《合作开发房产合同》,约定首科万业公司投入建房资金1500万元。2007年、2008年双方就上述合同分别达成补充协议。2013年、2015年双方又签订借款协议两份。其中2015年2月2日《借款合同》约定如下:一、借款用途:在海南三亚投资开发房地产项目。二、借款金额:4127.5万元。三、借款期限:自2015年3月31日起至2016年3月30日止。四、借款利率:借款利息率为借款本金的10%,按年付息。具体时间2016年3月30日前连本带息一次性付清全额。五、海南万勃公司借款需由其大股东杨立新以个人名义担保此借款行为并承担相应的借款还款义务……同日,杨立新出具个人担保书,自愿对上述款项承担连带保证责任。

此后海南万勃公司仅偿还了250万元,首科万业公司将海南万勃公司、杨立新诉至法院。庭审中,双方达成一致意见,法院于2016年9月12日出具民事调解书,确认海南万勃公司给付首科万业公司借款本金及利息共计42 902 500元;杨立新对上述债务承担连带保证责任。到期后,海南万勃公司、杨立新亦未按时还款,首科万业公司向法院申请执行,现已执行案款5 296 939.48元。

张春明与杨立新于1996年2月6日登记结婚,同年因孩子出生张春明辞去原有工作。首科万业公司称张春明一直无业,没有经济来源,日常生活开销都是依靠杨立新从海南万勃公司获得的盈利,2008年二人还购买了价值不菲的房屋和机动车。对此张春明不予认可,称海南万勃公司连年亏损没有盈利,其从事自由职业,有一定收入,购房款的来源系自己的收入与杨立新在其他公司的收入,首科万业公司就其上述主张未向法院提供相关证据佐证。

海南万勃公司于2000年9月30日成立,公司性质为有限责任公司,杨立新系股东之一。2010年10月23日,海南万勃公司其他股东将所持有的股权转让给张春明。现海南万勃公司注册资金2000万元,公司股东为杨立新、张春明,二人各持有60%和40%的股份。

首科万业公司诉称,要求张春明就海南万勃公司应偿还的债务承担连带责任。债务发生在张春明与杨立新二人婚姻关系存续期间,张春明没有固定的职业和收入,现张春明、杨立新系海南万勃公司股东,故张春明应对债务承担连带责任。

张春明辩称,主债务人是海南万勃公司,对外担保之债不属于夫妻共同债务,且不是杨立新以个人名义为家庭日常生活需要所负的债务。

杨立新述称,首科万业公司所称债务与婚姻家庭生活无关。

【审理结果】

北京市海淀区人民法院于 2018 年 6 月 20 日作出(2018)京 0108 民初 5237 号民事判决:驳回北京首科万业物业管理有限公司全部诉讼请求。北京首科万业物业管理有限公司不服原审判决,提起上诉。北京市第一中级人民法院于 2018 年 11 月 26 日作出(2018)京 01 民终 8017 号民事判决:一、撤销北京市海淀区人民法院(2018)京 0108 民初 5237 号民事判决;二、张春明对杨立新在北京市丰台区人民法院(2016)京 0106 民初 8823 号调解书第一项、第二项所确认的债务承担连带清偿责任。

【裁判理由】

法院生效裁判认为:本案中,经法院民事调解书确认海南万勃公司给付首科万业公司借款本金及利息共计 42 902 500 元,杨立新对上述债务承担连带保证责任,上述债务真实有效,应予确认。连带责任保证的债务人在主合同规定的债务履行期届满没有履行债务的,债权人可以要求债务人履行债务,也可以要求保证人在其保证范围内承担保证责任。杨立新对上述债务自愿承担连带保证责任,故首科万业公司可以要求杨立新就上述债务承担还款责任。

就诉争债务,上述借款发生于杨立新与张春明婚姻存续期间,且上述款项用于海南万勃公司的经营活动,张春明于 2010 年成为海南万勃公司的股东,2016 年最终确认债务数额及还款方式,该债务系杨立新与张春明用于海南万勃公司的生产经营活动,故该债务应认定为用于夫妻共同生产经营。张春明于 2010 年成为海南万勃公司的股东,且海南万勃公司的全部股权为杨立新与张春明持有,杨立新与张春明作为海南万勃公司的股东,并未举证证明其个人财产与公司财产相分离,故应对海南万勃公司的对外债务承担连带责任。杨立新与张春明作为海南万勃公司的全部股东,可以认定海南万勃公司是杨立新与张春明夫妻共同生产经营的公司,再结合张春明亦未举证证明其与杨立新在婚姻关系存续期间的财产与海南万勃公司的财产不存在混同,故首科万业公司主张张春明承担连带清偿责任的上诉请求,法院依法予以支持。

【裁判解析】

夫妻共同债务的认定是实践中的一个难点问题,也是容易引发社会关注的焦点问题,对于夫妻共同债务的认定标准,理论上及实践中都争议颇多。特别是就夫妻一方对外担保之债是否构成夫妻共同债务,争议更大,分歧更多。最高人民法院民一庭《关于夫妻一方对外担保之债能否认定为夫妻共同债务的复函》中载明夫妻一方对外担保之债不应当适用最高人民法院《关于适用〈中华人民共和国婚姻法〉若干问题的解释(二)》第二十四条的规定认定为夫妻共同债务。[①] 但上述复函仅是针对个案相关情况作出的处理意见,不具有普遍约束力,夫妻一方对外担保之债是否构成夫妻共同债务仍应当依据《婚姻法》关于夫妻共同债务的认定标准进行审查,以便准确定性。

是否构成夫妻共同债务,其核心要件即债务发生时间以及夫妻双方意思表示、借款去向用途。一般而言,如果债务发生于夫妻关系存续期间且该借款用于夫妻共同生活或者夫妻共同生产经营活动,应当认定为夫妻共同债务。[②] 对于夫妻一方对外担保之债的定性,亦应当依据上述标准进行审查,认定担保之债构成夫妻共同债务需从以下角度具体考量:

(一)明确担保之债符合"共意"或"共享"的标准

结合当前关于夫妻共同债务的法律规定,认定夫妻共同债务可从两个标准予以判断,即"共意"与"共享"。具体而言,可以理解为:(1)夫妻是否有举债之合意。此类债务基于夫妻双方的共同意思表示而产生,除夫妻共同举债外,还包括夫妻一方举债,配偶事后进行追认的债务。意思自治作为我国民事活动的基本原则,夫妻双方在不违背法律禁止性规定的情况下,除部分具有人身属性的债务外,不仅可以对婚姻关系存续期间夫妻财产归属、处分等问题作出约定,还可以对夫妻共同债务进行内部的约定划分,且约定规则在夫妻共同债务的划分上优先适用。[③] 如果夫妻有共同举债之合意,则不论该债务所带来的利益是否为夫妻共享,该债务均应视为夫妻共同债务。(2)夫妻是否分享了债务所带来的利益。[④] 尽管夫妻事先或事后均没有共同举债的合意,但该债务发生后,夫妻双方共同分享了该债务所带来的利

---

① 最高人民法院民一庭《关于夫妻一方对外担保之债能否认定为夫妻共同债务的复函》([2015]民一他字第9号):福建省高级人民法院:你院(2014)闽民申字第1715号《关于再审申请人宋某、叶某与被申请人叶某某及一审被告陈某、李某民间借贷纠纷一案的请示》收悉。经研究答复如下:同意你院审判委员会多数意见,即夫妻一方对外担保之债不应当适用最高人民法院《关于适用〈中华人民共和国婚姻法〉若干问题的解释(二)》第二十四条的规定认定为夫妻共同债务。

② 最高人民法院《关于审理涉及夫妻债务纠纷案件适用法律有关问题的解释》第一条:夫妻双方共同签字或者夫妻一方事后追认等共同意思表示所负的债务,应当认定为夫妻共同债务;第二条:夫妻一方在婚姻关系存续期间以个人名义为家庭日常生活需要所负的债务,债权人以属于夫妻共同债务为由主张权利的,人民法院应予支持;第三条:夫妻一方在婚姻关系存续期间以个人名义超出家庭日常生活需要所负的债务,债权人以属于夫妻共同债务为由主张权利的,人民法院不予支持,但债权人能够证明该债务用于夫妻共同生活、共同生产经营或者基于夫妻双方共同意思表示的除外。

③ 万鄂湘主编:《婚姻法理论与适用》,人民法院出版社2005年版,第267页。

④ 最高人民法院民事审判第一庭编著:《最高人民法院婚姻法司法解释(二)的理解与适用》,人民法院出版社2015年版,第260页。

益,则同样应视其为共同债务。[①] “共享”的标准,在《婚姻法》和最高人民法院《关于适用〈中华人民共和国婚姻法〉若干问题的解释(二)》中亦有印证。《婚姻法》第四十一条设定离婚时判断夫妻共同债务的标准为“原为夫妻共同生活所负债务”。最高人民法院《关于适用〈中华人民共和国婚姻法〉若干问题的解释(二)》第二十三条明确规定“债权人就一方婚前所负个人债务向债务人的配偶主张权利的,人民法院不予支持。但债权人能够证明所负债务用于婚后家庭共同生活的除外”。即可将“夫妻共同债务”实质构成要件归纳为“共意或共享,二者必居其一,无须同时具备”。在明确上述两个标准后,可以对复杂的债务问题做减法,在约定之债与法定之债中均可适用。

具体到本案,担保书系杨立新出具,其上未有张春明的签字,张春明事后亦未对该担保事项进行追认,诉争债务未有明确“共意”表示,因此本案应着重从“共享”角度进行考量。

(二)缺乏“共意”情形下,夫妻一方对外担保之债应与夫妻共同生活或共同生产经营密切相关

担保之债作为债务的一种,同样应当适用《婚姻法》关于夫妻共同债务的审查认定标准。同时,夫妻一方对外担保之债也要考虑担保的性质和法律意义。担保是指为保证特定的债权人实现债权,以第三人或债务人的特定财产或信用来督促债务人履行债务的制度,而配偶一方在法律上具有独立人格,夫与妻的信用并不存在必然连带关系。[②] 因此对于夫妻一方对外担保之债的定性不能一概而论,需要根据个案案情进行分析。当夫妻一方对外担保之债与夫妻共同生活或共同生产经营密切相关时,该担保之债宜认定为夫妻共同债务。具体而言,结合个案中债务金额大小、借款名义、资金流向、家庭情况、夫妻经营状况等因素,若夫妻一方对外担保产生的利益被用于家庭生活或夫妻共同生产经营,则该担保之债属于夫妻共同债务的范畴。

具体到本案,诉争债务被用于海南万勃公司的经营活动,杨立新与张春明为海南万勃公司全部股东,杨立新对诉争债务自愿承担连带保证责任。结合诉争债务的金额大小、借款用途、资金流向等因素来看,该债务与夫妻共同生产经营密切相关,故本案中担保之债宜作为夫妻共同债务进行考量。

---

① 蒋月:《夫妻的权利与义务》,法律出版社 2001 年版,第 206 页。

② 章平:《夫妻一方对外担保之债是否属夫妻共同债务》,载《法制与社会》2017 年第 6 期。

（三）认定共同生产经营需具备经营合意且双方共同参与

2018年1月18日起施行的最高人民法院《关于审理涉及夫妻债务纠纷案件适用法律有关问题的解释》第三条明确将共同生产经营列为夫妻共同债务的一种情形。其中“共同生产经营”的认定应至少满足两个条件：

1.“共同生产经营”需具备经营合意

所谓经营合意是指基于夫妻双方共同意思开展的生产经营活动，夫妻双方均系公司股东是其中最直接的表现方式之一。本案中，杨立新与张春明作为海南万勃公司的全部股东，分别持有60%和40%的股份，显然张春明对该公司的经营知情且同意，应当认定二人具有经营合意。

2.“共同生产经营”需双方共同参与

双方共同参与包括合意参与和共同经营两部分。具体到实践中，表现为共同决策、共同投资、分工合作、经营管理等。本案中，张春明于2010年成为海南万勃公司的股东，2016年最终确认债务数额及还款方式时，公司登记在册的股东仅为张春明及杨立新两人，债权人依据公司登记情况有理由相信海南万勃公司的决策系由杨立新与张春明夫妻双方共同决定和执行，故应当认定双方共同参与。

综合本案担保之债的款项具体应用于生产经营活动中，张春明并未举证证明其个人财产与公司财产相分离，亦未举证证明其与杨立新在婚姻关系存续期间的财产与海南万勃公司的财产不存在混同，宜认定本案担保之债属于夫妻共同债务。

夫妻共同债务的认定，是一个兼具理论性与实践性的复杂问题，应该根据案件实际情况，结合《婚姻法》对于夫妻共同债务的认定标准综合考虑。

【案例点评】

夫妻共同债务的认定是实践中的一个难点问题。也是容易引发社会关注的焦点问题，对于夫妻共同债务的认定标准，理论上及实践中都争议颇多。特别是就夫妻一方对外担保之债是否构成夫妻共同债务，争议更大，分歧更多。本案系夫妻一方担保之债最终被认定为夫妻共同债务的典型案例，文中对审理此类案件的标准及考量因素进行了详细说明，对当下审判实践中夫妻债务的认定提供了较好的案例指引。

【裁判心得】

从最初假离婚真逃债，到如今未举债配偶一方背负巨额债务，关于夫妻共同债务的讨论从未消止,反而愈演愈烈。2018 年最高人民法院关于夫妻债务问题司法解释的出台,强调了“家庭共同生活”以及“共同生产经营”的标准,但该标准在个案中如何适用、裁判标准如何把握仍是考验法官的一道难题。以本案担保之债为例,实践中存在不同观点,一审亦认为担保之债不同于一般债务因此未予认定为夫妻共债,二审尽可能阐述共同生产经营的具体适用标准,以及担保之债认定为夫妻共债的判断依据,希望借助本案引导理论界与实务界对夫妻共债认定标准的界定有更为清晰的认识。

杨光诉徐涛等人遗赠纠纷案

刘福春[*]　方　硕[**]

关键词

利害关系　近亲属　遗嘱　真实意思表示

裁判要旨

遗嘱继承案件中"有利害关系的人"只宜排除有较大利害关系者,其中包括一定范围内的近亲属关系、较大的经济利益关系、一定情况下的同居关系。至于同学关系、战友关系、职业上下级关系等不宜作为"有利害关系的人"进行排除。同时对"有利害关系的人"的认定宜结合具体案件情况,一方面尽力还原被继承人立遗嘱时的真实情况,另一方面积极探求被继承人立遗嘱时的真实意思表示综合作出认定。

相关法条

1.《中华人民共和国继承法》第十七条、第十八条。

2. 最高人民法院《关于贯彻执行〈中华人民共和国继承法〉若干问题的意见》第三十六条。

【当事人基本情况】

上诉人(原审原告):杨光。

被上诉人(原审被告):徐涛、杨仁贵、杨春喜、杨春娥、张艳阳、杨鑫莹。

---

* 刘福春,北京市第一中级人民法院团河法庭法官。

** 方硕,北京市第一中级人民法院团河法庭法官助理。

【基本案情】

葛黑楞和汪家银于 1986 年 4 月 11 日结婚,婚后未生育子女。葛黑楞与前妻杨桂珍生育三子女,分别为杨春喜、杨春娥、杨春孝。张艳阳系杨春孝之妻,二人生育一女杨鑫莹。汪家银与前夫徐守年生育一子徐涛。2016 年 1 月 19 日,葛黑楞去世。2016 年 2 月 17 日,杨春孝去世。2016 年 8 月 2 日,汪家银去世。葛黑楞父母均已去世,汪家银父亲汪承贤于 1991 年 5 月 8 日去世,母亲杨仁贵在世。

葛黑楞原系中国人民大学职工,于 1996 年 1 月申请购买涉案房屋,按 1997 年成本价购得涉案房屋,使用了葛黑楞 43 年工龄。审理中,中国人民大学资产与后勤管理处出具证明,称涉案房屋所有权正在办理中,尚未发放,该房屋可以继承,不可上市交易。

2014 年 10 月 26 日,葛黑楞立下代书遗嘱,内容如下:我今年 82 岁,在立遗嘱时精神清醒,由于年事已高,并患有高血压、心脏病等疾病,可能发生意外,且为防止将来我去世后,子女为我所有的财产发生继承纠纷,经我慎重考虑,在没有任何外界干扰的情况下,自愿决定,订立如下遗嘱。由于我握笔困难,找高春红代我起草本遗嘱,并由杨光为本遗嘱的执行人。(1)将中国人民大学分配给我居住的位于中国人民大学校内,静园 22 楼,三单元 38 号一栋房产(涉案房屋)由爱人汪家银居住,并由孙子杨光照顾生活,待爱人汪家银去世后,最终由我孙子杨光继承。其他人不享有继承该房产的权利。(2)除上述房产外,我其余的财产按国家有关法律进行处理。(3)由于我的次子杨春孝未经我允许,变卖了位于北京市顺义区高丽营镇七村本应属于我的部分平房、住宅,以及二十多年以来,从未对我进行赡养等一系列行为,我决定我的次子杨春孝不可以继承我的任何财产。(4)本遗嘱正本两份,一份由我保存,一份由我孙子杨光保存,另有三份复印件分别由代书人和两名遗嘱见证人保存。立遗嘱人:葛黑楞 2014. 10. 26;代书人:高春红 2014. 10. 26,见证人:陈伟明 2014. 10. 26,聂超 2014. 10. 26。立遗嘱时高春红、陈伟明、聂超、汪家银、杨光在场。高春红系杨光的姑姑,聂超系杨光的高中同学,陈伟明系杨光的大学同学。

庭审中,经询问,杨光称涉案房屋是在葛黑楞和汪家银婚后购买,但是单位分房,杨春喜个人出资购买,用了葛黑楞工龄,属于葛黑楞个人所有。徐涛、杨仁贵称房款是葛黑楞用家庭财产交纳,写的是葛黑楞的名字,但系葛黑楞和汪家银共同所有。经杨光申请,法院依法委托鉴定机构对涉案房屋现在的市场价值进行鉴定。后因涉案房屋不能上市交易,法院诉讼服务办公室将鉴定申请退回,称不能上市交易的房屋不具有市场价值,建议变更鉴定内容为:对涉案房屋参照周边同等条件可正常上市交易的房屋出具现价值的参考值。经法院释明,各方均不申请鉴定。

【审理结果】

北京市海淀区人民法院于 2018 年 7 月 30 日作出(2017)京 0108 民初 22201 号民事判决:驳回杨光的诉讼请求。判决后,杨光不服一审法院判决向北京市第一中级人民法院提起上诉。北京市第一中级人民法院于 2018 年 11 月 21 日作出(2018)京 01 民终 8637 号民事判决:一、撤销北京市海淀区人民法院(2017)京 0108 民初 22201 号民事判决;二、位于北京市海淀区海淀路 175 号人民大学静园 22 号楼 38 号房屋上的权益由杨光与徐涛各享有百分之五十份额;三、驳回杨光、徐涛、杨仁贵、杨春喜、杨春娥、张艳阳、杨鑫莹的其他诉讼请求;四、驳回杨光的其他上诉请求。

【裁判理由】

法院生效裁判认为:公民可以依照《继承法》规定立遗嘱处分个人财产,并可以指定遗嘱执行人。继承从被继承人死亡时开始,有遗嘱的,按照遗嘱继承或者遗赠办理。

本案二审争议焦点为诉争遗嘱是否合法有效,就本案而言包含两方面内容。

其一,诉争遗嘱的见证人是否属于与杨光有利害关系的人。《继承法》第十八条规定,下列人员不能作为遗嘱见证人:(一)无行为能力人、限制行为能力人;(二)继承人、受遗赠人;(三)与继承人、受遗赠人有利害关系的人。最高人民法院《关于贯彻执行〈中华人民共和国继承法〉若干问题的意见》第三十六条规定:继承人、受遗赠人的债权人、债务人,共同经营的合伙人,也应当视为与继承人、受遗赠人有利害关系,不能作为遗嘱的见证人。从上述规定可以看出,“有利害关系的人”在我国民法领域通常分为两类:一是继承人或受遗赠人的近亲属,包括配偶、子女、兄弟姐妹、祖父母、外祖父母、孙子女、外孙子女;二是与继承人、受遗赠人有民事债权债务关系的人,二者具有较高的经济依存度及关联性。本案中代书人高春红系杨光与杨鑫莹的姑姑,与徐涛、张艳阳亦属亲戚关系,即高春红与本案中的各方当事人均存在一定的亲属关系,并非只与杨光存在亲属关系,故无法认定高春红与本案中当事人的某一方存在利害关系,高春红不应认定为《继承法》规定的有利害关系的人。见证人聂超系杨光的高中同学,陈伟明系杨光的大学同学,但“同学”的范围较为广泛,且未有证据证明其与受遗赠人杨光存在民事债权债务关系,故聂超、陈伟明不应认定为《继承法》规定的有利害关系的人。综上,高春红、聂超、陈伟明均不应视为与受遗赠人杨光有利害关系的人,一审法院认为上述三人均系与受遗赠人杨光有利害关系的人,不能作为遗嘱见证人,缺乏法律依据,本院不予认定。

其二,诉争遗嘱是否系被继承人葛黑楞的真实意思表示。本案中除代书遗嘱外,杨光另提交了录像、照片资料对订立遗嘱时的情形进行了还原。录像中被继承人葛黑楞思维清晰、意识清楚、行动较为灵活,见证人向其朗读遗嘱内容,被继承人葛黑楞表示认可。录像同时记录了被继承人葛黑楞在代书遗嘱上签字的经过,该签字亦真实有效,故诉争遗嘱应视为葛黑楞真实意思表示。综上,诉争遗嘱合法有效,本院对杨光提交的被继承人葛黑楞的代书遗嘱效力予以认定。

关于双方对涉案房屋应享有的份额大小,本案中涉案房屋系在葛黑楞与汪家银婚姻存续期间购买,应为葛黑楞与汪家银的夫妻共同财产。葛黑楞订立遗嘱时杨光即表示接受遗赠,根据葛黑楞代书遗嘱内容,葛黑楞对涉案房屋享有的二分之一份额由杨光继承。汪家银对涉案房屋享有的二分之一份额由其母亲杨仁贵与其儿子徐涛进行法定继承。徐涛提交杨仁贵放弃继承权声明书,载明:“汪家银生前均未立有遗嘱,也未与他人签署遗赠抚养协议。根据《继承法》第十条的规定我享有继承权。现在我自愿无条件放弃对上述房产中属于汪家银份额的继承权,决不反悔。”故汪家银对涉案房屋享有的二分之一份额由徐涛继承。综上,本院认定遗嘱有效,撤销一审判决,判定诉争房屋由杨光与徐涛各享有百分之五十份额。

【裁判解析】

我国《继承法》规定了遗嘱的多种形式,除自书遗嘱外,代书、录音和口头遗嘱需要有两个以上的见证人在场见证。遗嘱见证人除须具备完全民事行为能力外,继承人、受遗赠人以及与继承人、受遗赠人有利害关系的人不能作为见证人。通常来讲,与被继承人或继承人、受遗赠人完全无关的人不会作为遗嘱的见证人,见证人多与当事人有亲属、邻居、朋友等关系,但其中哪些人应认定为“有利害关系的人”,我国法律目前并无明确的判断标准,审判实践中的处理结果也各异。笔者结合本案试从与遗嘱见证人“有利害关系的人”范围界定及具体适用两方面对此问题加以分析。

(一)“有利害关系的人”范围界定

关于“利害关系”,在《继承法》和《继承法意见》中仅有两个法律条文有所提及。《继承法》第十八条规定,下列人员不能作为遗嘱见证人:(一)无行为能力人、限制行为能力人;(二)继承人、受遗赠人;(三)与继承人、受遗赠人有利害关系的人。最高人民法院《关于贯彻执行〈中华人民共和国继承法〉若干问题的意见》第三十六条规定:继承人、受遗赠人的债权人、债务人,共同经营的合伙人,也应当视为与继承人、受遗赠人有利害关系,不能作为遗嘱的见证人。一般认为,利害关系指兼具情感利益和经济利益的亲属关系和纯经济上的利害关系。[①] 具体而言,"有利害关系的人"在我国民法领域通常分为两类:一是继承人或受遗赠人的近亲属,包括配偶、子女、兄弟姐妹、祖父母、外祖父母、孙子女、外孙子女;二是与继承人、受遗赠人有民事债权债务关系的人,二者具有较高的经济依存度及关联性。

然而根据《继承法》第十条规定的法定继承人范围和第十一条、第十二条关于代位继承和丧偶儿媳、女婿继承权的规定,在限定亲属关系仅仅为近亲属关系的情况下,我国法律中不能作为遗嘱见证人的亲属范围亦极为广泛。这在当前对遗嘱形式要求愈加严格的情况下极可能导致见证人身份不适格,进而影响遗嘱效力。梁慧星《继承法立法建议稿》第一千八百七十三条规定不能作为见证人的是"继承人、受遗赠人及其配偶或者其他直系血亲"。[②] 因此,在对与继承人、受遗赠人"有利害关系的人"进行认定时只宜排除有较大利害关系者,其中包括一定范围内的近亲属关系、较大的经济利益关系、一定情况下的同居关系。至于同学关系、战友关系、职业上下级关系等若不满足上述条件不宜作为"有利害关系的人"进行排除。

本案中代书人高春红与双方均有亲属关系,故不宜认定为仅与某一方存在利害关系。两位见证人系受遗赠人杨光的同学,未有证据证明其与受遗赠人杨光存在较大的经济利益关系,故两位见证人也不宜认定为《继承法》规定的"有利害关系的人"。

(二)"有利害关系的人"具体适用

在界定"有利害关系的人"范围后,对"有利害关系的人"的认定宜结合具体案件情况,综合考虑被继承人的真实意思表示作出认定。

一方面,尽力还原被继承人立遗嘱时的真实情况。可结合当事人提交的录音录像、见证人的证人证言、立遗嘱时在场人员的陈述等证据,具体分析被继承人立遗嘱时的身体状况、是否具备立遗嘱的行为能力、是否知晓遗嘱的具体内容、是否有继承人或受遗赠人在场、是否有见证人全程在场见证、是否作出同意或否认的意思表示等,尽可能地还原立遗嘱时的真实情况。

---

① 梁分、梁小红:《完善遗嘱见证人制度的几点思考》,载《西南石油大学学报(社会科学版)》2019 年第 1 期。

② 梁慧星主编:《中国民法典草案建议稿附理由(侵权行为编 · 继承编)》,法律出版社 2004 年版,第 197 页。

另一方面,积极探求被继承人立遗嘱时的真实意思表示。可结合当事人所提交证据对被继承人文化程度、被继承人生前与继承人或受遗赠人的关系状况、被继承人生前居住状况、被继承人生前受赡养或抚养状况、继承人或受遗赠人有无残疾或是否丧失劳动能力、缺乏收入来源状况、其他继承人之前是否已从被继承人处取得利益等情况综合分析,探求被继承人所立遗嘱是否与上述情况相吻合,是否与上述情况有较为明显的出入。

本案中结合杨光提交的录像、照片资料,可以对被继承人立遗嘱时的状况进行还原,同时考虑受遗赠人杨光一家对被继承人生前尽了较多的赡养义务,被继承人将房屋遗赠给杨光符合常理,故可以认定本案遗嘱系被继承人的真实意思表示。本案两位见证人亦可认定具备遗嘱见证资格,不宜认定为与受遗赠人"有利害关系的人"。

【案例点评】

遗嘱效力的认定在实践中常存在同案不同判的尴尬处境,本案所讨论的"有利害关系的人"的界定即为其中常见问题之一。本案典型意义在于对"谁才是有利害关系的人""如何界定有利害关系""如何在具体案件中适用此标准"等问题进行了一一回应,对统一审判标准、追求类案同判效果具有一定积极意义。

【裁判心得】

遗嘱继承纠纷在我院审理的继承类案件中占据较大比重。代书遗嘱是常见的遗嘱方式之一,但实践中常被认定为无效,其中"见证人系与继承人或受遗赠人有利害关系的人"是认定代书遗嘱无效的主要原因之一。通常来讲,与被继承人或继承人、受遗赠人完全无关的人不会作为遗嘱的见证人,见证人多与当事人有亲属、邻居、朋友等关系,但其中哪些人应认定为"有利害关系的人",我国法律目前并无明确的判断标准,审判实践中的处理结果也各异。本案尽可能将这一判断标准予以明确,避免审判中"一刀切"地认为所有与继承人、受遗赠人有关系的人均为有利害关系的人,亦有效规避过度自由裁量的做法。

陈红、李军等离婚后财产纠纷案

葛媛媛*

关键词

离婚协议　股权转让　变更　意思表示解释

裁判要旨

1. 夫妻离婚时通过协议对共同财产进行处分，系在婚姻关系框架下基于身份和财产双重因素进行考量而达成的约定。离婚协议中的财产条款附随于人身关系而存在，法院在解决财产问题时应考虑其具有的身份属性，优先适用《婚姻法》等亲属法规范。双方协议离婚后就财产分割问题反悔，请求变更或撤销财产分割协议的，应适用最高人民法院《关于适用〈中华人民共和国婚姻法〉若干问题的解释（二）》的规定。

2. 对离婚协议条款的解释应起始于文义解释方法，在适用文义解释方法无法确定表意人真实意思或者解释结果与协议的整体目的冲突等情况下，应通过其他解释方法予以确定。

相关法条

1.《中华人民共和国婚姻法》第四十七条。

2.《中华人民共和国合同法》第五十四条、第一百二十五条。

3.《中华人民共和国民法总则》第一百四十二条。

4. 最高人民法院《关于适用〈中华人民共和国婚姻法〉若干问题的解释（二）》第九条。

---

* 葛媛媛，北京市第一中级人民法院团河法庭法官助理。

5. 最高人民法院《关于适用〈中华人民共和国民事诉讼法〉的解释》第九十条。

【当事人基本情况】

上诉人(一审原告):陈红。

上诉人(一审被告):李军。

原审第三人:北京亚之杰置业房地产开发有限公司(以下简称亚之杰房地产公司)。

原审第三人:陈军。

原审第三人:李福珍。

【基本案情】

陈红向一审法院起诉请求:(1)判令亚之杰房地产公司、陈军将李善荣依据《股权转让协议书》第 1.1 条、第 8.1 条代陈红持有的该公司 50% 的股权过户至陈红名下,并协助办理工商变更登记手续;(2)判令亚之杰房地产公司、陈军将李善荣依据《股权转让协议书》第 8.5 条代李军持有的亚之杰房地产公司 49% 的股权变更为陈红所有,并协助办理工商变更登记手续。

一审法院认定事实:陈红与李军于 2001 年 9 月 19 日登记结婚,2002 年 7 月 30 日生育一子李翰达。李福珍系李军之母,李善荣系陈红之母,陈军系李善荣之子。亚之杰房地产公司成立于 2002 年 6 月,注册资本 3000 万元,股东及出资情况为李军出资 2970 万元,持股比例 99%,李福珍出资 30 万元,持股比例 1%。2014 年 3 月 3 日,该公司股东及法定代表人变更为李善荣,持股比例 99%。2014 年 3 月 3 日,李军(甲方)与陈红(乙方)签订《股权转让协议书》,主要内容包括:(1)甲方为北京亚之杰投资有限公司股东,并持有该公司 49% 股权、亚之杰房地产公司股东,并持有该公司 99% 股权;(2)甲方同意将其持有上述公司股权按照本协议约定转让给乙方;(3)乙方同意受让甲方持有上述公司的股权……1.1 甲方和乙方依照本协议规定的条件和方式由甲方向乙方转让北京亚之杰置业房地产开发有限公司 50% 股权……1.2 甲方向乙方转让股权的同时,其拥有的及根据有关法律、法规、公司章程规定享有的附属于股权的其他权益将一并转让。第二条转让对价:该股权均为甲乙双方夫妻共同财产,双方同意离婚,该股权归属乙方所有。第三条股权交割:3.3 甲方应于本协议签订之日起 5 个工作日内为乙方办理股权工商变更登记手续……第八条特别约定:8.1 自本协议签署后,甲方同意将本协议项下约定的股权变更登记至乙方或乙方指定人员的名下……

同年 3 月 5 日,李军与陈红签订《离婚协议书》,约定如下。第一条:男女双方自愿离婚。第二条子女抚养及探望权：2.1 儿子李翰达由女方抚养，随同女方生活……第三条财产处理之 3.3 股权：3.3.2 北京亚之杰置业房地产开发有限公司 50% 的股权归女方所有，其余股权归男方所有。当日，双方在婚姻登记机关办理了离婚手续。2015 年 12 月 11 日，李善荣本人书写声明一份，内容载明：根据 2014 年 2 月 19 日《会议纪要》之约定，本人李善荣接受陈红的指定，同意将亚之杰房地产公司 99% 的股权登记在本人名下。登记在本人名下亚之杰房地产公司 99% 的股权在陈红与李军夫妻关系存续期间属于李军、陈红夫妻二人的共同财产。2016 年 9 月 2 日，李善荣去世。

【审理结果】

北京市海淀区人民法院于 2018 年 11 月 2 日作出（2017）京 0108 民初 33536 号民事判决：一、李军、北京亚之杰置业房地产开发有限公司于判决生效后 30 日内将李善荣代陈红、李军持有的北京亚之杰置业房地产开发有限公司 50% 的股权过户至陈红名下；二、驳回陈红的其他诉讼请求。判决后，陈红、李军均向北京市第一中级人民法院提起上诉。北京市第一中级人民法院于 2019 年 10 月 21 日作出（2019）京 01 民终 4709 号民事判决，判决：驳回上诉，维持原判。

【裁判理由】

法院生效裁判认为：本案中，陈红依据《合同法》第五十四条之规定主张对协议进行变更，李军认为本案涉诉协议系与身份关系有关的协议，应适用《婚姻法》的相关规定。对此，本院认为，本案为离婚后财产纠纷，涉案《股权转让协议书》及《离婚协议书》均为陈红和李军在婚姻关系框架下基于身份和财产双重因素进行考量而达成的约定，其涉及的股权转让等财产条款是附随于人身关系而存在的，具有强烈的身份属性。最高人民法院《关于适用〈中华人民共和国婚姻法〉若干问题的解释（二）》（以下简称《婚姻法解释（二）》）第九条之规定系基于婚姻关系而对《合同法》第五十四条所作出的特殊规定。基于特别法优于一般法的原则，本案应适用《婚姻法》的相关规定。《婚姻法解释（二）》第九条规定，男女双方协议离婚后一年内就财产分割问题反悔，请求变更或者撤销财产分割协议的，人民法院应当受理。人民法院审理后，未发现订立财产分割协议时存在欺诈、胁迫等情形的，应当依法驳回当事人的诉讼请求。本案中，虽然陈红主张李军转移、隐匿巨额财产且构成欺诈，其在订立《股权转让协议书》及《离婚协议书》时对这一协议变更事由毫不知情造成财产分配不公。但上述规定中"一年"的起算点是向婚姻登记机关申请离婚的男女实际领取离婚证的次日，且为不变期间，不得中止、中断和延长，超过一年时间后起诉的，人民法院不予受理。该规定的本意系考虑到婚姻家庭领域的协议因其涉及的法律关系与身份权及其相关利益密切联系这一特殊性，如果允许登记离婚的双方对原来签订的有关财产分割协议反悔而起诉的时间过长，将使因离婚而发生变动的财产关系长期处于不确定状态，影响离婚双方以及其他债权债务人的利益。因此，为使因婚姻关系变动而受到影响的财产关系尽早得到稳定，上述规定对“一年”作出了不变期间的限制。鉴于陈红和李军于2014年3月5日在婚姻登记机关办理离婚手续，距离陈红向一审法院起诉要求变更协议的时间已超过一年，故陈红的该项上诉请求没有法律依据。如果陈红认为李军有隐匿、转移等未分配的其他夫妻共同财产或者李军有侵害公司权益行为的，可继续以《婚姻法》第四十七条之规定或《公司法》的相关规定另行处理，而不能在本案中主张变更协议。

本案中，李军上诉主张《股权转让协议书》及《离婚协议书》相关条款的真实意思表示是双方平均分割李军此前所持有的公司股权，李军此前持有亚之杰房地产公司99%的股权，故其中的一半也即该公司49.5%的股权归陈红所有。李军认为《股权转让协议书》中还约定了李军将亚之杰投资公司50%股权转让给陈红，但李军仅仅持有亚之杰投资有限公司49%股权，持股数额大于转让数额，故从整体解释的角度而言，李军的真实意思是将亚之杰房地产公司49.5%的股权转让给陈红，而非将该公司50%的股权进行转让。对此，本院认为，在当事人对协议内容产生争议时，法院可以根据合同解释的一般原则对协议进行解释和认定，探求当事人的真实意思。在诸多合同解释的一般原则中，文义解释原则系通过对合同所使用的文字词句的含义进行解释，是最基础的解释方法和首要的解释步骤，在解释过程中具有优位性。只有在通过文义解释方法后，合同条款争议词句的含义仍然不能确定的情况下，再进一步采用其他解释方法。文义解释要求对合同所使用的文字词句的含义根据其通常的意思并按照一般人的理解进行解释。本案中，《股权转让协议书》第1.1条载明“由甲方（李军）向乙方（陈红）转让……北京亚之杰置业房地产开发有限公司50%股权”，《离婚协议书》第3.3.2条载明“北京亚之杰置业房地产开发有限公司50%股权归女方（陈红）所有，其余股权归男方（李军）所有”。从上述条款的表述可见，按照通常理解，转让的是亚之杰房地产公司50%股权，并没有“李军持有的亚之杰房地产公司股权的50%”这一意思。李军作出的所谓整体解释，明显违背了上述文义表述，且不能向本院阐明整体解释在本案中优于文义解释的事实和理由，故一审法院对合同文本的解释符合法律规定，李军的该项上诉请求不能成立。

【裁判解析】

本案涉及的主要问题是：陈红以李军转移、隐匿巨额财产构成欺诈为由，主张变更《股权转让协议书》中的约定，法院在对该诉讼请求的审查中应当如何适用法律；李军主张对合同文本采取“整体解释”，法院是否予以支持。现分析如下：

（一）离婚财产分割协议案件中的法律适用

本案中，陈红以李军存在欺诈为由，主张对《股权转让协议书》进行变更，双方就该问题应适用《合同法》第五十四条还是《婚姻法解释（二）》第九条而产生争议。与《合同法》第五十四条相比，《婚姻法解释（二）》第九条对财产分割协议的变更与撤销权进行了更为严格的限制，其原因与离婚案件中财产问题的特殊性息息相关。本案法院也正是基于这样的考虑作出最终判决。

1. 离婚案件中财产问题的特殊性

婚姻关系中的各类财产协议（包括婚内财产协议、离婚财产分割协议等）究竟如何定性，一直是学界与实务界存在争议的问题。部分论者认为，财产协议虽然包含某些身份关系的因素，但本质上属于财产行为，受财产法一般原理的规范与指引。但从当前审判实务与生活实际来看，将此类财产协议单纯视为财产行为，存在偏颇之处。夫妻间订立的财产协议不同于一般的民事财产协议，协议中包含强烈的身份属性。以财产分割协议为例，这类协议虽然涉及大量有关财产关系的内容，但其订立并非单纯地处理夫妻共同财产的分配问题，其中还有解除婚姻关系的目的以及涉及子女抚养等问题。由于上述身份关系牵涉其中，协议中的财产条款往往是双方基于身份和财产双重因素进行考量和妥协而达成的约定。这要求法院在婚姻家庭案件的审理中必须适当考虑婚姻家庭关系的伦理性，而不能简单地从一般财产规范推导婚姻家庭财产关系适用规则。

2. 该特殊性在司法解释中的体现

《婚姻法解释（二）》第九条正是这种离婚案件财产问题特殊性的体现。该规定系基于婚姻关系而对《合同法》第五十四条所作出的特殊规定，指出离婚案件当事人行使协议变更或撤销权应在双方协议离婚后一年内行使，且须订立财产分割协议时存在欺诈、胁迫等情形。该规定与《合同法》第五十四条规定相比，在以下两方面存在特殊性：

首先，权利行使期间的特殊性。《婚姻法解释（二）》第九条规定了协议变更或撤销权行使的“一年”不变期间，起算点是向婚姻登记机关申请离婚的男女实际领取离婚证的次日。关于夫妻双方协议离婚后一方反悔并要求法院重新处理的情形，司法实践存在一个发展的过程。最高人民法院在 1985 年发布的《关于男女登记离婚后一方翻悔，向人民法院提起诉讼，人民法院是否应当受理的批复》（已失效）中规定，男女双方自愿离婚，并对子女和财产问题已有适当处理，在婚姻登记机关办理了离婚登记，领取了离婚证的，其婚姻关系即正式解除。一方对这种已经发生法律效力的离婚，及对子女和财产问题的处理翻悔，在原婚姻登记机关未撤销离婚登记的情况下，向人民法院提出诉讼的，人民法院不应受理，告知当事人向原婚姻登记机关申请解决。而 1986 年的最高人民法院（1986）民他字第 45 号批复规定，男女双方在婚姻登记机关办理离婚登记后，因对财产、子女抚养引起纠纷，当事人向法院起诉的，可直接由法院依法受理。这两项批复在实践中如何执行，一直存在争议。直到 2003 年通过、2004 年施行的《婚姻法解释（二）》第九条，将《合同法》的原则作为法律适用的依据，并考虑到婚姻家庭领域的特殊性，对这一问题的处理设置了新的具体规则，在肯定当事人诉权的基础上同时给予一定的期间上的限制，既保护了当事人的权益，又避免了因离婚而发生变动的财产关系长期处于不确定状态，从而在各方利益之间寻找到了一个平衡点。

其次，欺诈、胁迫等认定标准的特殊性。《婚姻法解释（二）》第九条将欺诈、胁迫等情形规定为变更、撤销权成立的条件，这与《合同法》第五十四条在表述上基本一致，但其在具体适用上仍存在一些需要特别注意之处。由于婚姻家庭关系具有特殊性，掺杂很多情感因素，以及双方在离婚时，往往会将婚姻关系的解除作为协议的首要目的。在此情况下，夫妻双方往往会在特殊情形下作出对自己不公平的财产分割决定，以求得离婚或其他利益。因此，衡量离婚财产分割协议的财产安排是否公平、是否存在欺诈胁迫，不能简单以“等价有偿”原则、财产分割的多少作为唯一标准。[①] 法院审查协议效力时应以当事人协商的结果为主，与身份关系结合起来综合考量，在对婚姻家庭生活的了解与掌握的基础上，充分运用生活常识与经验规则，对各方订立协议的最初目的、协议的内容对各方的利弊，以及协议订立后各方的行为是否与最初的目的相一致等方面进行综合判断，进而认定协议是否符合欺诈胁迫的标准。[②] 一般情况下，不宜仅仅因财产分配数量有多寡之别，而以离婚财产分割协议存在欺诈、胁迫、显失公平为由支持当事人请求撤销或变更协议的

---

① 参见黄松有主编、最高人民法院民事审判第一庭编著：《最高人民法院婚姻法司法解释（二）的理解与适用》，人民法院出版社 2004 年版，第 84 页。

② 参见邓菁菁、郭莹：《家事合同认定欺诈的角度和思路——吴某某诉施某某夫妻财产约定纠纷案相关法律问题分析》，载《北京审判》2018 年第 5 期。

主张。

3. 本案中的具体法律适用

前文分析了离婚案件中财产问题的特殊性，以及该特殊性在法律规则上的体现。而具体到本案中，陈红以李军存在欺诈为由，主张对《股权转让协议书》进行变更。《股权转让协议书》从形式上看，是一份以财产关系为主要内容的协议，但其本质上是将《离婚协议书》中对股权的分配，转化为根据《公司法》相关规定取得公司股权的一种方式，其签订前提和基础是陈李二人夫妻关系存续期间对亚之杰房地产公司的股权享有法定的共有财产权。有鉴于此，《股权转让协议书》不能简单地认定为财产协议，而是与《离婚协议书》同为双方在婚姻关系框架下基于身份和财产双重因素进行考量而达成的约定，应当适用《婚姻法解释（二）》第九条之规定，对陈红的诉讼请求不予支持。

（二）本案中意思表示解释方法的选择

受预见能力、语言表达、利益维护等因素影响，实践中往往存在协议约定不够明确、语句含义模糊等情况；协议双方因利益相互对立，在履行中对具体条款和用语也会产生不同的理解和认识。双方当事人对具体条款和用语产生争议，需要法院通过意思表示解释予以明确，这是法官行使自由裁量权的重要体现。那么，如何确定具体方法和适用规则，便成为意思表示解释的核心问题。

《民法总则》第一百四十二条第一款规定，有相对人的意思表示的解释，应当按照所使用的词句，结合相关条款、行为的性质和目的、习惯以及诚信原则，确定意思表示的含义。该条款是在《合同法》第一百二十五条第一款的基础上作出的一般性规定，从根本上说，意思表示是法律行为的最主要要素，意思表示解释规则也可以运用在合同解释中。① 《合同法》第一百二十五条规定了当事人对合同条款的理解有争议时应当本着何种原则进行解释才能符合当事人真实的意思表示，一般而言，我国合同解释原则主要包括五项：文义解释原则、整体解释原则、目的解释原则、参照习惯与惯例原则、诚信解释原则。上述合同解释的不同方法和规则的运用，对探究当事人真实意思影响较大，需要结合案情具体适用。只有将争议事实置于较为完整的合同情境，在获取较为全面的意义基础上，综合价值判断进行考量和权衡，合同解释才能达到合情、合理、合法的效果。②

全国人大法工委在对《合同法》第一百二十五条的释义中指出，合同的条款用

---

① 陈甦主编：《民法总则评注》，法律出版社 2017 年版，第 1012 ~ 1016 页。

② 钱小红、周恒宇：《合同解释方法的适用标准与裁判规则》，载《人民司法》2019 年第 5 期。

语言文字构成,解释合同必须先由词句的含义入手。可见,文义解释原则是合同解释的基础方法和首要步骤。[①] 学者梁慧星亦认为,只有在适用文义解释方法无法确定表意人的真实意思,在解释目的无法实现的前提下,才能选择、适用其他解释方法。[②] 文义解释要求对合同所使用的文字词句的含义根据其通常的意思并按照一个理性人处于缔约环境中对合同用语的理解进行解释,强调的是词句的客观意义,也就是应从受领人的视角客观地确定词句的表示意义。而本案中,如裁判说理部分所述,对涉案协议的争议条款首先进行一般理解意义上的文义解释,可以确定双方在订立协议时的真实意思表示,且无法得出上诉人李军所主张的意思,故采用文义解释方法确定争议条款的内容是适当的。

文义解释是合同解释的基础和起点,但在进行文义解释时,也要将争议条款与协议中的相关条款联系起来分析判断,不使各个部分的意思表示形成矛盾或冲突,这也是李军上诉主张按照整体解释原则的主要理由。然而,一方面,本案对争议条款适用文义解释并没有得出歧义,李军也未能阐明整体解释在本案中优于文义解释的事实和理由;另一方面,整体解释并不意味着每个合同条款在合同中的地位相同、功效一致。整体地审视和对待合同的全部条款,意味着每个条款各有各的地位,分量有轻有重,解释者不能等量齐观。[③] 本案中,涉案协议对九家公司的股权转让事宜以及其他共同财产的分配进行了安排,只有对其中一家公司的处理出现了李军所谓的"不协调"现象,但该相关条款并没有控制整个财产分配方案的效力,不足以通过扭曲其他条款的含义来适应该条款。李军所主张的整体解释,不仅违背了文义解释的结论,也是对整个财产分割方案的曲解。

此外,从合同目的、诚实信用以及公平原则等方面综合进行价值衡量,亦无法支持李军的主张。从目的解释的角度而言,合同目的是指合同双方当事人通过合同的订立和履行,期望最终得到的东西、结果或者达到的状态。本案中,涉案《离婚协议书》对婚姻关系解除、子女抚养、财产分割问题一并进行了处理,其中婚姻关系的解除是最为基础和首要的目的。考虑到婚生子由陈红抚养以及李军在离婚中存在过错的事实,可以认为双方在离婚财产分配中对陈红有一定程度的补偿,而双方在财产问题上经协商和妥协达成一致,也是身份关系解除、合同主要目的得以实现

---

① 参见沈德咏主编:《中华人民共和国民法总则条文理解与适用》,人民法院出版社 2017 年版,第 951 页。

② 梁慧星:《民法总论》,法律出版社 2001 年版,第 189 页。

③ 崔建远:《合同解释的三原则》,载《国家检察官学院学报》2019 年第 3 期。

的前提，这也进一步印证了通过文义解释得出的结论更加符合当事人在订立协议时的真实意思。若从诚实信用、公平原则等方面进行价值衡量和利益平衡，通过李军在协议中所表达的意思，陈红已对自己得到公司50%股权形成了信赖，并且完成了离婚登记，履行了子女抚养义务，李军不能再以另一种解释推翻协议在客观上所呈现的意思。综合上述考量因素，法院对于李军的上诉主张不予支持。

【案例评析】

本案的典型意义有二：一是以规范的制定背景为依据，通过对最高人民法院《关于适用〈中华人民共和国婚姻法〉若干问题的解释（二）》第九条的规范分析，明确了规范射程范围，厘清了《合同法》第五十四条与上述条文的脉络联系和适用区别，准确确定了家事纠纷中此类案件的法律适用。二是以《民法总则》第一百四十二条以及《合同法》第一百二十五条有关意思表示解释规范为基质，确定了家事案件中相对人意思表示的解释路径，对家事协议的意思表示还原如何达到伦理性、财产性的内在统一，有很强的指导和标杆意义。

【裁判心得】

裁判之难，难在解释。一件案件的完美呈现，总是离不开对规范的解释和对当事人意思表示的解释。但解释者自有其解释背景，如何保证解释对象在多数情形下得到较为统一的阐释，不因人的不同而不同，需要我们把握一定的解释方法。对规范的解释起始于文义，但对文义的确定仍然要考虑法意的形成背景。对意思表示的解释亦要起始与文义，但对意思表示的存在领域，是交易关系还是家庭伦理关系领域，亦要有充分的顾及。本案的判定离不开法律解释方法，当然，更离不开我们对规范与家庭生活的把握。

吴棣、赵莹诉吴钊等人继承纠纷案

王国庆[*]　方　硕[**]

关键词

涉外遗嘱继承　准据法　外国法　遗嘱效力

裁判要旨

审理涉外遗嘱继承纠纷可遵循以下审判思路：第一步，识别案件争议问题，确定下一步应适用何种冲突规范。第二步，确定准据法为中国法还是外国法。第三步，法律查明。第四步，法律适用。其中适用外国法时因我国否认转致或反致，因此不适用外国的法律适用法。第五步，解决案件争议问题。在上述确定准据法、查明相关法律后，接下来需要法官结合个案具体情形，准确适用法律，对案件作出整体认定。

相关法条

1.《中华人民共和国涉外民事关系法律适用法》第六条、第九条、第三十三条、第五十一条。

2. 澳大利亚新南威尔士州《2006 年继承法》第 4 条、第 50 条。

【当事人基本情况】

上诉人（一审被告）：吴棣（DI WU）、赵莹（YING ZHAO）。

被上诉人（一审原告）：吴钊（JAO WU）。

被上诉人（一审被告）：高桂芝、吴晓刚、吴晓翠。

* 王国庆，北京市第一中级人民法院团河法庭法官。

** 方硕，北京市第一中级人民法院团河法庭法官助理。

【基本案情】

吴云书与赵梦琴系夫妻,婚后生有三子一女,即吴钊、吴浩、吴棣、赵莹。吴云书、赵梦琴、吴钊、吴棣、赵莹均为澳大利亚国籍。吴浩与高桂芝系夫妻,婚后生有一子一女,即吴晓刚、吴晓翠。赵梦琴与吴云书分别于2010年5月31日、2014年7月28日在澳大利亚去世。吴浩于2018年8月27日去世。

吴云书自其单位北京航空航天大学分得北京市海淀区学院路37号412住宅楼6单元216号房屋(以下简称涉案房屋),后购买,于2009年12月4日取得房产证,登记在吴云书名下。2005年5月25日,吴云书、赵梦琴分别授权吴棣全权处理二人在北航的事宜。2007年3月22日,吴云书、赵梦琴就上述委托事宜另行制作委托书,并经所在国公证认证。2009年7月18日,吴钊、吴浩、吴棣、赵莹签订《协议》,其中约定:"……爸妈在世时,他们的钱由兄弟姐妹各自记账、计算及支付上述爸妈所需的资金。爸妈过世后,兄弟姐妹各自计算自己处爸妈资金的余款,经其他兄弟姐妹认可后,列为爸妈的遗产。"

吴云书留有所在国公证认证的《这是临终遗嘱》(以下简称吴云书遗嘱),内容为:立遗嘱人为本人,YUN SHU WU(吴云书),居于新南威尔士州奥本艾尔沙姆路1-3号/7房(7/1-3 ELLSHAM ROAD, AUBURN, New South Wales)。本人谨此撤销之前由本人在任何时间作出的所有遗嘱及遗嘱性质的处置,并宣布此为本人的临终遗嘱。本人指派本人儿子JAO WU(吴钊)为本临终遗嘱的执行人和受托人,但若本人配偶先于本人离世,那么本人就指派本人儿媳SVETLANA WU为遗嘱执行人和受托人……本人将本人所有财产,不论是动产还是不动产,不论何种性质位于何处,均遗赠并赠与我的受托人按照以下信托持有:(1)偿还我的所有合法债务、葬礼和遗嘱费用、州遗产税、联邦遗产税以及所有其他在本人死亡后或因本人死亡而应当支付的任何税项或税款。(2)为本人所述的儿子持有本人剩余遗产;若他先于本人离世,则为本人所述儿媳持有;而若儿媳亦先于本人离世,则为本人孙子Andrew Nazarov Wu持有。(3)在本人该份遗嘱里,提及本人受托人之处指暂时的一名或数名受托人,而任何提及单数之处均包括复数,反之亦然;提及任何一个性别之处包括其他性别。落款日期为1995年9月7日,落款处有吴云书及见证人的签名。吴钊主张赵梦琴留有遗嘱,提交了经所在国公证认证的《这是临终遗嘱》(以下简称赵梦琴遗嘱),内容与吴云书遗嘱相同。

吴钊主张吴棣持有赵梦琴工资194 900元、吴云书工资687 260.90元,吴棣认可其领取了二人的部分工资,但领取的钱款或用于二人日常花费,或用于房屋装修,或以现金方式给付给二人。吴钊主张涉案房屋自 2005 年起出租,且由吴棣实际收取房租,吴棣、赵莹对此予以认可,但主张期间有半年的装修期间。

吴钊向一审法院起诉请求:(1)判令吴钊依法继承涉案房屋;(2)吴棣向吴钊交付涉案房屋;(3)吴钊依法继承赵梦琴的退休金 194 900 元、吴云书的退休金 687 260.90 元;(4)吴钊依法继承涉案房屋 2005 年 10 月至今的租金收益 282 000 元;(5)对方承担翻译费用 4241 元。

高桂芝、吴晓刚、吴晓翠辩称,同意吴钊的诉讼请求。

吴棣、赵莹辩称,被继承人吴云书、赵梦琴是澳大利亚国籍,死亡时经常居住地是新南威尔士州。新南威尔士州居民订立的遗嘱只对本州境内的财产有效,本案遗嘱对中国的遗产无效。本案应适用《中华人民共和国继承法》进行认定。遗嘱的执行人、受托人和受遗赠人都不是吴钊,遗嘱第六段中文翻译应为"由受托人以信托形式保管遗产",遗嘱的真正受遗赠人应该是第二条中的"said son",符合这种关系的有三个儿子,未明确指出吴钊系唯一受遗赠人。

【审理结果】

北京市海淀区人民法院于 2018 年 12 月 28 日作出(2015)海民初字第 43956 号民事判决:一、涉案房屋由吴钊继承,吴棣、赵莹、吴晓翠、吴晓刚、高桂芝协助办理房屋转移登记手续;二、吴棣将涉案房屋交付给吴钊;三、吴棣返还吴钊应继承的吴云书工资 330 265.10 元、赵梦琴的工资 48 776 元、涉案房屋租金 211 500 元;四、吴棣、赵莹支付吴钊翻译费 1414 元,吴晓翠、吴晓刚、高桂芝支付吴钊翻译费 471 元;五、驳回吴钊的其他诉讼请求。判决后,吴棣、赵莹向北京市第一中级人民法院提起上诉。北京市第一中级人民法院于 2019 年 7 月 29 日作出(2019)京 01 民终 5350 号民事判决,判决:驳回上诉,维持原判。

【裁判理由】

法院生效裁判认为:本案争议焦点有以下五项。一、本案遗嘱是否有效;二、吴钊是否属遗嘱所确定的继承人;三、本案遗嘱内容所涉及的财产是否包含涉案房屋;四、本案一审法院对遗产范围的确定是否准确;五、一审法院程序是否违法。以下分别予以评述。

(一)本案遗嘱是否有效

1. 对本案遗嘱争议问题的"识别"

作为可能适用域外法进行裁判的涉外案件,首先必须依据一定的法律观点或法律概念,确定案件争议的有关事实的性质是什么,从而才能确定到底应援引何种冲突规范确定准据法。该过程即国际私法中的“识别”或“定性”问题。

本案中，上诉人吴棣和赵莹认为，本案所涉及的两份遗嘱不是不生效，而是依据澳大利亚新南威尔士州法律以及司法机构文件的规定，《遗嘱》只对本州境内的遗产有效，对于境外的遗产，如果国家之间有协议的，应该另行订立国际遗嘱或者是遗产所在地国家的遗嘱。所以，在澳大利亚新南威尔士州订立的遗嘱不能对处于中国境内的不动产发生效力。吴棣和赵莹援引新南威尔士州《2006 年继承法》第 50 条第(2)项之规定予以说明。该条款规定：如果以新南威尔士州境外的法律执行一个遗嘱，则该法律中“某类立嘱人必须遵守特别手续或遗嘱证人必须具备某些资格”的要求应仅被视为程序要求，不管是否有任何相反的法律规定。因此，本案应该适用中国法处理。从国际私法理论的角度分析吴棣和赵莹的上述观点可知，二人的主张实质上是，如果在新南威尔士州境内订立的一份遗嘱处分了境外财产，那么遗嘱的该部分内容无效，故应适用财产所在地中国的法律按照法定继承原则处理。这与吴棣、赵莹反复强调的一审判决混淆了中澳两国的司法管辖权的观点是一致的。因而，吴棣、赵莹所提出的该项异议，本院识别为如下问题，即本案所涉遗嘱是否有效。

众所周知，我国法律并不承认国际私法中“反致”和“转致”制度，如果依据我国的冲突规范必须适用澳大利亚国法律，那么就必须适用其实体法解决遗嘱是否有效的问题，而不管该国是否存在冲突规范以及冲突规范所确定的准据法为何。

2. 本案所应适用的准据法

依据《涉外民事关系法律适用法》第三十三条、第五十一条之规定，遗嘱效力，适用遗嘱人立遗嘱时或者死亡时经常居所地法律或者国籍国法律。依据本案现有证据以及当事人陈述可以证实，被继承人吴云书、赵梦琴属于澳大利亚国公民，死亡地点为澳大利亚新南威尔士州，因此，依据上述冲突规范，本案应该适用澳大利亚国法律确定遗嘱效力。同时，依据《涉外民事关系法律适用法》第六条规定，涉外民事关系适用外国法律，该国不同区域实施不同法律的，适用与该涉外民事关系有最密切联系区域的法律。澳大利亚各州有不同的法律体系，因吴云书、赵梦琴居住地、死亡地均为澳大利亚新南威尔士州，故确定最密切联系区域的法律为新南威尔士州继承法律规范。经本院询问，双方当事人对上述法律规范的适用无异议。诉讼中，吴钊向法院提供了经公证认证的新南威尔士州《2006 年继承法》，吴棣、赵莹对该法案的真实有效性不持异议，故本案的具体准据法应确定为该法案。一审法院对外国法的查明准确，本院予以确认。

3. 本案遗嘱的效力问题

依据《涉外民事关系法律适用法》第九条之规定，涉外民事关系适用的外国法律，不包括该国的法律适用法。该条款直接排除了国际私法中的“反致”和“转致”制度。因此，依据本院对本案争议问题的识别，应根据新南威尔士州《2006年继承法》确定该遗嘱的效力。本院在二审审理中，反复询问上诉人吴棣、赵莹该法案或其他法案中是否有明确规定，即当新南威尔士州的遗嘱涉及境外财产时，该遗嘱或该部分财产处理无效。吴棣、赵莹未能提供准确的法律依据。经审查，该法案中对本案争议问题确无明确的规定。吴棣、赵莹所援引的法案第50条第（2）项的前提是“如新南威尔士州之外的法律适用于某遗嘱”，而本案是需要适用新南威尔士州的法律规范，因此，该条款在本案无可适用性。同时，依据该法案第4条对遗嘱可处分的财产的规定、第5条立遗嘱的年龄规定以及第6条其他形式要件的规定等，本案所涉遗嘱并未违反上述法律规定，故应属合法有效。

另外，吴棣、赵莹在二审审理中认为，在新南威尔士州处理遗嘱案件，除了必须具有《遗嘱》外，还需要向法院提供《财产清单》并由司法机关进行《遗嘱认证》，三者缺一不可，而本案吴钊提供的财产清单中并不包含本案涉案房屋。根据新南威尔士州高等法院规定，如果死者在新南威尔士州境内没有财产，则不会授予遗嘱认证，因此，吴钊存在欺骗法院的行为，该遗嘱应属无效。本院认为，依据吴棣、赵莹提供的翻译文件内容，遗嘱认证是新南威尔士州最高法院作出的一项法院命令，该命令确认死者的遗嘱是有效的，并允许遗嘱执行人按照死者的遗嘱所述分配财产。从该文件的表述并结合上述法案分析，遗嘱认证只是一种确认效力的程序，而非遗嘱有效的必要条件，因为法案中未规定只有经过司法认证，遗嘱方为有效。一审庭审中，双方也认可遗嘱一经订立即发生法律效力，当地高级法院的认证仅是遗嘱执行的依据。因此，财产清单是否包含涉案房屋，新南威尔士州最高法院对本案的遗嘱认证是否准确，都不涉及遗嘱本身的效力认定。

再者，吴棣、赵莹在诉讼中所陈述的因遗嘱订立时间久远需要更新遗嘱以及应订立国际遗嘱等理由，均不属于该法案的强制性规定，亦不涉及遗嘱效力认定。

综上所述，吴棣、赵莹关于遗嘱无效、应该适用中国法处理的意见，欠缺相应的法律依据，本院对该上诉意见不予支持，一审法院对遗嘱效力的认定准确，本院予以维持。

（二）被上诉人吴钊是否属遗嘱所确定的继承人

上诉人吴棣、赵莹否认吴钊属于遗嘱所确定的继承人，理由有二：一是遗嘱文本中的翻译有误。语句“I GIVE DEVISE AND BEQUEATH all of my property both real and personal of whatsoever nature a wheresoever situate unto my trustee to hold upon the following trusts”的准确翻译应为“本人授权将所有的动产和不动产,无论是何物位于何处,由受托人以信托形式保管,按以下执行遗嘱”。遗嘱体现的是保管而非遗赠,但证据中的中文翻译却是“本人将本人所有财产,不论是动产还是不动产,不论何种性质位于何处,均遗赠并赠予我的受托人按照以下信托持有”。二是遗嘱中第二条仅表明为“本人所述的儿子”,因被继承人子女较多,故该条文中“本人所述的儿子”指代不明。本院认为,上诉人吴棣、赵莹的该观点不成立,理由如下:

第一,本院通过查阅《英汉法律词典》(法律出版社 1999 年 1 月版),单词“devise”的法律词义为“遗赠,不动产遗赠”。而“bequeath”的法律词义为“(按遗嘱的)遗赠(财产)”。遗嘱中出现的如此重要的法律词汇在吴棣、赵莹提供的翻译文本中竟没有任何体现,本院有理由质疑其提供的翻译文件的准确性。虽然本案未共同委托进行翻译,但基于上述理由,本院对被上诉人吴钊提供的翻译件的准确性予以确认。

第二,遗嘱第二条的内容是:“为本人所述的儿子持有本人剩余遗产;若他先于本人离世,则为本人所述儿媳持有;而若儿媳先于本人离世,则为本人孙子 Andrew Nazarov Wu 持有。”二审中,经本院询问,吴棣、赵莹认可 Andrew Nazarov Wu 是被上诉人吴钊之子。因此,从该句话的前后表述,完全可以确定“本人所述的儿子”为被上诉人吴钊本人。

综上所述,吴棣、赵莹认为吴钊不属于遗嘱所确定的继承人的观点不能成立,本院不予采纳。

(三)本案遗嘱内容所涉及的财产是否包含涉案房屋

遗嘱是自然人在生前依据法律规定对自己财产处分作出意思表示,安排与此相关的事物,并于死后发生法律效力的单方行为。遗嘱的这一特征表明,立遗嘱的时间与立遗嘱人死亡的时间存在间隔,而自然人的财产变化自然会涉及遗嘱内容的确定。本案中,虽然遗嘱的订立时间是在 1995 年 9 月 7 日,而涉案房屋取得的房产证的时间是在 2009 年 12 月 4 日,但不能因处分时该房屋尚未取得,就认为遗嘱处分的内容不包括涉案房屋在内。依据新南威尔士州《2006 年继承法》第 4 条之规定,个人可以通过遗嘱处分其死亡时遗留的财产,无论签署遗嘱时,个人是否享有财产权利。因此,本案遗嘱处分其未来的可得财产合法有效。当然,亦不能以此认为遗嘱没有处理本案的涉案房屋。

关于吴棣、赵莹所述的在新南威尔士州法院进行遗嘱认证时,被上诉人吴钊所提供的财产清单上并无本案涉案房屋,因此可以证明遗嘱并不涉及本案涉案房屋的理由,本院认为,吴钊虽然在提供的财产清单上未列明中国境内的房产,但诉讼中吴钊对此已经进行了合理的解释,认为财产清单范围和实际财产范围并不需要一致。吴棣、赵莹亦未提供相应的法律规范指明该情形产生的法律后果。故而,仅仅以财产清单与实际财产范围不符便认为遗嘱未处分涉案房屋的理由亦不能成立。

(四)本案一审法院对遗产范围的确定是否准确

根据最高人民法院《关于适用〈中华人民共和国民事诉讼法〉的解释》第九十条的规定,当事人对自己提出的诉讼请求所依据的事实或者反驳对方诉讼请求所依据的事实,应当提供证据加以证明,但法律另有规定的除外。在作出判决前,当事人未能提供证据或者证据不足以证明其事实主张的,由负有举证证明责任的当事人承担不利的后果。吴棣、赵莹为了证明父母退休工资以及房屋租赁收益的花费情况,向本院提交了五组证据。对吴棣自己记录以及无原件的部分,被上诉人均不认可,对于房屋的购房等费用,被上诉人不认可关联性。对于房屋装修的事实,被上诉人表示不清楚。本院认为,吴棣掌管着父母的退休工资以及房屋租金,对于相关的花费一方面需要有父母的确认,另一方面在对房屋进行重大修缮时应得到父母的同意,父母一方去世后亦有义务通知其他子女。本案中吴棣所提供的花费等情况或缺乏证据原件,或属于自己记录,或者其他子女并不知晓,对具体的花费的真实性不予认可。因此,吴棣、赵莹的该主张欠缺充分的证据证明,应该承担举证不能的法律后果。同时,本院注意到,一审法院在确定返还数额时是以 2009 年为界限,但事实上,吴棣取款和租赁房屋的事实从 2005 年之后就已经开始,虽然吴钊等人未提出上诉,但在吴棣对花费欠缺合理说明的情形下,本院综合考虑此种因素,对吴棣、赵莹的该项上诉主张不予支持。

(五)一审法院程序是否违法

吴棣、赵莹认为一审法院存在举证期限届满后接受证据、举证期限届满后接受原告变更诉讼请求、超审限拖延审理、未按程序告知合议庭组成人员、未归纳争议焦点释明举证责任、未全额收取诉讼费用等问题,要求发回重审。本院认为,依据最高人民法院《关于适用〈中华人民共和国民事诉讼法〉的解释》第一百零二条之规定,逾期提供证据并不产生证据失权的当然效果,故而举证期限届满后接受证据不违反法律规定。依据最高人民法院《关于适用〈民事诉讼法〉的解释》第二百三十二条之规定,在案件受理后,法庭辩论结束前,原告增加诉讼请求,被告提出反诉,第三人提出与本案有关的诉讼请求,可以合并审理的,人民法院应当合并审理。因此,变更诉讼请求的截止时间应为法庭辩论终结前而非吴棣、赵莹所述的举证期限届满前。依据《民事诉讼法》第二百七十条之规定,人民法院审理涉外民事案件的期间,不受本法第一百四十九条、第一百七十六条有关审限规定的限制,故吴棣、赵莹认为一审拖延审理的理由不能成立。依据《民事诉讼法》第一百七十条第一款第四项之规定,原判决遗漏当事人或者违法缺席判决等严重违反法定程序的,裁定撤销原判决,发回原审人民法院重审。依据最高人民法院《关于适用〈中华人民共和国民事诉讼法〉的解释》第三百二十五条之规定,下列情形,可以认定为民事诉讼法第一百七十条第一款第四项规定的严重违反法定程序:(一)审判组织的组成不合法的;(二)应当回避的审判人员未回避的;(三)无诉讼行为能力人未经法定代理人代为诉讼的;(四)违法剥夺当事人辩论权利的。吴棣、赵莹提出的其他理由均不符合上述规定,其要求发回重审的理由不能成立。

【裁判解析】

本案系一起较为典型的涉外遗嘱继承纠纷,涉及的主要问题包括争议问题的识别、外国法的查明、准据法的适用及遗嘱效力的认定等。其中法院在本案中对以下问题进行了重点审查。

(一)本案争议问题的"识别"

国际私法中的识别是指依据一定的法律观点或法律概念,对案件有关事实的性质作出"定性"或"分类",把它归入特定的法律范畴,从而确定应援引哪一冲突规范的法律认识过程。它包括密切相关的两个方面,一是依据一定的法律正确地解释某一法律概念,二是依据该法律概念正确地判定特定事实的法律性质。[①] 由于各国法律观念和法律概念的不一致,往往对同一事实构成作出不同的定性或分类,导致"识别的冲突"经常发生。因此,依据何种标准识别尤为必要。关于识别依据有多种学说[②],我国《涉外民事关系法律适用法》第八条规定"涉外民事关系的定性,适用法院地法律"即采纳了其中法院地法说。

本案中,吴钊主张应按照被继承人吴云书、赵梦琴在澳大利亚新南威尔士州订

① 李双元、欧福永主编:《国际私法》,北京大学出版社 2018 年版,第 104 页。

② 关于识别依据的主张包括法院地法说、准据法说、分析学与比较法学说、个案识别说、功能识别说等。

立的遗嘱由其继承相应遗产。吴棣、赵莹则认为该遗嘱仅对新南威尔士州境内遗产有效,对中国境内的不动产不产生效力,二人虽提出反对意见,但对遗嘱的真实性未提出异议。归纳诉辩双方的意见,可以探知双方争议焦点问题为遗嘱对中国境内遗产是否有效,此即法院对本案问题的识别,亦为本案援引正确冲突规范的前提。

(二)本案中准据法的适用

国际私法上一般需要分别解决立嘱能力、遗嘱方式、遗嘱的解释、遗嘱的撤销和遗嘱的实质效力等问题的准据法。结合上述本案问题的识别,可以确定本案需要重点审查的是遗嘱实质效力的准据法。

1. 我国涉外遗嘱继承法律适用的规定

我国最早涉及遗产继承的法律规定集中在《继承法》(1985年4月10日颁布)中,其第三十六条第二款①对动产与不动产的准据法作了规定,但没有区分"涉外的法定继承"与"涉外的遗嘱继承"。随着立法的完善,对于涉外民事法律关系的冲突规范便集中在《民法通则》(1986年4月12日通过)第八章涉外民事关系的法律适用中。其中第一百四十九条②的规定中明确了不动产遗产的"法定继承"适用不动产所在地法律,但对遗嘱继承未有提及。之后《涉外民事关系法律适用法》(2010年10月28日颁布)颁布施行之日起,依据新法优于旧法的法律适用原则,该法成为我国处理涉外民事关系、处理涉外继承案件的特别法律适用规范。其中第五十一条③明确了该法优先于《继承法》第三十六条和《民法通则》第一百四十六条、第一百四十七条的规定适用。第三十一条延续了《民法通则》第一百四十九条的表述,但仍未涉及不动产的遗嘱继承的法律适用。本案中被继承人所留遗产既涉及动产,亦涉及不动产,且为遗嘱继承。鉴于此,结合《涉外民事关系法律适用

① 《继承法》第三十六条第二款:外国人继承在中华人民共和国境内的遗产或者继承在中华人民共和国境外的中国公民的遗产,动产适用被继承人住所地法律,不动产适用不动产所在地法律。

② 《民法通则》第一百四十九条:遗产的法定继承,动产适用被继承人死亡时住所地法律,不动产适用不动产所在地法律。

③ 《涉外民事关系法律适用法》第五十一条:《中华人民共和国民法通则》第一百四十六条、第一百四十七条,《中华人民共和国继承法》第三十六条,与本规定不一致的,适用本法。

法》第十二条[①]、第三十二条[②]、第三十三条[③]之规定，笔者理解我国对涉外遗嘱继承采用不区分动产与不动产的“统一主义”，即不以不动产所在地法为不动产遗嘱的准据法，而是将准据法统一于属人法或被继承人本国法，或为被继承人经常居住地法或惯常住所地法。本案中被继承人吴云书、赵梦琴立遗嘱时及死亡时经常居住地均为澳大利亚新南威尔士州，故本案应适用的准据法为该地法律。

2. 外国法的查明

一般而言，外国法的查明方法包括三种：一是由当事人举证证明，又称为“听讯原则”；二是法官依职权查明，无须当事人举证，也称为“调查原则”；三是法官依职权查明，但当事人亦负有协助的义务。当经过一切可能的方法和途径，仍不能查明外国法的内容时，关于法律适用的解决方法亦有多种主张。[④] 我国涉及外国法查明的法律主要规定于《涉外民事关系法律适用法》第十条“涉外民事关系适用的外国法律，由人民法院、仲裁机构或者行政机关查明。当事人选择适用外国法律的，应当提供该国法律。不能查明外国法律或者该国法律没有规定的，适用中华人民共和国法律”；最高人民法院《关于适用〈中华人民共和国涉外民事关系法律适用法〉若干问题的解释（一）》第十七条第一款“人民法院通过由当事人提供、已对中华人民共和国生效的国际条约规定的途径、中外法律专家提供等合理途径仍不能获得外国法律的，可以认定为不能查明外国法律”；最高人民法院《关于贯彻执行〈中华人民共和国民法通则〉若干问题的意见（试行）》第一百九十三条“对于应当适用的外国法律，可通过下列途径查明：（1）由当事人提供；（2）由与我国订立司法协助协定的缔约对方的中央机关提供；（3）由我国驻该国使领馆提供；（4）由该国驻我国使馆提供；（5）由中外法律专家提供。通过以上途径仍不能查明的，适用中华人民共和国法律”等规定中。本案中法院确定应适用的准据法为澳大利亚新南威尔士州相关法律，当事人向法院提供经公证认证的外国法律文件，因当事人提供外国法

---

① 《涉外民事关系法律适用法》第十二条：自然人的民事行为能力，适用经常居所地法律。自然人从事民事活动，依照经常居所地法律为无民事行为能力，依照行为地法律为有民事行为能力的，适用行为地法律，但涉及婚姻家庭、继承的除外。

② 《国涉外民事关系法律适用法》第三十二条：遗嘱方式，符合遗嘱人立遗嘱时或者死亡时经常居所地法律、国籍国法律或者遗嘱行为地法律的，遗嘱均为成立。

③ 《涉外民事关系法律适用法》第三十三条：遗嘱效力，适用遗嘱人立遗嘱时或者死亡时经常居所地法律或者国籍国法律。

④ 外国法不能查明时的法律适用主张有：（1）直接适用内国法；（2）推定外国法与内国法相同；（3）驳回当事人的诉讼请求或抗辩；（4）适用与本应适用的外国法相似的法律；（5）适用一般法理或者一般法律原则；（6）适用辅助性连接点再次选择准据法；（7）适用与当事人有最密切联系的国家的法律。

律可作为法院查明外国法的一种方式,经法庭询问双方当事人对该法律文件的真实性并无异议,故本案由当事人提供外国法,法院予以认定。

3. 外国法的适用

《涉外民事关系法律适用法》第六条规定,涉外民事关系适用外国法律,该国不同区域实施不同法律的,适用与该涉外民事关系有最密切联系区域的法律。澳大利亚各州有不同的法律体系,因吴云书、赵梦琴居住地、死亡地均为澳大利亚新南威尔士州,故确定最密切联系区域的法律为新南威尔士州继承法律规范。我国《涉外民事关系法律适用法》第九条规定涉外民事关系适用的外国法律,不包括该国的法律适用法,从而否定了国际私法中的"反致"或"转致"制度。故本案应依据吴钊向法院提交的经公证认证的澳大利亚新南威尔士州《2006年继承法》该实体法进行认定。

(三)本案遗嘱的效力

遗嘱的效力,是指遗嘱人设立的遗嘱所发生的法律后果。遗嘱作为一种单方民事法律行为,只要有遗嘱人单独的意思表示就可以成立,但成立的遗嘱并不一定就能发生遗嘱人预期的法律后果,即未必有法律效果。[①] 只有具备法律规定的条件,才能有效地发生法律效力。也只有有效的遗嘱,才能被执行,才能使遗嘱人的意愿得以充分、完全地实现。在上述确定本案应适用的准据法后,法院查明澳大利亚新南威尔士州《2006年继承法》第4条规定:"(1)个人可以通过遗嘱处置在其死亡时遗留的财产。(2)无论签署遗嘱时,个人是否享有财产权利,第(1)款均适用。(3)个人可通过遗嘱来处置其个人代表在其本人死亡后以个人代表身份享有的财产。(4)无论应享权利是否在个人死亡之日存在,第(3)款均适用。(5)个人不得通过遗嘱来处置其本人在死亡时作为受托人身份持有的财产。"具体到本案中,被继承人吴云书、赵梦琴虽然在订立遗嘱时尚未取得涉案房屋的产权,但依据上述法条的规定,无论签署遗嘱时,个人是否享有财产权利,均可以通过遗嘱来处理,因此吴云书、赵梦琴所立遗嘱对中国境内的涉案房屋及其他财产具有效力。

根据新南威尔士州《2006年继承法》第50条,外国法律项下遗嘱的法律解释:"(1)就第48条而言,在确定某遗嘱是否已依照某具体法律签署时,必须考虑该法律在遗嘱签署之时的程序要求,但如果该法律后来发生了变更,并影响到当时已签署的遗嘱,使得遗嘱可被视为有效遗嘱,则也可考虑该变更后的规定。(2)如新南

---

① 郭明瑞、房绍坤:《继承法》,法律出版社2004年版,第153页。

威尔士州之外的法律适用于某遗嘱(无论是否涉及第48条),则该法律中‘某类立遗嘱人必须遵守特别手续或遗嘱证人必须具备某些资格’的要求应仅被视为程序要求,不管是否有任何相反的法律规定。”吴棣、赵莹主张应依据此条就域外财产订立国际遗嘱。首先,该条第(1)项所涉及的前提为该法第48条,即在外国签署的遗嘱效力的一般规则,不同于本案吴云书、赵梦琴在澳大利亚国内签署的遗嘱;其次,该条第(2)项所指前提为新南威尔士州以外的法律审理遗嘱,有别于本案所指新南威尔士州《2006年继承法》审理遗嘱效力,且我国相关法律不承认反致或转致,在适用外国法时不应包括外国法的法律适用法;最后,庭审中,双方均认可遗嘱一经订立即发生法律效力,当地高级法院的认证仅是遗嘱执行的依据,故被继承人吴云书、赵梦琴所立遗嘱符合澳大利亚新南威尔士州法律规定的形式,内容亦未违反相关法律规定,应为合法有效。

综上,被继承人吴云书、赵梦琴所立遗嘱合法有效,且对中国境内遗产同样具有效力,吴钊关于继承遗产的诉讼请求应予以支持。

(四)处理涉外遗嘱继承纠纷时可遵循的审判思路

随着改革开放的深入及我国法治化进程的推进,涉外民事案件呈不断上升的趋势,涉外遗嘱继承纠纷时有发生,但纵观司法实践及学术研究,关于此类纠纷的案例及研究少之又少。本案系一起较为典型的涉外遗嘱继承纠纷,可从中大致归纳出以下审判思路:

第一步,识别案件争议问题。涉外遗嘱继承案件往往涉及人身、财产等多种法律关系,因此首先需要在纷繁复杂的法律关系中抽丝剥茧,识别出最核心的问题,从而确定下一步应适用何种冲突规范。这一步类似于日常审判中归纳争议焦点。第二步,确定准据法。依据上述识别的争议问题确定案件所应适用的准据法。遗嘱能力、遗嘱形式、遗嘱内容、遗嘱效力等不同问题所对应的准据法可能并不相同。因此需对应上述问题确定应适用我国法律还是外国法律。第三步,法律查明。根据第二步,若最终适用我国法律为准据法则相对容易,在此不再赘述;若最终适用外国法,则可依据我国最高人民法院《关于贯彻执行〈中华人民共和国民法通则〉若干问题的意见(试行)》第一百九十三条规定、《涉外民事关系法律适用法》第十条、最高人民法院《关于适用〈中华人民共和国涉外民事关系法律适用法〉若干问题的解释(一)》第十七条等规定对外国法进行查明。第四步,法律适用。如上所述,对最终适用我国法律的情形不再赘述。在适用外国法时,应注意我国不承认“转致”或“反致”,因此不适用外国的法律适用法。第五步,解决案件争议问题。

在上述确定准据法、查明相关法律后,接下来需要法官结合个案具体情形,准确适用法律,对案件作出整体认定。

以上为笔者借本案整理审理涉外遗嘱继承纠纷的一般审判思路,希望对提高审判工作效率有所助益。

【案例点评】

随着改革开放的深入及我国法治化进程的推进,涉外民事案件呈不断上升的趋势,涉外遗嘱继承纠纷时有发生,但纵观司法实践及学术研究,关于此类纠纷的案例及研究少之又少。本案系一起较为典型的涉外遗嘱继承纠纷,涉及案件争议问题的识别、准据法的适用、外国法的查明等多方面问题,本案整理了审理涉外遗嘱继承纠纷的一般审判思路,对提高审判工作效率有较大帮助。

【裁判心得】

当前关于涉外案件的典型案例、学术探讨相对较少,立法亦存在一定空白,但正因如此对此类案件的思考、研究显得更为重要。法官在审理本案过程中为查找相关理论、法律下了不少功夫,这其中也经历了从一头雾水到豁然开朗的过程,整理总结此类案件审判思路的过程亦是不断探索、不断学习的过程,相信对今后的审判工作有所助益。

李雨汾、王君等人诉王坤、万京等机动车交通事故责任纠纷案

谷世波* 赵旭涛**

关键词

醉酒死亡 侵权责任 同饮者 注意义务

裁判要旨

1. 共同饮酒引发醉酒死亡侵权案件中,对同饮人侵权责任的确定应把握三点:同饮人的行为具有违法性,主观上有过失,违法行为与损害事实间存在因果关系。

2. 此类案件中,醉酒死亡的发生往往系多种因素造成,应根据原因力大小准确认定同饮者的责任范围。

相关法条

《中华人民共和国侵权责任法》第六条、第二十六条。

【当事人基本情况】

上诉人(一审原告):李雨汾、乔起含、王园园。

上诉人(一审被告):王君、王临琥、王旦笑。

被上诉人(一审被告):王坤、万京、东奥网络教育公司(以下简称东奥公司)、中国人民财产保险股份有限公司北京市分公司(以下简称人保公司)。

---

* 谷世波,北京市第一中级人民法院未审庭法官。

** 赵旭涛,北京市第一中级人民法院未审庭法官助理。

【基本案情】

李雨汾、王园园、乔起含向一审法院起诉请求:判令王君、王临琥、王旦笑、东奥公司、王坤、万京、人保公司连带赔偿李雨汾、王园园、乔起含丧葬费人民币 59 269 元、死亡赔偿金人民币 1 248 120 元、精神抚慰金 20 万元、被扶养人生活费人民币 746 401 元(乔起含人民币 181 557 元、李雨汾人民币 564 844 元)、法医检验鉴定费人民币 2150 元、交通费人民币 2000 元、误工费人民币 6000 元,合计人民币 2 263 940元。

一审法院认定事实:李雨汾为死者孙俊之母,王园园为死者孙俊之妻,乔起含为死者孙俊之女。本案王君为死者王芃之母,王临琥为死者王芃之父,王旦笑为死者王芃之女。2014 年 12 月 21 日 1 时 50 分,在北京市海淀区马连洼北路东北旺中路路口,王芃驾驶京 HM4369 小型轿车(内乘孙俊、沈幽幽、王坤)由南向北通过路口,车辆撞道路南侧路牙及路树后,车辆前部又撞击路口南侧居民楼,小型轿车起火燃烧,造成王芃、孙俊、沈幽幽当场死亡,王坤受伤,小型轿车损坏。北京市公安局于 2015 年 1 月 26 日出具的道路交通事故认定书认定,王芃酒后驾驶小型轿车未确保安全驾驶、文明驾驶,发生交通事故的违法行为,与本起道路交通事故发生有因果关系,是事故发生的全部原因。王芃为全部责任,孙俊为无责任,沈幽幽为无责任,王坤为无责任。

事故车为牌照为京 HM4369 的奔驰轿车,机动车所有人为东奥公司。王坤系东奥公司员工。该车在中国人民财产保险股份有限公司上有交强险和 50 万元的第三者责任险,保险期自 2014 年 5 月 20 日至 2015 年 5 月 19 日。就王坤与东奥公司关系,东奥公司在本案审理中表述为:在一审时我公司已经表达了王坤在下班后可以使用车辆,在其个人使用车辆时单位不负责任。

北京市公安局公安交通管理局海淀交通支队道路交通事故卷显示:2014 年 12 月 18 日 18:00 前,王芃、王飞与万京三人在马连洼吃饭,19:30 左右,王坤、孙俊、王文竹三人陆续到达,王坤开公司车京 HM4369,六个人一起吃饭,除王文竹外,另五人共喝两瓶 42 度红星二锅头,每人两瓶啤酒。20:20 至 20:30 左右,万京与王芃先行离开,前往地景晨轩 KTV,21:30 左右,孙俊与王坤到达地景晨轩 KTV,四人在 KTV 喝了 15 瓶左右啤酒。12 月 19 日 00:10 左右,万京、孙俊、王芃、王坤四人与在 KTV 工作的沈幽幽离开 KTV,乘坐京 HM4369 车辆前往簋街,万京开车,00:40 左右到达簋街。五人在簋街小山城餐厅吃饭,喝了 3 ~ 4 瓶啤酒。01:10左右,万京开车载着其他四人回到马连洼,在自己家东馨园小区下车离开,王芃到左侧驾驶员位置将车开走。海淀交通支队事故科对万京2014年12月19日所做的询问笔录中记载:"我下车后,王芃从右面下车从左前绕到车左侧驾驶员位置,上车开走了。车上没有人劝阻王芃不让他开车,只有我对王芃说,开的时候慢点,并没有劝阻他。"

海淀交通支队事故科对东奥公司副总裁丁磊2014年12月19日所作的询问笔录中记载:"发生事故的车辆是我公司公务用车,平时有专职固定的司机叫王坤……这车都是用来公务出行和接送老总王松涛,王坤平时上下班有自己私家车……我公司跟王坤签有用工合同。"

经法院向李雨汾、王园园、乔起含释明,是否追加沈幽幽的赔偿责任,李雨汾、王园园、乔起含明确表示不予主张。

【审理结果】

北京市海淀区人民法院于2018年12月29日作出(2018)京0108民初841号民事判决:一、王君、王临琥、王旦笑于本判决书生效后七日内在其继承王芃遗产的范围内赔偿李雨汾、王园园、乔起含死亡赔偿金、丧葬费、精神损害抚慰金、鉴定费共计人民币五十三万六千四百二十元一角五分。二、东奥网络教育公司于本判决书生效后七日内赔偿李雨汾、王园园、乔起含死亡赔偿金、丧葬费、精神损害抚慰金、鉴定费共计人民币二十二九千八百九十四元三角五分。三、万京于本判决书生效后七日内赔偿李雨汾、王园园、乔起含死亡赔偿金、丧葬费、精神损害抚慰金、鉴定费共计人民币七万六千六百三十一元四角五分。四、王坤于本判决书生效后七日内赔偿李雨汾、王园园、乔起含死亡赔偿金、丧葬费、精神损害抚慰金、鉴定费共计人民币七万六千六百三十一元四角五分。五、驳回李雨汾、王园园、乔起含的其他诉讼请求。判决后,李雨汾、王园园、乔起含,王君、王临琥、王旦笑向北京市第一中级人民法院提起上诉。北京市第一中级人民法院于2019年4月22日作出(2019)京01民终3952号民事判决,判决:一、维持北京市海淀区人民法院(2018)京0108民初841号民事判决第一项;二、撤销北京市海淀区人民法院(2018)京0108民初841号民事判决第二项、第三项、第四项、第五项;三、东奥网络教育公司于本判决书生效后七日内赔偿李雨汾、王园园、乔起含死亡赔偿金、丧葬费、精神损害抚慰金、鉴定费共计人民币二十二万九千八百九十四元;四、万京于本判决书效后七日内赔偿李雨汾、王园园、乔起含死亡赔偿金、丧葬费、精神损害抚慰金、鉴定费共计人民币十九万一千五百七十九元;五、王坤于本判决书生效后七日内赔偿李雨汾、王园园、乔起含死亡赔偿金、丧葬费、精神损害抚慰金、鉴定费共计人民币十九万一千五百七十九元；六、驳回李雨汾、王园园、乔起含的其他诉讼请求；七、驳回王君、王临琥、王旦笑的上诉请求。

【裁判理由】

法院生效裁判认为：本案二审争议的焦点问题为醉驾人王芃是否应对孙俊死亡承担责任；东奥公司是否应对孙俊死亡承担责任；王坤、万京、沈幽幽是否应对孙俊死亡承担责任，孙俊是否应自担责任，如何划分上述四人间的责任。

行为人因过错导致他人人身受损的，侵权人应当在其过错范围内承担相应的赔偿责任。当事人对自己提出的诉讼请求所依据的事实或者反驳对方请求所依据的事实有责任提供证据加以证明。没有证据或者证据不足以证明当事人事实主张的，由负有举证责任的当事人承担不利后果。

关于死者王芃家属王君、王临琥、王旦笑是否承担责任一节。王君、王临琥系王芃父母，王旦笑系王芃子女，王君、王临琥、王旦笑应在王芃遗产范围内承担相应赔偿责任。本案中，交通事故责任认定书中认定王芃系全部责任，尽管王君、王临琥、王旦笑对该责任认定书提出异议，但其并未在法定期限内提出复核，本案亦无其他效力更高的文件推翻该责任认定书的法律效力，对王君、王临琥、王旦笑上诉提出不应承担责任的主张，缺乏事实和法律依据，本院不予支持。王君、王临琥、王旦笑上诉称东奥公司所有的涉事车辆系套牌车并应承担全部赔偿责任，但并未提交充分证据予以证明，本院对此不予采信。王芃系涉事车辆驾驶人，在明知已饮酒情况下仍驾驶车辆，一审法院结合交通事故责任认定书并综合在案证据酌定死者王芃家属王君、王临琥、王旦笑承担35%的责任并无不妥，本院予以维持。

关于东奥公司是否承担责任一节。根据在案证据，东奥公司系涉事车辆的所有人，平时疏于对涉事车辆的管理，应对事故的发生承担相应责任。李雨汾、王园园、乔起含上诉称东奥公司所有的涉事车辆系套牌车并应承担更多的赔偿责任，但并未提交充分证据予以证明，本院对此不予采信。一审法院认定东奥公司承担15%的责任并无不妥。

关于孙俊、王坤、沈幽幽、万京责任的比例一节。本案中，四人均为共同饮酒人和乘车人，均为完全行为能力人，对醉酒驾驶和乘坐醉酒者驾驶的车辆的后果应当非常清楚，应当预见到醉驾及乘坐醉酒者驾驶的车辆的严重后果，故四人应对事故发生承担相等的责任。即孙俊承担12.5%的责任，王坤、万京、沈幽幽分别承担12.5%的责任。一审法院认定孙俊承担35%的责任不当，本院予以纠正。因李雨汾、王园园、乔起含在庭审中放弃对沈幽幽赔偿责任的主张，一审法院对该部分赔偿责任不予处理,本院对此不持异议。

李雨汾、王园园、乔起含在本案审理期间提出撤回对原审被告人保公司起诉的请求,已经其他当事人同意,且不损害国家利益、社会公共利益、他人合法权益,本院予以准许。

原审判决第二项存在笔误,本院对此予以改判。

【裁判解析】

本案是共同饮酒导致醉酒死亡引发的侵权责任纠纷案件,在界定同饮人责任以及范围方面存在较大困难。共同饮酒原本为日常生活中的人之常情,但在特殊情况下,同饮人应承担必要的法律义务,如果同饮人此时不作为且导致了损害结果的发生,则应对此承担相应的法律责任。对本案侵权责任及范围的认定,应把握以下三点:引发醉酒死亡的同饮人的行为是否具有违法性;共同饮酒的不当行为人在主观上是否有过失;同饮人不作为行为与损害事实间是否具有因果关系。此采用原因力规则,以确定共同饮酒引发醉酒死亡侵权责任的范围。以下逐一进行论述。

(一)引发醉酒死亡的同饮人的行为是否具有违法性

构成侵权责任,必须要有行为,既行为主体的作为或不作为,且该行为因与法律的要求相悖而具有违法性,如果行为主体之行为不具有违法性,则即使造成了损害也不构成侵权责任。具体到共同饮酒引发醉酒死亡案件中,确定行为主体的行为应为不作为,该不作为由于违反了法定作为的义务而具有违法性。通常认为,法定作为义务有三个来源:一是来自法律规定,既法定义务;二是来自特定职务;三是来自行为人的前一个行为,前一个行为将他人带入危险之中,在危险发生时,行为人就负有对该他人的救助义务。

认定共同饮酒引发死亡后果的同饮人不作为行为的作为义务,即救助的作为义务,是来源于同饮人的前一个行为,且此前一个行为应是不当行为,具体而言有两种表现形态,一是在饮酒中的不当行为,二是在饮酒后的不当行为。共同饮酒人救助的作为义务的产生,须具备以下要件:第一,同饮者在饮酒中或饮酒后有不当行为,如强劝饮酒、逼迫饮酒、甚至发现其他同饮人已经达到醉酒状态后仍然强制其饮酒、酒后共同驾车等;第二,同饮人实施了这样的不当行为后,其他同饮人出现了危险的状态。共同饮酒的同饮人即使实施了不当行为,如果没有发生其他同饮者的危险状态,也不产生救助的作为义务,只有在其他同饮人醉酒出现危险状态时,救助义务才发生。

在确定了共同饮酒人负有作为的救助义务后,同饮者不履行或者不适当履行救助的作为义务时,成立不作为的违法行为要件。不履行救助的作为义务,是对应当承担的法定救助义务完全没有履行,放弃了救助义务。例如共同饮酒,导致同饮者醉酒,其他同饮者不管不顾,扬长而去,致醉酒者呕吐物堵塞呼吸道而窒息死亡,就是不履行救助的作为义务,构成不作为违法行为。不适当履行作为义务,是义务人履行了救助义务,但是采取的措施不适当,或者方法不对等,导致同饮的醉酒者死亡,也是对救助作为义务的违反,也构成不作为违法行为。同饮者不存在不当行为,在危险状态发生后,不仅采取了救助措施,而且采取的救助措施适当,即使造成损害后果,也不构成行为的违法性,不构成侵权责任。

具体在本案中,孙俊、王坤、万京、王芃、沈幽幽五人在多地饮酒,且已处于醉酒状态,在此情况下仍醉驾或乘坐醉酒者驾驶的车辆,属于不当的先行行为。醉驾或乘坐醉酒者驾驶的车辆易发生交通事故,给本案当事人之人身、财产安全带来巨大的潜在危险,所以当易发生交通事故的实际危险状态已经发生时,孙俊、王坤、万京、王芃、沈幽幽五人均对彼此负有规劝不醉驾和不乘坐醉酒者驾驶的车辆的义务,但上述五人彼此不仅都对处于危险之中的其他同饮者未予规劝,还纷纷身处该危险之中,均已经构成不作为的违法行为。

(二)共同饮酒的不当行为人在主观上是否有过失

侵权责任构成须具备过错要件,过错有故意和过失两种形态。在共同饮酒引发醉酒死亡的侵权责任案件中,首先须排除行为人主观上的故意,如果行为人故意借助于共同饮酒而加害他人,则构成故意杀人罪,不属于《侵权责任法》的调整范围。所以,共同饮酒引发醉酒死亡构成侵权责任的主观要件只能是过失,即行为人在未尽救助的作为义务,只有在主观上具有过失时,才构成侵权者责任。所谓过失,即对自己应当注意义务的违反。对一个可能发生的损害结果,如果行为人应当注意而未加注意,就是对注意义务的违反,构成《侵权责任法》中的过失,成立侵权责任构成中的过失要件。注意义务,是行为人对其实施某种行为所引起的法律后果关注程度的必要性。特定行为的性质不同,行为人对后果的关注程度也就不同,这种关注程度不同,就是行为人所应有的不同注意义务。违反这些不同的注意义务,就构成不同程度的过失,具体为重大过失、一般过失和轻微过失。

在共同饮酒引发醉酒死亡案件中,行为人违反法律上的注意义务构成的过失有两个方面:一是行为人在醉酒中的过失,如强劝饮酒、逼迫饮酒、在别人不适于多饮甚至不能饮酒时仍劝饮酒等;二是行为人在同饮者醉酒后实施的行为中的过失,如醉酒后共同骑摩托或驾车去某地娱乐。一般根据同饮者不同的注意程度,确定其实施不当行为时的过失程度。

本案中，孙俊、王坤、万京、王芃、沈幽幽五人在多地饮酒，在处于醉酒状态时，仍醉驾或乘坐醉酒者驾驶的车辆。此时，发生交通事故的实际危险状态已经发生，理性人都会预见到交通事故可能发生。但对同饮的醉驾者而言，其自信不会发生交通事故的损害后果，而对乘坐醉酒者驾驶的车辆的同饮者而言，其亦自信不会发生交通事故的损害后果，均构成过失。

（三）同饮人不作为行为与损害事实间是否具有因果关系

在确定因果关系中，条件是一个现象对另一个现象的产生具有一定作用，但是后一个现象的发生另有原因，条件只是起到了一定的引发作用，而不是发生损害的原因。例如一个人的行为导致另一个人伤害，后者在医院住院期间发生火灾被烧死；在此事例中，伤害行为是一个条件，而真实的死亡原因则是医院失火。如果一个行为是损害发生的条件，则条件不发生因果关系。在条件和原因中间还存在一个中间状态，此中间状态在程度上高于条件，但是又达不到原因的要求，这就是适当条件。当一个违法行为是损害发生的适当条件时，就构成相当因果关系，构成侵权责任。在共同饮酒致人死亡的侵权案件中，同饮人死亡之直接原因往往是溺水、窒息或发生交通事故等，其他同饮人之不当行为不是同饮人死亡之充要条件，即其他同饮人不当行为处于引发死亡后果的条件与原因之间，故对其他同饮人不当行为与损害后果死亡之间因果关系的确定，适用相当因果关系规则。

行为于损害结果发生的诸种原因行为中，究竟起到何种原因力决定着赔偿责任的大小。在相当因果关系中，应根据适当条件在导致损害后果中所起到的原因力大小，来确定同饮人的赔偿责任范围。

本案中，孙俊、王坤、万京、王芃、沈幽幽五人在多地饮酒，且已处于醉酒状态，在此情况下仍醉驾或乘坐醉酒者驾驶的车辆，存在不当的先行行为，在实际危险发生时，均负有规劝他人不醉驾或不乘坐醉酒者驾驶的车辆的义务。确定同饮人王坤、万京、沈幽幽不作为行为与损害后果间的因果关系，适用相当因果关系规则，其不作为行为属于适当条件，对造成损害后果发生的原因力相等，故其承担的责任也应相等。王芃虽是同饮人，但作为驾车人，其违法行为直接导致损害后果的发生，属于直接侵权主体，应承担不同的赔偿责任。东奥公司平时疏于对事故车辆的管理，也一定程度上导致了损害结果的发生，对此亦应承担相应责任。孙俊作为成年人，乘坐醉酒者驾驶的车辆，对损害结果应自担相应责任。

【案例点评】

本案例系醉酒后同饮人死亡的侵权纠纷案件,具有一定的典型性。共同饮酒引发醉酒死亡侵权案件中,对同饮人侵权责任的确定应把握三点:同饮人的行为具有违法性,主观上有过失,违法行为与损害事实间存在因果关系。此类案件中,醉酒死亡的发生往往系多种因素造成,应根据原因力大小准确认定同饮者的责任范围。本案在界定同饮人、涉事车辆所属公司以及醉驾司机的侵权责任及其范围上,对我院及辖区内法院审理同类案件有一定的指导意义。

【裁判心得】

近年来,共同饮酒引发醉酒死亡的侵权责任纠纷日渐增多。如何认定同饮人的侵权责任及其责任范围,是一个存在较大争议的难点问题。本案中,围绕同饮人、涉事车辆所属公司以及醉驾司机的侵权责任及其范围问题,法官多次查阅卷宗,与当事人沟通。最终合议庭以事实为根据,以法律为准绳,在责任承担方面作出了严谨合理的逻辑分析,实现了法、理、情的统一,也为社会公众提供了正确的行为指引。

商 事 篇

胡雅奇诉北京博源工贸有限责任公司、西藏信托有限公司股东资格确认纠纷案

黄占山* 郭 帅**

关键词

股权让与担保 合同效力 股东资格

裁判要旨

1. 债务人通过将股权转让至债权人名下为债务提供担保的,成立股权让与担保法律关系,合法有效。

2. 由于股权权能的分离,在债权人与公司关系上,债权人仅享有财产性权利,不享有身份性权利;在债务人与公司关系上,债务人仅享有身份性权利,不享有财产性权利;在双方与公司外第三方关系上,需要根据第三方的具体请求指向,在债权人和债务人之间进行权利义务合理分配。

相关法条

1.《中华人民共和国公司法》第三十二条、第七十一条。

2.《中华人民共和国合同法》第八条、第五十二条。

【当事人基本情况】

上诉人(一审第三人):西藏信托有限公司(以下简称西藏信托公司)。

被上诉人(一审原告):胡雅奇。

原审被告:北京博源工贸有限责任公司(以下简称博源公司)。

---

* 黄占山,北京市第一中级人民法院民三庭法官。

** 郭帅,北京市第一中级人民法院民三庭法官助理。

【基本案情】

胡雅奇向一审法院起诉请求:(1)确认第三人西藏信托公司不是博源公司股东;(2)确认胡雅奇具有博源公司的股东资格,持有博源公司 80% 的公司股权。事实和理由:西藏信托公司与胡雅奇虽签署了股权转让合同,但没有实际进行股权转让的真实意思表示。双方真实目的为以股权过户方式实现担保、偿还债务后再过户回转,属股权让与担保性质。西藏信托公司就所受让的股权未支付任何对价,故胡雅奇具有博源公司股东身份。

博源公司辩称,西藏信托公司持有博源公司 100% 股权,系根据《股权转让协议》约定取得,非基于担保关系取得,不认可胡雅奇的主张。

西藏信托公司述称,其受让股权系基于双方真实意思表示,其目的在于防止债务人任意处分公司资产,以配合其债权的实现,不存在代持或让与担保情形,也不是买卖关系,在法律上没有特别贴切的定义,请求法院驳回诉请。

法院认定事实:博源公司系依法设立的有限责任公司,于 1998 年 1 月 7 日设立。股东为胡雅奇、曹岚,法定代表人为胡雅奇。2011 年 10 月 11 日,博源公司进行了工商变更登记,注册资本由 50 万元变更为 1100 万元,均为货币出资且已实际缴纳,胡雅奇最终出资 880 万元,出资比例为 80%,曹岚最终出资 220 万元,出资比例为 20%。

2011 年 12 月 29 日,金威中嘉公司法定代表人由胡雅奇变更为余志平。颐海出租车公司、恒通出租车公司、东华门出租车公司均为金威中嘉公司所投资的企业。

2013 年 12 月,甲方(金威中嘉公司)与乙方(西藏信托公司)以及丙方(颐海出租车公司、北京市鑫颐海出租汽车有限责任公司、恒通出租车公司、东华门出租车公司、胡雅奇、曹岚)三方签订合同编号为“TTCO－S－L－JX3－201212－XTDK－04(C)”的《股东借款合同》,约定:甲方向乙方借款 9950 万元,丙方同意作为共同借款人履行甲方在本合同项下的义务。后,西藏信托公司与博源公司签订编号为“TTCO－L－S－JX3－201212－DYHT－06(B)”的《抵押合同》,约定将博源公司所有的位于石景山区八大处路 39 号的房屋(《房屋所有权证》编号为“京房权证石其字第 00176 号”)和土地使用权[《国有土地使用证》编号为“京石国用(2011 出)第 00106 号”]作为抵押物,为编号为“TTCO－S－L－JX3－201212－XTDK－04(C)”的《股东借款合同》项下金威中嘉公司的债务(包括但不限于本金、利息、罚息、复利、违约金、赔偿金、实现债务的费用等)提供抵押担保,并约定主合同条款发生变更，博源公司对变更后的主合同项下债务承担担保责任，同时约定不论是否存在其他担保，西藏信托公司有权直接要求承担担保责任。上述房屋、土地均办理了抵押登记，取得编号为“X 京房他证石字第 039516 号”的房屋他项权证和编号为“京石他项（2015）00014 号”的土地他项权利证明书。

2014 年 12 月，甲方（金威中嘉公司）与乙方（西藏信托公司）签订了编号为“TTCO－L－S－JX20－201412－DKHT－02”的《人民币资金贷款合同》，约定：甲方向乙方借款 9000 万元。后，编号为“TTCO－L－S－JX20－201412－DYHT－04”的《抵押合同》，约定将博源公司所有的位于石景山区八大处路 39 号的房屋（《房屋所有权证》编号为“京房权证石其字第 00176 号”）和土地使用权［《国有土地使用证》编号为“京石国用（2011 出）第 00106 号”］作为抵押物，为编号为“TTCO－L－S－JX20－201412－DKHT－02”的《人民币资金贷款合同》项下金威中嘉公司的债务（包括但不限于本金、利息、违约金、赔偿金、实现债务的费用等）提供抵押担保。上述房屋土地均办理了抵押登记，取得编号为“X 京房他证石字第 037677 号”的房屋他项权证和编号为“京石他项（2014）00042 号”的土地他项权利证明书。

2015 年 5 月 5 日，博源公司作出股东会决议，内容为：（1）同意胡雅奇将其在博源公司 80% 的股权（880 万元货币出资）转让给西藏信托公司，同时退出股东会，不再享有和承担相应的权利和义务。（2）……（3）同意免去胡雅奇执行董事及法定代表人职务。（4）同意解聘胡雅奇经理职务……全体股东在股东会决议上签字。同日，胡雅奇作为转让方与受让人西藏信托公司签署股权转让协议。协议约定：胡雅奇同意将其在博源公司 80% 股权（880 万元货币出资）转让给西藏信托公司。西藏信托公司同意接收胡雅奇转让的博源公司（880 万元货币出资）。转让双方自签字之日起，股权交割清楚，转让前引起的债权债务由转让人承担，转让后再发生的债权债务由受让人承担。股权转让协议对于股权转让的价格没有约定。2015 年 6 月 17 日，博源公司办理工商变更登记手续，西藏信托公司被登记为博源公司股东。

一审中，博源公司向法庭提交一份出资转让协议书补充协议，以证明当时原告胡雅奇有零对价回购的意思表示，但最终双方没有达成一致，在该份补充协议书的签字部分只有转让方即本案原告博源公司的签字，没有受让方的签字或印章。

一审中，经法庭询问，办理股权变更登记后，博源公司固定资产及人员仍由胡雅奇进行日常管理。

二审中，胡雅奇、曹岚和西藏信托公司均称，博源公司与西藏信托公司存在 3

笔债权债务关系,借款本金约 3 亿元。

【审理结果】

北京市石景山区人民法院于 2018 年 12 月 21 日作出(2018)京 0107 民初 29633 号民事判决:一、确认胡雅奇系持有北京博源工贸有限责任公司 80% 股权的实际股东;二、驳回原告胡雅奇的其他诉讼请求。判决后,西藏信托公司向北京市第一中级人民法院提起上诉。北京市第一中级人民法院于 2019 年 3 月 18 日,作出(2019)京 01 民终 2736 号民事判决:驳回上诉,维持原判。

【裁判理由】

法院生效裁判认为:本案争议焦点问题为,胡雅奇与西藏信托公司之间的股权转让行为性质是否为让与担保。

关于涉案股权转让协议是否为股权让与担保的问题。本院认为,认定涉案股权转让协议是股权让与担保、股权转让或是股权质押,不能仅仅看合同的形式或名称,而要探究当事人的真实意思表示。如果当事人的真实意思是通过转让标的物的形式为主合同提供担保,则此种合同属于让与担保合同,而非其他。本案中,西藏信托公司与胡雅奇均否认双方之间的协议是股权买卖或股权质押关系,故上述两种关系可以排除。因此,本案应当着重分析涉案协议是否属于股权让与担保。

所谓让与担保是指,债务人或第三人为担保债务的履行将标的物转让给他人,于债务不履行时,该他人可就标的物受偿的一种非典型担保。将标的物转移给他人的债务人或第三人形式上是转让人,实质上是担保人;受领标的物的他人形式上是受让人,实质上是担保权人。《物权法》没有规定让与担保制度,但由于其具有融资灵活、交易成本较低、第三人阻碍债权实现的可能性小等优势,让与担保一直在担保实践中屡见不鲜。在让与担保关系中,通常存在主从两份合同,股权让与担保作为从合同,是为了担保主合同项下的债务而订立的,这也是判断一个协议是股权转让还是股权让与担保的重要标准。本案中,当事人均认可博源公司与西藏信托公司之间存在 3 笔债权债务关系,涉及本金约 3 亿元,故上述 3 份借款合同应为主合同。而胡雅奇与西藏信托公司公司之间的股权转让协议即应当属于为了担保上述主合同的履行而签订的从合同。否则,博源公司名下房产及土地价值几亿元,而胡雅奇与西藏信托公司之间的股权转让协议未约定任何对价,这显然与理性的商事主体的交易行为相悖,无法让人信服。同时,让与担保亦包括便于债权人实现债权的功能,这与西藏信托公司关于涉案股权转让协议是为了防范胡雅奇和博源公司处置八大处不动产,保障西藏信托公司抵押权的实现,方便西藏信托公司处置八大处不动产的主张完全相符。综上,一审法院认定本案系股权让与担保关系正确,本院予以维持。西藏信托公司关于本案并非让与担保关系的上诉意见,缺乏事实和法律依据,本院不予采信。

本院认为,从虚伪意思表示的角度来看,本案确实可以将股权让与担保理解为名为股权转让实为让与担保。也就是说,股权转让是假,让与担保是真。根据《民法总则》第一百四十六条第二款"以虚假的意思表示隐藏的民事法律行为的效力,依照有关法律规定处理"的规定,虚假的意思表示即股权转让协议因其并非当事人的真实意思表示而无效。而隐藏的行为即让与担保行为则要根据《合同法》的相关规定来认定其效力。让与担保本身并不存在违反法律、行政法规的强制性规定的情形,依法应当认定有效。因此西藏信托公司依据股权转让协议在工商登记中公示为股东,但相关记载应为名义股东性质,并非实际股东。有限公司股权权能中包含财产权及社员权,而股权让与担保本身仅涉及其中的财产权部分,但不应影响实际股东社员权利的行使。故胡雅奇并不因此完全丧失股东身份,故本案胡雅奇仍为博源公司的实际股东并行使相应的股东权利,而西藏信托公司成为名义股东,系双方为实现债权担保及特定商业目的自主安排。名义股东与实际股东并存之情形并不违反公共利益及法律、行政强制性规范,也符合常见的商业惯例,故应尊重当事人的商业判断和权利处分,故最终驳回上诉,维持原判。

【裁判解析】

本案系因股东在对外借款背景下,进行股权零对价转让又约定回购引发的性质判断问题。争议焦点围绕是否为股权让与担保而展开,又涉及股权权能是否可以分离的问题。现详述如下:

(一)股权让与担保之认定

让与担保,是指债务人或者第三人为担保债务人的债务,将担保标的物的所有权等权利转移于担保权人,而使担保权人在不超过担保之目的范围内,于债务清偿后,将担保标的物返还于债务人或第三人;债务不履行时,担保权人得就该标的物优先受偿的一种担保形式。鉴于《物权法》并未规定让与担保制度及"物权法定原则"之限制,一般将让与担保视为一种非典型担保制度。由于让与担保能够扩大融资担保范围,节约交易成本,并有效阻却交易第三人出现的可能性,其在实践中屡见不鲜。股权让与担保系让与担保的代表类型之一,顾名思义,是以股权作为担保标的物的非典型担保制度。

近年来,司法实践对股权让与担保日益秉持开放态度,对股权让与担保的效力在不存在《合同法》第五十二条无效情况下,一般均充分尊重各方当事人的意思自治,认可股权让与担保在双方间产生效力。《全国法院民商事审判工作会议纪要》(以下简称《会议纪要》)第七十一条规定,债务人或者第三人与债权人订立合同,约定将财产形式上转让至债权人名下,债务人到期清偿债务,债权人将该财产返还给债务人或第三人,债务人到期没有清偿债务,债权人可以对财产拍卖、变卖、折价偿还债权的,人民法院应当认定合同有效。第八十九条规定,当事人在相关合同中同时约定采用信托公司受让目标公司股权、向目标公司增资方式并以相应股权担保债权实现的,应当认定在当事人之间成立让与担保法律关系。

(二)股权让与担保之效果与股权权能分离

在股权让与担保法律关系有效成立时,依据让与担保理论,自然在债务清偿后,股权应当返还转让方;在债务无法清偿时,债权人得就该股权受偿。至于债权人就该股权是否具有"优先受偿权",此前理论上和实务中有不同的观点。目前较为一致的观点为具有优先受偿权,理由在于股权让与担保这种形式,已经通过变更登记方式进行了类似"公示"的行为,享有优先受偿权并无不可,司法实践中既有判例也通过股权质押担保的方式予以确认[①]。对此,《会议纪要》第七十一条亦予以明确,债权人请求参照法律关于担保物权的规定对财产拍卖、变卖、折价优先偿还其债权的,人民法院依法予以支持。债务人因到期没有清偿债务,请求对该财产拍卖、变卖、折价偿还所欠债权人合同项下债务的,人民法院亦应依法予以支持。

需要进一步思考的是,在股权让与担保已经形成,股权也已经工商变更登记的情况下,受让人作为公司登记之股东,与公司之间的关系如何处理?转让方虽将股权变更到他人名下,但未放弃对公司经营管理之意图,其与公司之间的关系又该如何处理?目标公司的其他债权人要求目标公司股东承担义务时,其指向是转让方还是受让方?对于上述问题,原《会议纪要(征求意见稿)》第九十四条给出了两种方案。方案一:信托文件的当事人或者目标公司的其他债权人据此主张信托公司享有目标公司股东权利、承担目标公司股东义务的,人民法院不予支持。方案二:目标公司的其他债权人以其信赖工商登记记载的内容为由主张信托公司享有股东权利并应承担目标公司股东义务的,人民法院应予支持。分析上述方案可知,方案一坚持了股权让与的"担保"属性,认为基于让与担保安排的受让方仅为名义股东,并不取得股东资格。方案二则坚持了商事外观主义原则,对外部第三人而言,优先

---

① 参见辽宁省高级人民法院(2012)辽民二终字第156号民事判决书。

保护其信赖利益,维护商事登记的稳定。面对这种两难选择,笔者认为,需要对股权权能作进一步解析。

传统公司理论将股权分为财产权和社员权,自益权和共益权。一般认为,自益权均为财产性权利,如分红权、新股有限认购权、剩余财产分配权等,共益权主要指社员权,即参与公司经营事务的权利,如表决权、召开临时股东会议请求权、股东知情权等。从本质上讲,财产性权利为目的权利,公司事务参与权为手段权利。因此有学者认为,股权实际上是目的权利和手段权利的有机结合,是个体性权利和团体性权利的辩证统一。[①] 从财产性权利和身份性权利相分离的角度看,可以将股权让与担保理解为转让方仅将股权中的财产性权利予以转让,而将身份性权利予以保留。在这种意义上讲,由于股权权能的分离,在债权人与公司关系上,债权人仅享有财产性权利,不享有身份性权利;在担保人与公司关系上,担保人仅享有身份性权利,不享有财产性权利;在公司与外部债权人关系上,宜根据债权人的具体请求指向,在债权人和担保人之间进行权利义务分配。如在公司其他债权人请求公司股东就抽逃出资承担补偿赔偿责任的情况下,应当以转让方为责任承担主体。在受让方再次转让股权情况下,其他债权人亦可基于善意取得股权。[②]

《会议纪要》最终删除了此前的两种方案,在现在的第八十九条中规定:“当事人在相关合同中同时约定采用信托公司受让目标公司股权、向目标公司增资方式并以相应股权担保债权实现的,应当认定在当事人之间成立让与担保法律关系。当事人之间的具体权利义务,根据本纪要第 71 条的规定加以确定。”

(三)本案焦点解析

回到本案,对于本案是否属于股权让与担保,双方产生争议。但从双方的交易模式设定来探究当事人的真实意思表示,股权仅为借款事宜的担保,否则,未约定任何对价的股权转让变更行为在市场交易中根本无法得到合理解释。对于股权让与交易模式的安排,相关学者也对实践中的操作进行了梳理,主要归纳为三个阶段:首先,债务人(让与人)与债权人(受让人)签订股权转让合同,约定让与人将股权作为债权的担保,债权人无需支付对价,或为配合工商登记虚构对价。其次,办理股权变更登记手续,受让人成为登记股东。最后,在债务人清偿债务后,受让人

---

① 参见江平、孔祥俊:《论股权》,载《中国法学》1994 年第 1 期。

② 参见贺小荣主编:《最高人民法院民事审判第二庭法官会议纪要——追寻裁判背后的法理》,人民法院出版社 2018 年版,第 26 页。

无偿回购股权,或是在股权转让合同中约定回购条款。[①] 本案的情形,亦符合上述模式。

在认可股权让与担保效力的情况下,根据上述分析,原告具有股东权能中的身份性权利,西藏信托公司具有股东权能中的财产性权利。原告可以起诉确认自己的身份性权利,即实际股东的权利,但无法否定西藏信托公司的财产性权利,即名义股东的权利。此种处理结果,充分考虑了双方为实现债权担保及特定商业目的自主安排,回应了当前融资市场的关切,实现了法律效果与社会效果的较好统一。

【案例点评】

股权让与担保是近年来理论界和实务界的热点难点问题。本案围绕是否构成股权让与担保法律关系展开,分析了股权让与担保的合同效力及基于股权权能分离的股东资格认定问题。本案在认可股权让与担保合法有效的前提下,通过股权权能构成分析,充分考虑了各方为实现债权担保及特定商业目的自主安排,有效回应了当前融资市场的关切,实现了法律效果与社会效果的较好统一,对于解决司法实践中的困惑,树立了可供借鉴的裁判思路。

【裁判心得】

司法实践对股权让与担保日益秉持开放态度。最高人民法院在《全国法院民商事审判工作会议纪要》中首次以成文方式认可了股权让与担保的效力。在股权让与担保有效的前提下,如何处理各方对于股权的利益是司法实践中的新类型问题。本案基于股权权能分离理论,通过区分债权人与公司关系、债务人与公司关系、双方与公司外第三方关系等不同的关系类型,实现了各方权利义务的合理分配。

---

① 参见高圣平、曹明哲:《股权让与担保效力的解释论——基于裁判的分析与展开》,载《人民司法(应用)》2018 年第 28 期。

上海智马传媒集团股份有限公司诉北京智马汇智科技有限公司股东知情权纠纷案

李　利[*]　郭　帅[**]

关键词

股东知情权　股权回购　不正当目的

裁判要旨

股东有不正当目的，可能损害公司合法利益的，公司可以拒绝股东对公司账簿的查阅，此系公司的法定权利。但回购股权安排并非可能损害公司利益的不正当目的，公司不能以股东曾要求或将来可能要求退出公司为由，限制股东查阅账公司账簿。

相关法条

1.《中华人民共和国公司法》第三十三条。

2.最高人民法院《关于适用〈中华人民共和国公司法〉若干问题的规定（四）》第八条。

【当事人基本情况】

上诉人（一审被告）：北京智马汇智科技有限公司。

被上诉人（一审原告）：上海智马传媒集团股份有限公司。

【基本案情】

上海智马传媒集团股份有限公司（以下简称上海智马公司）向一审法院起诉请

---

* 李利，北京市第一中级人民法院民三庭法官。

** 郭帅，北京市第一中级人民法院民三庭法官助理。

求:(1)北京智马汇智科技有限公司(以下简称北京智马公司)提供2016年度、2017年度、2018年度会计账簿及原始凭证供上海智马公司查阅、复制;(2)诉讼费用由北京智马公司负担。

北京智马公司辩称:(1)北京智马公司已于起诉前向上海智马公司提供了其要求查阅的资料,上海智马公司的股东知情权已得到满足。(2)北京智马公司已举证证明上海智马公司要求回购股份退出公司经营,在此情况下,上海智马公司要求查阅涉及公司商业秘密的相关文件,有损害公司利益的不正当目的。在上海智马公司要求退出公司的背景下,上海智马公司多次发函要求北京智马公司进一步提供原始凭证以及劳动合同、业务合同等文件,可能存在损害公司利益的主观恶意,存在不正当目的。

一审法院认定事实:北京智马公司系于2015年2月28日成立的由自然人高鑫个人独资的有限责任公司。2015年5月21日,该公司企业类型变更为有限责任公司(自然人投资或控股),股东由高鑫变更为高鑫、上海智马公司、上海银嘉传媒有限公司。2016年7月7日,该公司注册资本由715万元变更为1000万元并修改公司章程。该章程第八条规定,股东享有如下权利:"……(八)有权查阅股东会会议记录和公司财务会计报告。"

2018年6月29日,上海智马公司向北京智马公司发函,内容为"北京智马公司暨高鑫先生:……北京智马公司成立后,一直由高鑫先生实际控制、经营。根据公司2016年度审计报告及2017年度审计报告,公司长期亏损,经营目标未能完成,经营状况不理想并持续恶化。为此,我司作为公司股东,依法要求公司提供自成立以来的财务会计报告、查阅并复制公司自成立以来的财务账簿及相应原始凭证,以便对公司的经营提出意见建议,共同为公司发展做出努力。请北京智马公司于2018年7月5日上午10点,在北京市朝阳区新源里16号琨莎中心2座1112公司会议室,向我司提供前述文件资料"。

2018年7月3日,北京智马公司向上海智马公司回函:"……3.因财务资料涉及公司商业机密及重要经营信息,为维护公司利益,贵司查阅的部分资料不可复制,请予以理解。4.因公司的正常业务安排及相关工作准备需要,贵司要求的时间难以安排,请贵司于2018年7月17日至7月20日期间的工作时间前往公司办公地点查阅资料,并在确定具体时间后提前函告公司……"

后经双方函件往来,确定查阅时间。2018年7月17日,上海智马公司委托张薇兰查阅财务资料,并签署保密承诺函。承诺函手写部分显示:"收到审计报告(京安会审字[2018]第0931号)原件、2016年审计报告京安会审字[2017]第008号复印件、2016年审计报告京安会审字[2017]第108号复印件,查阅2017年01月企业会计财务报表、2017年02月企业会计财务报表、2017年03月企业会计财务报表、2017年明细账3.1、2017年总分类账。"

2018年3月1日,北京智马公司工作人员通过电子邮件向上海智马相关人员发送2017年12月资产负债表、2017年12月利润表、2017年度企业所得税申报表、2017年度银行对账单、2017年度增值税纳税申报表等电子文件。

2018年4月27日,上海智马公司致函高鑫,要求高鑫依照之前的协议回购上海智马公司在北京智马公司的股权。

诉讼中,上海智马公司表示需要委托一名注册会计师查阅公司会计账簿、会计凭证(原始凭证、记账凭证)。

【审理结果】

北京市门头沟区人民法院于2019年6月3日作出(2019)京0109民初2955号民事判决:一、北京智马公司于判决生效之日起30日内将该公司2016年度、2017年度、2018年度的会计账簿和会计凭证(原始凭证、记账凭证)备好,供上海智马公司及该公司委托的一名注册会计师查阅;二、驳回上海智马公司的其他诉讼请求。判决后,北京智马公司向北京市第一中级人民法院提起上诉。北京市第一中级人民法院于2019年9月25日,作出(2019)京01民终7237号民事判决:驳回上诉,维持原判。

【裁判理由】

法院生效裁判认为:《公司法》第三十三条规定,"股东有权查阅、复制公司章程、股东会会议记录、董事会会议决议、监事会会议决议和财务会计报告。股东可以要求查阅公司会计账簿。股东要求查阅公司会计账簿的,应当向公司提出书面请求,说明目的。公司有合理根据认为股东查阅会计账簿有不正当目的,可能损害公司合法利益的,可以拒绝提供查阅,并应当自股东提出书面请求之日起十五日内书面答复股东并说明理由。公司拒绝提供查阅的,股东可以请求人民法院要求公司提供查阅。"

本案中,上海智马公司确曾在2018年查阅了审计报告、企业会计财务报表、明细账、总分类账等财务资料,但并无证据证明其查阅了2016年度至2018年度的会计账簿和会计凭证,故上海智马公司有权提起本案诉讼。北京智马公司关于上海智马公司的股东知情权已得到满足,上海智马公司的起诉属于滥用权利、浪费司法资源的上诉理由,证据不足,本院不予支持。

股东知情权依附于股东身份而存在,虽上海智马公司曾致函北京智马公司高鑫要求其回购股权,但上海智马公司仍系北京智马公司的股东,在未丧失公司股东身份之前仍可按照《公司法》或章程的规定行使相应的股东权,除非章程或股东与公司之间另有约定。上海智马公司要求回购股权的事实,并不符合最高人民法院《关于适用〈中华人民共和国公司法〉若干问题的规定(四)》(以下简称《公司法司法解释(四)》)第八条规定的"不正当目的"之情形,故北京智马公司关于上海智马公司要求查阅涉及公司商业秘密的相关文件,有损害公司利益的不正当目的的上诉理由,于法无据,本院不予支持。

【裁判解析】

本案系因股东知情权引发的"不正当目的"判断问题。对于《公司法》第三十三条"不正当目的"这一具有价值判断的术语,在司法实践中容易引发各方争议。笔者认为,对于"不正当目的"的界定,可以从"正向解释"和"反向排除"两方面入手予以类型化表达。本案通过"反向排除"的方法,认为回购股权安排并非可能损害公司利益的不正当目的,公司不能以股东曾要求或将来可能要求退出公司为由,限制股东查阅账簿权利的行使。

(一)"不正当目的"之辩

《公司法》第三十三条规定:"……股东要求查阅公司会计账簿的,应当向公司提出书面请求,说明目的。公司有合理根据认为股东查阅会计账簿有不正当目的,可能损害公司合法利益的,可以拒绝提供查阅……"本条确立了公司对股东查账请求权的阻却事由,即股东有不正当目的,可能损害公司合法利益的,公司可以拒绝股东对账簿的查阅。"不正当目的"这一概念具有模糊性,在法律适用中具有进一步解释的空间。从文义解释来看,"正当"是指合乎事理、符合法律,"目的"是对股东主观查账心理动机的表示,而"不正当目的"则可理解为不合乎法与理的查账动机。从体系解释来看,《公司法》第三十三条对"不正当日的"进行了限缩,要求可能损害公司利益。[①] 从上述解读来看,可能损害公司利益的不正当目的,系对一种知情权主体(股东)心理活动的描述,无法直接预测与探知,只能通过股东的主体行为来合理判断或推定。

(二)"不正当目的"的正向解释

通过司法实践的经验积累,《公司法司法解释(四)》第八条对不正当目的进行

---

① 参见杜万华主编、最高人民法院民事审判第二庭编著:《最高人民法院公司法司法解释(四)理解与适用》,人民法院出版社2017年版,第185页。

了正向列举。《公司法司法解释(四)》第八条规定:“有限责任公司有证据证明股东存在下列情形之一的,人民法院应当认定股东有公司法第三十三条第二款规定的‘不正当目的’:(一)股东自营或者为他人经营与公司主营业务有实质性竞争关系业务的,但公司章程另有规定或者全体股东另有约定的除外;(二)股东为了向他人通报有关信息查阅公司会计账簿,可能损害公司合法利益的;(三)股东在向公司提出查阅请求之日前的三年内,曾通过查阅公司会计账簿,向他人通报有关信息损害公司合法利益的;(四)股东有不正当目的的其他情形。”

分析上述规定,第一种情形是股东与公司的业务具有实质性竞争关系,符合典型利益冲突的要求。[①] 第二种情形是股东向他人通报,可能损害公司合法利益。值得注意的是,只要证明股东有可能向公司的竞争者等他人通报,具有损害公司合法利益的或然性,即落入本种情况的适用范畴。第三种情况系法律推定,只要股东三年内有劣迹,在行使查阅账簿请求权时就予以限制,本质上是对股东不诚信行为的惩罚,有助于弘扬诚实守信之契约精神。第四项是兜底条款,在适用上应当与前三项具有性质和程度上的匹配性,审慎适用。

(三)“不正当目的”的反向排除

关于“不正当目的”的反向排除,从逻辑上讲,只要股东行使权利秉持的是“正当目的”,是在诚信原则下与维护股东利益直接相关的合理目的,自然即享有查阅账簿的权利。不少立法例有类似规定。如《美国标准公司法》第16.02条规定:“股东只有满足下列情况方可检查、复制……(1)该要求的作出是善意的、用于正当目的;(2)就其目的和要求检查的记录做了合理的具体陈述;且(3)该记录与其目的有直接联系……”笔者认为,此处的正当目的,可以包括以下几种:一是了解公司的财务经营状况;二是为相关股权评估或商业交易进行准备工作;三是为调查潜在不当行为进行证据搜集准备;四是同公司、股东或利害关系人诉讼时获取相关信息;五是其他适宜目的。

值得注意的是,正当目的,也是一种主观状态之描述,也需要借助行为来判断。在双方对是否具有“正当目的”产生争议时,如何分配举证责任就显得至关重要。笔者认为,鉴于股东知情权的基础属性,对于股东向公司提出的书面请求中载明的查账“目的”,应当从宽掌握。股东对“正当目的”的证明义务仅仅是一种说明性意义上、最低限度的义务,不需要高强度的正当化。[②]

---

① 典型案例如江苏省南京市中级人民法院(2016)苏01民终7835号民事判决书。

② 参见程继伟、曹文兵:《股东查账权“正当目的”与“不正当目的”之辨》,载《人民法院报》2016年12月1日,第7版。

易言之,只要理由合乎情理,即应当允许股东查阅。公司主张股东所述理由不实或损坏公司利益的,应对股东具有"不正当目的"承担举证证明责任,此时的证明标准要达到"高度盖然性"之要求。

(四)本案焦点解析

本案的争议焦点为,是否可以根据股东曾经要求公司回购股权的行为推定股东查阅账簿目的不纯,具有可能损害公司利益的不正当性。

从前述"正当目的"的分析来看,单纯了解公司的财务经营状况,或是为相关商业交易进行准备工作,均属于正当目的的范畴,应当准许查账。股权回购作为商事交易的常见安排,是股东的约定权利,于公司而言,不存在损害公司"合法"利益的情况。从"不正当目的"的解释看,股权回购也无法落入《公司法司法解释(四)》规定的四种情况之一。故本案中,虽上海智马公司曾致函北京智马公司要求其回购股权,但上海智马公司当前仍系北京智马公司的股东,在未丧失公司股东身份之前仍可按照《公司法》或章程的规定行使股东知情权。上海智马公司要求回购股权的事实,并不符合"不正当目的"之情形。

【案例点评】

本案系因股东知情权引发的"不正当目的"判断问题。对于《公司法》第三十三条"不正当目的"这一具有价值判断的术语,在司法实践中容易引发各方争议。本案通过"反向排除"的方法,认为回购股权安排并非可能损害公司利益的不正当目的,公司不能以股东曾要求或将来可能要求退出公司为由,限制股东查阅账簿权利的行使。该结论对于进一步厘清"不正当目的"的内涵,排除适用情形,回应当前资本市场关注,具有重要意义。

【裁判心得】

"不正当目的"的界定,是公司诉讼领域股东知情权纠纷的经典问题。对于《公司法》第三十三条的理解与适用,《公司法司法解释(四)》从正面规定了"不正当目的"的四种情况,但最后的"股东有不正当目的的其他情形"这一兜底条款,充分说明鉴于现实情况的多样性,对"不正当目的"穷尽列举几无可能。针对当前普遍存在的回购股权,本案中明确阐明,正常的回购股权安排并非不正当目的,不能仅以此为由,限制股东的知情权利。

冯亦然诉北京乐酷达网络科技有限公司合同纠纷案

刘海云*

关键词

比特币　虚拟商品　可得利益损失

裁判要旨

1. 网络虚拟财产具有可支配性和排他性，具有经济价值，在网络空间中也具有一定的有形存在，作为一种特殊类型的物，需要民法的保护。基于网络虚拟财产签署的相关合同，包括用户与交易平台签署的具有结算、服务和安全保障性质的合同，除具有违反《合同法》第五十二条规定的情形外，应予承认其效力。

2. 对于网络虚拟财产交易产生的损失，应考查《合同法》第一百一十三条关于赔偿损失的一般构成要件，即违约行为、受害人损失、违约行为与损害之间具有因果关系。如果违约行为没有发生，守约方仍不免发生损失时，则违约方不负赔偿责任。对于赔偿范围，应结合合同双方权利义务内容、违约方行为对于虚拟财产最终交易结果的影响以及损失是否现实发生等角度，综合进行认定。

相关法条

1.《中华人民共和国民法总则》第一百二十七条。

2.《中华人民共和国合同法》第一百一十三条。

【当事人基本情况】

原告（上诉人）：冯亦然。

---

* 刘海云，北京市第一中级人民法院民三庭法官。

被告(被上诉人):北京乐酷达网络科技有限公司(以下简称乐酷达公司)。

【基本案情】

冯亦然起诉称,其在乐酷达公司经营的 OKCoin 币行平台注册,于 2017 年 1 月 12 日购买了 38.748 个比特币。2017 年 8 月 1 日,乐酷达公司发布了《OKCoin 币行关于 BCC 快照及领取公告》,承诺将进行比特币权益结算,并要求用户在 OKCoin币行账户内领取比特现金,并承诺所有领取的比特现金将直接打入用户的 OKEx 现货账户中。此次比特币分叉后,冯亦然应获得 38.748 个比特现金。2017 年 12 月,在冯亦然按照比特现金领取公告进行比特现金提取时发现该网页“领取”按钮已消失,比特现金已无法领取。后冯亦然通过咨询客服得知,比特现金领取通道已经关闭,无法领取。乐酷达公司至今未给予冯亦然应得比特现金。冯亦然认为,其欲提取当天(2017 年 11 月 25 日)的比特现金价格为 1358.12 美元/个(折合人民币 9017.78 元),截至 2018 年 7 月 12 日,比特现金价格为 694.07 美元/个(折合人民币 4631.251 元),交易价差额 169 969.22 元是冯亦然的经济损失。故诉至法院请求:(1)乐酷达公司履行合同将 38.748 个比特币现金(Bitcoin Cash)打入冯亦然的比特币现金个人账户;(2)乐酷达公司赔偿冯亦然 38.748 个比特币现金的价格损失 169 969.22 元;(3)案件受理费由乐酷达公司承担。

一审法院审理查明:乐酷币行网即 OKCoin 币行网(www.okcoin.cn)系乐酷达公司备案经营的网站,提供一个包含数字资产的在线交易平台,用于交易数字资产的现货或者衍生品。用户确认接受《OKCoin 币行服务条款》,通过提供姓名、电子邮件和密码注册账户,得到用户名(用户邮箱)和密码后,有权参加 OKCoin 币行网组织提供的各项线上、线下活动,有权根据 OKCoin 币行网网站规定,享受 OKCoin币行网提供的其他各类服务。OKCoin 币行网通过正式的页面公告、站内信、电子邮件、客服电话、手机短信或常规的信件等途径向用户发出通告。

冯亦然于 2016 年 11 月 1 日在 OKCoin 币行网注册了个人账户,注册邮箱“fengyiran@163.com”,绑定手机号“13520086500”,认证姓名“冯亦然”。

2017 年 7 月 18 日,乐酷达公司发布《OKCoin 币行关于比特币分叉处理方案的公告》:在比特币高速发展的同时,比特币社区出现了不同的技术发展路线图,OKCoin 币行网并没有权力帮助用户选择哪一种比特币技术,因此 OKCoin 币行网将支持所有主流的比特币技术发展路线,把选择权交给市场和客户。OKCoin 币行网将在比特币出现分叉可能性的期间采取如下措施:(1)在可能出现分叉的时间点 2017 年 7 月 30 日至 2017 年 8 月 2 日(预计),为了防止比特币充值或提现被回滚和重放攻击,OKCoin币行网将停止比特币的充值和提现……(3)如果比特币分裂为一种或多种比特币,OKCoin币行将会把分裂出来的各种比特币按拥有权提供给所有客户,并且逐步上线所有新种类的比特币的交易。

2017年7月25日,乐酷达公司发布《OKCoin币行关于比特币和BCC(Bitcoin Cash/比特币现金)的处理方案公告》:BCC是根据Bitcoin ABC方案产生的区块链资产,BCC将从2017年8月1日20:20开始挖矿。OKCoin币行决定:(1)2017年8月1日20:20前如用户账户内持有BTC,OKCoin币行网将按拥有权提供给用户等额的BCC,并在适当的时间点发放到用户账户。(2)从2017年7月31日00:00开始至2017年8月3日00:00,为了防止比特币充值或提现被回滚和重放攻击,OKCoin币行网将停止比特币充值和提现。

2017年8月1日,乐酷达公司发布《OKCoin币行关于BCC快照及领取公告》:(1)OKCoin币行将于北京时间2017年8月1日20:20进行账户快照,并根据账户BTC权益进行核算。之后,请用户在OKEx现货账户中领取在OKCoin币行、OKCoin国际、OKEx合约的BCC(可使用OKCoin币行账户快速登录OKEx)。所有领取的BCC将直接打入用户的OKEx现货账户中,请用户领取后查收……(3)OKCoin币行网预计在产生第一个BCC区块后正式开启BCC/BTC交易。

2018年2月11日,冯亦然登录进入其在OKCoin币行网注册的个人账户,在资金管理页面显示,币种"BTC"的可用余额为0;在账单明细页面显示,币种"BTC"于2017年1月12日买入19.4310,余额38.7480,于2017年11月27日提现38.7480,余额0。一审期间,冯亦然提供其本人录制的视频资料显示:通过在OKCoin币行网登录界面输入其用户名、密码并验证手机后,该账户内的资金管理页面已经没有币种及相应余额的显示,亦没有比特币现金领取按钮。

【审理结果】

北京市海淀区人民法院于2018年8月10日作出(2018)京0108民初24805号民事判决:一、乐酷达公司于判决生效后10日内向冯亦然注册账户发放比特币现金(Bitcoin Cash)38.7480个;二、驳回冯亦然其他诉讼请求。宣判后,冯亦然向北京市第一中级人民法院提起上诉,北京市第一中级人民法院于2018年12月10日作出(2018)京01民终9579号民事判决,判决:驳回上诉,维持原判。

【裁判理由】

法院生效裁判认为:冯亦然在乐酷达公司运营的OKCoin平台注册成为平台用户,并通过OKCoin平台进行比特币、比特币现金交易,乐酷达公司为冯亦然交易提供交易平台和结算服务,并按照交易提现情况收取相应的手续费,双方之间形成合同关系。二审期间,双方争议焦点是乐酷达公司未能及时为冯亦然提供比特币现金提取服务,是否应赔偿冯亦然因比特币现金市场价值波动而遭受的损失。

《合同法》第一百一十三条第一款规定:“当事人一方不履行合同义务或者履行合同义务不符合约定,给对方造成损失的,损失赔偿额应当相当于因违约所造成的损失,包括合同履行后可以获得的利益,但不得超过违反合同一方订立合同时预见到或者应当预见到的因违反合同可能造成的损失。”首先,从权利义务内容角度,乐酷达公司是作为第三方机构,为比特币、比特币现金交易的买卖双方提供交易平台,办理提现、结算服务,并据此收取服务费用。乐酷达公司并不参与具体的比特币或比特币现金交易,因比特币、比特币现金价值波动产生的交易差,不属于乐酷达公司提供服务的范畴,不宜成为判断乐酷达公司责任范围的依据。其次,从比特币、比特币现金交易性质角度,其市场价值波动较大,对于交易时间、交易量的判断,没有统一、确定的标准,依赖于交易人个体的知识、经验、偏好,并与市场交易行情密切相关。在此情况下,乐酷达公司未及时提供提现、结算服务,对于比特币、比特币现金最终交易结果的影响,不具有当然性和确定性,不符合《合同法》关于损失“可预见性”的规定。最后,从损失发生应当具有客观性角度,本案冯亦然起诉乐酷达公司,要求提取其在 OKCoin 平台账户中的比特币现金。在比特币现金尚未交付、更没有完成与实体货币兑换的情况下,所谓的交易差损失并没有现实发生,冯亦然截取部分特定时间段的比特币、比特币现金市场价格差主张其损失范围,亦没有现实的依据。综上,一审法院判决驳回冯亦然关于要求乐酷达公司赔偿其比特币现金价格损失的诉讼请求,并无不当,本院对冯亦然的上诉请求不予采信。

【裁判解析】

本案系围绕互联网区块链技术形成的虚拟财产所发生的纠纷。比特币(BitCoin)是一种 P2P 形式的数字货币由计算机生成的一串串复杂代码组成。比特币经济使用整个 P2P 网络中众多节点构成的分布式数据库来确认并记录所有的交易行为,并使用密码学的设计来确保货币流通各个环节安全性。比特币可以用来兑现大多数国家的货币,可以用来购买虚拟物品,也可以购买现实物品。2017 年 1 月 24 日中午 12:00 起,中国三大比特币平台正式开始收取交易费,2017 年年底,比特币价格突破 2 万美元。但比特币尚未在任何国家和地区受到有效监管,相关病毒、木马也随着比特币的火爆而活跃起来。因此,中国人民银行、工业和信息化部等曾于 2013 年 12 月下发《关于防范比特币风险的通知》表示,虽然比特币被称为“货币”,但由于其不是由货币当局发行,不具有法偿性与强制性等货币属性,并不是真正意义的货币;从性质上看,比特币应当是一种特定的虚拟商品,不具有与货币等同的法律地位,不能且不应作为货币在市场上流通使;要求中国各金融机构和支付机构不得开展与比特币相关的业务。虽然在国家认可层面遇冷,但比特币交易在民间市场仍十分活跃,比特币交易平台承担了大部分“比特币兑换现金”和“现金购买比特币”的功能。本案即是因比特币平台交易引发的纠纷。

(一)关于比特币的性质

《民法总则》第一百二十七条规定:“法律对数据、网络虚拟财产的保护有规定的,依照其规定。”该条款是关于数据和网络虚拟财产保护的特殊规定。随着中国网民的剧增,对数据和网络虚拟财产权属的界定和法律构建亟待解决。上述规定认为虚拟网络财产具有可支配性和排他性,具有经济价值,在网络空间中也具有一定的有形存在,作为一种特殊类型的物,需要受到民法的保护。比特币应属网络虚拟财产的一种形式,其价值与市场交易程度、公众认可度和用户对其信用的信心程度密切相关,可进行交易、兑换,亦可被用于购买商品、服务,故比特币持有者对所持比特币具有的相关民事权益,应当受到保护。

(二)关于比特币持有人与交易平台的关系

如前所述,比特币交易平台承担了交易市场的大部分“比特币兑换现金”和“现金购买比特币”的功能。用户通过在交易平台注册,领取用户名和密码,进行比特币、比特币现金交易;交易平台为用户交易提供交易平台和结算服务,并按照交易提现情况收取相应的手续费,同时,交易平台也负有保证网络系统服务器和程序的安全性能、确保交易环境安全的基本注意义务,故用户与交易平台之间形成了包括交易结算、网络服务、安全保障等混合合同关系。根据本案审理查明,乐酷达公司关闭比特现金领取通道,导致冯亦然无法提取账户内比特币现金,冯亦然有权要求乐酷达公司向其指定账户返还比特币现金。

(三)关于虚拟财产交易损失承担问题

如前所述,交易平台为注册用户提供交易平台和结算服务,并按照交易提现情况收取相应的手续费,应当为用户提供真实、有效的交易信息,并配合用户及时办理结算,保障注册用户的财产权益不受侵害。本案中,乐酷达公司经营的、为注册用户提供比特币交易平台的 OKCoin 币行网,以网站公告的方式承诺:“2017 年 8 月 1 日 20:20 前如用户账户内持有 BTC(比特币),OKCoin 币行网将按拥有权提供给用户等额的 BCC(比特币现金),会在适当的时间点发放到用户的账户。”并于

2017 年 8 月 1 日的《OKCoin 币行关于 BCC 快照及领取公告》中再次确认了比特币现金的发放原则。该承诺系乐酷达公司以公开公告向注册用户作出的单方承诺,乐酷达公司应当履行其上述承诺。乐酷达公司未按其承诺为冯亦然提供比特币现金提取服务,乐酷达公司构成违约。

本案双方争议焦点是乐酷达公司未能及时为冯亦然提供比特币现金提取服务,是否应赔偿冯亦然因比特币现金市场价值波动而遭受的损失。根据《合同法》第一百一十三条第一款规定:"当事人一方不履行合同义务或者履行合同义务不符合约定,给对方造成损失的,损失赔偿额应当相当于因违约所造成的损失,包括合同履行后可以获得的利益,但不得超过违反合同一方订立合同时预见到或者应当预见到的因违反合同可能造成的损失。"赔偿损失需要满足一定的构成要件,即违约行为、受害人损失、违约行为与损害之间具有因果关系。在违约责任中,因果关系是归责的重要前提。一方面,任何人都必须对自己的行为所造成的损害后果承担责任,而要确定责任,必须确定引起损害后果发生的真正原因。另一方面,因果关系决定着直接损害与间接损害的区分,也是对损害赔偿范围作出限定的标准。而判断违约行为与损失之间是否存在因果关系,最基本的方法是必要条件规则,即一种"无彼即无此"的关系。如果违约行为没有发生,守约方仍不免发生损失,则违约方不负赔偿责任。

首先,从权利义务内容角度,乐酷达公司是作为第三方机构,为比特币、比特币现金交易的买卖双方提供交易平台,办理提现、结算服务,并据此收取服务费用。乐酷达公司并不参与具体的比特币或比特币现金交易,因比特币、比特币现金价值波动产生的交易差,不属于乐酷达公司提供服务的范畴,不宜成为判断乐酷达公司责任范围的依据。

其次,从比特币、比特币现金交易性质角度,其市场价值波动较大,对于交易时间、交易量的判断,没有统一、确定的标准,依赖于交易人个体的知识、经验、偏好,并与市场交易行情密切相关。在此情况下,乐酷达公司未及时提供提现、结算服务,对于比特币、比特币现金最终交易结果的影响,不具有当然性和确定性,不符合《合同法》关于损失"可预见性"的规定。

最后,从损失发生应当具有客观性角度,本案冯亦然起诉乐酷达公司,要求提取其在 OKCoin 平台账户中的比特币现金。在比特币现金尚未交付、更没有完成与实体货币兑换的情况下,所谓的交易差损失并没有现实发生,冯亦然截取部分特定时间段的比特币、比特币现金市场价格差主张其损失范围,亦没有现实的依据。

综合上述情形,因比特币价值本身具有不特定性,受市场环境和用户认知能力、用户信心程度影响,价值波动巨大,无法预见其合理价值和利润,故对于冯亦然主张的损失一、二审法院均没有支持。

【案例点评】

网络虚拟财产具有可支配性和排他性,亦具有经济价值,理应受到保护。对于网络虚拟财产交易产生的损失,应根据《合同法》《侵权责任法》等一般规定进行认定。本案比特币交易属于虚拟商品交易,与当前互联网区块链技术发展的时代背景密切相关。案涉交易恰逢比特币分叉,乐酷达公司未能及时为冯亦然提供比特币现金提取服务,导致冯亦然未能及时实现交易分叉,因此产生了虚拟商品交易损失应如何认定的问题。案件审理不仅涉及合同效力问题,亦涉及虚拟产品交易损失如何认定问题,对厘清虚拟商品交易范围和法律适用,具有借鉴意义。

【裁判心得】

本案系网络虚拟财产交易引发的纠纷,《民法总则》第一百二十七条规定:"法律对数据、网络虚拟财产的保护有规定的,依照其规定。"这一规定对虚拟财产的保护提供了实体法上的依据。网络虚拟财产属于特殊类型的物,但相并纠纷的处理没有具体可依的法律条文。法官依据《合同法》《侵权责任法》等基础法律规范进行审理,从损害赔偿构成基本要件着手进行分析,为处理新类型网络虚拟财产纠纷提供了审理思路。

深圳市华成峰实业有限公司诉马洁等股东损害公司债权人利益责任纠纷案

刘海云*

关键词

清算责任　诉讼时效　股东连带责任　债权人利益保护

裁判要旨

1. 股东在公司出现解散事由后未依法履行清算义务，属于滥用股东法人独立地位和股东有限责任、严重损害公司债权人利益的行为，应承担相应的赔偿责任。但股东怠于履行清算义务是其对公司债务承担连带清偿责任的必要条件，却不是充要条件，公司是否能够继续清算才是判断股东责任范围的重要前提。

2. 追究股东怠于履行清算义务的责任，不以清算程序为必要前提，在个案审判中，人民法院应就公司是否能够清算进行判断。由于人民法院不是专业的审计机构，缺乏系统的公司财务、会计知识，在股东无法提供任何财务账册的情况下，人民法院尚可对公司能否清算作出有效的判断；在股东能够提供公司账册的情况下，人民法院没有能力对诸如财务数据真实性、完整性、记账方式的合理性等事项作出有效判断，故应先行通过清算程序对公司进行清理，待清算组审计评估后作出判定。

* 刘海云，北京市第一中级人民法院民三庭法官。

相关法条

1.《中华人民共和国公司法》第二十条、第一百八十条第四项、第一百八十三条。

2. 最高人民法院《关于适用〈中华人民共和国公司法〉若干问题的规定(二)》第十八条。

【当事人基本情况】

上诉人(一审被告):马洁、张恒、付志青。

被上诉人(一审原告):深圳市华成峰实业有限公司(以下简称华成峰公司)。

原审第三人:北京恒信国通系统科技有限公司(以下简称恒信国通公司)。

【基本案情】

华成峰公司向一审法院起诉认为,恒信国通公司未按规定办理年检,被吊销企业法人营业执照,并被责令限期依法进行清算,但马洁、张恒、付志青平作为公司股东,至今怠于履行清算义务,导致公司清算不能,故应当对恒信国通公司的债务承担连带清偿责任。

本案经审理查明如下事实:恒信国通公司于 2006 年 3 月 1 日成立,公司注册资本为 200 万元,后变更为 500 万元,股东为马洁、张恒、付志清。2016 年 8 月 26 日,北京市工商行政管理局海淀分局对恒信国通公司作出行政处罚,吊销恒信国通公司营业执照;恒信国通公司的债权债务由投资人自行清算或者由债权人申请人民法院指定清算人进行清算,并在清算完毕后到原登记机关办理注销登记。2017 年 7 月 31 日,北京市工商行政管理局海淀分局经审查认为,恒信国通公司提交的清算组备案申请材料齐全,符合法定形式,予以备案。清算组成员为:负责人张恒,成员付志青、马洁、张恒。

2013 年 3 月 28 日,广东省深圳市南山区人民法院(以下简称南山区法院)就华成峰公司与恒信国通公司买卖合同纠纷一案作出(2012)深南法民二初字第 222 号民事判决书(以下简称 222 号判决书),判令恒信国通公司应于该判决生效之日起 10 日内向华成峰公司接收涉案合同项下全部货物,并向华成峰公司支付款项 2 485 000. 01元及逾期付款违约金(按每日 1‰的标准,从 2011 年 12 月 18 日起计算至该判决确定的付款之日)、拒绝收货的违约金 745 500 元。恒信国通公司不服上述一审判决并提起上诉,因未在法定期间交纳上诉费,按自动撤回上诉处理,终审裁定书生效时间为 2013 年 12 月 20 日。后因恒信国通公司未按民事判决书履行还款义务,华成峰公司于 2014 年 1 月 8 日向南山区法院申请强制执行。在案件执行过程中,南山区法院扣划了恒信国通公司名下银行存款 745 500 元,但未发现可供执行的财产,且华成峰公司在指定期限内不能提供财产可供执行,需要等待继续执行的条件成就后再重新启动,故于 2014 年 10 月 15 日作出(2014)深南法执字第 639 号执行裁定书,裁定终结本次执行程序。

2017 年 8 月 4 日,恒信国通公司在《中国商报》刊登注销公告,载明恒信国通公司注册号以及拟向公司登记机关申请注销登记,清算组成员由付志青、马洁和张恒组成,请债权人于见报之日起 45 日内向公司清算组申报债权。2017 年 9 月,恒信国通公司向华成峰公司送达《债权申报通知书》。2017 年 10 月 9 日,华成峰公司向恒信国通公司送达《申报债权登记表》及《申报债权计算明细》,申报债权合计 4 947 144.78 元。

审理中,马洁、张恒、付志清提交了恒信国通公司于 2006 年至 2017 年的财务账簿和审计报告,证明恒信国通公司符合清算要件,且能够清算;提交了恒信国通公司与案外人大华(北京)税务师事务所有限公司于 2016 年 11 月 28 日签订的《涉税服务业务约定书》,证明恒信国通公司委托税务师事务所提供 2006 年至 2016 年账务清理并为恒信国通公司提供强制清算代理服务,证明恒信国通公司在被吊销营业执照后积极开展清算工作。华成峰公司称马洁、张恒、付志青提供财务账簿中有些支出是现金支出,不符合国家现金管理制度的规定,现金支出的金额较大,存在股东挪用款项的情形,故对财务账簿和审计报告真实性无法确认。

【审理结果】

北京市海淀区人民法院于 2019 年 6 月 22 日作出(2017)京 0108 民初 14939 号民事判决:一、马洁、张恒、付志青于判决生效之日起 10 日内,向华成峰公司赔偿损失合同款项 2 485 000.01 元和逾期付款违约金 1 848 840.01 元;二、马洁、张恒、付志青于判决生效之日起 10 日内,向华成峰公司赔偿迟延履行的债务利息损失(以 4 333 840.02 元为基数,自 2013 年 12 月 31 日起至实际付清之日止,按每日 0.0175% 计算);三、驳回华成峰公司的其他诉讼请求。判决后,马洁、张恒、付志清向北京市第一中级人民法院提起上诉,北京市第一中级人民法院于 2019 年 9 月 27 日作出(2019)京 01 民终 8441 号民事判决,判决:一、撤销北京市海淀区人民法院(2017)京 0108 民初 14939 号民事判决;二、驳回华成峰公司的全部诉讼请求。

【裁判理由】

法院生效裁判认为:华成峰公司主张,马洁、张恒、付志青作为恒信国通公司的股东,在公司被吊销营业执照之后未及时履行清算义务,导致公司财产贬值、流失、毁损、灭失,已无法清算,华成峰公司的债权至今未获得清偿,损害了债权人的合法权益,故起诉要求马洁、张恒、付志青对恒信国通公司的债务承担连带清偿责任。马洁、张恒、付志青则认为,恒信国通公司财务账册完整、能够进行清算,且股东已经开展清算工作,不存在损害债权人利益的行为。

对此本院认为,根据《公司法》第一百八十条、第一百八十三条规定,公司依法被吊销营业执照而解散的,应当在解散事由出现之日起十五日内成立清算组,开始清算。最高人民法院《关于适用〈中华人民共和国公司法〉若干问题的规定(二)》第十八条规定:"有限责任公司的股东、股份有限公司的董事和控股股东未在法定期限内成立清算组开始清算,导致公司财产贬值、流失、毁损或者灭失,债权人主张其在造成损失范围内对公司债务承担赔偿责任的,人民法院应依法予以支持。有限责任公司的股东、股份有限公司的董事和控股股东因怠于履行义务,导致公司主要财产、账册、重要文件等灭失,无法进行清算,债权人主张其对公司债务承担连带清偿责任的,人民法院应依法予以支持。上述情形系实际控制人原因造成,债权人主张实际控制人对公司债务承担相应民事责任的,人民法院应依法予以支持。"

根据上述法律及司法解释的规定,股东在公司出现解散事由后未及时履行清算义务,是滥用股东法人独立地位和股东有限责任、严重损害公司债权人利益的行为,应承担相应的赔偿责任。但对于赔偿的范围,应根据其行为实际给债权人造成的损失来判断,如果股东未及时清算,导致公司财产贬值、流失、毁损或者灭失,则股东应在造成损失范围内对债权人承担赔偿责任;如果因股东怠于履行义务,导致公司主要财产、账册、重要文件等灭失,无法进行清算,则股东应对公司全部债务承担连带清偿责任。可见在股东怠于履行清算义务的情况下,公司是否能够进行清算是判断股东责任范围的重要前提。本案中,马洁、张恒、付志青提供了恒信国通公司的财务账册原件,华成峰公司认为账目现金支出不符合国家现金管理制度规定,存在股东挪用公司款项的情形,但未能提供相反证据否认账册的真实性。在此情况下,应当依法先就恒信国通公司进行清算,在清算程序中对恒信国通公司是否能够全面清算以及是否存在公司资产毁损、流失、灭失的事实以及数额等进行判断。本案系股东损害公司债权人利益责任纠纷,应就股东是否应当承担赔偿责任进行审查,但在股东已经提供公司财务账册原件的情况下,公司能否依法全面清算,不属于本案审查范围,应通过清算程序予以审查确定。

综上,在恒信国通公司能够提供财务账册且已经进入清算程序的情况下,依据现有证据,本院无法直接认定马洁、张恒、付志青应当对恒信国通公司债务承担赔偿责任及赔偿范围,故本院对华成峰公司的诉讼请求不予支持,对一审判决予以纠正。

【裁判解析】

自 2008 年最高人民法院《关于适用〈中华人民共和国公司法〉若干问题的规定(二)》(以下简称《公司法司法解释(二)》)颁布实施以来,因公司被吊销营业执照后股东未依法及时履行清算义务,债权人起诉股东对公司债务承担连带责任的案件呈高速增长态势,2013 年仅为 8 件,2016 年增至 405 件,2017 年 1002 件,2018 年 1119 件。[①] 随着此类纠纷的增多,审判实践中遇到的问题也愈发复杂,并呈现多样化的趋势。此类纠纷的解决亟待于对其性质、责任以及法律后果等基本内容进行厘清。

(一)关于股东怠于履行清算义务的责任定性及法律后果

《公司法》第二十条规定:"公司股东应当遵守法律、行政法规和公司章程,依法行使股东权利,不得滥用股东权利损害公司或者其他股东的利益;不得滥用公司法人独立地位和股东有限责任损害公司债权人的利益。公司股东滥用股东权利给公司或者其他股东造成损失的,应当依法承担赔偿责任。公司股东滥用公司法人独立地位和股东有限责任,逃避债务,严重损害公司债权人利益的,应当对公司债务承担连带责任。"通说认为,上述规定是我国现行《公司法》引入公司人格否认理论制度的具体体现,即在承认公司人格独立于股东、股东承担有限责任的前提下,针对特定情况,否认公司独立人格,使股东对公司债务承担责任。从责任性质角度,因公司股东滥用股东权利的行为,使公司、其他股东或者公司债权人的利益遭到损失,其本质上属于侵权行为。《公司法》第二十条第一款,等于划定了股东自由行使权利的范围,即不能对公司、其他股东和债权人利益造成损害。在该条款项下,股东负有的是不作为的义务,即不能滥用其权利。从法律后果角度,因侵权造成损失的,应承担赔偿责任。故《公司法》第二十条第二款,确定了股东违反禁止义务的法律后果,即对公司、其他股东、债权人的损失负有赔偿责任。从责任范围角度,因股东行为导致债权人无法受偿的,股东对公司债务承担连带责任。《公司法》第二十条第三款规定,不以侵权造成的实际损害为判断标准,而以债务是否能够清

---

① 以上数据来源于中国裁判文书网,以股东损害公司债权人利益责任纠纷为案由、以清算为关键词进行搜索。受人民法院对案件案由定性准确与否以及 2011 年案由修订的影响,数据本身可能存在与实际不匹配的问题,但作者旨在通过数据反映的问题,说明此类纠纷的演化趋势,对于海量案件是否均系本案讨论的股东清算义务问题,并未逐案做具体甄别。

偿作为损害结果，直接判令股东与公司承担连带责任，在一定程度上减轻了债权人的举证义务。作为《公司法》总则部分的规定，第二十条规定极为原则和抽象，相当于是作为公因式被抽离出具体规范，仅就股东义务、责任作了宣示性的规定，未对其适用的具体条件、程序进行明确。这一立法技术上的问题，在一定程度上，影响了司法实践中对于该条款的具体适用，在审判实践中出现各种各样分歧也在所难免。上述分歧具体到公司清算领域，集中体现在关于股东怠于履行清算义务的责任认定问题。

（二）各级人民法院关于股东怠于履行清算义务的规范性文件

为了统一裁判制度，各级人民法院均针对《公司法》的具体适用出台了相关的指导性意见。最高人民法院除了发布四个关于《公司法》的司法解释外，也以指导案例、答记者问、批复、会议纪要等形式针对股东怠于履行清算义务情形作出具体规定；各省（市）高级人民法院也有相关的会议纪要、指导意见。就本案所涉争议而言，具体涵盖如下几个方面的问题：

1. 阐述立法目的

《公司法》规定，公司解散后，有限责任公司的股东、股份有限公司的董事和控股股东等清算义务人有义务及时启动清算程序对公司进行清算。清算义务人应当清算而没有清算时，应当承担相应的民事责任。但相当数量的公司解散后应当清算而不清算，甚至故意借解散之机逃废债务，严重损害债权人利益并危害社会经济秩序。故对清算义务人及其怠于履行清算义务民事责任的界定，目的在于督促清算义务人依法组织清算，规范法人退出机制，保护债权人的合法利益，以解决我国目前实践中该清算不清算的突出问题。如此规定除了有事后救济的法律价值外，更多的价值在于警示、引导作用。一是为了遏制目前这种借解散逃废债务的恶劣行为，加大清算义务人的责任对规范市场、保护债权人合法权益有其积极意义；二是在规定清算义务人该清算不清算要承担相应民事责任后，清算义务人会在借解散逃废债务（承担上述清算义务人民事责任）和依法清算了结公司债务（享有有限责任庇护）中进行利益权衡，如果其仍然选择该清算不清算，则说明其愿意承担这样的后果，因此，不用担心这样规定会损害清算义务人的权益。[①]

① 刘岚：《规范审理公司解散和清算案件——最高人民法院民二庭负责人答本报记者问》，载法律快车：https://www.lawtime.cn/info/gongsi/dxzxgsjs/2010112572543.html，2019 年 11 月 1 日最后访问。

2. 分配举证责任①

本案因股东怠于履行清算义务引发,在审判实践中,人民法院裁判的主要依据是《公司法司法解释(二)》第十八条的规定,即"有限责任公司的股东、股份有限公司的董事和控股股东未在法定期限内成立清算组开始清算,导致公司财产贬值、流失、毁损或者灭失,债权人主张其在造成损失范围内对公司债务承担赔偿责任的,人民法院应依法予以支持。有限责任公司的股东、股份有限公司的董事和控股股东因怠于履行义务,导致公司主要财产、账册、重要文件等灭失,无法进行清算,债权人主张其对公司债务承担连带清偿责任的,人民法院应依法予以支持。上述情形系实际控制人原因造成,债权人主张实际控制人对公司债务承担相应民事责任的,人民法院应依法予以支持"。

对于该条款的具体理解与适用,最高人民法院认为:第一,第一款规定股东等清算义务人"未在法定期间内成立清算组"的行为只是导致公司财产贬损,而不是导致公司无法进行清算。只要公司仍然能够进行清算,即应当进行清算,清算后因财产贬损而使债权人无法受偿的,清算义务人才在造成损失的范围内承担补充赔偿责任。而且需要特别注意的是,该款中的"导致公司财产贬值、流失、毁损或者灭失"应当适用因果关系推定和举证责任倒置两个原则。即公司解散后,原则上应当推定只要公司依法进行清算,债权人都可以得到全额清偿。债权人在经强制执行债务人财产后不能获得清偿的部分,推定为属于清算义务人未及时启动清算程序所造成的公司责任财产的减少部分,此时,除非清算义务人能举证证明该减少的财产不是其不作为所造成,而是非人为原因造成,否则应对公司不能清偿的部分予以清偿。第二,第二款规定清算义务人怠于启动清算程序的行为导致了公司事实上无法进行清算,此时清算义务人就应当对公司债务直接承担连带责任。虽然公司财产灭失,但如果公司仍可以进行清算,债权人就不能依照该第二款的规定直接向清算义务人主张责任,而应当以前述第一款的规定主张权利。该第二款规定的是"无法进行清算"的情形,所以适用该款时不以必须履行清算程序为前提。只要债权人能够证明由于清算义务人怠于履行义务,导致无法清算,比如清算义务人或主要责任人下落不明,公司重要会计账簿、交易文件灭失,无法查明公司资产负债情况;公司主要财产灭失无法合理解释去向;公司财务制度不规范无法确定公司账簿

① 该部分内容所涉及最高人民法院的观点参见宋晓明:《商事审判若干疑难问题的探讨——在全国法院商事审判工作会议上的讲话(摘录)》,载奚晓明主编、最高人民法院民事审判第二庭编:《商事审判指导》(2010 年·第 3 辑),人民法院出版社 2011 年版,第 28 ~ 30 页。

真实性和完整性而无法清算，等等。此时法院就可以判决清算义务人承担连带责任。所以该款中的“无法进行清算”，主要涉及当事人举证和法院认定证据的问题。法院在破产清算或者强制清算程序中作出的无法清算或无法依法全面清算的终结裁定具有当然、充分的证据效力。

3. 与破产、清算程序的衔接问题

审理此类案件，面临的另一问题是诉讼与非讼程序即强制清算程序或者破产程序的衔接问题，北京市高级人民法院《关于审理公司清算案件中适用最高人民法院〈关于适用《中华人民共和国公司法》若干问题的规定（二）〉第十八条规定的座谈会纪要》规定，债权人以公司清算义务人未在公司解散事由出现之日起15日内成立清算组为由，起诉请求清算义务人对公司债务承担清偿责任的，清算义务人以公司还可以自行清算为由主张其未构成怠于履行清算义务的，人民法院不予支持；清算义务人另行申请公司强制清算的，人民法院不予受理。[①] 上述规定，与上海市高级人民法院的意见一致，上海市高级人民法院认为，根据最高人民法院《关于审理公司强制清算案件工作座谈会纪要》第二十八条之规定，对于公司主要财产、账册、重要文件灭失，或者公司人员下落不明的强制清算案件，经向公司股东、董事等直接责任人员释明或采取民事制裁措施后仍然无法进行清算的，应当以无法清算为由终结强制清算程序。强制清算程序终结后，股东申请对公司再次进行强制清算的，法院不予受理。但是，如果法院终结强制清算程序存在通知、释明等程序不符合相关规定的，且股东确有证据证明能够依法清算，不进行强制清算将导致相关权利人权益受损的，可再次受理。[②] 可见，在审判程序中，一旦确认公司因股东怠于履行清算义务、导致公司清算不能，股东实际上很难有再重新启动清算程序的机会，故人民法院对于公司是否能够清算的认定，对于股东、债权人以及公司均有重大意义，应当谨慎。

（三）兼论《公司法司法解释（二）》第十八条第二款的理解与适用

上述问题的探讨与厘定，对于本案争议的判定具有现实的指导意义。其中，争议的首要问题是股东应在何种情形下对公司债务承担连带责任。根据《公司法司法解释（二）》第十八条第二款的规定，股东怠于履行清算义务，并且导致公司无法

---

① 北京市高级人民法院《关于审理公司清算案件中适用最高人民法院〈关于适用《中华人民共和国公司法》若干问题的规定（二）〉第十八条规定的座谈会纪要》第五条。

② 上海市高级人民法院民事审判第二庭《关于审理公司强制清算案件及相关纠纷若干问题的解答》第四条。

清算的,债权人得主张股东对公司债务承担连带清偿责任。也就是说,股东怠于履行清算义务是其对公司债务承担连带清偿责任的必要条件,但却不是充要条件,公司是否能够继续清算才是判断股东是否应当承担连带责任的判断标准。换句话说,即便股东怠于履行清算义务,只要公司仍然可以清算,亦不能依据司法解释的上述规定判令股东承担连带责任。此时,要么依据《公司法司法解释(二)》第十八条第一款规定审查股东行为实际给债权人造成的损失,要么因股东行为未造成损害后果,不需要承担赔偿责任。

这一问题的实质是股东怠于履行清算义务应承担责任范围问题。股东在公司出现解散事由后未依法履行清算义务,属于滥用股东法人独立地位和股东有限责任,严重损害公司债权人利益的行为,应承担相应的赔偿责任。但对于赔偿的范围,根据《公司法司法解释(二)》第十八条规定,应以股东行为实际给债权人造成的损失来判断,如果股东未及时清算,导致公司财产贬值、流失、毁损或者灭失,股东应在造成损失范围内对债权人承担赔偿责任;如果因股东怠于履行义务,导致公司主要财产、账册、重要文件等灭失,无法进行清算,股东应对公司全部债务承担连带清偿责任。可见在股东怠于履行清算义务的情况下,公司是否能够进行清算也是判断股东责任范围的重要前提。这也是本案审理首要面对的问题,即恒信国通公司是否能够进行清算。

第二个争议问题,即公司是否能够清算,应当由谁来判断,判断标准又是什么?宋晓明庭长认为,在适用该款第二款规定的"无法进行清算"的情形时,不以必须履行清算程序为前提,只要债权人能够证明由于清算义务人怠于履行义务,导致无法清算,比如清算义务人或主要责任人下落不明,公司重要会计账簿、交易文件灭失,无法查明公司资产负债情况;公司主要财产灭失无法合理解释去向;公司财务制度不规范无法确定公司账簿真实性和完整性而无法清算等,此时法院就可以判决清算义务人承担连带责任。这为司法实务提供了十分有益且必要的界定。首先,追究股东怠于履行清算义务的责任,不以清算程序为必要前提,这表明在个案审判中,人民法院应就公司是否能够进行清算进行判断。但人民法院毕竟不是专业的审计机构,甚至缺乏公司财务、会计知识,在股东无法提供任何财务账册的情况下,人民法院可以对公司能否清算作出有效的判断;但在股东提供账册的情况下,人民法院则没有能力对诸如数据真实性、完整性,记账方式的合理性等作出有效的判断,不得不通过清算程序,对公司进行清理后才能作出判定。这也是《公司法司法解释(二)》第十八条第一款、第二款规定的应有之义。具体到本案,马洁、张恒、付志清在二审期间提供了恒信国通公司的财务账册原件并自行聘请专业审计机构制作了企业清算报告，华成峰公司对账册的形式真实性不持异议，但针对账册数据的真实性和完整性以及恒信国通公司能否依据现有财务数据进行清算则持否定性意见。在股东已经提供公司财务账册原件的情况下，公司能否依法全面清算应通过清算程序予以审查确定，本案无法直接认定马洁、张恒、付志清应当对恒信国通公司债务承担连带责任。

【案例点评】

本案系因股东未及时履行清算义务引发的纠纷。此类纠纷在商事审判公司类纠纷审理中的比重呈逐年上升趋势，由于《公司法》及其司法解释的规定较为原则，在实际审理过程中存在诸多问题尚未达成统一裁判尺度。本案从立法背景、法律规范本意以及责任性质等基础入手，详细阐述股东怠于履行清算义务情况下承担责任的条件和范围，厘清实践中对《公司法司法解释（二）》第十八条第一款、第二款适用的误区，对此类案件统一裁判尺度具有指导意义。

【裁判心得】

股东在公司出现解散事由后未及时依法履行清算义务，属于滥用股东法人独立地位和股东有限责任、严重损害公司债权人利益的行为，应承担相应的赔偿责任。但股东怠于履行清算义务是股东承担责任的必要条件，股东是否对公司债务承担连带清偿责任，仍需以公司是否能够进行清算为标准判断。本案因股东能够提供完整公司财务账册资料等对公司进行清算，故股东是否存在滥用股东权利情形，应当依据清算审计评估后的结果进行认定，不宜直接突破股东有限责任，判令股东对公司债务承担连带责任。本案对于进一步厘清《公司法司法解释（二）》第十八条适用范围，回应债权人诉求，具有指导意义。

吕亚进诉赵秀华合同纠纷案

杨　力[*]　苑　珊[**]

关键词

抵押合同　抵押权　抵押人责任承担

裁判要旨

登记设立的抵押权,未办理抵押登记的情况下,抵押权并未设立,但根据《物权法》第十五条规定,抵押合同的效力不受影响,故抵押人应承担未履行合同义务的相应责任。根据《合同法》第一百零七条规定,抵押人应承担继续履行或者赔偿损失的义务。在抵押权人选择由抵押人承担损失赔偿义务的情况下,抵押人应依据抵押合同约定,以抵押财产为限,在债务人未能清偿的范围内承担补充责任。

相关法条

1.《中华人民共和国物权法》第十五条、第一百八十条、第一百八十七条。

2.《中华人民共和国合同法》第一百零七条。

3.《中华人民共和国民法总则》第一百七十八条。

【当事人基本情况】

上诉人(一审原告):吕亚进。

被上诉人(一审被告):赵秀华。

---

[*] 杨力,北京市第一中级人民法院民三庭法官。

[**] 苑珊,北京市第一中级人民法院民三庭法官助理。

【基本案情】

2015年6月18日,赵秀华向吕亚进出具承诺书,载明其介绍吕亚进支付500万元参与项目合作,如若失败,愿将名下房产无条件转给吕亚进,作为对吕亚进500万元的经济赔偿。此后,赵秀华向吕亚进交付了上述房屋的产权证。

2015年6月29日,赵秀华(抵押人)与吕亚进(抵押权人)签订主债权及房屋抵押合同(房屋登记专用),约定抵押人以坐落于海淀区白石桥路27号的房屋为抵押权人500万元主债权进行担保。

2016年12月14日,北京市第三中级人民法院作出(2016)京03刑初123号刑事判决书,查明了2015年,顾甘林、关晓晖、张绍明、杨千禾、赵秀华等人合谋诈骗吕亚进的相关事实。判决书中显示:顾甘林经赵秀华(另案处理)找到了被害人吕亚进……为了让吕亚进支付500万元,关晓晖编造了相关谎言,并以其拥有的英国城市银行股权向吕亚进担保,赵秀华也提出以自有房产作担保,后吕亚进与关晓晖签订合作协议,并于6月18日转账给关晓晖500万元……后经吕亚进向农业银行查询发现,王剑锋经杨千禾、关晓晖提供给吕亚进的尾号7315的农业银行卡卡主并非吕亚进,案发期间的卡内余额仅为200余元。吕亚进于2015年7月14日向北京市公安局朝阳分局报案。该刑事判决如下:"一、被告人王剑锋犯诈骗罪,判处有期徒刑十二年,剥夺政治权利二年,并处罚金人民币十二万元。二、被告人关晓晖犯诈骗罪,判处有期徒刑十年六个月,剥夺政治权利二年,并处罚金人民币十一万元。三、被告人张绍明犯诈骗罪,判处有期徒刑十年,剥夺政治权利二年,并处罚金人民币十万元。四、责令被告人关晓晖、张绍明连带退赔人民币一百万元,被告人王剑锋退赔人民币二百八十七万元,一并发还被害人吕亚进。五、在案冻结关晓晖银行账户内的钱款用于执行本判决第四项。六、在案中国工商银行惠新支行支票一张存档备查。"此后,王剑锋、关晓晖、张绍明不服刑事一审判决,提出上诉。2017年5月19日,北京市高级人民法院作出(2017)京刑终41号刑事裁定书,驳回王剑锋、关晓晖、张绍明的上诉,维持原判。

本案诉讼中,吕亚进称赵秀华尚未被追究刑事责任。

在二审诉讼中,吕亚进表示:赵秀华于2015年6月18日向吕亚进出具的承诺书系以房抵债的内容,后吕亚进了解得知签订承诺书不足以实现房屋抵押的目的,需要办理正式的抵押登记手续,故要求赵秀华办理登记手续,赵秀华主张不需要办理抵押登记,只需在公证处公证即可。公证处则表示有抵押合同才可进行公证,故2015年6月29日双方签订案涉抵押合同。合同签订后,吕亚进仍催促赵秀华办理抵押登记,但赵秀华表示因房产系校产房,学校不给盖章无法办理。

【审理结果】

北京市海淀区人民法院于 2018 年 12 月 19 日作出(2017)京 0108 民初 21961 号民事判决,判决:驳回吕亚进的诉讼请求。宣判后,吕亚进向北京市第一中级人民法院提起上诉。北京市第一中级人民法院于 2019 年 5 月 14 日作出(2019)京 01 民终 2756 号民事判决,判决:一、撤销北京市海淀区人民法院(2017)京 0108 民初 21961 号民事判决;二、赵秀华在其提供的抵押担保房产价值范围内,对吕亚进的 500 万元债权中尚未清偿的部分承担补充清偿责任,于判决生效后十日内履行;三、驳回吕亚进的其他诉讼请求。

【裁判理由】

法院生效裁判认为:本案的争议焦点系抵押义务人赵秀华应当承担的责任认定。对此,将从合同效力、合同未履行的原因、未履行合同义务人的责任判定三方面予以详述。

(一)关于抵押合同的效力问题

《担保法》第五条规定:“担保合同是主合同的从合同,主合同无效,担保合同无效。担保合同另有约定的,按照约定。”本案首先需对抵押合同的主合同,即吕亚进与关晓晖签订的合作协议效力进行评价——其是否因关晓晖犯诈骗罪而被认定为无效。据已查明事实可知,吕亚进与关晓晖之间签订了合作协议,吕亚进依该协议向关晓晖支付 500 万元,后上述法律事实经生效刑事裁判认定,关晓晖犯诈骗罪并受到相应的刑事制裁,吕亚进则被认定为刑事案件受害人,故就案涉合作协议,产生了刑事法律关系和民事法律关系的竞合。在此情形下,因刑事规范并未直接调整吕亚进与关晓晖之间的民事法律行为,关晓晖虽触犯《刑法》中的强制性规定,但该种规定只是对某类犯罪行为进行规制,本身并未评价私法行为的效力,故本院认为,关晓晖触犯《刑法》中的强制性规定不能直接作为确认合作协议效力的依据。对于合作协议的效力,仍需依照《合同法》第五十二条进行认定。在未有证据证明合作协议存在《合同法》第五十二条规定的合同无效情形的情况下,本院对合作协议的效力予以确认。依照合作协议约定,关晓晖承担向吕亚进“利益分配”的义务,赵秀华则与吕亚进签订案涉抵押合同,约定其为吕亚进上述 500 万元债权承担抵押担保责任。

在主合同有效的情况下,本院对于赵秀华与吕亚进之间签订的抵押合同的效力予以判定。《物权法》第十五条规定:“当事人之间订立有关设立、变更、转让和消灭不动产物权的合同,除法律另有规定或者合同另有约定外,自合同成立时生效;未办理物权登记的,不影响合同效力。"《物权法》第一百八十七条规定:"以本法第一百八十条第一款第一项至第三项规定的财产或者第五项规定的正在建造的建筑物抵押的,应当办理抵押登记。抵押权自登记时设立。"《担保法》第四十一条规定,当事人以该法第四十二条规定的城市房产、土地使用权等财产抵押的,应当办理抵押物登记,抵押合同自登记之日起生效。综合上述法律规定,并依照《物权法》第一百七十八条"担保法与本法的规定不一致的,适用本法"的规定,本案应当适用《物权法》。依照《物权法》的规定,虽因案涉房产未办理抵押登记导致抵押权未设立,但赵秀华与吕亚进之间签订的抵押合同系双方当事人的真实意思表示,未违反法律、法规的强制性规定,应认定合法有效,双方当事人均应按照抵押合同的约定履行,由此,赵秀华负有办理抵押登记的义务。

(二)关于案涉房产未办理抵押登记的原因

最高人民法院《关于适用〈中华人民共和国民事诉讼法〉的解释》第一百零五条规定:"人民法院应当按照法定程序,全面、客观地审核证据,依照法律规定,运用逻辑推理和日常生活经验法则,对证据有无证明力和证明力大小进行判断,并公开判断的理由和结果。"具体到本案中,首先,据已查明的事实及二审中吕亚进的自述可知,吕亚进为实现案涉房屋的抵押权,先后要求赵秀华签订承诺书、抵押合同,并要求赵秀华出具借条保障其权益,且在2018年7月14日,吕亚进即向北京市公安局朝阳分局报案。其次,本案一、二审庭审中,赵秀华无正当理由均未出庭,据吕亚进陈述,赵秀华一直以给付房产证原件、抵押只需进行公证以及房产系校产房故需学校盖章等理由进行拖延。最后,根据(2016)京03刑初123号刑事判决书查明的事实,赵秀华虽非该案的被告,但其参与了该诈骗案件,并导致吕亚进的财产被诈骗的结果。综合上述事实,本院认为吕亚进的解释更符合普通人的认知,更为合理,吕亚进并未放弃对案涉房屋办理抵押登记,未办理抵押登记系抵押义务人赵秀华不配合所致。

(三)关于赵秀华应当承担的责任问题

《合同法》第一百零七条规定:"当事人一方不履行合同义务或者履行合同义务不符合约定的,应当承担继续履行、采取补救措施或者赔偿损失等违约责任。"本案抵押义务人赵秀华至本案二审审理期间,仍未办理案涉房屋的抵押登记,未履行抵押合同的主要义务,应当承担违约责任。承担违约责任的方式,包括继续办理抵押登记以及不能办理抵押登记情况下的损害赔偿责任。现吕亚进直接诉请要求赵秀华承担损害赔偿责任,对此本院认为,据已查明事实可知,在吕亚进多次要求下,赵秀华拒不协助办理抵押登记,为节约交易成本、促进商事交易发展,吕亚进除可以要求赵秀华继续办理抵押登记外,亦可直接要求赵秀华承担损害赔偿责任。对于损害赔偿责任的范围,本院认为,首先,因抵押合同约定赵秀华以案涉房产为吕亚进 500 万元的债权设定抵押,故若抵押权能够设立,吕亚进可获得的期待利益系在债务人未能履行到期债务的情况下,直接要求赵秀华在担保范围和抵押物当前价值范围内承担连带清偿责任。现因抵押登记未设立,吕亚进期待利益受到损失,故赵秀华应以案涉房产价值为限在担保范围内向吕亚进承担相应的违约责任。其次,关于赵秀华应承担补充责任还是连带责任的问题,在抵押合同对此没有明确约定的情况下,因法律对未办理不动产抵押登记中担保人的责任形态未作规定,依照《民法总则》第一百七十八条第三款"连带责任,由法律规定或者当事人约定"的规定,赵秀华应在债务人不能清偿时承担补充责任,故赵秀华应在担保范围内(500 万元)以抵押财产的价值为限在关晓晖不能清偿的范围内承担补充清偿的违约责任。

【裁判解析】

下文从问题提出、观点碰撞与梳理、违约责任的路径搭建三方面对本案裁判进行解析。

(一)问题提出

抵押权作为一项重要的担保物权,赋予了抵押权人在特定物上的优先受偿权。其相较于单纯的债权关系,有了更具稳定性和优先性的物权效力加持,能够更为有效地保障债权人的合法权益,也有利于促成商事交易。

根据《物权法》第一百八十条及第一百八十七条的规定,债务人或者第三人以有权处分的建筑物和其他土地附着物、建设用地使用权、正在建造的建筑物抵押的,应当办理抵押登记,抵押权自登记时设立。但在实践中,由于抵押人的故意或者过失,存在着诸多未办理抵押登记从而使得抵押权未能设立的情形。根据《物权法》确立的区分原则,抵押合同不因未办理抵押登记而无效,即抵押合同仍处于有效状态。故此时抵押权人是否就此失权,其合法权益又应如何保障已成为司法实践中的亟待回应热点问题。

本案中,抵押人赵秀华通过签订抵押合同的方式承诺以自有房屋抵押,由此促成了案涉交易,但因赵秀华的原因,房屋未办理抵押登记。故在抵押权没有设立的情况下,赵秀华是否应承担责任以及承担的责任性质构成本案的焦点问题。

(二)观点碰撞与梳理

对于上述问题的理解,实践中主要存在三种不同观点,我们将对这三种观点逐一梳理并予以评析。

第一种观点认为,由于双方在签订抵押合同后并未办理抵押登记手续,故抵押权并未设立,在抵押合同对抵押人的义务无其他约定的情况下,抵押权人无权要求抵押人承担法律责任。本案一审判决即持该观点,一审判决认为,现有证据显示,赵秀华并未作出其就500万元债务承担个人连带责任保证的意思表示,据此,吕亚进依据抵押合同要求赵秀华赔偿损失的诉讼请求,缺乏事实和法律依据,一审法院不予支持。该观点的弊端显而易见,其忽视了抵押合同仍然有效的基本前提,亦忽略了抵押人未履行主合同义务的客观情况,由此径行判决抵押人无须承担任何责任,显然不利于善意债权人合法权利的保护。从长远社会效果来看,也易造成抵押人无须遵守合同约定的不良社会影响,不利于维护商事交易秩序,更不利于营商环境的优化和诚信体系的建设。

第二种观点认为,鉴于抵押合同系属有效,考虑到抵押人未履行主要合同义务的违约行为以及债权人的损失,应认定抵押人需承担保证责任,负有连带清偿义务。北京市高级人民法院(2018)京民终25号判决中即采取该观点。该案中,二审法院认为,在抵押人拒不协助办理抵押权登记时,债权人的损失应认定为“合同履行后可以获得的利益”,即在债务人未能履行到期债务的情况下,直接要求抵押人在担保范围和抵押物当前价值范围内承担连带清偿责任。该观点认为,债权人可以通过解释上的转换方式,将抵押人的责任转换为有效的担保行为,以节约交易成本,促进交易发展,该种担保行为即为由抵押人承担连带清偿责任。这一观点直接将抵押人的义务定性为保证责任,认为抵押人应承担连带清偿义务,但是根据《民法总则》第一百七十八条第三款规定,连带责任应以法律有明文或契约有约定为限,在没有明确依据的情况下,将抵押人的义务认定为连带保证责任显然缺乏法律和事实依据。[①] 另外,其对于义务的转化解释也在理论上显得过于迂回曲折,不利于司法实践中的推广适用。

第三种观点则主张,抵押人应当对债务人尚未清偿的部分承担违约责任,负有补充清偿义务。该观点将抵押人的责任类型定性为违约责任,相比于将其定性为保证责任并通过转化方式进行解释,违约责任的法律逻辑显然更为清晰,法律依据

---

① 贺小荣主编:《最高人民法院民事审判第二庭法官会议纪要》,人民法院出版社出版2018年版,第244页。

更加简单明了,责任内容也更好划定。该观点亦认为,抵押权实现的前提即为债务人未能履行债务,抵押权人有权在债务未清偿范围内要求实现抵押权,因此,应将抵押人的责任形态定性为补充责任。相较于连带清偿责任,补充责任的责任形态更符合抵押权的性质,也不存在法律上实现的障碍。

综合分析比对上述观点,从债权人权益保护以及司法尺度明确角度,我们更建议在司法实践中选择第三种观点。

(三)违约责任的路径搭建

在违约责任,也即上述第三种观点的具体适用过程中,对归责原则、责任实现方式以及责任范围,也存在诸多需明确的地方。

对于归责原则,我国《合同法》违约责任的归责原则为推定过错,即只要存在"当事人一方不履行合同义务或者履行合同义务不符合约定"的违约事实,就推定当事人一方存有过错。在抵押合同中,抵押负有办理抵押登记的义务,抵押权未设立时,依据上述归责原则,在无其他证据反驳的情况下,推定抵押人存在过错,需承担相应责任。具体到本案中,吕亚进多次要求赵秀华办理抵押登记,但赵秀华一直以给付房产证原件、抵押只需进行公证以及房产系校产房故需学校盖章等理由进行拖延,最终导致抵押权未予设立,赵秀华显然存在过错行为,应承担相应责任。

对于违约责任的实现方式,应认为,根据《合同法》第一百零七条规定,当事人一方不履行合同义务或者履行合同义务不符合约定的,其承担责任的方式包括继续履行、采取补救措施或者赔偿损失等。未办理抵押登记时,鉴于抵押人违约在先,作为守约方,抵押权人对抵押人违约责任的实现方式具有选择权。另外,从商事行为效率角度考量,也不应对此施加过多限制。因此,在本案中,吕亚进可以直接要求抵押人赵秀华承担损害赔偿责任。

对于损害赔偿范围的判定,应回归抵押合同的约定,即考虑其中对抵押人义务的约定,不宜超出。抵押合同中一般约定抵押人应以抵押物的价值为限对债务人不能履行的债务部分承担担保责任,故具体到损失赔偿,宜认定为抵押人应在抵押担保范围内,以抵押物价值为限,对债务人不能清偿的债务承担补充赔偿责任。具体到本案中,赵秀华则应以其提供的抵押担保房产价值为限,对吕亚进的 500 万元债权中尚未清偿的部分承担补充赔偿责任。

【案例点评】

未办理抵押登记时抵押人责任承担系司法实践中的热点问题,在理论上也存在诸多争议。抵押权作为重要的物权制度，该问题的解决对抵押权人合法权益保护以及商事交易的有序发展有着重要作用。本案即通过层层分析，对抵押合同效力、抵押人的责任性质、具体承担方式等进行了明确，得出抵押人应承担违约责任的结论，此外，还一并就违约责任的具体实现路径进行了分析。通过对上述问题的明确，本案能够为类案的处理作出指引，也有利于裁判尺度和裁判方法的统一。

【裁判心得】

本案中，抵押人应承担责任性质的判定是核心问题，此外，本案还牵涉到刑民交叉、抵押合同的从属性、物权与债权的区分原则、违约责任的具体实现方式等多层法律问题。赵秀华为了促成案外人与吕亚进的“合作”，签署了抵押合同，但最终未办理抵押登记。此时，对赵秀华的责任判定，需要根据查明的事实，结合《物权法》《担保法》《合同法》等法律规范，逐一进行分析。尤其是对于责任性质，更应当以审慎的态度，结合案件具体情况和最新裁判指导进行判断，选择最有利于保护债权人利益和促进商事交易发展的方式。

北京志远数存科技有限公司诉王健伟、北京智存融远科技有限公司损害公司利益责任纠纷案

杨　力*

关键词

损害公司利益　竞业禁止　在职期间　归入权

裁判要旨

《公司法》语境下的竞业禁止条款，集中于第六十九条、第一百四十八条。在损害公司利益责任纠纷中，我们应当首先判定被侵权公司的性质，有限责任公司中竞业禁止条款仅适用于董事、高级管理人员。其次，应重点审查侵权人的在职期间，倘若侵权人已经离职，对相关纠纷只能适用归入权条款予以规制。

相关法条

《中华人民共和国公司法》第二十条、第二十一条、第六十九条、第一百四十八条。

【当事人基本情况】

上诉人（原审被告）：王健伟。

上诉人（原审被告）：北京智存融远科技有限公司（以下简称智存融远公司）。

被上诉人（原审原告）：北京志远数存科技有限公司（以下简称志远数存公司）。

---

* 杨力，北京市第一中级人民法院民三庭法官。

【基本案情】

志远数存公司成立于2004年3月9日，主要经营范围为数据磁带、磁带机、条形码的销售、磁带检测、磁带销毁消磁。股东为赵双京、王健伟、张宏及杨韬，各持股25%。由王健伟担任经理职务，负责国外大客户的交往，国内磁带销售和检测业务，后王健伟于2015年7月离职。智存融远公司成立于2013年9月5日，王健伟持股60%，周瑾（系王健伟妻子）持股40%，法定代表人现变更为王淑贤（系王健伟母亲）。在智存融远公司成立后，王健伟利用其担任志远数存公司经理的职务便利，以用其邮箱向其负责的客户发送公司业务变更的说明、公开向其负责的客户告知部分业务转至智存融远公司等多种手段，将志远数存公司部分业务转入智存融远公司。一审庭审中，依志远数存公司申请，根据智存融远公司自行提供的财务账簿、银行对账单等财务相关凭证，一审法院依法委托中兴华会计师事务所对智存融远公司从2013年9月成立至今的账目和与磁带检测服务业务、磁带销毁技术服务业务、条码销售业务、磁带机营销业务、磁带销售业务有关的收入及对应的主营业务利润进行专项审计。

志远数存公司向一审法院起诉请求：（1）判令王健伟、智存融远公司立即停止经营与志远数存公司经营业务同类的业务；（2）请求判令王健伟、智存融远公司立即将损害志远数存公司利益的全部收入所得2013年至2016年年底共计2 570 678.77元返还给志远数存公司，并对各年利润按同期银行贷款利率向志远数存公司支付利息至实际返还之日（利息本金按年分别计算，具体见附表）（截止到2017年9月30日，为216 658.36元）；（3）判令王健伟、智存融远公司承担案件全部诉讼费用。

王健伟、智存融远公司答辩称：志远数存公司诉讼请求没有事实及法律依据，本案是基于股东矛盾产生的，王健伟作为志远数存公司的小股东无法实现股东利益，也无法顺利退出才产生的本案纠纷。对于第一项诉讼请求，王健伟从2015年初就不在志远数存公司担任职务，双方并未签订竞业禁止的合同，故无需承担相应竞业禁止的义务，而智存融远公司是独立法人，志远数存公司要求智存融远公司停止经营合法经营范围内的业务没有任何依据；关于第二项诉讼请求，所有的赔偿数额，都是志远数存公司自己计算的收入，没有法律和事实依据。

【审理结果】

北京市海淀区人民法院于2018年3月28日作出（2015）海民（商）初字第40941号民事判决：一、王健伟、智存融远公司立即停止经营数据磁带、磁带机、条形码的销售、磁带检测、磁带销毁消磁业务；二、王健伟、智存融远公司于判决生效之日起十日内共同向志远数存公司返还收入所得 1 916 367.64 元及利息(以 1 916 367.64 元为基数,自 2015 年 11 月 11 日起至实际付清之日止,按中国人民银行同期贷款基准利率计算);三、驳回志远数存公司其他诉讼请求。宣判后,王健伟、智存融远公司向北京市第一中级人民法院提起上诉。北京市第一中级人民法院于 2018 年 10 月 26 日作出(2018)京 01 民终 8010 号民事判决:一、维持北京市海淀区人民法院(2015)海民(商)初字第 40941 号民事判决第二项;二、撤销北京市海淀区人民法院(2015)海民(商)初字第 40941 号民事判决第一、三项;三、驳回志远数存公司其他诉讼请求。

【裁判理由】

法院生效裁判认为:本案的争议焦点如下。一、王健伟、智存融远公司是否应当承担立即停止经营同类业务的责任;二、王健伟、智存融远公司应予返还款项的具体数额。

(一)关于第一个争议焦点

王健伟、智存融远公司上诉主张,王健伟已不再担任志远数存公司的经理职务,一审判决其立即停止经营同类业务,实际上等同于令王健伟终身禁止在该领域执业,有悖于《宪法》赋予公民的劳动的权利和选择职业的权利。志远数存公司辩称,王健伟仍然是志远数存公司的股东,其与智存融远公司实施了侵权行为,且该行为处于持续状态,就应当立即停止。结合各方当事人的诉辩主张,本院认为,本案该项焦点应当围绕竞业禁止的合同依据与法律适用展开。

1. 竞业禁止的合同依据

据已查明的事实可知,志远数存公司并未在公司章程、股东会决议等文件中,对竞业禁止义务进行约定,王健伟个人亦未与该公司签订任何竞业禁止协议。也就是说,王健伟与志远数存公司之间并无合同约定的竞业禁止义务。

2. 竞业禁止的法律适用

《公司法》第一百四十八条第一款规定:“董事、高级管理人员不得有下列行为:……(五)未经股东会或者股东大会同意,利用职务便利为自己或者他人谋取属于公司的商业机会,自营或者为他人经营与所任职公司同类的业务……”第二款规定:“董事、高级管理人员违反前款规定所得的收入应当归公司所有。”由此可知,我国《公司法》将竞业禁止义务的行为主体明确界定为董事、高级管理人员;行为表现为利用职务便利、篡夺本应属于公司的商业机会;行为后果是将违反竞业禁止义务所得的收入归公司所有。

本案中,王健伟在担任志远数存公司经理一职期间,作为公司的高级管理人员,理应遵守竞业禁止义务。2015 年 7 月王健伟离职以后,亦无权利用原公司无形资产滞后控制力的特点为自己谋取利益。但是,纵观《公司法》,其并未禁止离职后的王健伟从事同类业务领域的工作。从股东的忠实义务出发,《公司法》确定了损害赔偿的解决路径,亦无禁止开展同类业务的法律规定。而从一般侵权行为条款出发,侵权人应当立即停止侵权行为,而非在相同业务领域终身禁业。一审法院判决离职的高级管理人员立即停止同类业务经营,实则判令其永远不得与其任职在先的公司竞争,如此,势必导致社会管理资源的严重浪费,阻碍人才发挥所长。因此,在没有合同与法律依据的前提下,志远数存公司关于判令王健伟、智存融远公司立即停止经营同类业务的诉讼请求,本院应当予以驳回;一审法院判决王健伟、智存融远公司立即停止经营数据磁带、磁带机、条形码的销售、磁带检测、磁带销毁消磁业务有误,本院予以纠正。

(二)关于第二个争议焦点

王健伟、智存融远公司上诉主张,在计算其利用职务便利所得的收入时,错将 67.25 万元支出计入收入,且审计出来的主营业务利润并不等同于实际收入,所以,一审判决确定的返还数额有误。鉴于王健伟、智存融远公司在一审程序中已经提出上述答辩意见,一审判决亦已予以回应,故,本院简述如下:第一,本案《专项审计报告书》显示,67.25 万元为银行已付企业未做账部分,原因不明。审计人员未将其计入审计结论确认的主营业务收入中,亦未将其在主营业务利润中予以扣除。根据《民事诉讼法》"谁主张,谁举证"原则,王健伟、智存融远公司应就该笔款项的来源、性质等方面予以说明,在无法合理解释时承担举证不能的不利后果。第二,按照《公司法》相关规定,归入权是指利用职务便利所得的收入应当归公司所有,而非王健伟的共同侵权人智存融远公司在扣除公司管理费等之后的公司净利润应当归志远数存公司所有。因此,一审判决依据主营业务利润、原因不明未做账部分两项确定王健伟、智存融远公司应当共同返还的资金数额,并无不当。王健伟、智存融远公司的该项上诉理由不能成立,对其上诉请求本院不予支持。

【裁判解析】

本案争议焦点是确认公司高管损害公司利益后,是否应当判令禁止侵权高管在与公司相同或相类似业务中执业。由此,需要我们深入思考的问题是《公司法》语境下竞业禁止的内涵与外延。

(一)问题的提出——是否为

亚当·斯密在《国民财富的性质和原因的研究》中指出:“在钱财的处理上,股份公司的董事是为他人尽力,而私人合伙公司的伙员,则纯为自己打算。所以,要想股份公司董事们监视钱财用途,像私人合伙公司伙员那样用意周到,那是很难做到的。”[①]在现代的公司制度中,董事、高级管理人员并非公司所有者,但在一定程度上又扮演着公司管理者与财富创造者的角色。一旦其掌握了公司的商业秘密、经营资源与技术,是否存在私加利用、为己牟利的可能?答案无疑是肯定的。

一方面,随着我国经济结构转型、高新技术企业的发展壮大,企业的经营、技术信息显得尤为重要,往往关乎一个企业的生死。在《公司法》项下引入竞业禁止制度,有利于维护企业自身的合法权益以及已经建立的市场竞争秩序。另一方面,公司的高级管理人员享有我国《宪法》赋予的劳动权,从一定程度上来说,其有自由执业、追求幸福生活的权利。再从国家层面来看,其既要维护现有的市场竞争秩序,又要考虑保护高级管理人员的劳动权以及人才资源,由此间接推动整个社会的技术创新与进步。所以,《公司法》语境下的竞业禁止制度,是一种重要的利益平衡手段,需要我们合理适用。

(二)相关法律的梳理——何以为

《劳动法》语境下,竞业禁止多以当事人约定为主,而公司类案件纠纷中,高级管理人员往往并未与公司签订相关内容的合同。梳理我国《公司法》,可以看出相关法律规定经历了一个从绝对禁止到合理限制的变化过程。

我国1993年《公司法》第六十一条第一款规定,董事、经理不得自营或者为他人经营与其所任职公司同类的营业或者从事损害本公司利益的活动。现行《公司法》第六十九条规定:“国有独资公司的董事长、副董事长、董事、高级管理人员,未经国有资产监督管理机构同意,不得在其他有限责任公司、股份有限公司或者其他经济组织兼职。”第一百四十八条第一款规定:“董事、高级管理人员不得有下列行为:……(五)未经股东会或者股东大会同意,利用职务便利为自己或者他人谋取属于公司的商业机会,自营或者为他人经营与所任职公司同类的业务……”第二款规定:“董事、高级管理人员违反前款规定所得的收入应当归公司所有。”

由此可知,在现行《公司法》语境下,我们首先需要审查的是案涉公司的性质。倘若涉及的主体性质系国有独资,那么其竞业禁止的人员范围为董事长、副董事

---

① [英]亚当·斯密著:《国富论》(上卷),郭大力、王亚南译,商务印书馆2014年版,第327页。

长、董事及高级管理人员。倘若涉及的主体性质并非国有独资,则其仅对董事、高级管理人员予以规制。虽然我们在公司类纠纷中,常常将“董监高”一并提及,但此处的身份要件中并不包含监事一职。

其次,应当审查是否具备前提条件。具体而言,上述人员的竞业禁止并非绝对,只要国有独资公司经过国有资产监督管理机构的同意,或者其他公司经过股东会、股东大会的同意,则在所不论。我们理解的同意,不仅包括事先授权,亦应包括事后追认。

最后,从任职时间上进行考察。以时间为依据,竞业禁止可以分为在职竞业禁止与离职竞业禁止。《公司法》第六十九条行文表述为“不得兼职”,由此可知,该条款仅适用于在职竞业禁止的情形。争议多集中在《公司法》第一百四十八条第一款的适用上。一种观点认为,《公司法》中的竞业禁止义务应当在其担任相应职务之时开始,但并不当然于离职时终止。另一种观点认为,董事、高级管理人员承担竞业禁止义务的期间,应从任职之时开始,在离职之时结束。[①] 对相关司法案件进行检索可以看到,两种观点在法律文书中均有体现。但我们认为,此处应当按照第二种观点来理解适用法条。具体而言,一来《公司法》并没有明确规定离职后的义务承担,即法无明文规定不禁止;二来《公司法》的沿革路径对应的思想应当是合理限制,态度谨慎、谦抑;三来《公司法》第一百四十八条第二款设定了归入权制度,侵权董事、高管需要将损害公司利益的违法所得归入公司,该路径的设置从某种程度上亦弥补了离职后竞业禁止的功能。

(三)文书判项的重塑——如何为

回到本案。王健伟在志远数存公司担任经理职务,负责国外大客户的交往、国内磁带销售和检测业务,其于 2015 年 7 月离职。2013 年 9 月 5 日,王健伟成立了智存融远公司,并利用其担任志远数存公司经理的职务便利,使用工作邮箱向其负责的客户发送了公司业务变更的说明,向客户告知部分业务转至智存融远公司,将志远数存公司业务转入智存融远公司。由此,一审法院在认定王健伟损害公司利益后,判决王健伟、智存融远公司立即停止经营数据磁带、磁带机、条形码的销售、磁带检测、磁带销毁消磁业务。王健伟对此不服,认为该判项实际上剥夺了其在本领域执业的权利,并提起上诉。

一审如此裁判的根源,在于仅考察到王健伟及其成立的公司属于共同侵权人,

---

① 范伟红、丁治勤:《企业法务管理视角下约定竞业禁止问题研究》,载《中国人力资源开发》2015 年第 4 期。

存在共同侵权行为,进而判令停止侵权。但未对《公司法》语境下侵权的范围(时间、地域、经营范围)、竞业禁止条款的适用加以区别对待。据已查明的事实可知,志远数存公司系有限责任公司,王健伟属于公司高级管理人员,其利用自己的职务便利,将本属于公司的商业机会转移至自己另行成立并经营的智存融远公司。但是,在本案的审理过程中,王健伟已经从志远数存公司离职,并不属于应当适用《公司法》第一百四十八条第一款第五项的情形。

需要说明的有两点:其一,本案志远数存公司主张,王健伟虽然离职,但其仍然是公司的股东,所以可以适用《公司法》第一百四十八条第一款予以规制。对此,我们认为,股东虽然也有法定的忠实、勤勉义务,但其并不属于《公司法》项下竞业禁止条款的规制主体,所以,我们不能将股东与高管身份混同,由此判断王健伟属于在职期间。其二,王健伟离职以后,我们并未判决其终身禁止在案涉领域执业,并不代表志远数存公司的合法权益无法得到保护。因为,本案一、二审判决判令侵权人将侵权的违法收入归入志远数存公司,由此,已经形成完整的《公司法》语境下竞业禁止条款的内涵与外延。

【案例点评】

本案典型意义在于全面梳理了公司类纠纷中竞业禁止制度的法律依据,并按照不同类型的主体,全面深入地厘清了不同情形下该案件审查的步骤和要素。本案对于统一司法实践中相关条文不同的理解与适用具有典型意义,提供了可供借鉴的裁判思路。

【裁判心得】

有时候,一个理所当然的思维惯性会带来意想不到的影响。比如本案的侵权人,在被查证其侵权事实后,一审法院即判令其停止在案涉领域的经营活动。一审判决似乎不存在问题,但当二审法院摆脱惯性思维、耐心倾听与思考后,发现本案的侵权人也同样存在需要法律保护的权益。经此一案,更加提醒法官,每一个案件都是全新的。

北京中新华达投资有限公司、李功达执行异议之诉案

杨　力*

关键词

执行异议　发起人　资本充实责任　连带责任

裁判要旨

资本充实责任是由公司发起人共同承担的相互担保出资义务履行的民事责任。审查发起人的资本充实责任范围时,应当重点审核公司设立时,相关主体在公司章程中作出的出资承诺。该承诺既包含出资的金额,也包含出资的期间,而不能仅以公司设立时这一具体时间节点上的承诺出资额为限。

相关法条

1. 最高人民法院《关于民事执行中变更、追加当事人若干问题的规定》第十七条。

2. 最高人民法院《关于适用〈中华人民共和国公司法〉若干问题的规定(二)》第二十二条第二款。

3. 最高人民法院《关于适用〈中华人民共和国公司法〉若干问题的规定(三)》第十三条第三款。

【当事人基本情况】

上诉人(原审原告):北京中新华达投资有限公司(以下简称中新华达公司)。

---

* 杨力,北京市第一中级人民法院民三庭法官。

被上诉人（原审被告）：李功达。

【基本案情】

2008 年 10 月 20 日，赵玉赞、王光、李功达、天星际公司共同签署天星昌达公司章程，约定四方共同出资 300 万元设立天星昌达公司，其中赵玉赞承诺认缴出资 20 万元，在公司设立时实际缴付 20 万元；王光承诺认缴出资 10 万元，于 2010 年 9 月 30 日缴付；李功达承诺认缴出资 10 万元，于 2010 年 9 月 30 日缴付；天星际公司承诺认缴 260 万元，于公司设立时实际缴付 40 万元，于 2010 年 9 月 30 日前缴付 220 万元。上述章程签署后，天星昌达公司于 2008 年 10 月 28 日注册登记，注册资本 300 万元（实收资本 60 万元，第二期出资时间为 2010 年 9 月 30 日）。在公司设立时，股东赵玉赞实际出资 20 万元、王光未出资、李功达未出资、天星际公司实际出资 40 万元。

2014 年 9 月 19 日，一审法院作出（2014）海民初字第 724 号民事判决，判决天星昌达公司返还中新华达公司人民币 270 万元并赔偿利息损失 518 400 元。该判决生效后，因天星昌达公司未履行付款义务，中新华达公司向该院申请强制执行。在上述案件执行过程中，中新华达公司请求追加天星际公司、王光、李功达为该案被执行人，在审查期间，由于李功达将未实际缴纳的出资 10 万元直接给付了中新华达公司，中新华达公司向该院撤回了追加李功达为被执行人的申请。此后，因天星昌达公司无财产可供执行，该案不具备继续执行之条件，终结此次执行程序。

后中新华达公司又以天星昌达公司股东李功达作为公司发起人股东应对公司其他未出资到位股东在出资不实的 220 元范围内承担连带责任为由，向该院申请追加李功达为执行案件的被执行人。一审法院于 2017 年 10 月 20 日作出（2017）京 108 执异 410 号执行裁定，以中新华达公司上述申请没有法律依据为由，裁定驳回了其追加请求。中新华达公司不服该裁定，提起本案诉讼。

中新华达公司向一审法院起诉请求：追加李功达为（2014）海民初字第 724 号民事判决项下执行案件的被执行人，对被执行人天星际公司在天星昌达公司出资不实的 220 万元内对上述判决项下所负债务承担连带清偿责任。

李功达答辩称：自己已经履行了股东的出资义务，法院驳回中新华达公司追加李功达作为被执行人的请求，是合法、合理的。

【审理结果】

北京市海淀区人民法院于 2018 年 5 月 16 日作出（2017）京 0108 民初 55284 号民事判决：驳回中新华达公司的诉讼请求。宣判后，中新华达公司向北京市第一中级人民法院提起上诉。北京市第一中级人民法院于2019年3月22日,作出(2019)京01民终1208号民事判决:一、撤销北京市海淀区人民法院(2017)京0108民初55284号民事判决;二、追加李功达为(2014)海民初字第724号民事判决项下执行案件的被执行人,在天星际公司未依法出资的220万元范围内,对天星昌达公司债务不能清偿部分的补充赔偿责任承担连带责任。

【裁判理由】

法院生效裁判认为:本案系执行异议之诉案件,中新华达公司上诉主张,依据相关的法律规定,应当追加李功达为执行案件的被执行人。具体而言,分为三个步骤:第一,最高人民法院《关于适用〈中华人民共和国公司法〉若干问题的规定(三)》(以下简称《公司法司法解释(三)》)第一条规定:"为设立公司而签署公司章程、向公司认购出资或者股份并履行公司设立职责的人,应当认定为公司的发起人,包括有限责任公司设立时的股东。"由此可知,李功达是公司发起人;第二,最高人民法院《关于适用〈中华人民共和国公司法〉若干问题的规定(二)》(以下简称《公司法司法解释(二)》)第二十二条第二款、《公司法司法解释(三)》第十三条第三款规定了公司发起人承担其他股东未履行出资义务的连带责任;第三,根据最高人民法院《关于民事执行中变更、追加当事人若干问题的规定》第十七条规定,申请执行人变更、追加依公司法规定对该出资承担连带责任的发起人为被执行人,在尚未缴纳出资的范围内依法承担责任的,人民法院应予支持。通过这三个步骤,来完成在执行案件中对李功达作为被执行人的追加。

本院对中新华达公司主张的上述法律适用步骤及一审法院认定的李功达系公司发起人不持异议,但步骤二中的法律适用是否能够得出李功达承担连带责任的结论,成为本案争议焦点。本院将围绕该争议焦点逐一进行评述。

(一)关于《公司法司法解释(二)》第二十二条第二款的法律适用

本条第一款规定:"公司解散时,股东尚未缴纳的出资均应作为清算财产。股东尚未缴纳的出资,包括到期应缴未缴的出资,以及依照公司法第二十六条和第八十条的规定分期缴纳尚未届满缴纳期限的出资。"

本条第二款规定:"公司财产不足以清偿债务时,债权人主张未缴出资股东,以及公司设立时的其他股东或者发起人在未缴出资范围内对公司债务承担连带清偿责任的,人民法院应依法予以支持。"

中新华达公司主张应直接适用该条第二款,认定李功达的连带清偿责任。对此,本院认为,从立法背景和目的来看,《公司法司法解释(二)》主要是对公司解散和清算制度适用法律的问题进行了具体的规定;结合该条第一款可知,本条文是关于股东未缴出资下的清算及民事责任的规定,整体适用于公司解散之情形。因此,公司解散未进行清算,公司财产不足清偿债务时,公司债权人有权要求公司设立时的其他股东或发起人与未缴出资的股东承担连带责任。[①] 本案中,现无证据表明天星昌达公司进入清算程序,由此,中新华达公司该项主张不能成立,本院不予支持。

(二)关于《公司法司法解释(三)》第十三条第三款的法律适用

本条第三款规定:"股东在公司设立时未履行或者未全面履行出资义务,依照本条第一款或者第二款提起诉讼的原告,请求公司的发起人与被告股东承担连带责任的,人民法院应予支持;公司的发起人承担责任后,可以向被告股东追偿。"

一审法院认为,该条款只应考虑公司设立时的出资义务,虽天星际公司在公司设立后未按期认缴第二期出资,但该事由不符合上述司法解释中关于发起人承担连带责任的规定。而中新华达公司则认为,李功达应就公司章程承诺的全部出资义务承担连带责任。对此,本院认为,本案应当对发起人的资本充实责任范围作进一步明确。

《公司法》第九十三条第一款规定:"股份有限公司成立后,发起人未按照公司章程的规定缴足出资的,应当补缴;其他发起人承担连带责任。"最高人民法院就《公司法司法解释(三)》答记者问时明确:将《公司法》第九十三条第一款对股份公司场合中其他发起人的连带出资义务也适用到有限责任公司场合,即有限责任公司股东如果未按章程规定缴纳出资的,发起人股东与该股东承担连带责任。由此可知,发起人的资本充实责任范围应当与公司设立时股东在公司章程中承诺的出资义务一致,而不论该出资系在某一时间节点的一次性出资或分期出资。具体到本案中,2008 年 10 月 20 日,赵玉赞、王光、李功达、天星际公司共同签署天星昌达公司章程,约定四方共同出资 300 万元设立天星昌达公司,其中天星际公司承诺认缴 260 万元,于公司设立时实际缴付 40 万元,于 2010 年 9 月 30 日前缴付 220 万元。其后,天星际公司并未按照公司设立时承诺的期限与数额缴纳第二期的出资,因此,李功达作为签署该公司章程的公司发起人,应当承担相应的连带责任。

【裁判解析】

本案争议焦点是公司发起人李功达是否应就其他发起人未履行的出资义务承担连带责任,更进一步而言,我们需要探讨的问题是公司发起人的资本充实责任内

---

① 最高人民法院民事审判第二庭编著:《最高人民法院关于公司法司法解释(一)、(二)理解与适用》,人民法院出版社 2008 年版,第 402 页。

容与范围。

（一）问题的聚焦

《公司法司法解释（三）》第十三条第三款规定："股东在公司设立时未履行或者未全面履行出资义务，依照本条第一款或者第二款提起诉讼的原告，请求公司的发起人与被告股东承担连带责任的，人民法院应予支持；公司的发起人承担责任后，可以向被告股东追偿。"关于本条款的适用，存在不同的理解。一种观点认为，法条的行文表述上存在时间状语"在公司设立时"，那么，应当仅审查该时间点对应的出资义务是否履行完毕。比如，本文案例中，一审法院认为，天星际公司虽然承诺认缴出资额共计260万元，但于公司设立时仅缴付40万元，所以，只需要考察这40万元是否出资到位。另一种观点则认为，该条款不能机械适用，应当审查公司设立时股东在公司章程中承诺的全部出资义务。以本案二审法院观点为例，天星际公司在公司设立时做出的承诺为分期认缴，设立时40万元，于2010年9月30日前再缴付220万元。那么，应当整体把握其出资义务。

（二）话题的展开

法律责任源于责任主体的义务，而义务又以主体的法律地位为依托。公司发起人是公司设立过程中所产生的权利义务的主要承担者，公司设立后即成为公司的原始股东，其对应着《公司法》上的一种特殊的民事责任制度——资本充实责任。资本充实责任是指为贯彻资本充实原则，由公司设立者共同承担的相互担保出资义务履行的民事责任。[①]

以资本充实责任的特点出发，可以梳理出同一脉络下与公司相关纠纷案件的处理思路。具体而言：第一，从主体上来看，该责任因公司设立行为所产生，所以，其承担者仅限于公司发起人。在公司成立后，因公司增资扩股或股权转让等事由获得公司股东身份的主体，不再承担该责任。同理，该责任源于发起人身份，不论此后股权是否转出，并不影响其作为发起人的义务承担。第二，从主观上来看，资本充实责任属于无过错责任，不论发起人是否存在过错，只要公司存在未足额缴纳出资款的客观事实即可。第三，从责任承担的方式来看，全体公司发起人对任一主体非足额出资的事实均承担连带责任，但责任承担后，基于发起人之间的合同约定（公司章程）以及公平原则，既可以向未足额出资方追偿，亦可以向其他方要求责任分担。第四，从内容上来看，其重点落在公司发起人对违反出资义务的其他发起人

---

① 最高人民法院民事审判第二庭编著：《最高人民法院关于公司法司法解释（三）、清算纪要理解与适用》，人民法院出版社2014年版，第210页。

的监督义务上,其并非违反出资义务股东所承担的出资违约责任。例如,虽然本案当事人李功达抗辩自己足额补缴了出资,但仍然需要对其他公司发起人未足额出资部分承担连带责任。

(三)具体案例的辨析

仍然回到本案中。首先,我们需要考虑公司发起人的资本充实责任是否与公司认缴制存在冲突。以一审判决为代表的,持第一种观点者认为:《公司法司法解释(三)》施行于 2011 年,但 2013 年年末,我国《公司法》资本制度改革并确立了完全认缴制的新格局,取消了最低注册资本和首要出资的要求。因此,在新格局之下,对股东或发起人的出资义务要求降低,应当仅对争议法条作字面解释。我们则认为,“资本之于企业有如血液之于人体,人体缺乏血液,生命不能存在,企业没有资本,其生产经营活动将无法启动或运营”。[①] 公司认缴制仅是将股东的出资义务延伸至股东承诺的远期出资义务,但并不意味着《公司法》认可公司开出无须兑现的空头支票,更不能允许公司发起人借由认缴制的外衣,丢失公司资本三原则或是发起人对外的诚信原则,对自己的承诺以及法定的义务予以涤除。

其次,从裁判文书的指引作用来判断。倘若我们按照第一种观点审查,仅考虑天星际公司在设立时的出资额情况,那么,社会公众从该份判决中可以得出这样一个结论:公司章程中只要约定的出资义务不在设立时,则可以完全排除发起人之间相互监督、保持公司资本充实的连带责任。商人总是追逐利益最大化,由此一来,公司发起人只要稍微将承诺的出资义务期间进行调整,《公司法》司法解释三第十三条第三款即被架空。相反地,倘若按照第二种观点予以审查,公司发起人义务与其公司章程中承诺的金额、期间一一对应,从而衡平了公司股东的有限责任与债权人交易安全,有利于夯实现代商业社会的诚信基石。

最后,从股份公司相关法条予以推定。公司法第九十三条第一款规定:“股份有限公司成立后,发起人未按照公司章程的规定缴足出资的,应当补缴;其他发起人承担连带责任。”最高人民法院就《公司法司法解释(三)》答记者问时明确:将《公司法》第九十三条第一款对股份公司场合中其他发起人的连带出资义务也适用到有限责任公司场合,即有限责任公司股东如果未按章程规定缴纳出资的,发起人股东与该股东承担连带责任。具体到本案中,天星际公司在设立时的公司章程承诺认缴 260 万元,于公司设立时实际缴付 40 万元,于 2010 年 9 月 30 日前缴付 220

---

① 施天涛:《公司法论》,法律出版社 2005 年版,第 195 页。

万元。截至本案诉讼，天星际公司也并未如期、足额缴纳第二期的出资款，因此，李功达作为签署该公司章程的公司发起人，应当承担相应的连带责任。

综上所述，发起人的资本充实责任范围应当与公司设立时股东在公司章程中承诺的出资义务相一致，而不能仅以“公司设立时”这一具体时间节点的承诺出资额为限。

【案例点评】

在司法实践中，就《公司法司法解释（三）》第十三条第三款中公司发起人出资义务的范围存在不同的理解。本案典型意义在于从立法目的出发，分别从《公司法》中的法律原则、裁判文书的社会效果以及类似法条的解读入手，就诉争法条进行了全面的解释。本案例有利于统一实践中对该条文的理解与适用，具有典型意义，并由此解决了类案中延伸开来的诸多问题。

【裁判心得】

这是一个需要改判的案件，改判的原因是法律适用错误。在得出这个结论之前，我们不仅要解决争议法条的理解问题，还要解决以此为起点、以二叉树列的形式延伸开来的一系列公司类法律理解与适用的问题。当在此路径下，可以搭建起一个完整的体系框架时，法官便可据此作出审慎的决定。

大成基金管理有限公司与神雾科技集团股份有限公司、吴道洪、李丹合同纠纷案

张家华[*]　曹明哲[**]

关键词

信托财产　资管计划　适格当事人　债券

裁判要旨

在因债券发行人不能兑付本息而产生的债券交易纠纷中，资管计划是否能够成为原告、资管计划的受益人是不是真正的债券持有人和原告成为争议问题。资管计划本质为信托财产，信托财产的主体化有其实践和理论基础。但是在现行法框架下，司法裁判不宜将信托财产及资管计划作为原告。基于《信托法》原理，受益人无权直接向交易关系中的第三人主张权利（除非信托合同另有约定）。受托人作为适格当事人的权利来源为其以自己的名义处理信托事务。

相关法条

1.《中华人民共和国民法总则》第二条。

2.《中华人民共和国信托法》第二条。

3.《中华人民共和国民事诉讼法》第一百一十九条。

4.《全国法院民商事审判工作会议纪要》第八十八条。

【当事人基本情况】

原告：大成基金管理有限公司。

---

* 张家华，北京市第一中级人民法院民四庭法官。

** 曹明哲，北京市第一中级人民法院民四庭法官助理。

被告:神雾科技集团股份有限公司。

被告:吴道洪。

被告:李丹。

【基本案情】

2016年12月15日,被告神雾科技集团股份有限公司(以下简称神雾集团)在深圳证券交易所发行"北京神雾环境能源科技集团股份有限公司2016年非公开发行可交换公司债券"(债券简称"16神雾E1")。原告大成基金管理有限公司(以下简称大成基金)通过其管理的"大成基金新赢6号资产管理计划"和"大成基金—汉口银行远航1号资产管理计划"合计持有面值为人民币9000万元(后通过换股与转让变更为7000万元)的涉案债券。在涉案债券存续期间,神雾集团发生了诸多《募集说明书》项下的严重违约行为,如信息披露、未追加担保、未按期偿付利息等。故大成基金向法院起诉请求解除大成基金与神雾集团之间的募集说明书;神雾集团立即向大成基金支付债券的本金及利息。

神雾集团辩称,大成基金的诉讼主体不适格。根据大成基金提交的中国证券登记结算有限责任公司(以下简称中登公司)出具的"证券账户开户办理确认单"和"投资者证券持有信息(深市)",本案债券"16神雾E1"的持有人名称为:"大成基金—工商银行—华泰证券(上海)资产管理有限公司"和"大成基金—广州农商银行—汉口银行股份有限公司"。因而,第一,涉案债券持有人到底是大成基金还是"大成基金—工商银行—华泰证券(上海)资产管理有限公司"和"大成基金—广州农商银行—汉口银行股份有限公司",大成基金提交的证据无法确定;第二,根据现有证据,无法排除华泰证券(上海)资产管理有限公司和汉口银行股份有限公司会另行起诉神雾集团。因此大成基金主体不适格。

【裁判结果】

北京市第一中级人民法院于2018年12月27日作出(2018)京01民初460号民事判决:神雾集团于判决生效之日起十日内支付大成基金债券本金70 000 000元及相应的利息。判决后,神雾集团、吴道洪、李丹向北京市高级人民法院提起上诉。北京市高级人民法院于2019年7月18日作出(2019)京民终155号民事判决,判决驳回神雾集团、吴道洪、李丹的上诉请求。

【裁判理由】

法院生效裁判认为:关于大成基金是否为本案适格原告,大成基金为证明其为涉案债券的持有人,提交了中登公司出具的"投资者证券持有信息(深市)",其上显示“16神雾E1”的持有人名称分别为“大成基金—工商银行—华泰证券(上海)资产管理有限公司”和“大成基金—广州农商银行—汉口银行股份有限公司”,产品类别为“基金公司特定客户资产管理产品”。根据中登公司《基金管理公司特定客户资产管理登记结算业务指南》(2013年修订版)第五条的规定,对于单一客户特定资产管理业务,“持有人名称”一项应为“基金管理公司名称—托管人名称—委托人名称”。同时,根据大成基金提交的《大成基金—汉口银行远航1号资产管理计划资产管理合同》、《大成基金新赢6号资产管理计划资产管理合同》以及中国证券投资基金业协会网站的信息,“大成基金—汉口银行远航1号资产管理计划”和“大成基金新赢6号资产管理计划”均为基金专户一对一产品。在“大成基金—汉口银行远航1号资产管理计划”中,资产委托人为汉口银行股份有限公司,资产管理人为大成基金管理有限公司,资产托管人为广州农村商业银行股份有限公司;在“大成基金新赢6号资产管理计划”中,资产管理计划资产委托人为华泰证券(上海)资产管理公司,资产管理人为大成基金管理有限公司,资产托管人为中国工商银行股份有限公司重庆市分行。由上,即可将中登公司的“投资者证券持有信息(深市)”中的持有人名称与大成基金相对应。“大成基金—工商银行—华泰证券(上海)资产管理有限公司”对应的是“大成基金新赢6号资产管理计划”,“大成基金—广州农商银行—汉口银行股份有限公司”对应的是“大成基金—汉口银行远航1号资产管理计划”。大成基金实际是通过上述两个资产管理计划买入涉案债券,在这两个资产管理计划中,大成基金均为资产管理人,因此,大成基金为本案适格原告。

【裁判解析】

在债券市场上,由于资管计划参与购入债券,一旦发生债券的兑付纠纷,债券发行人以诉讼主体不适格为由进行抗辩已经成为常态。本案即是就公司债券交易纠纷中基于适格原告产生的争议。本案的以下问题值得进一步厘清。

第一,根据中登公司的投资者信息显示,债券持有人为“大成基金—工商银行—华泰证券(上海)资产管理有限公司”“大成基金—广州农商银行—汉口银行股份有限公司”,这对应的是“大成基金新赢6号资产管理计划”“大成基金—汉口银行远航1号资产管理计划”这两个资产管理计划,而非本案原告大成基金。那么资管计划是否为本案真正的持有人,是否其才是本案真正的原告?应如何看待资管计划为债券持有人这一命题?

第二,如果资管计划不能作为适格原告,那么大成基金作为原告起诉的依据是什么?

（一）涉资管业务的信托法属性

虽然如信托计划、证券投资基金、投资计划等名称各不相同，但是本质上资产管理业务均是在《信托法》的框架与信义义务之下开展。即在法律上，资产管理业务本质上是一种信托法律关系。《信托法》不仅应适用于信托公司的资产管理业务，也应适用于银行、证券、保险等其他金融机构的资产管理业务。2018 年 4 月 27 日由中国人民银行、中国银行保险监督管理委员会、中国证券监督管理委员会（以下简称证监会）、国家外汇管理局共同发布的《关于规范金融机构资产管理业务的指导意见》也对资产管理业务进行了统一规范。这一点在 2019 年最高人民法院所颁布的《全国法院民商事审判工作会议纪要》中得到印证，其第八十八条第二款明确指出："根据《关于规范金融机构资产管理业务的指导意见》的规定，其他金融机构开展的资产管理业务构成信托关系的，当事人之间的纠纷适用信托法及其他有关规定处理。"该条实际上规定，在涉及资产管理业务的纠纷中，在司法以及私法层面，应当适用《信托法》及其法理，承认了《信托法》为资管业务的私法基础。

在此基础上，由于资产管理业务的信托法属性，在涉资管计划的案件中，如前述案例中的大成基金，除了与债券发行人神雾集团之间构成基于公司债券的购买而生的债权债务关系之外，另基于信托法律关系，其同时为信托关系中的受托人，故所谓的信托计划、证券投资基金等资管计划实质即为信托财产。

（二）信托财产主体化的实践与理论

在前述案例中，登记结算机构的登记情况以及相关持有人信息往往显示，资管计划成为持股人、债券持有人。前述分析可知，资管计划的本质是信托财产，则这实际上表明资管计划即信托财产是真正的权利人。那么，由此产生的疑问是，信托财产是真正的权利主体吗？事实上，从我国资管业务的交易实践和《信托法》的发展情况看，资管计划、信托财产的主体化的主张有其实践和理论基础。

在实践基础方面，第一，资管计划的独立名称。按照监管机关的相关的要求，资管计划事实上均有独立的名称，而这样的名称就是主体化的首要前提。如根据《证券投资基金法》第五十二条规定，公开募集基金的基金合同应当包括募集基金的目的和基金名称。类似上述的规定存在于诸多金融业的相关规范中。因此，在我国资管业务的实践中，各个资管计划也即信托财产均有特定的名称，这样的名称为其作为独立主体存在于交易实践中打下了基础。

第二，资管计划被视为合格投资者。例如，在证监会颁布的《证券期货投资者适当性管理办法》中，资管计划被视为与金融机构相并列的"合格投资者"。在中国人民银行公告〔2016〕第8号中,资管计划被视为“非法人类合格投资者”,即“非法人类合格机构投资者是指金融机构等作为资产管理人(以下简称管理人),在依法合规的前提下,接受客户的委托或授权,按照与客户约定的投资计划和方式开展资产管理或投资业务所设立的各类投资产品,包括但不限于:证券投资基金、银行理财产品、信托计划等”。上述规定将资管计划作为一种“主体”对待。

第三,资管计划在我国债券市场的登记结算的规则中亦拥有单独的账户。如上海清算所《银行间市场清算所股份有限公司债券登记托管、清算结算业务规则》规定,债券持有人通过债券账户持有债券,其中第六条规定,证券投资基金等非法人产品投资者应按监管部门规定单独开立债券账户。这导致在实践中,依据债券登记结算机构的相关规则,登记机构出具的书面证据往往显示,债券持有人的名称就是资管计划的名称。

而理论基础方面,传统理论认为信托财产就是权利客体,即“唯权利客体论”,但是立法、实务界与学界也开始正视信托财产实体化、主体化的现实需求和发展趋势,分别产生出了“作为客体的实体化”、“选择性主体化”、“特殊类型的组织形态”和“广泛地承认主体地位”等层次。[①] 我国理论界不少学者主张应将信托财产视为法律主体,认为“若需要与现行法律主体形式对接,则资管计划至少可属于非法人组织一类”[②]。亦有学者提出借鉴美国法中的商业信托(Business Trust),通过修订我国《信托法》或制定商业信托法明确规定商业信托的法人资格。[③] 同时,也有观点反对将信托财产作为主体对待,认为“信托不是人”,且不赋予信托财产主体资格,保留了将受托人的信用引入信托结构的可能性,是对信托财产的债权人的一个保障。[④]

(三)资管计划暂时不能成为适格原告

上述金融交易实践中的这种资管计划的主体化现象,是否应延续至司法裁判?如在前述公司债券交易纠纷中,司法裁判应否将债券持有人列为资管计划,并认为资管计划才是适格原告?笔者认为,司法裁判中,资管计划暂时不能成为适格原告。

第一,资管计划成为适格原告并不符合现行法律的规定。《民法总则》第二条

---

① 此方面的论述参见陈一新:《论信托财产的主体性》,载《交大法学》2019年第2期。

② 刘燕、楼建波:《企业并购中的资管计划——以SPV为中心的法律分析框架》,载《清华法学》2016年第6期。

③ 李宇:《论作为法人的商业信托》,载《法学》2016年第8期。

④ 赵廉慧:《信托法解释论》,中国法制出版社2015年版,第216页。

规定,民法调整平等主体的自然人、法人和非法人组织之间的人身关系和财产关系。依此,现行民事主体只有自然人、法人和非法人组织,就目前而言,资管计划无法归入其中任何一类,契约型资管计划不能归入其中任何一类,所以其不具有权利能力,不是私法主体。

第二,资管计划成为诉讼主体暂时无法适应现行司法运作体系。若资管计划作为原告起诉,则首先面临着立案登记的问题,由于资管计划无法在工商登记,自然无营业执照等相关材料,更无组织机构,无法通过立案审查,如此反倒对权利保护不利,使得权利空洞化。

第三,金融实践与司法过程二者的价值取向有所不同。金融实践更侧重于交易的便捷与效率,因此,给予资管计划一定的主体化身份,使其可直接对外进行交易。而司法过程更侧重责任归属和责任分担,与监管政策中的"穿透"监管原理相当。

第四,在理论与实践中,商业信托(Business Trust)是信托财产主体化的典型表现。但是,笔者认为,在信托财产相关纠纷中,并不一定只有信托财产主体化这一条路径才能解决争议和问题。信托财产主体化本质上是一个立法政策和立法选择问题,而不是一个价值判断问题,也不是所有国家和地区均采用的模式。

综上,基于金融实践和理论的发展,资管计划、信托财产主体化并非空谈,是否赋予信托财产主体身份是一个立法政策问题,但是当前司法裁判暂不能将资管计划列为诉讼主体。事实上,前述争议的产生本质上是因为在我国金融业务实践中,已经将资管计划作为主体看待,但是民事法律、诉讼法以及《信托法》的构造上没有将信托财产视为主体,二者之间的矛盾反映在了司法裁判中。

(四)资管计划管理人原告资格的正当性

前述的分析解决了资管计划的性质问题,但是仍有疑问的是,在涉及资管计划纠纷中,究竟何种主体才是真正的权利主体。在前述案件中,被告神雾集团认为,不排除两个资管计划的委托人"汉口银行股份有限公司""华泰证券(上海)资产管理公司"作为原告起诉,换言之,其认为两个资管计划的委托人具有原告资格。本文认为,此种主张不能成立。

第一,按照《信托法》的基本原理,一般而言,如果受托人对信托的管理和运作是恰当的,在管理行为持续过程中,受益人(也是自益信托中的委托人)并没有权利干涉,而只能等待信托利益的给付。但如果受托人对信托财产进行了不当的管理和运作,没有及时给付信托利益,受益人可以采取措施,强迫受托人适当管理、及时给付。第二,基于合同的相对性,对于受托人与第三人之间的交易行为,受益人也无权干涉,更不能"越俎代庖"直接向第三人主张损害赔偿。

依照我国《信托法》第二条的规定,信托是指委托人基于对受托人的信任,将其财产权委托给受托人,由受托人按委托人的意愿以自己的名义,为受益人的利益或者特定目的,进行管理或者处分行为。依此规定,"因处理信托事务,受托人与第三人发生纠纷和责任,也以受托人自己名义处理和承担。无论如何,受托人因处理信托事务涉及第三人的权利义务和责任,均归属于受托人,该第三人不与委托人和受益人发生直接的法律关系"。[①] 故受托人以自己的名义起诉当属受托人的基本权利,亦属受托人的义务。根据《证券投资基金法》第十九条规定,公开募集基金的基金管理人的职责包括以基金管理人的名义代表基金份额持有人利益行使诉讼权利或实施其他法律行为。前述《关于规范金融机构资产管理业务的指导意见》第八条第九项也规定,金融机构应当履行的管理人职责包括金融机构以管理人名义,代表投资者利益行使诉讼权利或者实施其他法律行为。因此,受托人以自己的名义起诉当属受托人的基本权利,亦属受托人的义务。

故在前述案例中,资管计划管理人大成基金以自己的名义起诉是没有任何问题的,符合《民事诉讼法》第一百一十九条的"原告是与本案有直接利害关系的公民、法人和其他组织"。

【案例点评】

对于资管计划、资管产品的性质,以及资管计划在诉讼中的地位,理论上缺乏对此类问题的分析。金融实践中已经把资管计划作为一种主体看待,而理论上仍然认为信托财产是一种客体,这种矛盾就反映在了裁判实践中。该案例结合《信托法》、行业规范以及相关法律、法规对资管计划的性质进行了全面分析,并指明了在诉讼中如何看待资管计划、是否应将资管计划作为原告。论证充分、清晰,对此类案件提供了借鉴与参考。

【裁判心得】

对于金融案件的裁判,要注重观察交易实践以及行业规范,了解实践运行方式;同时,将金融交易结构与交易语言转化为法律语言与法律逻辑。在理论与实践中,对于《信托法》的误解与误读较多,但是信托已经被广泛运用,这也证明信托是

---

① 周小明:《信托制度:法理与实务》,中国法制出版社 2012 年版,第 171 页。

一种非常灵活的结构,能够帮助我们从全新的角度看待问题。最后,对于法律问题的分析要刨根问底,不能仅仅看到表面问题、得出表面结论,还需结合理论、法律规范进行深层次的分析。

厦门国际银行股份有限公司北京分行诉北京国光高科电子有限公司破产债权确认案

邹明宇[*]　刘　琦[**]

关键词

破产衍生诉讼　迟延加倍利息　劣后清偿　停止计息

裁判要旨

债务人未履行生效法律文书应当加倍支付的迟延利息(以下简称迟延加倍利息)兼具惩罚性和补偿性但又以惩罚为主的特点,使得若赋予其普通债权的清偿顺序,将会使其他普通债权人对该惩罚性债权承担责任,从而违反了《破产法》的公平受偿原则。同时,考虑到计算该利息债权是法院主动实施的执行措施,具有法定性,虽然被告同意按照普通债权予以确认,但为保证所有债权人能够获得公平受偿,法院可依职权对其清偿顺序作出认定,即认定该债权作为惩罚性债权应劣后于普通破产债权清偿。

相关法条

《中华人民共和国企业破产法》第五十八条第三款、第一百零九条。

【当事人基本情况】

原告:厦门国际银行股份有限公司北京分行。

被告:北京国光高科电子有限公司。

---

* 邹明宇,北京市第一中级人民法院清破庭法官。

** 刘琦,北京市第一中级人民法院清破庭法官助理。

【基本案情】

2010年9月13日,国光公司(甲方)与厦门银行(乙方)签订编号为XRB10010的《项目借款合同》和编号为GRB10051的《综合授信额度合同》,主要内容为:(1)贷款总金额:2亿元。(2)贷款有效期限:自2010年9月13日起至2013年9月12日止。(3)贷款利率和利息计收:贷款年利率为6.48%,即中国人民银行公布的1至3年期人民币贷款基准利率上浮20%。利息自甲方实际提款日起算,应付利息=实际提款额×贷款利率(年利率)×用款天数÷360。在合同有效期内,乙方按季计收贷款利息,结息日为每季末月的20日……(5)贷款使用:甲方首次提用贷款前,应按照双方签订的《财务顾问服务协议》的约定,以贷款原币一次性向乙方支付185万元的投资财务顾问咨询费……(7)担保:以甲方拥有所有权的坐落于北京经济技术开发区地盛南街1号的国光大厦二期在建工程目前和将来的所有上盖建筑及该在建工程相应的土地使用权为本合同项下甲方所欠乙方全部债务的偿还提供抵押担保,赋予乙方第一优先受偿权。并以甲方交付乙方金额1000万元保证金及其孳息为本合同项下甲方所欠乙方全部债务的偿还提供质押担保,赋予乙方第一优先受偿权……(11)违约处理:对逾期未还的贷款部分,按本条约定的逾期罚息利率计收逾期利息。逾期罚息利率包括以下两项:除应按本合同第三条约定的利率标准支付利息外,就逾期未还的贷款部分,自贷款逾期之日起另行支付逾期罚息,直至清偿本息为止,逾期罚息率为本合同第三条约定之贷款利率的30%。对甲方未按期支付的利息,自应付息日次日起按逾期罚息利率计收复利……(16)双方约定的其他事项:甲方的部分智能卡、社保卡业务的销售收入须转入甲方在乙方开立的账户,甲方下游企业北京握奇数据系统有限公司须将其销售款项全部支付至甲方在乙方开立的账户。甲方每季度支付到该账户的销售收入不得低于1亿元。若违反上述约定,则甲方应向乙方支付相当于未完成汇入款项金额2%的违约金。甲方应于2011年6月30日之前办理完毕第七条约定的在建工程完工后的房屋产权证,并将该在建工程抵押登记变更为房地产抵押登记,抵押给乙方,作为本合同项下全部债务的担保。在此种情况下,甲方可办理第七条约定保证金解除冻结手续。若未按上述约定时间办妥抵押登记手续,甲方应按本额度总金额的2%向乙方支付违约金。

同日,出质人国光公司与质权人厦门银行签订编号为XRB10010的《保证金质押合同》,约定:为确保XRB10010号《项目借款合同》、GRB10051号《综合授信额度合同》的履行,出质人愿意提供保证金质押担保。第一条保证金出质:质物应划转质权人名下账户,质权的效力及于质物产生的孳息。第二条质押担保范围:包括主合同项下债务本金 2 亿元整及利息(包括逾期罚息和复利)、违约金、赔偿金、保管费用、以及质权人实现债权和质权的一切费用(包括但不限于诉讼费、仲裁费、律师费、财产保全费、差旅费、执行费、评估费、拍卖费等)。第三条出质权利的处分:3.3 当债务人未按主合同约定履行其债务时,或债务人或出质人未遵守主合同、本合同及其与质权人的其他约定导致质权人决定提前实现债权,或主合同被认定为无效但借贷关系已经实际发生时,无论质权人对主合同项下的债权是否拥有其他担保,质权人均有权决定单独处置本合同项下质物……质权人有权直接扣收质押保证金并在出质人担保范围内优先用于偿还主合同项下债务人所欠质权人的全部债务,而无论质押款项到期与否。3.6 出质人同意质权人有权对处分质物款用以清偿或提前清偿主合同项下债务本息及相关费用。

同日,抵押人国光公司与抵押权人厦门银行分别签订了编号为 XRB10010 和 GRB10051 的《最高额抵押合同》,约定为确保双方签订的编号为 XRB10010 的《项目借款合同》和编号为 GRB10051 的《综合授信额度合同》项下授信业务所形成的一系列债权的履行,国光公司愿意为依上述主合同所形成的一系列债权提供最高额抵押担保。第一条抵押物:国光公司以其拥有的坐落于北京经济技术开发区地盛南街 1 号的国光大厦二期在建工程目前及将来的所有上盖建筑及房产相应的土地使用权抵押予抵押权人,作为主合同项下债务人所欠抵押权人全部债务偿还的抵押担保,赋予抵押权人优先受偿权。第二条被担保的债权:指自主合同签署日起至主合同约定的最后到期日止的期间因厦门银行向国光公司连续提供授信而形成的一系列债权,其在主合同项下授信本金最高额为 2 亿元。第三条抵押担保的范围:包括主合同项下所欠债务本金、该本金项下所结欠的利息(包括逾期罚息和复利)、违约金、赔偿金,以及厦门银行实现债权和抵押权的一切费用(包括但不限于诉讼费、仲裁费、律师费、财产保全费、差旅费、执行费、评估费、拍卖费等)。厦门银行就上述抵押物取得了《土地他项权利证明书》。

合同签订后,厦门银行向国光公司分两笔发放贷款 1.7 亿元和 3000 万元。2011 年 9 月 16 日,国光公司偿还厦门银行贷款本金 3000 万元。国光公司未能履行《项目借款合同》第 16.1 条、第 16.5 条以及《综合授信额度合同》第 16.1 条、第 16.4 条约定的义务,厦门银行于 2012 年从国光公司在厦门银行开立的账户中分 3 笔扣划共计 1000 万元。

国光公司未能依约履行还款义务,厦门银行分别向一中院和西城法院提起诉讼。一中院于2012年12月作出(2012)一中民初字第9651号民事判决书,判决国光公司偿还厦门银行借款本金1.4亿元及利息、逾期利息、复利、律师费,并有权以抵押物(国光大厦二期的土地使用权及地上物)折价、拍卖、变卖的价款优先受偿。西城法院亦于2012年12月作出(2012)西民初字第17259号民事判决书,判决国光公司偿还厦门银行借款本金3000万元及利息、罚息、复利、律师费,并对抵押物(国光大厦二期的土地使用权及地上在建工程等)享有优先受偿权。根据当事人提交的上述两案的卷宗笔录显示,国光公司在诉讼中并未针对涉案合同的效力、投资财务咨询顾问费和违约金等事项提出异议。

2013年6月8日,大兴法院对国光大厦的土地使用权与地上物(含国光大厦二期)进行了公开拍卖,总成交价为3.82亿元(国光大厦二期财产的评估价值占该次拍卖财产的总评估价值的74.396%)。同年7月15日,大兴法院作出(2012)大执字第2505号成交裁定。截至2013年12月24日,大兴法院向厦门银行发还案款158 831 812.8元。2016年5月13日,大兴法院再次向厦门银行发还案款23 810 879.03元。

2016年11月18日,法院作出(2016)京01破申1号民事裁定书,裁定受理了国光公司破产清算案。在债权申报过程中,管理人对厦门银行申报的部分债权未予确认,引发本案诉讼。原告厦门银行请求法院判决确认其对国光公司享有本金债权9 999 585.79元、利息债权3 259 487.9元、迟延加倍利息11 272 660.35元,并确认上述债权具有优先受偿权。

被告国光公司辩称:第一,厦门银行收取的1000万元保证金和185万元投资财务咨询顾问费,超出了借款合同约定的法定内容,属于加重对方责任的格式条款。相关违约金条款属于不正当的非正常银行业务,违反了《合同法》第五十二条、《商业银行法》第四十七条、《贷款通则》第二十四条第四款的相关规定,依法应当认定为无效条款。因此,厦门银行应当返还该1000万元,并在判决生效时抵充借款利息和本金。第二,关于利息计算的截止日期问题,厦门银行的债权是享有抵押优先受偿权的债权,抵押物国光大厦二期已经通过司法拍卖变价,到达法院账户的抵押物变价款远远大于厦门银行的债权,应视为国光公司已经全额清偿了厦门银行的债务。因此,拍卖成交裁定生效之日即为国光公司全额清偿债务之日,厦门银行债权利息也仅应计算至该日期,即2013年7月15日。第三,迟延加倍利息属于法定之债,系基于国光公司不履行生效判决而产生,依法为普通债权,不享有优先受偿权。综上,请求确认厦门银行的本金债权为793 373.33元,利息债权为0元,迟延加倍利息为 10 551 844. 49 元,且不享有优先受偿权。

诉讼中,国光公司确认厦门银行上述诉讼请求金额未超出国光大厦二期拍卖款中尚未分配(或发还)的金额。关于国光公司尚欠厦门银行的剩余本息金额,双方经协商同意将计息截止日确定为 2013 年 7 月 15 日,即大兴法院作出执行成交裁定之日。经组织多次核对,双方确认了不同情况下的债权金额。其中,按照厦门银行扣划的 1000 万元及收取的 185 万元投资财务咨询顾问费不予返还,且计算至 2013 年 7 月 15 日的计算标准,双方确认国光公司尚欠厦门银行借款本金 9 999 585. 79 元,利息 1 201 563. 46 元,迟延加倍利息 11 272 660. 35 元。

【审理结果】

北京市第一中级人民法院于 2018 年 12 月 25 日作出(2017)京 01 民初 237 号民事判决,判决:一、确认原告厦门银行对被告国光公司享有本金债权 9 999 585. 79 元,利息债权 1 201 563. 46 元,上述债权可就依法处分抵押物(国光大厦二期的土地使用权及地上物)所得价款享有优先受偿权;二、确认原告厦门银行对被告国光公司享有迟延履行期间加倍支付的利息债权 11 272 660. 35 元,该债权劣后于普通债权清偿;三、驳回原告厦门银行的其他诉讼请求。判决作出后,双方均未上诉。

【裁判理由】

法院生效裁判认为:一、关于厦门银行扣划的 1000 万元及收取的 185 万元投资财务咨询顾问费是否应予返还的问题。我国现行法律法规并未禁止当事人在金融借贷活动中针对违约金及投资财务咨询顾问费等事项作出约定,国光公司在依约支付了投资财务咨询顾问费并收到厦门银行发放的贷款后,并未就上述合同条款提出异议。在厦门银行于 2012 年依约扣划了 1000 万元违约金乃至发生纠纷并诉至法院后,国光公司仍然未针对厦门银行收取违约金和投资财务咨询顾问费的行为提出异议。再结合法院在生效判决中对合同效力的认定,可以确认国光公司系自愿与厦门银行签署相关协议,融资从事商业活动,依据现有证据不足以证明诉争的协议存在意思表示不真实、违反法律法规的强制性规定等影响合同效力的情形。据此,国光公司有关合同条款效力的意见不能成立。在此基础上,国光公司有关厦门银行应返还 1000 万元违约金及 185 万元投资财务咨询顾问费的意见,缺乏事实及法律依据。

二、关于国光公司迟延加倍利息的清偿顺序的问题。厦门银行认为依据双方合同的约定,抵押担保范围系包括赔偿金在内的"全部债务",并未排除迟延加倍利息;国光公司则认为,迟延加倍利息不属于抵押担保的范围,不应享有优先受偿权,只能按照普通债权确认。法院认为,《全国法院破产审判工作会议纪要》第二十八条明确指出,对于法律没有明确规定清偿顺序的债权,法院可以按照私法债权优先于公法债权、补偿性债权优先于惩罚性债权的原则合理确定清偿顺序。从性质上看,本案诉争的迟延加倍利息,虽兼具惩罚性和补偿性,但其主要作用并非在于弥补债权人的损失,而是通过增加债务人迟延履行的负担,从而督促其依法及时履行生效判决所确定的义务,避免债务人因迟延履行行为而获得不当利益。因此,该利息系以惩戒和遏制为主,在性质上属于对迟延履行行为所采取的制裁行为,并警戒他人不再发生类似行为。据此,迟延加倍利息作为以惩罚性为主的债权,在清偿顺序上应当劣后于补偿性债权,不应按照有财产担保债权予以优先清偿。

关于迟延加倍利息是否应按普通债权清偿的问题,我国《企业破产法》及相关司法解释未作规定,法院认为,从立法宗旨来看,《企业破产法》是为了保护全体债权人公平受偿的权利,破产程序的目的在于使破产债权得到公平对待。在债务人破产清算的情况下,其已无法全额清偿债务,故债权人获得的清偿具有补偿性质,此时破产企业的财产本质上应属于全体债权人所有,应由全体债权人公平分配。若对惩罚性债权赋予一般普通债权的清偿顺序,将降低处于同一清偿顺序的其他普通债权的清偿率,导致将对债务人的惩罚转嫁给其他普通债权人,使其他普通债权人对该惩罚性债权承担责任,从而违反了《企业破产法》规定的公平受偿原则,也超出了破产程序弥补债权人实际损失的目的。从权利基础来看,迟延加倍利息具有法定性,其产生的基础是债务人不履行生效法律文书确定的金钱给付义务,而不是各种优先受偿的权利。在诉讼程序中,迟延加倍利息是法院在法律文书中依职权添加的,并非基于当事人的约定或请求而产生。在执行程序中,依职权计算迟延加倍利息亦是法院主动实施的执行措施,而不论申请执行人是否主张。本案中,虽然国光公司同意将迟延加倍利息按照普通债权予以确认,但为保证国光公司所有债权人的债权能够得以公平受偿,法院有权依职权对该笔债权的清偿顺序作出认定,即认定该债权作为惩罚性债权应当劣后于普通破产债权清偿。

综上,厦门银行与国光公司签订的《项目借款合同》、《综合授信额度合同》、《保证金质押合同》以及《最高额抵押合同》均系双方的真实意思表示,未悖我国法律法规的强制性规定,合法有效。国光公司未能依约履行合同义务,应承担相应责任。现结合在诉讼中法院组织双方调解并核对的结果,法院确认国光公司尚欠厦门银行借款本金 9 999 585.79 元,利息 1 201 563.46 元,迟延加倍利息 11 272 660.35 元。其中,9 999 585.79 元的本金及 1 201 563.46 元的利息部分属于对特定财产享有担保权的优先债权,可就处分抵押物所得价款享有优先受偿权;11 272 660.35 元的迟延加倍利息部分属于劣后债权,应待此次破产程序中所有普通债权人的债权得以完全清偿后、仍有剩余破产财产可供清偿时,再予以清偿。据此,厦门银行要求确认迟延加倍利息具有优先受偿权的相关诉讼请求,依据不足,法院不予支持。鉴于法院已于 2016 年 11 月 18 日裁定受理了国光公司破产清算案,故法院仅对厦门银行对国光公司享有的债权金额予以确认。

【裁判解析】

(一)关于迟延加倍利息债权的性质问题

探究迟延加倍利息债权的性质,需要分析该债权是否属于破产债权、若属于破产债权如何确定其清偿顺位等问题。对此,尚有不同的观点:第一种观点认为,迟延加倍利息属于惩罚性债权,按照《企业破产法》公平保护全体债权人的立法精神,破产程序不支持惩罚性债权。并且,如果对采取诉讼程序的债权人的债权计算迟延加倍利息,对未采取诉讼程序的债权人却仅计息正常利息,将造成因债权人主张权利方式不同而确认的债权数额不同。[①] 因此,无论在破产案件受理前还是受理后,未支付的迟延加倍利息均不属于破产债权。部分法院亦支持上述观点,如深圳市中级人民法院《破产案件债权审核认定指引》(2017)第五十四条第二项规定,债务人未履行生效法律文书应当加倍支付的迟延利息,在债权审核中不予认定。再如,江苏省高级人民法院民事审判第二庭《破产案件审理指南(修订版)》(2017)第七部分规定,债务人未执行生效法律文书应当加倍支付的迟延利息不属于破产债权。第二种观点认为,根据最高人民法院《关于审理企业破产案件若干问题的规定》(2002)第六十一条第一款第二项的规定,人民法院受理破产案件后债务人未执行生效法律文书应当加倍支付的迟延利息,不属于破产债权。最高人民法院《关于适用〈中华人民共和国企业破产法〉若干问题的规定(三)》(2019)第三条重申了上述内容,规定在破产申请受理后,债务人未履行生效法律文书应当加倍支付的迟延利息,债权人作为破产债权申报的,人民法院不予确认。按照上述规定,破产案件受理后发生的迟延加倍利息,不属于破产债权,破产案件受理前发生的迟延加倍利息,属于破产债权。第三种观点认为,迟延加倍利息属于破产债权,至于清偿顺位则取决于本金债权的性质。本金债权为优先债权的,迟延加倍利息也应优先受偿,本金债权为普通债权的,迟延加倍利息也应认定为普通债权。

---

① 许胜峰:《人民法院审理企业破产案件裁判规则解析》,法律出版社 2016 年版,第 171 页。

我们认为,上述几种观点均有不妥之处。针对第一种观点,迟延加倍利息虽然具有惩罚性,但也兼具补偿性。[①] 不应因其具有惩罚性就将其归入除斥债权。并且,在破产案件受理前,部分债权人在承担了诉讼风险并付出了诉讼成本的基础上启动了司法程序,在其诉求获得人民法院支持且债务人拒不履行法院生效判决后,享有了迟延加倍利息债权。在缺乏明确依据的情况下,该债权不应被剥夺。针对第三种观点,其将迟延加倍利息与一般债务利息同等对待,忽视了迟延加倍利息的产生基础。应当认识到,迟延加倍利息并非源自当事人的约定,也不是基于本金债权所产生,“无论申请执行人是否申请,法院都应当依职权计算迟延履行期间的债务利息”“计算加倍部分债务利息只是一项执行措施”[②]。针对第二种观点,仅仅从司法解释的文义着眼,认为司法解释既然规定的是破产案件受理后的迟延加倍利息不属于破产债权,那么破产案件受理前的迟延加倍利息就应属于破产债权。应当说,上述理解片面强调了司法解释的文义,忽视了《企业破产法》的立法本意和迟延加倍利息债权的特点。

据此,本案依据最高人民法院《全国法院破产审判工作会议纪要》中有关“私法债权优先于公法债权、补偿性债权优先于惩罚性债权”的原则,从迟延加倍利息兼具惩罚性和补偿性、但又以惩戒和遏制为主的性质出发,结合《企业破产法》公平保护全体债权人的立法宗旨以及弥补债权人实际损失的程序目的,将迟延加倍利息作为劣后债权处理,即在确定破产财产分配顺位时,需在清偿所有优先债权和普通债权之后才能获得清偿的破产债权。作出劣后债权的认定,既有利于实现对全体债权人的公平保护,防止将对债务人的惩罚转嫁给其他普通债权人,又可以避免在无法律依据的情况下剥夺债权人的合法权益。虽然从实际结果来看,无论认定为除斥债权还是劣后债权,往往都无法获得清偿,但从权利设置和内容上看,二者却具有本质上的差别。除斥债权在破产程序中完全丧失受偿的权利,而劣后债权虽仅在普通债权全部清偿后方可受偿,但其在破产程序中的受偿权利并未被剥夺。

(二)关于本案债权停止计息的时间节点问题

本案中,双方在诉讼中针对停止计息的时间节点亦存在分歧。厦门银行主张计算至国光公司破产申请受理日(2016 年 11 月 18 日),国光公司主张应计算至大

---

① 江必新、刘贵祥:《最高人民法院关于执行程序中计算迟延履行期间的债务利息司法解释理解与适用》,人民法院出版社 2014 年版,第 23 页。

② 安克明:《发挥迟延履行利息制度作用积极推动执行工作有效开展——最高人民法院执行局负责人答记者问》,载《人民法院报》2014 年 7 月 31 日,第 3 版。

兴法院针对国光大厦二期作出拍卖成交裁定之日(2013 年 7 月 15 日)。我国《企业破产法》第四十六条第二款规定,附利息的债权自破产申请受理时起停止计息,国光公司对此规定并无异议,只是认为其对厦门银行的债务在拍卖成交裁定作出时即应视为履行完毕。故执行法院作出拍卖成交裁定是否影响本案诉争债务的履行,进而影响停止计息的时间节点,是双方该部分争议的核心。

最高人民法院《关于执行程序中计算迟延履行期间的债务利息适用法律若干问题的解释》第三条规定,加倍部分债务利息计算至被执行人履行完毕之日;人民法院对被执行人财产拍卖、变卖或者以物抵债的,计算至成交裁定或者抵债裁定生效之日。在通常情况下,被执行人履行金钱给付义务,申请执行人直接受领款项,自申请执行人得到款项之日停止计息。但上述规定仅为执行程序中的计息规则,在破产法律体系中则缺乏相应的规定。而本案系执行转破产案件,在移送破产审查前执行法院曾就国光公司的财产采取了拍卖等执行措施,并且存在多个债权人申请参与分配的情形,法院处理执行标的物收回执行款到制作分配方案并分配执行款需要一个时间过程,从而导致债务的履行和债权的实现出现了分离,债务人履行债务并不能等同于债权人实现债权。国光公司被法院强制执行,从本质上讲是以国家的强制力剥夺国光公司对其财产的所有权并以其名义清偿申请执行人的行为,无论国光公司是否主动履行或是被强制执行,只要处置抵押物国光大厦二期的变价款被转移到法院账户,且足以覆盖全部的担保债务,就应视为国光公司清偿了对厦门银行的全部担保债务,有效履行了生效法律文书的内容,故相应的利息应计算至履行完毕之日止而不是申请执行人完全实现其债权之日。若因执行法院制订分配方案或债权人迟延受领等因素导致债权实现时间出现延迟,并使延迟的后果转由国光公司承担,将对国光公司以及国光公司的其他债权人产生不公。因此,在案件办理过程中,有观点认为应类推适用最高人民法院《关于执行程序中计算迟延履行期间的债务利息适用法律若干问题的解释》第三条的相关规定,将停止计息的时点认定为国光大厦二期财产作出拍卖成交裁定之日。诉讼中,该问题经双方协商最终达成了一致意见,但其中所反映出的法律问题仍值得我们予以研究和探讨。

(三)破产衍生诉讼中法院职能应适当强化

处分权原则是我国《民事诉讼法》的基本原则之一。依据我国《民事诉讼法》第十三条第二款之规定,当事人有权在法律规定的范围内处分自己的民事权利和诉讼权利。根据这一规定,当事人可以自愿选择是否提起诉讼,是否承认、放弃、变更诉讼请求,是否撤诉、调解、上诉等。这一原则的重点是当事人的选择与法院的职权之间的相互关系。在一般的民事诉讼中,当事人得以自由选择诉讼行为,法院不应以职权积极介入与干预。但破产衍生诉讼不同于一般民事诉讼,因其本质上是为了解决破产程序中的实体争议,与破产程序密切相关,其结果亦会影响破产程序中众多主体的权益。因此,在此类诉讼中法院职权的边界不应仅依据《民事诉讼法》中的一般规定予以确定,还应当分析破产衍生诉讼的特点。

《民事诉讼法》中的处分权原则与实体法上的私权自治密切相关,是自由主义司法理念在诉讼法上的投射。① 破产衍生诉讼虽然系依据民事诉讼程序审理,但是应当看到,其与普通民事诉讼存在较大的区别。如前所述,处分原则的基础为私权自治,但在破产衍生诉讼中,私权自治的基础恰恰是缺失的。私权自治的内在逻辑在于,民事诉讼的目的是实现对私人相关民事权利的救济,而在这种私法关系的领域中,当事人被认为是自己权利的最佳管理者,因此私权自治的前提应当是处分行为系由真正的权利主体依其自由意志对"自身"权利作出。② 但在破产衍生诉讼中,管理人仅为依据《企业破产法》规定代表债务人进行诉讼的诉讼代表人,并非实体权利义务的最终承受者,真正的权利主体应当为破产程序中的债权人,但后者在破产衍生诉讼中是缺位的,其亦无法对于破产衍生诉讼中管理人的诉讼行为进行有效的监督。因此,在破产衍生诉讼中,应当适当强化法院的诉讼监督职能,对于管理人代表的债务人一方的诉讼行为进行较为严格的审查,对于其自认、调解、撤诉等处分行为进行有效监督,以保障破产程序中的债权人等第三人权益。③ 本案中,原告厦门银行的迟延加倍利息部分应当劣后于普通债权清偿,管理人同意将其作为普通债权进行确认。在一般民事诉讼案件中,应当认为此系被告对于自己权利的处分,法院不应当予以干预。但本案中厦门银行迟延加倍利息的清偿顺序不仅事关原被告权益,亦影响国光公司全体债权人公平受偿的权利。同时,考虑到迟延加倍利息具有法院依职权添加,并非基于当事人的约定或请求而产生的法定性特点,法院依职权认定该笔债权劣后清偿,这既有助于合理平衡各债权人之间的利益关系,也更加符合《企业破产法》公平清偿的基本原则。

---

① 张陈果:《论公益诉讼中处分原则的限制与修正——兼论〈新民诉法〉第289、290条的适用》,载《中外法学》2016年第4期。

② 黄国昌:《民事诉讼理论之新开展》,北京大学出版社2008年版,第13页。

③ 我国《民事诉讼法》对于破产衍生诉讼中法院职权适度强化虽未作出规定,但最高人民法院《关于适用〈中华人民共和国民事诉讼法〉的解释》第二百八十九条特别规定了公益诉讼中,法院应当审查当事人达成的调解协议或和解协议,如违反社会公共利益,则不予出具调解书。考虑到公益诉讼的保障群体利益及社会公正的特点,与破产衍生诉讼具有一定的相似性,上述最高人民法院《关于适用〈中华人民共和国民事诉讼法〉的解释》中公益诉讼的相关规定在破产衍生诉讼中可以予以借鉴。

应注意的是,在破产衍生诉讼中法院职能的适当强化并不意味着禁止管理人代表的债务人进行调解、撤诉等行为。事实上,在确保未损害破产程序中债权人权益的前提下,法院可以依据《民事诉讼法》的规定,从便利审理、服诉息判等角度出发,进行调解。本案中,在迟延加倍利息停止计息的时间点上,因法律并无明确规定,实践中亦无统一做法,在此问题上法院组织双方进行了调解,最后确定停止计息时间点系大兴法院作出拍卖成交裁定之日。关于这一调解内容,法院进行了严格审查,考察本案事实以及原被告主张,可以看出这一调解结果主要为原告厦门银行放弃了部分诉讼请求,且停止计息的时间点亦对于国光公司债权人较为有利,因此管理人的调解行为应为有效。本案中,法院通过对于迟延加倍利息停止计息的时间点的调解,妥善解决了双方争议,兼顾了担保债权人与普通债权人的利益,有效实现了对于全体债权人的公平保护。判决后,双方当事人对于判决结果表示认可,均未提起上诉,实现了法律效果与社会效果的良好统一。

【案例点评】

案件争议焦点在于如何确定债务人未履行生效判决所应加倍支付的迟延利息的清偿顺序,现行《企业破产法》及其司法解释中对此均无规定,属于立法的空白地带。该案在分析了迟延利息性质和特点的基础上,根据破产衍生诉讼的特点适当强化了法院的职能,并结合《企业破产法》的宗旨和目的,最终作出了劣后债权的司法认定。既保障了全体债权人得以依法公平受偿,也实现了各类债权人之间的利益平衡,对相关案件的裁判亦具有较好的参考与借鉴意义。

【裁判心得】

一直以来,破产债权的清偿顺序都是《企业破产法》的焦点问题。如何确定不同债权的清偿顺序,事关全体债权人的切身利益,不仅会影响到债权人公平受偿的权利,也会影响到《企业破产法》的实施效果。因此,准确界定相关债权的性质进而合理确定其清偿顺序具有十分重要的现实意义。本案从法律性质、权利基础以及《企业破产法》的立法目的着眼,将迟延加倍利息认定为劣后债权。在判决作出后双方均未提起上诉,实现了较好的法律效果和社会效果。

王延亮等申请万瑞飞鸿(北京)医疗器材有限公司破产重整案

刘　彧[*]　尚　潇[**]

关键词

破产重整　因企施治　能动司法

裁判要旨

本案系高科技医疗器材生产企业破产重整案,相较于破产清算、破产和解制度,破产重整对债务人企业具有突出的挽救功能,被公认为是预防破产最有力的制度。案件办理过程中,北京市第一中级人民法院(以下简称北京一中院)因企施策,积极作为、勇于创新,一是在破产审判中坚持市场化、法治化理念,通过公开招募重整投资人等方式,最大限度发挥市场在资源配置中的基础作用;二是积极贯彻落实《全国法院破产审判工作会议纪要》精神,指导管理人吸收具备医药企业经管经验的专业人员进入团队,充分发挥和提升管理人在企业病因诊断、资源整合等方面的重要作用;三是通过确定临时债权额、小额债权分段清偿机制、重整计划执行阶段不间断的正当司法保障等方式,在监督管理人依法充分履职的基础上积极协调,为破产重整的顺利推进排除重要障碍,做到及时保护、能动保护、实质保护,凸显破产重整的制度功能和社会价值,最终仅用四个月成功审结该案,为民营高新技术企业健康发展提供司法保障。

---

* 刘彧,北京市第一中级人民法院清破庭法官。

** 尚潇,北京市第一中级人民法院清破庭法官助理。

相关法条

《中华人民共和国企业破产法》第二条、第七条第二款、第七十条第一款、第七十一条、第八十六条。

【当事人基本情况】

申请人:王燕鸣、王延海、王延敏、王延亮。

被申请人:万瑞飞鸿(北京)医疗器材有限公司。

【基本案情】

万瑞飞鸿(北京)医疗器材有限公司(以下简称万瑞飞鸿公司)成立于2005年6月8日,作为北京市及中关村园区的“双料”高新技术企业,其拥有14项国家专利技术。2016年,因内部管理问题以及市场经营方针出现偏差,万瑞飞鸿公司资金链断裂,无法清偿到期债务,公司停止营业。

2018年债权人向北京一中院申请对万瑞飞鸿公司进行破产重整。根据第三方评估报告显示,此时万瑞飞鸿公司的资产总价值约4695.4万元,负债总额约3.7亿元,公司处于资不抵债状态。经法院通知,万瑞飞鸿公司同意对其进行重整,并向法院提交了核心产品“冠状动脉钴铬合金可降解涂层雷帕霉素药物洗脱支架系统”的医疗器械注册证,中华人民共和国科学技术部批准该产品为国家火炬计划产业化示范项目的证书,万瑞飞鸿公司被批准为北京市高新技术企业的证书,以及已与数家意向投资人洽谈的会议记录等材料,以证明公司核心产品具有较高科技含量和良好的市场前景,公司具有重整的价值和可能。

在破产重整申请审查阶段,申请人、被申请人均多次向法院表示,万瑞飞鸿公司核心技术药物洗脱心脏支架的产品注册证将于2021年到期,该注册证对公司的重整价值具有重大影响,且续证所需的准备工作难度高耗时长,必须尽快启动重整程序,帮助企业恢复生产经营,争分夺秒完成续证准备工作。

【审理结果】

北京市第一中级人民法院于2018年8月13日作出(2018)京01破申3号民事裁定:受理王燕鸣、王延海、王延敏、王延亮对万瑞飞鸿(北京)医疗器材有限公司的重整申请。北京市第一中级人民法院于2018年12月24日作出(2018)京01破8号之一民事裁定:一、批准万瑞飞鸿(北京)医疗器材有限公司重整计划;二、终止万瑞飞鸿(北京)医疗器材有限公司重整程序。

【裁判理由】

法院生效裁判认为:《企业破产法》第八十四条第二款规定,出席会议的同一表决组的债权人过半数同意重整计划草案,并且其所代表的债权额占该组债权总额的三分之二以上的,即为该组通过重整计划草案。《企业破产法》第八十五条第二款规定,重整计划草案涉及出资人权益调整事项的,应当设出资人组,对该事项进行表决。本案中,万瑞飞鸿公司的债权分类包括有财产担保债权、职工债权、税款债权和普通债权,因重整计划草案涉及出资人权益调整事项,故在债权人会议中设有财产担保债权表决组、职工债权表决组、税款债权表决组、普通债权表决组与出资人表决组,分别对重整计划草案进行了表决。其中,有财产担保债权表决组出席会议 1 人,表决通过 1 人,表决通过人数占该组出席会议人数 100%,其所代表债权额占该组债权总额的 100%;职工债权表决组出席会议 83 人,表决通过 83 人,表决通过人数占该组出席会议人数 100%,其所代表债权额占该组债权总额的91.52%;税款债权表决组出席会议 1 人,表决通过 1 人,表决通过人数占该组出席会议人数 100%,其所代表债权额占该组债权总额的 100%;普通债权表决组出席会议 48 人,表决通过 44 人,表决通过人数占该组出席会议人数 91.67%,其所代表债权额占该组债权总额的 80.57%;出资人表决组出席会议 13 人,表决通过 11 人,表决通过比例占参会出资人份额的91.94%。综上,债权人会议上所有表决组均通过重整计划草案。经审查,重整计划草案的表决程序合法,重整计划通过,且重整计划内容符合法律规定,故裁定批准万瑞飞鸿公司重整计划,终止重整程序。

【裁判解析】

(一)运用市场化机制公开招募投资人

该案审理过程中,北京一中院注意到,被申请人万瑞飞鸿公司已于 2016 年停业,而作为公司核心技术的药物洗脱心脏支架,产品注册证将于 2021 年到期,该注册证对万瑞飞鸿公司的重整价值具有重大影响,必须尽快恢复生产经营,争分夺秒完成续证准备工作。而重整制度作为一项旨在拯救危困企业的法律制度,破产重整中面临的第一个重大问题就是商业融资,因此投资人的选任对重整成败至关重要。结合万瑞飞鸿公司民营高新技术企业的特质和重整工作的紧迫性,北京一中院加快审理节奏,坚持市场化导向,受理后第一时间确立公开招募重整投资人的审理思路,成立投资人招募评审委员会,通过竞争性评选,面向全社会为万瑞飞鸿公司选定最优投资人。

(二)临时债权额的适用

《企业破产法》的宗旨之一是保护债权人的合法权益,通过债权人会议对相关事项依据自身利益进行表决,是债权人保护自身权益最为重要的方式。但在实践中,债权情况复杂、存在未决诉讼等情形,导致部分债权的真实性、有效性在短时间内无法确认,若等全部债权确认后再进行相关事项的表决,将导致破产程序的严重拖延,有些企业甚至会因为错失重整最佳时机丧失重整价值,而最终走向破产清算。为在债权人利益保护和破产程序顺利高效推进两者间取得平衡,《企业破产法》第五十九条第二款规定,债权尚未确定的债权人,除人民法院能够为其行使表决权而临时确定债权额的外,不得行使表决权。该规定为债权尚未确定的债权人行使表决权提供了法律依据。

本案中向管理人申报债权的债权人达数百人,债权情况复杂,债权审查工作耗时较大。为高效推进重整程序,北京一中院能动司法,在管理人的申请下,为债权尚未确定的债权人临时确定债权额,使其可在债权人会议中行使表决权,实现了破产程序中的实质公平。临时债权额的确认也使万瑞飞鸿公司债权人会议于最短时间内召开,并在会上完成了对重整计划草案的表决。债权人会议决策效率的提高,为产品注册证续证争取了时间,确保企业重整价值的最大化。

(三)小额债权分段清偿机制的适用

《企业破产法》第八十二条规定,债权人依照债权分类,分组对重整计划草案进行表决,法定分组包括有财产担保债权组、职工债权组、税款债权组、普通债权组,人民法院在必要时可以决定在普通债权组中设小额债权组对重整计划草案进行表决。分组表决的立法初衷是在考虑债权种类差异性的前提下,平等对待同类债权。而在小额债权人众多的案件中,小额债权组的设置则更多是为了重整计划草案在该组的顺利通过,故而在重整计划草案中会对小额债权的清偿予以相应的照顾,但这种操作往往违背了债权平等保护的原则,且容易引发小额债权组和普通债权组的利益对抗。举例说明,若重整计划草案将 50 万元设置为一个节点,50 万元以下的普通债权作为小额债权进行全额清偿,其他普通债权清偿率设置为 20%,则会导致债权数额 50 万元的债权人将获得 50 万元全额清偿,债权数额 51 万元的债权人只能获得 20% 即 10.2 万元的清偿。这样的清偿结果显然有失公平,也确实会引发小额债权组和普通债权组债权人利益冲突,进而不利于重整计划草案在各表决组的顺利通过,导致重整失败。

本案中考虑到上述情况,法院并未设立小额债权组,而是在重整计划草案的制定过程引导管理人采取小额债权分段清偿的方式,普通债权金额在 50 万元以下(包括 50 万元)的部分将获得全额现金清偿,超过 50 万元的部分,债权人将统一按照23.6% 的清偿比例获得现金清偿。小额债权人和大额债权人得到了平等的保护，更加有利于重整计划草案的表决通过，提高重整成功率。

（四）补强管理人知识结构

《全国法院破产审判工作会议纪要》指出管理人是破产程序的主要推动者和破产事务的具体执行者。管理人的能力和素质不仅影响破产审判工作的质量，还关系到破产企业的命运和未来发展，人民法院要指导编入管理人名册的中介机构采取适当方式吸收具有专业技术知识、企业经营能力的人员充实到管理人队伍中来，促进管理人队伍内在结构更加合理，充分发挥和提升管理人在企业病因诊断、资源整合等方面的重要作用。

本案中，考虑到医疗器材公司经营运转具有特殊性，涉及原材料跨境采购、市场维护及拓展等方面，北京一中院指导管理人吸收具备医药企业经管经验的专业人员进入团队，协助管理人接管企业，补强管理人知识结构和履职能力，为企业重整提供专业支撑。

（五）重整计划执行阶段法院的职责定位

在重整计划执行阶段，一些重整事项在现行制度和规章下，需要政府有关部门及社会相应机构的协助方能完成。由于目前法律对此尚无明确的直接规定，对于法院在重整计划执行阶段的职责定位，需从法理和社会责任的角度进行探讨。

我国《企业破产法》未明确规定重整计划是否具有强制执行的效力。重整计划中既涉及债务清偿方案，也涉及公司经营重组方案，其中债务清偿方案不应强制执行，因为在资产不足以清偿全部债务的情况下，强制执行清偿方案，可能会造成个别清偿，进而形成新的清偿不公，违背《企业破产法》的基本原则。但是重整计划中有关企业经营方案的内容，如涉及股权、资产、营业业务调整等方面的内容，应具有强制执行效力。因为就效力而言，重整计划不仅是当事人间订立的普通合同，重整计划是经法院裁定批准生效的法律文书，应得到法院的执行保障。

2015 年《中央经济工作会议公报》指出，要依法为实施市场化破产程序创造条件，尽可能多兼并重组、少破产清算。从社会责任的角度，在合法的范围内，法院应对企业破产重整持积极支持、全面协助的态度，保障重整计划中公司经营重组方案的顺利实施，这是法院积极履职的重要组成部分。[①]

本案中，万瑞飞鸿公司债权人申报债权数额逾 5 亿元，且涉及数百名职工的债权，处理不当极易引发群体性事件。在重整计划执行过程中，北京一中院继续坚持

---

① 王欣新：《谈重整计划执行中的协助执行》，载《人民法院报》2016 年 7 月 13 日，第 7 版。

能动司法,积极协调工商、税务等职能部门和重整各方主体,实现了企业核心资料、生产经营场所和经营管理权的顺利交接,企业及职工个人税款的合法交纳,股权的顺利变更等。

【案例点评】

医药健康是北京市重点发展的高精尖产业之一,但是在经济增速放缓背景下,医药健康领域的高科技民营企业常常因研发周期长、利润回报周期长、融资难度大等因素,导致资金流动性差,甚至爆发债务危机走向破产。本案中法院积极落实首都产业政策发展要求,发挥破产重整制度的挽救功能,因企施策,精准发力,为具有重整价值的民营医疗器材企业提供及时能动的司法保护,为高科技民营企业高效重整提供了可借鉴的司法案例。

【裁判心得】

如果把陷入困境的企业比作病人,法院就是治病救命的医院,而破产法官就是具体施治的医生,事关生死,责任重大。不同企业的病症、病因、体质皆不相同,法官需要深入了解企业病情病史、厘清病因,方能制订出正确有效的治疗方案。为有希望的企业开出一剂重整良方是每一位破产法官的孜孜追求,不过开方只是第一步,之后尽己所能协助找齐药材、熬成汤药等步骤,也是每一位破产法官努力在做的事。破产程序的特殊性决定着,困境企业的恢复生机必定还凝结着法官无数法庭之外、法律之外的心血和努力,好在目前《企业破产法》实施的外部社会配套制度也在不断健全,相信病人的康复对所有“施救者”都是最大的回馈与奖赏。

行政篇

国旅卫生保健中心诉海淀区生态环境局、海淀区政府行政处罚及行政复议案

梁　菲[*]　林昱彤[**]

关键词

行政处罚　环境法律适用　水污染防治

裁判要旨

1.《水污染防治法》对"水污染防治设施"没有进行明确的界定,医疗污水处理设施是否被包括其内存在争议。在实践中,应将医疗污水处理设施的作用及污水排放的客观后果,与《水污染防治法》的立法本意相结合,对水污染防治设施作广义理解认定。

2. 在对环境违法行为进行行政处罚时,针对同一违法行为,如果同时违反两个以上环境法律法规条款的,则应当适用效力等级较高的条款,效力等级相同的,应当适用处罚较重的条款。

相关法条

1.《中华人民共和国水污染防治法》第三十九条、第八十三条。

2.《医疗废物管理条例》第四十七条。

3.《环境行政处罚办法》第九条。

【当事人基本情况】

上诉人(一审原告):海关总署(北京)国际旅行卫生保健中心(北京海关口岸

* 梁菲,北京市第一中级人民法院行政庭法官。

** 林昱彤,北京市第一中级人民法院行政庭法官助理。

门诊部)。

被上诉人(一审被告):北京市海淀区生态环境局。

被上诉人(一审被告):北京市海淀区人民政府。

【基本案情】

海关总署(北京)国际旅行卫生保健中心(北京海关口岸门诊部)(以下简称国旅卫生保健中心)向一审法院起诉请求:撤销海环保罚字〔2018〕第 295 号《行政处罚决定书》(以下简称被诉处罚决定)及海政复决字〔2018〕314 号《行政复议决定书》(以下简称被诉复议决定)。

一审法院认定事实:2018 年 7 月 11 日,北京市海淀区生态环境局(以下简称区环境局)的执法人员到国旅卫生保健中心位于北京市海淀区马甸东路 17 号金澳国际大厦 20 层进行现场检查,发现该单位安装的水污染处理设施处于断电状态,医疗污水未经处理直接排入市政管道。同年 7 月 12 日,区环境局对国旅卫生保健中心的上述违法行为立案调查。2018 年 7 月 17 日,区环境局对该中心的副主任王瑾进行了询问,其对于该中心的水污染处理设施在 2018 年 7 月 11 日处于断电状态的事实予以认可。同年 9 月 13 日,区环境局对该案进行了听证。同年 10 月 12 日,区环境局对该案进行了集体讨论。同日,区环境局作出被诉处罚决定,并于同年 10 月 18 日向国旅卫生保健中心进行了直接送达。被诉处罚决定的主要内容为:2018 年 7 月 11 日,区环境局执法人员对国旅卫生保健中心位于北京市海淀区马甸东路 17 号金澳国际大厦 20 层进行现场检查,发现该单位作为医疗卫生机构按照环境影响评价要求安装有水污染处理设施,但水污染处理设施处于断电状态,医疗污水未经处理直接排放,属不正常运行水污染防治设施等逃避监管的方式排放水污染物。该单位的行为违反了《水污染防治法》第三十九条的规定。依据《水污染防治法》第八十三条第一款第三项的规定,决定责令改正,处十万元罚款。国旅卫生保健中心不服,向北京市海淀区人民政府(以下简称区政府)提起行政复议。同年 10 月 31 日,区政府收到国旅卫生保健中心提交的行政复议申请书并依法予以受理。同年 11 月 14 日,区环境局向区政府作出行政复议答复书并提交了相关证据材料。同年 12 月 27 日,区政府作出被诉复议决定,维持了被诉处罚决定。

一审法院另查明,国旅卫生保健中心于 2013 年 2 月 22 日取得区环境局核发的海环保审字〔2013〕0132 号《关于对北京国际旅行卫生保健中心建设项目环境影响报告表的批复》,并于 2014 年 3 月 3 日通过建设项目环境保护竣工验收。

【审理结果】

北京市海淀区人民法院于2019年5月31日作出(2019)京0108行初216号行政判决:驳回国旅卫生保健中心的诉讼请求。判决后,国旅卫生保健中心向北京市第一中级人民法院提起上诉。北京市第一中级人民法院于2019年9月19日作出(2019)京01行终837号行政判决,判决:驳回上诉,维持一审判决。

【裁判理由】

法院生效裁判认为:根据各方当事人的诉辩意见,本案争议焦点为区环境局适用《水污染防治法》作出被诉处罚决定是否正确。

本案中,区环境局接到举报后,发现国旅卫生保健中心在其办公地点安装的臭氧消毒发生器处于断电状态。在案证据及上诉人陈述能够证明,该臭氧消毒发生器是上诉人将日常产生的医疗废水通过臭氧加过滤吸附方式消毒后,排放至市政污水管道的唯一处理医疗污水的设备。《水污染防治法》第三十九条规定,禁止利用渗井、渗坑、裂隙、溶洞,私设暗管,篡改、伪造监测数据,或者不正常运行水污染防治设施等逃避监管的方式排放水污染物。鉴于上诉人安装的臭氧消毒发生器断电的后果是将医疗污水未经任何处理直接排放至市政管道,因此,不论该设备的功效为消毒还是防治水污染,上诉人对该设备断电的行为均会造成水污染的后果,属于《水污染防治法》第三十九条所规定的"不正常运行水污染防治设施等逃避监管的方式排放水污染物"的情形。针对焦点问题,上诉人主张,区环境局适用《水污染防治法》作出被诉处罚决定法律依据错误。法院认为,任何公民、法人或者其他组织均有义务保护水资源,防止水污染。上诉人作为医疗保健中心,更应避免直接排放医疗污水,其具有保护水资源的义务。且,根据海环保审字〔2013〕0132号《关于对北京国际旅行卫生保健中心建设项目环境影响报告表的批复》显示,国旅卫生保健中心正因配备了臭氧消毒发生器这一避免将医疗污水直接排放至市政管道的设备,方能通过建设项目环境保护竣工验收从而正式营业。因此,关于上诉人称该设备不属于水污染防治设备,而是医疗废物处置设施,其不具有必须配置水污染防治设施的法定义务,进而其臭氧消毒发生器断电的行为不属于上述法律规定的不正常运行水污染防治设施行为之主张,法院不予支持。

另,根据《医疗废物管理条例》第四十七条第五项规定,医疗卫生机构、医疗废物集中处置单位未按照本条例的规定对污水、传染病病人或者疑似传染病病人的排泄物,进行严格消毒,或者未达到国家规定的排放标准,排入污水处理系统的,由县级以上地方人民政府卫生行政主管部门或者环境保护行政主管部门按照各自的职责责令限期改正,给予警告,并处 5000 元以上 1 万元以下的罚款;逾期不改正的,处 1 万元以上 3 万元以下的罚款;造成传染病传播或者环境污染事故的,由原发证部门暂扣或者吊销执业许可证件或者经营许可证件;构成犯罪的,依法追究刑事责任。本案中,上诉人对臭氧消毒设备断电的行为属于上述条款中规定的"未按照本条例的规定对污水、传染病病人或者疑似传染病病人的排泄物,进行严格消毒"的行为,对该违法行为环境保护行政主管部门和卫生行政主管部门均有权进行处罚。

鉴于依据《水污染防治法》第三十九条和《医疗废物管理条例》第四十七条第五项的规定,区环境局均有权对上诉人进行处罚。在此情况下,根据《环境行政处罚办法》第九条规定,当事人的一个违法行为同时违反两个以上环境法律、法规或者规章条款,应当适用效力等级较高的法律、法规或者规章;效力等级相同的,可以适用处罚较重的条款。区环境局适用法律效力等级更高的《水污染防治法》对国旅卫生保健中心实施行政处罚并无不当。且医疗污水直接排放至市政管道,对水资源的污染后果极其严重,直接涉及民生安全问题,应当予以重罚,这亦是《水污染防治法》修订第三十九条的应有之义。因此,区环境局依据《水污染防治法》第八十三条第三项的规定对国旅卫生保健中心进行处罚,事实清楚,证据充分,适用法律正确。上诉人认为应当适用《传染病防治法》,而不应适用《水污染防治法》的相关主张,法院不予支持。关于行政处罚程序的合法性、被诉复议决定的合法性问题,法院经审查予以确认。

【裁判解析】

任何公民、法人或者其他组织均具有保护水资源、防止水污染的义务。本案系上诉人作为医疗保健机构将医疗污水未经处理直接排放至市政管道引发的行政处罚案件,关乎环境保护及民生安全问题。对被诉行政处罚行为的主要争议在于法律适用问题,涉案环境违法行为涉及不同行政机关的行政处罚权,并同时违反两个环境法律,在此情况下,区环境局适用《水污染防治法》作出被诉处罚决定是否正确,值得研究和探讨。现分述如下:

(一)关于"水污染防治设施"的界定

水资源与民生健康息息相关,将污染物直接排放至市政管道会对水资源造成极大的危害。《水污染防治法》第三十九条规定,禁止利用渗井、渗坑、裂隙、溶洞,私设暗管,篡改、伪造监测数据,或者不正常运行水污染防治设施等逃避监管的方式排放水污染物。该条是在 2017 年《水污染防治法》修订时,对修订前第三十五条,即“禁止利用渗井、渗坑、裂隙和溶洞排放、倾倒含有毒污染物的废水、含病原体的污水和其他废弃物”的修改,针对排放水污染物的方式进行了列举式规定,同时明确,包括并不限于利用渗井、渗坑、裂隙、溶洞,私设暗管,篡改、伪造监测数据的方式,任何以不正常运行水污染防治设施逃避监管的方式排放污染物的行为,均属于《水污染防治法》规范的排放水污染物的行为。但是该条并未对水污染防治设施的内涵进行界定。有一种观点认为,水污染防治设施特指需要设计、施工的,具有一定规模,与建设相关的大型设施,而不是本案臭氧消毒发生器这种简单便宜、即插即用、只用于消毒功能的电器设备。对此,笔者认为,从第三十九条的规定来看,水污染防治的出发点是保护水资源免受污染和侵害,因此就水污染防治设施的界定应作广义理解,即为任何为了保护水资源免受污染的设施,与设施的大小、复杂程度、具体功能使用无关。本案中,国旅卫生保健中心的臭氧消毒发生器是上诉人将日常产生的医疗废水通过臭氧加过滤吸附方式消毒后,排放至市政污水管道的唯一处理医疗污水的设备。环保部门对国旅卫生保健中心出具的环境影响报告表的批复亦显示,该保健中心正因配备了臭氧消毒发生器这一避免将医疗污水直接排放至市政管道的设备,方能通过建设项目环境保护竣工验收从而正式营业。虽上诉人称该设施的目的是消毒,并非处理污水,但该臭氧消毒发生器客观上属于该医疗机构唯一保护水资源免受污染的设施,故符合水污染防治设施的定义。

(二)关于“不正常运行水污染防治设施”违法情形的判断

关于不正常运行水污染防治设施的违法情形,有一种观点认为,不具有排污动机、无法带来经济利益、无逃避监管故意的过失行为不属于不正常运行水污染防治设施的违法行为。对此,笔者认为,任何客观上造成水污染物未经保护水资源免受污染之设施的处理被直接排放的行为,即属于不正常运行水污染防治设施的行为。因此,《水污染防治法》第三十九条中“逃避监管的方式”是对前述列举的内容及“不正常运行水污染防治设施”的修饰,是对客观结果的描述。无论排污者是否具有逃避监管的主观故意,只要实施了不正常运行水污染防治设施的行为,且造成逃避监管排污的后果,即属于第三十九条规定的违法行为。本案中,国旅卫生保健中心对其臭氧消毒发生器进行断电处理的行为,不论其主观上有无排放污水的动机,不论对该发生器进行断电是否会对上诉人带来经济利益,亦不论其是否具有逃避监管的故意,只要客观上造成了对医疗污水未经处理直接排放的后果,即属于《水污染防治法》第三十九条规定的以不正常运行水污染防治设施逃避监管的方式排放水污染物的违法行为。

(三)同一违法行为违反两个环境法律、法规或规章,环境保护主管部门可以适用较重的条款作出行政处罚

1. 对于医疗污水违法排放行为,卫生行政主管部门及环境保护主管部门均具有行政处罚权

根据《医疗废物管理条例》第四十七条第五项规定,医疗卫生机构、医疗废物集中处置单位未按照本条例的规定对污水、传染病病人或者疑似传染病病人的排泄物,进行严格消毒,或者未达到国家规定的排放标准即排入污水处理系统的,由县级以上地方人民政府卫生行政主管部门或者环境保护行政主管部门按照各自的职责责令限期改正,给予警告……因此,针对未对污水进行严格消毒或未达到国家规定的排放标准,排出污水处理系统的情形,卫生行政主管部门及环境保护行政主管部门均有权按照各自的职责进行行政处罚。污水排放对水资源及民生健康有重大的危害,因此卫生及环保部门均有权进行管辖,这符合我国水污染防治的立法精神。本案中,国旅卫生保健中心将医疗污水未经臭氧消毒发生器处理,直接排放至市政管道,违反上述法规规定,因此卫生及环保部门均有权行使行政处罚权。

2. 在医疗污水违法排放行为同时违反两个法律、法规或规章的情况下,环境保护部门可以适用较重的条款作出行政处罚

因水资源的重要地位,水污染防治的法律法规较多,故同一违法行为同时触犯两个以上的环境法律、法规条款的情形也时有发生。对此,《环境行政处罚办法》第九条规定,当事人的一个违法行为同时违反两个以上环境法律、法规或者规章条款,应当适用效力等级较高的法律、法规或者规章;效力等级相同的,可以适用处罚较重的条款。因此,针对同一违法行为,同时违反两个以上环境法律条款时,法律适用的选择标准是以效力等级为基本原则,等级相同时从重处理。

笔者认为,基于前述对水污染防治设施内涵的界定可以认定,实施不正常运行水污染防治设施的行为,与《医疗废物管理条例》中对污水、传染病病人或者疑似传染病病人的排泄物,未进行严格消毒的违法行为,均属于违法排放污水的行为。就对同一违法行为如何适用法律进行行政处罚的问题,本案极为典型。国旅卫生保健中心违法排放医疗污水的行为同时触犯了《水污染防治法》第三十九条和《医疗废物管理条例》第四十七条第五项的规定,首先要考虑两个条款的效力等级高低。《水污染防治法》属于法律,《医疗废物管理条例》属于行政法规,故应当适用效力等级较高的《水污染防治法》。本案中,国旅卫生保健中心作为特殊的医疗机构,其不仅具有保护水资源的义务,相比于一般的行业机构,负有对排放污水更高的注意

义务，更应避免直接排放医疗污水。医疗污水直接排放至市政管道，对水资源的污染后果极其严重，环境保护部门依据效力等级较高的《水污染防治法》予以重罚有法可依。而且，蓝天白云绿水是广大人民群众对生态环境最质朴的理解，其中治理水污染是解决民生环境问题的必然要求，故加大加强对水污染排放的监督和管理，通过较重的行政处罚避免以致杜绝发生更多的水污染问题，亦是《水污染防治法》修订第三十九条的应有之义。

【案例点评】

本案的典型意义在于从保护水资源免受污染和侵害的角度出发，对《水污染防治法》第三十九条中的"水污染防治设施"作广义理解，并仅以排污的客观结果作为衡量是否属于"不正常运行水污染防治设施"这一违法情形的标准。同时，本案深入剖析了针对同一污水排放违法行为，不同行政部门均具有行政处罚权，以及该行为同时违反两个环境法律、法规或规章时的法律适用问题，对社会公众具有教育和警示作用，案件的审理和裁判取得良好的法律效果和社会效果。

【裁判心得】

新修订的《水污染防治法》于2018年正式施行，其中第三十九条加强了对污水排放的监督和管理，但未对"水污染防治设施"加以明确界定，导致对"不正常运行水污染防治设施"违法情形的判断容易产生分歧。且同一污水排放行为可能同时违反多个环境法律、法规，法律适用需区分不同情形，而《水污染防治法》的立法本意应是对污水排放进行严格管理，故上诉人作为特殊的医疗卫生机构对保护水资源应具有更高的注意义务。本案的审理和法律适用符合国家对生态环境的治理要求，亦契合广大人民群众对解决民生环境问题的心声。

苏州吉姆西客车制造有限公司诉财政部补助资金专项检查处理决定案

赵　锋*

关键词

财政补助　处理决定　行政允诺

裁判要旨

新能源汽车生产补助行为属于行政允诺，系授益性行政行为，应当遵循法律优先原则，但在法律保留原则方面，既要严格把握组织法依据的标准，避免越权情形发生，又应适当放宽行为法依据的范围，在坚持法治主义的要求下，根据具体的事务性质，弱化解释有关形式上的法律依据要求，以保证行政措施的灵活性，更好地实现行政管理目标。对于此类行为的合法性审查，应当综合运用实定法规定，导入过程论视角，在利益衡量的基础上，作出合法性判断。具体而言，其合法性审查主要集中以下几个方面：一是行政机关是否有作出行政允诺的权限；二是行政允诺的内容是否违背了法律、法规的强制性规定或是存在严重不合理之情形；三是行政机关撤销、废止或不履行允诺是否有法律依据。

相关法条

1.《私人购买新能源汽车试点财政补助资金管理暂行办法》第八条、第十六条。①

2. 财政部、科技部、工业和信息化部、国家发展和改革委员会《关于继续开展新

---

* 赵锋，北京市第一中级人民法院行政庭法官。

① 该文件于2016年8月18日被中华人民共和国财政部令第83号宣布失效。

能源汽车推广应用工作的通知》第二条。

3.《财政检查工作办法》第七条。

4.《中华人民共和国行政诉讼法》第六十九条。

【当事人基本情况】

原告:苏州吉姆西客车制造有限公司。

被告:中华人民共和国财政部。

【基本案情】

2015 年 9 月至 12 月,原告的原总经理杨水平在明知国家新能源汽车推广应用补助资金中有关 6 米纯电动客车国家补助标准在 2016 年比 2015 年大幅减少的情况下,为了使原告 2015 年预售车辆均在当年上牌,达到按照 2015 年政策获取国家补助资金的目的,指使并组织本单位相关员工,采用使用同一辆车重复过检测线获取检测报告、在钢板上打刻车架号后拓印骗取查验报告等手段,在未实际生产出车辆的情况下,从苏州市公安局交通警察支队车辆管理所骗取电动汽车车辆号牌及行驶证件。

2016 年 1 月 26 日,财政部、科技部、工业和信息化部、国家发展和改革委员会通过检查发现原告存在无车上牌和先上牌后补生产等情况。2016 年 2 月 24 日至 2016 年 3 月 23 日,财政部驻青海省财政监察专员办事处派员进驻原告公司进行财政检查。

2016 年 2 月 22 日,原告向苏州市吴中区经信局上报 2015 年生产、销售电动汽车 1292 辆。因财政部驻青海省财政监察专员办事处检查人员进驻后在检查中发现该企业的问题及检查的深入,原告申请撤回 1292 辆申报材料,并重新准备申报材料。2016 年 3 月 22 日,原告重新提交 960 辆新能源汽车补贴清算材料,后再次撤回。2016 年 6 月,原告再次申报生产车辆 940 辆,其中标注 2015 年生产 403 辆,2016 年生产 537 辆。

2016 年 9 月 13 日,被告根据检查结果,经审查后作出财监〔2016〕29 号财政部《关于苏州吉姆西客车制造有限公司新能源汽车推广应用补助资金专项检查的处理决定》(以下简称被诉决定),主要内容如下:

(一)检查发现的主要问题

原告通过编造材料采购、车辆生产销售等原始凭证和记录,上传虚假合格证,违规办理机动车行驶证的方式,虚构新能源汽车生产销售业务,多申报 2015 年销售新能源汽车 1131 辆,涉及中央财政补助资金 26 156 万元。上述行为违反了《私人购买新能源汽车试点财政补助资金管理暂行办法》(财建〔2010〕230 号,以下简称 230 号办法)第八条和财政部、科技部、工业和信息化部、国家发展和改革委员会《关于继续开展新能源汽车推广应用工作的通知》(财建〔2013〕551 号,以下简称 551 号通知)第二条的有关规定。

(二)处理决定

针对上述问题,根据 230 号办法第十六条等相关规定,被告决定对原告停止执行中央财政补助政策,对原告 2015 年度销售的全部新能源汽车中央财政不予补助,并追回预拨的 2015 年中央财政补助资金 4532 万元。

原告不服,诉至法院。

另查明:杨水平等人因实施上述行为被苏州市姑苏区人民检察院指控犯诈骗罪,向苏州市姑苏区人民法院提起公诉。苏州市姑苏区人民法院经审理认为,被告人杨水平等人犯诈骗罪,并分别判处刑罚。被告人不服,提起上诉。江苏省苏州市中级人民法院经审理认为,原告的第一次申报数量虚假,虽然之后撤回此次申报,但系因检查组入驻等意志以外的原因。而且后两次申报数据还是虚假,应认定为犯罪未遂。至于原告 2015 年实际生产、交付的车辆数量,结合在案证据并从有利于被告人的角度出发,应认定为 194 辆。而 2016 年生产的车辆,不影响被告人以虚构事实、隐瞒真相等手段意图骗取国家补贴事实的成立。上诉人杨水平等人共同以非法占有为目的,采用虚构事实的方法,以单位名义骗取中央财政补助资金,数额特别巨大,其行为已经构成诈骗罪。各上诉人、原审被告人已经着手实行犯罪,由于意志以外的原因而未得逞,系犯罪未遂,均比照既遂犯予以减轻处罚。同时,考虑到本案未造成国家补贴实际损失且各上诉人、原审被告人事后确有积极补救行为,二审法院对一审判决的量刑进行部分改判。

【审理结果】

北京市第一中级人民法院于 2019 年 8 月 29 日作出(2016)京 01 行初 1321 号行政判决书,判决驳回原告苏州吉姆西客车制造有限公司的诉讼请求。一审判决后,各方当事人均未提出上诉。

【裁判理由】

法院生效裁判认为:

第一,新能源汽车补贴行为属于行政允诺,系授益性行政行为,其应当遵循法律优先原则,但在法律保留原则方面,却不必具有行为法依据,否则就会因为法律的滞后性导致行政行为丧失应有的灵活性和应急性。考虑到目前尚无相关的法律对新能源汽车补贴事项作出规定，新能源汽车的相关行业主管部门基于产业发展、环境保护等行政管理目标制定230号办法和551号通知，其中经过严格的论证程序并经国务院同意。而且就被诉决定所援引的230号办法第八条、第十六条和551号通知第二条的规定而言，其内容也具有合理性，并未与法律原则、法治精神相抵触，不违反法律优先原则，也具有法律保留原则所要求的组织法依据，应当认定为合法有效。因此，对于原告针对230号办法和551号通知合法性提出的异议主张，本院不予支持。

第二，关于原告虚假申报补贴车辆的具体数量，生效刑事判决书已经认定原告2015年实际生产、交付车辆数量为194辆，其依据的是杨源统计的梁柱波交车记录，同时考虑到吴秋虹证言中提到有些车没有签订交接单的情况，从有利于被告人的角度依法认定，该认定数字与证人李福义的证言和记录、2016年4月25日财政部检查报告等其他证据中提到的数字大致相当。此外，根据买车客户的证言和销售合同等书证，原告2015年新能源汽车绝大部分销售合同均签订于11月、12月，按照正常生产周期和上牌流程，这些车辆无法在2015年12月31日前达到申报条件所要求的存在注册登记信息，该情况与原告于2015年12月集中进货零部件，集中上牌的客观事实相符。由上可知，法院在相关刑事案件中认定的194辆系结合案件证据及当事人陈述、证人证言作出的推定，已经最大限度地考虑被告人的权利保护，原告提出的生产、交付数量缺乏事实根据，本院不予采纳。

关于处理结论的适当性，根据上述事实认定可知，被告认定的原告2015年生产、交付161辆新能源汽车，与生效刑事判决书的认定的194辆略有出入，但无论采用哪个数字，均远远小于原告的申报数量，即上述数量差异并不影响原告骗取新能源汽车补贴行为情节的认定。在虚假申报过程中，原告采用了编造材料采购、车辆生产销售等原始凭证记录，伪造销售账目，涂改、编造生产记录，上传虚假合格证，违规办理机动车行驶证等一系列违法手段，多次虚假申报，骗补中央财政补贴，数额特别巨大，而且相关的组织者和实施者之后均被判处诈骗罪并追究刑事责任。基于原告上述虚假申报行为的恶劣程度，被告决定对原告停止执行中央财政补助政策，对原告2015年度销售的全部新能源汽车中央财政不予补助，并追回预拨的2015年中央财政补助资金4532万元，上述处理结论具有合理性，能够与原告虚假申报行为的情节相适应。综上，原告对于被诉决定处理结论提出的异议理由不能成立，本院不予支持。

第三，关于《财政检查征求意见函》的送达，参照《财政检查工作办法》第七条之规定,财政部门组织开展财政检查应当组成检查组,并指定检查组组长。检查组实行组长负责制。本案中,针对原告的检查组系由被告指派青海专员办工作人员组成,组长为赵英洪。该检查组就其在检查中发现原告存在的问题制作了《财政检查征求意见函》,并向原告送达以征求其反馈意见。杨池宁虽然不是该检查组成员,但其也是被告青海专员办的工作人员,其接受组长赵英洪的委托向原告送达《财政检查征求意见函》,且被告提交的送达回证上加盖有"财政部驻青海专员办"公章,原告的工作人员也在受送达人栏签字,上述送达行为能够代表检查组的意见。虽在程序上不够严谨,但尚不构成违法。而且,原告当时已经接收该意见函并及时作出反馈意见,上述情节并未影响到原告陈述、申辩权的行使,故对于原告对此提出的异议,本院不予支持。

关于检查组作出《财政检查报告》的时间问题,根据被告提交的证据显示,检查组在作出《财政检查报告》的同时,还制作了《检查组对被检查人意见或说明的认定意见》,说明了检查组针对原告反馈意见的认定。此外,参照《财政检查工作办法》中关于检查流程的规定可知,检查组的检查行为属于财政部作出财政处理决定前的过程性行为,检查组向被告提交《财政检查报告》时,还需一并提交财政检查工作底稿等材料,被告还要针对《财政检查报告》及相关材料进行研究论证,之后才会作出处理决定。即便检查组工作存在瑕疵,未能针对原告的反馈意见进行审查,被告在作出处理决定之前,仍然还会对包括原告反馈意见在内的检查材料进行审查。就本案而言,被告在作出被诉决定前确已收到检查组发出的征求意见函和原告的反馈意见,并于近5个月后才作出处理决定,有充分的时间考虑原告的反馈意见。而且,通过被告提交的证据可知,被告事实上也指定其职能部门对检查组提供的《财政检查报告》等材料进行复核。综上,对于原告针对检查组作出《财政检查报告》时间提出的异议理由,本院不予支持。

关于被告通报日期早于被诉决定落款日期的问题,本院认为,通报本身属于被告对外作出的意思表示,应认为被告在通报之日即已作出处理决定,但尚未向原告送达。直至该处理决定向原告送达时,方才对原告生效。因此,通报日期早于被诉决定落款日期的问题不能得出被告在作出处理决定之前即已公布处理决定内容之结论,其仅仅影响到被诉决定何时对原告生效。因此,对于原告提出的该项异议理由,本院不予支持。

此外,关于听证的问题,因被诉决定并非行政处罚,更不构成《行政处罚法》所规定的必须举行听证的情形,故被告在作出被诉决定前未举行听证不违反法律的强制性规定,不构成程序违法。

综上,原告针对被诉决定所提诉讼理由均不能成立,对其提出的要求撤销被诉决定等诉讼请求,本院不予支持。

【裁判解析】

(一)新类型行政案件的审理思路

2017 年修正后的《行政诉讼法》扩大了行政诉讼的受案范围,第十二条明确规定了 11 类可诉的行政行为,同时还设定了兜底性条款。根据该规定,公民、法人或其他组织认为行政机关侵犯其他人身权、财产权等合法权益的,原则上均可提起行政诉讼。随着经济和社会的发展,行政机关的行政管理和公共服务方式也在发展变化,由此出现了一些新类型的行政行为,超出了 2017 年《行政诉讼法》第十二条明确列举的 11 类可诉行政行为的范围,但确实又对当事人的合法权益造成实际影响,应当纳入兜底性条款予以监督审查。

在对这些新类型行政行为进行合法性审查时,首先要明晰其行为属性。在缺乏明确法律规定的情况下,还需遵循行政法基本原理来确定其合法性构成要件,再根据这些合法性构成要件进行司法审查。具体而言,对于一个新类型行政行为,可首先考察其属于授益性行政行为还是侵益性行政行为。如果属于前者,就需要遵循给付诉讼的审查思路,重点审查原告的履责请求事项。如果属于后者,则可归入撤销诉讼的范畴,重点审查该行为的事实根据、法律依据以及作出程序。此外,授益性行政行为和侵益性行政行为在设定权限、实施主体、行为内容和实施程序等方面存在较大差异。如果错误界定了新类型行政行为的属性,则会使司法审查偏离正确的方向。例如,如果将本案被诉决定界定为行政处罚,则要首先考虑法律保留原则的适用,即此类行为的创设是否具有法律和行政法规层面的依据,否则将会构成越权无效之情形。

就本案而言,准确界定新能源汽车补贴行为的性质是准确审理本案的前提。结合新能源汽车补贴政策的目标定位及具体实施规定来看,新能源汽车补贴行为应当被界定为行政允诺。行政允诺是指行政机关作出的采取或不采取特定措施的、具有法律约束力的承诺,其具有行政性、单方性、授益性、非强制性和自由裁量性等特征。而新能源汽车补贴行为完全符合上述特征,具体分析如下:

第一,新能源汽车补贴行为具有行政性。从 230 号办法和 551 号通知的描述可知,新能源汽车补贴政策的目标为加快汽车产业技术进步,着力培育战略性新兴产业,推进节能减排,促进大气污染治理。政府实施新能源汽车补贴行为是为了实现上述行政管理目标,该行为具有明显的行政性。

第二,新能源汽车补贴行为具有单方性。其通过行政机关单方面的意思表示成立,类似于一种单方承诺,无须相对人的同意。

第三,新能源汽车补贴行为具有授益性。从230号办法和551号通知的内容来看,行政机关要依据政策规定向符合条件的新能源汽车生产企业拨付补助资金,实行年初预拨、年度清算,任何符合条件的生产企业均可获得补助,从中获益。

第四,新能源汽车补贴行为不具有强制性。新能源汽车补贴政策仅对行政机关具有拘束力,对相对人不具有强制性。行政机关实施新能源汽车补贴政策,并不强制要求任何一个相对人作出相应的行为,而仅仅是发出的一种邀请,引导、鼓励和请求相对人为一定行为,并以给予相应的"报酬"作为对价。

第五,新能源汽车补贴行为具有一定自由裁量性。新能源汽车属于新兴产业,目前并无关于新能源汽车补贴的相关法律规定。是否实施新能源汽车补贴政策以及如何实施,均由相关行政机关研究确定,其属于行政自由裁量权的范围。

综合上述分析可知,新能源汽车补贴行为完全符合行政允诺的特征,应当界定为行政允诺,其秉持的是协商、激励、引导的理念,是政府以一种非强制性的行政行为方式,有效促进行政相对人对行政活动的主动参与和积极配合,体现了行政的民主、文明、宽容与高效,能够有效应对经济社会的高速发展,对构建和谐的行政管理关系发挥了积极作用。在上述分析的基础上,本案就应当按照行政允诺的合法性构成要件来对被诉决定进行合法性审查,而不是行政处罚或是行政许可。

(二)行政允诺行为的合法性审查原理——法律保留原则在授益性行政行为中的理解与适用

允诺原本是私法的范畴,其进入公共行政管理领域是现代市场经济和服务行政发展的结果。行政允诺的出现极大丰富了行政执法的手段、观念和模式,也更大限度地实现了行政管理和公共服务目标。所谓行政允诺,德国行政法学者哈特穆特·毛雷尔将其界定为"行政机关作出的采取或不采取特定措施的、具有法律约束力的承诺"。目前,我国尚无行政允诺方面的法律、法规,所以其在我国并非一个法定概念。即便如此,政府在行政管理和公共服务实践中还是大量采用此种措施,以此来高效实现其行政目标,而本案就是由此引发的行政争议。

总的来说,行政允诺属于授益性行政行为,对于此类行为合法性审查的争议主要发生于法律保留原则的理解适用上,即授益性行政行为是否必须具有行为法依据。关于法律保留原则,2004年国务院《全面推进依法行政实施纲要》在"依法行政的基本要求”中作出“合法行政”的规定,即“行政机关实施行政管理,应当依照法律、法规、规章的规定进行;没有法律、法规、规章的规定,行政机关不得作出影响公民、法人和其他组织合法权益或者增加公民、法人和其他组织义务的决定”。基于此,可以得出“侵益性行政行为必须具有行为法依据”的结论,即行政机关所实施的对当事人产生不利影响的行为必须有法律、法规、规章的明确规定,否则构成违法。而对于授益性行政行为,则没有作出硬性要求,于是产生争议。第一种观点认为,法律保留原则属于普适性原则,并没有排除授益性行政行为,即授益性行政行为需同时具备组织法依据和行为法依据。第二种观点认为,《全面推进依法行政实施纲要》中仅对侵益性行政行为作出硬性规定,所以行政机关对于授益性行政行为的实施具有自由裁量权,不必具有行为法依据。第三种观点则试图弥合前两种观点之间的冲突,一方面认为,法律保留原则属于普适性原则,所有的行政行为都应当遵循,即需同时具备组织法依据和行为法依据;另一方面又对行为法依据的内涵和外延进行扩张性解释,即认为授益性行政行为的行为法依据可以放宽,不仅局限于法律、法规、规章,还可以是规范性文件。该观点同时强调,在此过程中,行政主体应坚持法治主义的要求,负有慎重推进的注意义务,确保规范性文件内容的适当性和制定程序的正当性。

第三种观点虽然从形式上弥合了前两种观点的冲突,但没有直接言明要害:授益性行政行为的行为法依据是否可以突破人们对于“法律”这一概念的常规理解,进而放宽至规范性文件。如果可以,那么如何保证规范性文件的合法性和合理性?实际上,《全面推进依法行政实施纲要》在“依法行政的基本要求”中除了作出“合法行政”的规定外,还提出了“合理行政”“程序正当”“高效便民”“诚实守信”“权责统一”等要求,授益性行政行为的行为法依据同样需要满足上述要求。因此,“授益性行政行为是否需要具有行为法依据”这一问题的探讨应该放到具体的语境中进行,即授益性行政行为不一定需要具有传统意义上的行为法依据,行政机关可以基于行政管理目标的需要,制定相关的政策规定来实施相应的具体措施,但该政策规定是否合法需要结合其内容加以考察,考察的对象包括内容的合理性和程序的适当性。

遵循上述原理,行政允诺行为的合法性审查主要集中在以下几个方面:一是行政机关是否有作出行政允诺的权限;二是行政允诺的内容是否违背了法律、法规的强制性规定或存在严重不合理之情形;三是行政机关撤销、废止或不履行允诺是否有法律依据。

(三)行政允诺合法性审查原理在本案中的具体运用

上文已就行政允诺合法性审查的原理进行阐释,下面结合本案具体情形对该原理进行应用。

关于被告作出本案行政允诺的权限问题。本案中,被告联合其他部委发布的 230 号办法和 551 号通知即为对外作出的行政允诺,即只要新能源汽车生产企业生产的产品满足上述规范性文件设定的要求,就可以领取相应的补助资金。从案件审理的情况来看,并没有法律、法规或规章层面的规定来赋予被告及相关部委联合制定上述文件的权限,这是不是意味着该允诺行为违反了“法无授权不可为”之原则,法院应当以超越法定职权为由撤销其允诺?如果是这样,那就相当于否定了整个新能源汽车生产补助制度的合法性。

但事实并非如此。关于 230 号办法和 551 号通知的合法性,可从法律优先和法律保留两个原则进行审查。所谓法律优先,指的是一切行政行为都不得违反法律,且行政措施不得在事实上废止、变更法律,这一原则适用于一切行政活动。法律保留,是指行政机关只有在取得法律授权的情况下才能实施相应的行为,即行政行为不仅需要组织法依据,同时还必须有行为法依据。一般认为,仅有侵益性行政行为需要同时具有组织法依据和行为法依据,而授益性行政行为则只要求有组织法依据,并不一定要求有行为法依据。如上所述,新能源汽车补贴行为属于行政允诺,系授益性行政行为,其应当遵循法律优先原则,但在法律保留原则方面,却不必具有行为法依据,否则就会因为法律的滞后性导致行政行为丧失应有的灵活性和应急性。而被告作为全国财政主管部门,对于财政资金的使用具有组织法依据上的权限,科技部、工业和信息化部以及国家发展和改革委员会的管理职权均与新能源汽车行业密切相关,由这些部门联合制定新能源汽车生产补助的相关政策,符合组织法依据的要求,因此不存在越权情形。

关于允诺内容的合法性,考虑到目前尚无相关的法律对新能源汽车生产补助事项作出规定,新能源汽车的相关行业主管部门基于产业发展、环境保护等行政管理目标制定 230 号办法和 551 号通知,其中经过严格的论证程序并经国务院同意。而且就被诉决定所援引的 230 号办法第八条、第十六条和 551 号通知第二条的规定而言,其内容也具有合理性,并未与法律原则、法治精神相抵触,不违反法律优先原则,也具有法律保留原则所要求的组织法依据,应当认定为合法有效,被告可以将其作为具体实施新能源汽车生产补助行为的依据,结合案件具体情况作出相应的处理决定。

关于本案处理结论的合法性，根据查证事实可知，被告认定的原告2015年生产、交付161辆新能源汽车，与生效刑事判决书的认定的194辆略有出入，但无论采用哪个数字，均远远小于原告的申报数量，即上述数量差异并不影响原告骗取新能源汽车补贴行为情节的认定。在虚假申报过程中，原告采用了编造材料采购、车辆生产销售等原始凭证记录，伪造销售账目，涂改、编造生产记录，上传虚假合格证，违规办理机动车行驶证等一系列违法手段，多次虚假申报，骗补中央财政补贴，数额特别巨大，而且相关的组织者和实施者之后均被判处诈骗罪并追究刑事责任。基于原告上述虚假申报行为的恶劣程度，被告决定对原告停止执行中央财政补助政策，对原告2015年度销售的全部新能源汽车中央财政不予补助，并追回预拨的2015年中央财政补助资金4532万元，上述处理结论具有合理性，能够与原告虚假申报行为的情节相适应。综上，原告对于被诉决定处理结论提出的异议理由不能成立，法院最终判决驳回原告的诉讼请求。

【案例点评】

本案系全国首例涉及新能源汽车补贴行为的行政案件，该案生动诠释了法律保留原则在授益性行政行为合法性审查中的理解与适用原理，即应在坚持法治主义的要求下，根据具体的事务性质，弱化解释形式上的法律依据要求，以保证行政措施的灵活性，更好地实现行政管理目标。在此基础上，此案还总结了行政允诺案件的审查要点，归纳出较为完善的裁判标准，明确了此类案件的审理思路，为行政允诺案件的审理提供了有益参考，也进一步丰富了行政行为理论的内容。

【裁判心得】

随着经济和社会的发展，行政机关的行政管理和公共服务方式也在发展变化，由此出现了一些新类型行政行为。涉及这些新类型行政行为的案件的审理需要法官有着坚实的法学理论基础和精益求精的钻研精神，这样才能作出一份有价值有意义的判决，一方面为法学理论研究提供宝贵的素材，帮助提升行政法学实证研究的深度，另一方面能够不断夯实行政审判实践的根基，推进我国行政诉讼制度的完善。新能源汽车生产补助作为一项全新的行政措施，对于推进我国新能源汽车行业的发展具有重大的影响。通过本案的审理，必将进一步明确该行为的法律定位，促进行政机关提升此项管理制度的法治化水平，从而实现依法管理和有效管理。

覃辉诉中国证券监督管理委员会行政处罚及行政复议案

赵　锋*　张婷婷**

关键词

实际控制人　指使从事违法行为　行为判断　责任认定

裁判要旨

1. 实际控制人滥用支配地位,授意、指挥上市公司从事信息披露违法行为,应当认定为《证券法》第一百九十三条第三款规定的"指使"行为。这种"授意、指挥",既可能是明示,也可能是默许。

2. 在实际控制人本人不承认"指使"的情况下,如果要求必须有直接证据证明"指使",势必会让大量隐蔽的指使行为逃避处罚,有违《证券法》第一百九十三条第三款的立法目的,亦将破坏证券市场正常秩序。如果在案证据能够形成证据链条,并结合日常生活逻辑和经验法则,证明实际控制人存在"指使"情形,而该实际控制人又不能提供合理解释说明和反证,则可认定实际控制人指使上市公司从事相关违法行为。

相关法条

《中华人民共和国证券法》第四十三条、第一百九十三条第三款。

【当事人基本情况】

原告:覃辉。

* 赵锋,北京市第一中级人民法院行政庭法官。

** 张婷婷,北京市第一中级人民法院行政庭法官助理。

被告:中国证券监督管理委员会。

【基本案情】

原告覃辉系宁波圣莱达电器股份有限公司(以下简称圣莱达)实际控制人。圣莱达在 2014 年度业绩亏损的情况下,为防止公司股票被特别处理(ST),在 2015 年会计年度期间,通过虚构影视版权转让业务、虚构财政补助的方式,虚增收入和利润,导致 2015 年度报告存在虚假记载,构成信息披露违法行为。其一,圣莱达通过与华视友邦影视传媒(北京)有限公司(以下简称华视友邦)签订影视版权转让协议虚增收入。影视版权转让费及违约后退回的本金及违约金均系通过覃辉控制的北京双建信息技术有限公司(以下简称双建信息)、华民贸易有限公司(以下简称华民贸易)、北京星美汇餐饮管理有限公司(以下简称星美汇餐饮)、北京天元建业建设工程有限公司(以下简称天元建设)等多家"星美系"公司循环支付完成。影片存在版权争议,电影拍摄进度尚未达到申请上映许可的条件,影视版权转让协议客观上不具有可履行性,协议签约日期系倒签。通过该虚增业务行为,圣莱达虚增收入和利润 1000 万元。其二,圣莱达与宁波市江北区慈城镇人民政府(以下简称慈城镇政府)形成以获得政府补助的形式虚增利润的方案:慈城镇政府不用实际出资,由宁波金阳光电热科技有限公司(以下简称宁波金阳光,圣莱达第一大股东,原告覃辉 100% 控股)先以税收保证金的名义向慈城镇政府转账 1000 万元,然后再由慈城镇政府以财政补助的名义将钱打给圣莱达。通过这一虚构财政补助的方式,圣莱达虚增 2015 年度收入和利润 1000 万元。上述两项违法事实导致圣莱达 2015 年度年报合计虚增收入和利润 2000 万元,虚增净利润 1500 万元。圣莱达 2015 年度年报显示公司利润总额 367.15 万元。扣除虚增金额,圣莱达 2015 年实际利润总额为 -1632.85 万元、净利润为 -1068.57 万元。虚增行为导致圣莱达 2015 年度扭亏为盈。

被告中国证券监督管理委员会(以下简称中国证监会)认为:圣莱达的上述行为违反了《证券法》第六十三条的规定,构成《证券法》第一百九十三条所述信息披露违法行为。时任董事长胡宜东、时任财务总监康璐在具体操作涉案事项过程中向实际控制人覃辉汇报,覃辉对相关汇报内容点赞同意,知悉并授意涉案行为,构成《证券法》第一百九十三条第三款所述情形。中国证监会根据当事人违法行为的事实、性质、情节与社会危害程度,依据《证券法》第一百九十三条第三款之规定,决定:对覃辉给予警告,并处以 60 万元罚款。经被告中国证监会行政复议,维持了该处罚决定。原告覃辉仍不服,向本院提起行政诉讼。

诉讼中,双方当事人的主要争议在于《证券法》第一百九十三条第三款的适用。

覃辉主张,该条款规定的“指使”,只能是实际控制人实施了“直接授意”“指挥”的行为或者“直接授意、指挥”行为人“隐瞒、不告知”应当披露信息的行为。被告将“知悉”但“未予阻止”“默认”认定为“指使”,不符合“指使”的基本文义,违反《证券法》第一百九十三条第三款、《信息披露违法行为行政责任认定规则》第十八条第二款的规定,适用法律错误。“隐瞒、不告知”也不能成为认定实际控制人指使的证据。“未阻止”“默认”等消极不作为更不能成为认定“指使”的证据。覃辉对圣莱达的具体业务没有决策权,也不参与日常经营管理。对于圣莱达2015年年报虚构业务、虚增利润事项,完全不知情,更不存在直接授意、指挥的情形。

被告中国证监会则认为:覃辉是圣莱达实际控制人,知悉并授意涉案信息披露违法行为。其一,覃辉作为圣莱达实际控制人,虽然名义上未在公司任职,但通过微信等各类方式实际实施公司经营决策、参与公司管理。对圣莱达通过涉案版权转让和财政补助形式虚增利润事宜知情。其二,《证券法》第一百九十三条规定的指使行为,既包含直接授意、指挥从事信息披露违法行为,也包含隐瞒、不告知应当披露信息。覃辉在知悉公司管理层财务造假时,未予以及时阻止、报告、改正并要求公告,是对公司管理层违法行为的默认。其三,对于圣莱达涉案信息披露违法行为,覃辉具有指使的动力和能力。一方面,版权转让造假所涉资金系通过“星美系”相关公司循环支付完成。覃辉系“星美系”公司实际控制人,能够实现对上述公司的指令下达。另一方面,圣莱达2015年利润能否转正,对圣莱达股票价值具有巨大影响。结合康璐与覃辉微信交流涉及的“与明天系转让圣莱达股权事宜”,覃辉有很大的动力促使圣莱达2015年业绩转正。

【审理结果】

北京市第一中级人民法院于2019年8月28日作出(2019)京01行初670号行政判决,驳回原告覃辉的诉讼请求。一审判决后,双方当事人均未提出上诉。

【裁判理由】

法院生效裁判认为:

(一)关于圣莱达2015年年度报告是否存在虚假记载,是否构成信息披露违法行为的问题

在案证据能够证明,被告有关圣莱达虚构影视版权转让业务和政府补助,进而虚增收入和利润的认定,事实清楚,证据充分。圣莱达将涉案两项收入确认为2015年度收入,并通过2015年年度报告予以披露,构成《证券法》第一百九十三条第一

款所指信息披露违法行为。

(二)关于原告是否实施了《证券法》第一百九十三条第三款规定的“指使”行为的问题

根据《证券法》第一百九十三条第一款、第三款规定,实际控制人指使上市公司从事信息披露违法行为的,该实际控制人依法应承担违法披露信息的法律责任,受到行政处罚。实际控制人滥用支配地位,授意、指挥上市公司从事信息披露违法行为,应当认定为前述规定的“指使”行为。这种“授意、指挥”,既可能是明示,也可能是默许。由于实际控制人不是公司股东,而是通过投资关系、协议或者其他安排,能够实际支配公司行为的人,在实际控制人指使公司从事违法行为的案件中,往往更具隐蔽性。在实际控制人本人不承认“指使”的情况下,如果必须有直接证据证明“指使”,势必会让大量隐蔽的指使行为逃避处罚,有违《证券法》第一百九十三条第三款的立法目的,亦将破坏证券市场正常秩序。如果在案证据能够形成证据链条,并结合日常生活逻辑和经验法则,证明实际控制人存在“指使”情形,而该实际控制人又不能提供合理解释说明和反证,则可认定实际控制人指使上市公司从事相关违法行为。

本案中,综合分析在案证据能够认定,原告作为圣莱达的实际控制人,指使圣莱达从事涉案信息披露违法行为。

其一,原告对公司董事会及管理层具有控制权,并实际参与公司经营决策。圣莱达的7名董事中,时任董事长胡宜东及郝彬来自“星美系”公司,独立董事徐虹、欧秋生2人均曾长期在“星美系”公司任职;监事刘锦源、财务总监康璐亦均来自“星美系”公司。从郝彬、康璐的询问笔录及微信记录看,原告参与圣莱达日常经营,并控制圣莱达经营决策。

其二,在案证据显示,原告知悉圣莱达2015年业绩存在亏损并具有财务造假动机。涉案违法事实发生于宁波金阳光对圣莱达实施重大资产重组、圣莱达股票停牌期间。原告是圣莱达2015年度利润转正的直接和最大受益人。在圣莱达2014年度业绩亏损、2015年度主营业务继续出现亏损的情况下,原告有动力实施财务造假,使圣莱达2015年度扭亏为盈,避免公司股票被特别处理(ST),进而顺利完成公司重组。

其三,圣莱达涉案两项违法事实均发生在2015年年底财务确认收入前,目的均是通过虚构收入确保公司2015年度扭亏为盈,时间上具有一致性、重合性,应作为一个整体进行分析判断。首先,从胡宜东、康璐在《询问笔录》中的陈述以及康璐的通讯记录看,原告知悉圣莱达涉案虚假收入。胡宜东明确财政补助事项向原告汇报过(胡宜东 2017 年 4 月 18 日《询问笔录》第 12 页),康璐通过微信向原告汇报"做业绩 1000 万元……去年如果亏损戴帽,势必影响重组及直通车",原告予以点赞回复。康璐在《询问笔录》中同时明确,"做业绩的 1000 万就是 2015 年度虚构版权转让违约事项,通过星美系公司转入华视友邦再转回资金"(康璐 2017 年 5 月 15 日《询问笔录》第 2 页)。其次,基于公司运营的基本常识,涉案影视版权转让所涉资金通过"星美系"公司循环支付,没有作为"星美系"公司实际控制人的原告的允许,圣莱达及胡宜东无法调用、划转华民贸易、双建信息、天元建设、星美汇餐饮等多家"星美系"公司的资金。而涉案财政补助资金,通过"明天系"公司洲际通商"过桥"给"星美系"公司宁波金阳光,再经慈城镇政府以财政补助名义划转至圣莱达。宁波金阳光由原告控股,"明天系"公司与"星美系"公司是合作伙伴。基于此,有理由相信原告与该项造假行为具有关联,而不是原告所主张的不知悉、未参与。

综合上述分析,在案证据能够形成证据链条,共同证明原告对圣莱达财务造假具有实施指使的动机,其对涉案虚假收入知情,相关资金流转均经其实际控制的"星美系"公司调配、划转。再结合前述原告对圣莱达的实际控制和参与经营、涉案两则财务造假行为发生的特殊时期和实际效果等事实,并遵循日常生活经验和逻辑法则,被告有理由认定原告指使圣莱达从事涉案违法行为。原告提出的被告没有直接证据证明"指使"、自己并未"指使"的相关理由不能推翻在案证据已经形成的证据链条,法院不予支持。

(三)关于本案的行政程序是否合法的问题

在案证据证明,原告在明知被告已经对圣莱达信息披露违法行为立案调查且需要原告配合调查、对原告本人立案调查的情况下,以其身在国外为由不予配合;在收到行政处罚事先告知书后,亦未提出陈述申辩。现原告以被告未对其询问、未当面听取其意见为由,主张被告未尽调查义务、处罚程序违法,缺乏事实和法律依据。当面听取当事人的意见,固然是行政机关进行行政处罚的一项重要程序。但在当事人不配合调查,而行政机关经过调查取证,基于现有证据能够认定当事人存在涉案违法行为、应当承当相应法律责任的情况下,不能仅以未当面听取当事人意见而否定行政处罚决定的合法性。故对原告有关被告行政处罚程序违法之主张,法院不予支持。

综上,被诉处罚决定根据《证券法》第一百九十三条第三款之规定,对原告作出警告以及60万元的罚款处罚,认定事实清楚,证据充分,处罚幅度适当,程序合法。被诉复议决定予以维持正确,程序亦无违法之处。故判决驳回原告覃辉的诉讼请求。

【裁判解析】

上市公司实际控制人滥用支配地位指使上市公司从事违法行为,是证券市场监管的难点。一方面,实际控制人指使上市公司从事违法行为的情形屡有发生,广受诟病;另一方面,现行法律对此类违法行为的规定比较笼统,法律适用标准不够明晰,且相关的行为隐蔽性较强,执法机关取证难度大,导致违法行为追责难。本案的审理,即面临此类违法行为认定的核心问题——如何认定“指使”。本案裁判对实际控制人指使从事违法行为的认定标准进行了明确。

(一)实际控制人“指使”行为的判断

《证券法》关于实际控制人“指使”行为的规定,体现在第一百八十九条(欺诈发行)、第一百九十三条(信息披露)、第一百九十四条(擅自改变公开发行证券所募集资金的用途)。本案涉及的是第一百九十三条,该条第三款对实际控制人指使从事信息披露违法行为进行了规定。但是何种情况下构成“指使”,现行法律并未予以明确。笔者查阅了关于《证券法》释义的相关出版物[①],对于实际控制人“指使”行为的规定,均没有相应的释义解释。实践中,如何理解和认定“指使”,一直存在争议。

1. 如何理解《证券法》意义上的“指使”

从文义上看,“指使”,指的是出主意去叫别人做某事。[②] 因此有观点认为,指使只能是积极的作为行为,不包括消极的不作为。虽然实践中存在很多通过非常隐蔽的“消极”手法影响公司决策、推动公司违法披露信息的情形,但行政处罚必须要有法律明确规定。因此,在《证券法》仅规定“指使”的情况下,不能将诸如董事会依照与实际控制人之间的“默契”而从事的违法行为,视为实际控制人的“指使”行为。也有观点从实际控制人有报告相关信息、协助上市公司依法披露信息的义务的角度,认为指使不仅包括积极的授意、指挥,也包括自己主动隐瞒应当披露的信息的行为。中国证监会制定的《信息披露违法行为行政责任认定规则》即明确:

---

① 如本书编写组编著:《〈中华人民共和国证券法〉释义及实用指南》,中国民主法制出版社2012年版;《证券法释义》编写组编:《中华人民共和国证券法释义》,中国法制出版社2005年版;李飞主编:《中华人民共和国证券法(修订)释义》,法律出版社2005年版;全国人大证券法修改起草工作小组、许健:《中华人民共和国证券法释义》,中国金融出版社2006年版。

② 中国社会科学院语言研究所词典编辑室编:《现代汉语词典》,商务印书馆2002年版,第1620页。

实际控制人直接授意、指挥从事信息披露违法行为,或者隐瞒应当披露信息、不告知应当披露信息的,应当认定实际控制人指使从事信息披露违法行为。

我们认为,对于实际控制人"指使"的理解,应当回到《证券法》和《公司法》的立法本意及宗旨上来。如此,则前述第一种观点是偏颇的,第二种观点还有进一步解释完善的空间。

理解实际控制人"指使",需要首先理解"实际控制人"。

在公司运行过程中,较为广泛地存在"虽然没有名分,但实际掌握控制权"的这一主体。在较长时期中,法律没有明确这一主体需要对公司承担何种义务,这就导致这些掌握公司控制权的人,"隐身"于公司治理结构之外,将公司变为谋取私利的工具,使公司利益和投资者权益无法得到有效保障。20 世纪 80 年代,英国在"法律上董事""事实上董事"之外,首次在其公司法中提出"影子董事"这一概念,将对外宣传自己不是公司董事,却实际操控公司决策的人,称为"影子董事",并赋予其董事责任和义务。

2005 年,为了解决掌握公司控制权却没有相关法律义务的这类主体的行为失范问题,实际控制人制度被正式写入我国《公司法》和《证券法》。2005 年修订的《公司法》明确,实际控制人,是指"虽不是公司的股东,但通过投资关系、协议或者其他安排,能够实际支配公司行为的人"。这实际是借鉴英国的"影子董事"制度。实际控制人对公司的实际控制,是通过影响、操控公司决策来实现的。尽管行为方式多种多样,但实质均是指向影响、控制公司决策。

《公司法》和《证券法》在关联关系、证券发行、买卖股份、信息披露等方面对实际控制人作出了专门的义务规定。在信息披露方面,《证券法》规定了民事上的连带赔偿责任、行政处罚罚则。《证券法》之所以对实际控制人指使行为进行规制,目的在于防范和惩治实际控制人滥用支配地位损害公司利益和投资者利益的行为,维护证券市场公平、公开、公正的秩序。

其中,《证券法》关于实际控制人"指使"行为的规定,即是对实际控制人滥用支配权的规制。以《证券法》第一百八十九条为例。从法律条文上看,该条第一款、第二款,规制的行为主体是"发行人、上市公司及其他信息披露义务人",实际控制人不在此列。第三款则以"实际控制人指使从事前两款违法行为的"之表述,将罚则指引向第一款、第二款。从逻辑关系上看,这一条款,是对实际控制人滥用支配权,影响、控制公司从事信息披露违法行为的规制。

从实践看,实际控制人滥用支配权,操控公司违法经营的方式和途径多种多样。直接授意、指挥公司决策的方式因其明显的违法性而往往不为实际控制人所采取,实际控制人反而可能采取更为隐蔽的方式。如果将“指使”限定为“直接授意”“指挥”,显然有违《证券法》这一条款的立法目的。

对于立法与实践之间的不协调,司法有责任从立法本意出发,在具体的案件中通过裁判予以弥合。就上述规定而言,无论是从法律解释的方式,还是从市场治理需要的角度,对于立法采用的“指使”二字,均不宜仅作字面上的理解,而应紧紧抓住“滥用支配权”这一核心特征,对实际控制人所实施的各种形态的行为进行甄别,将符合上述特征的行为纳入“指使”的范畴予以规制,这样才能真正实现对于实际控制人违法行为的有效惩治与预防。

具体而言,符合“滥用支配权”特征的“指使”行为主要包含以下几种情形:一是主动组织违法行为,进行策划、分工、协调及指挥;二是授权或委托他人组织违法行为,进行策划、分工、协调及指挥;三是对于他人提出的违法行为实施方案予以肯定,在违法行为实施过程中进行协调或给予帮助,积极促成违法行为效果的实现。

2. 关于“指使”的证明标准

在行政处罚案件中,行政处罚机关应当对作出处罚具有事实依据承担证明责任,而原告对存在阻却事由承担证明责任。认定实际控制人的行为构成“指使”,需要行政处罚机关就存在“指使”行为予以证明,这是行政处罚的一般要义。

实际控制人实施“指使”行为,往往不会采取直接的指挥行为、留下“指使”的直接证据。行为人往往是通过各种隐蔽的方式将自己的意志表达给公司管理层,转化为公司决策行为的方式来进行“指使”。在行为已经完成的情况下,行政处罚机关很难采集到直接证据证明实际控制人实施了“指使”行为。实践中,实际控制人本人事后不认可、被实际控制人“控制”的公司管理层甘当“背锅侠”的情形屡见不鲜。在实际控制人本人不承认“指使”的情况下,如果要求必须有直接证据证明“指使”,势必会让大量隐蔽的指使行为逃避处罚,有违《证券法》第一百九十三条第三款的立法目的,亦将破坏证券市场正常秩序。

我们认为,虽然应由行政处罚机关证明行为具有应受处罚性,但在证明标准上，并不以排除合理怀疑为限。[①] 排除合理怀疑这一严格证明责任，适用于刑事处罚；在行政处罚中，则适用优势证据标准，这是理论和实务界已经形成的较为广泛的共识。在具体案件中适用优势证据标准时，要求行政机关提供的证据初步证明涉案违法行为，至于具体的案件事实，还应当遵循举证便利原则，由掌握事实并具有举证便利的一方承担一定的证明责任。

具体到“指使”的证明标准上，《证券法》上关于实际控制人指使行为的认定，核心在于实际控制人滥用对公司管理决策的支配权。实际控制人意思的表达、特定信息的传递，无论是通过言语还是行为，是否构成“指使”，应当依据所有证据综合客观认定，而不能以实际控制人本人认可“指使”、有人指认“指使”、有直接证据指向“指使”行为为据。如果综合在案证据，涉案行为不是上市公司、董事、监事、高管的独立意思表示，或者超出了董监高的职责范畴、超出了公司意志范畴，相关事项需要实际控制人的作用发挥才能进行，从公司经营管理、日常生活逻辑、经验法则来看，有理由认为涉案行为系实际控制人的指使行为。那么此时，应当认为，行政处罚机关初步尽到了证明责任。实际控制人应当作出合理说明或者提供反证，来阻却证据链条，否则可以认定实际控制人实施了指使行为。

3. 关于本案的具体认定

本案中，虽然原告本人否认，也没有相应的书证、物证等证据直接证明原告实施了指使行为，甚至时任董事长胡宜东在诉讼中还出庭作证自认。但是结合在案证据，对于圣莱达的经营决策，原告是参与的，具有决定权，公司董事会多名高管为原告所控制。两则虚构收入事项的进行，均超出了公司董事会以及任何一个董监高的能力范畴。第一，虚构版权事项，相关款项经过多家与圣莱达无业务往来、无资金关系的公司循环支付完成。而这些公司，恰恰均是由原告本人所控制的公司。如果说没有原告的认可，圣莱达及胡宜东就能调动这么多家公司的资金，不符合公司运营的基本常理。第二，虚构财政补助事项，由圣莱达第一大股东宁波金阳光出面借用第二大股东洲际通商资金，过桥给地方镇政府。宁波金阳光是原告100%

---

① 欧阳振远：《行政处罚证明标准研究》，载微信公众号“行政执法研究”：https://mp. weixin. qq. com/s? __biz = MzAwNTE5NzkxOQ = = &mid = 2651687529&idx = 1&sn = aa8c090f509ab0eebdafa7c8e0cf2184&chksm = 80d97359b7aefa4f09e7556fc17bd287fd57b204979d504ad727d07fe98c5a73cce316bf6f01&mpshare = 1&scene = 1&srcid = 04017KeQHYN1LDQIZoy5DVek&sharer_sharetime = 1585717287175&sharer_shareid = 77c9d9914f5813d73699b71b39beb84d&exportkey = AeFxTzmvgP11u10wsYxDFUE% 3D&pass _ ticket = 0vlkkeRJH7nDI%2BxV4ZmOgxHAOiyg9GwdV9utbbAaFJEfXXJjG4V4JUgQlS0rqbu0#rd，2020年4月1日最后访问；赵寒宇：《论行政处罚中的证明责任》，载《法制与社会》2008年第34期。

控股公司,其时原告控制的“星美系”公司与“明天系”公司正在商谈并购合作事宜,洲际通商即属“明天系”公司。对于此项资金的调动,亦需要得到原告的许可。同时,圣莱达当时的经营状况处于亏损状态,2015 年如果最终业绩为亏损,其股票将被特别处理(ST),这对于入主圣莱达的原告而言,是重大利益事项,故原告有行为动机。且两则事项均发生在年底会计结算期末,高度异常。综合上述情况,有理由认为,系原告指使公司造假。原告仅提出未参与、不知情、被告没有直接证据证明,没有提供反证,未能对在案证据指向的事实作出合理说明。原告的主张不足以阻断已经形成的证据链条。因此,应当认定原告构成“指使”。

(二)实际控制人“指使”行为的责任认定

《证券法》第一百九十三条对于实际控制人指使行为的责任后果规定,“……指使从事前两款违法行为的,依照前两款的规定处罚”,而前两款中,分别对信息披露义务人和责任人员规定了罚则。由此,引发了关于实际控制人指使行为责任认定的争议:实际控制人应当承担的是信息披露义务人的责任,还是相关责任人员的责任?

对此,我们采温德乙案①之标准。实际控制人应当承担什么责任,取决于实际控制人指使的行为内容。如果实际控制人指使的是管理层人员(高管),通过被指使的高管实施的是高管职权范围的行为,那么实际控制人的指使行为应当比照高管个人的行为承担责任,即“直接负责的主管人员”或者“其他负责的责任人员”责任。如果实际控制人指使的是公司,直接以公司意志的方式行为,那么就应当比照公司的责任来承担自己的法律责任。

事实上,回到实际控制人这一概念的源头来看,在英国,对于影子董事是否与董事一般负有信义义务,一直存在争议,但总体是认为,影子董事应与董事一样承担信义义务,并且还应当承担法律规定的个别义务。影子董事承担何种法律责任,需要区分影子董事控制的是公司还是董事个人。

因此,《证券法》第三款的规定并非不明确,反而更为周延、准确。

与温德乙案类似,在本案中,原告所指使的造假行为,是公司意志决策下的造假行为,不是任何一个高管个人所能决策和实施的。因此,原告指使公司造假,应当比照公司责任承担相应的法律责任。

---

① 北京市第一中级人民法院(2017)京 01 行初 4 号行政判决书。

(三)余论

实际控制人指使从事违法行为,正是利用自己隐蔽的身份实施违法行为以获取不法利益。该行为具有高度隐蔽性,很难用直接证据来予以证明。因此,如果采用文义解释的方法来机械理解"指使"的含义,则必然会导致此类违法行为逃脱法律的制裁。为了能够更好地执行法律规定,更充分地体现立法宗旨,我们需要采用目的解释或体系解释的方法来解读"指使",找到《证券法》所打击的"指使"行为的内在核心特征,从而更加准确地打击此类违法行为,维护良好的证券市场秩序。

此外,在认定"指使"的过程中,最重要的环节就是把握好尺度,既不能因为证明标准过高,而导致违法行为逃脱制裁,也不能因为证明标准过低,造成行政处罚自由裁量权的滥用,进而误伤无辜之人。我们认为,在在案证据已经形成证据链条,基于日常生活、公司治理的一般逻辑和经验,证明实际控制人存在"指使"情形时,如果实际控制人不能提供合理解释说明、不能举出反证,则足以让法官形成内心确信,认定该实际控制人实施了指使上市公司从事相关违法行为。

新修订的《证券法》在 2014 年《证券法》第一百九十三条的规定基础上调整为"实际控制人组织、指使从事……",但立法旨趣并未改变。相反,在证券市场大幅改革、上市公司治理能力不断提高的过程中,法律对于实际控制人行为的规制将更为全面。

【案例点评】

上市公司实际控制人滥用支配地位,指使上市公司从事破坏证券市场正常秩序、损害投资者权益的违法行为,是证券市场监管和上市公司治理的"顽疾"。但现行法律对此类违法行为的规定比较笼统,法律适用标准不够明晰,且相关的行为隐蔽性较强,执法机关取证难度大,导致违法行为追责难。本案的审理进一步明晰了《证券法》上"指使"行为的含义及证明标准,紧紧抓住"滥用支配权"这一核心特征,构建符合法理、《证券法》立法以及实践的违法行为认定标准,有效弥合了立法与实践之间的不协调,无论对于今后的证券监管还是司法裁判,均有较强的指导意义。

【裁判心得】

在本案之前,关于实际控制人指使实施违法行为的认定较少。尽管实践中,此种情形可谓十分常见,但实际被查处比例很低。原因就在于,认定"指使"太难。正确理解"指使"的内涵和外延,不仅直接影响对此类违法行为的规制,也深刻影响着实际控制人制度的运行、证券市场秩序的维护。法律解释不仅仅有文义解释,还有目的解释、体系解释、历史解释等多种方法。这些方法的适用,需要结合法律制度本身,而没有绝对的位次之分。不能允许出现法律的漏洞,这是法官适用法律的基本底线。本案裁判,明确了"指使"的行为认定标准,对广大的实际控制人、上市公司具有更为明晰的指引作用。

福建伟杰投资有限公司诉中国银行保险监督管理委员会撤销行政许可决定案

范术伟[*]　闵　雪[**]

关键词

正当程序　陈述申辩　股东权　撤销行政许可

裁判要旨

在法律法规没有对撤销行政许可的程序进行明确规定时，为防止行政机关因缺乏程序控制而导致恣意和专断，保护当事人的合法权益，要求行政机关遵守正当程序原则——一种最低限度的程序公正标准就极为重要。正当程序的核心思想之一是作出任何使他人遭受不利的行政决定前，应当听取其陈述申辩。而撤销行政许可是一种行政机关授予权益后又予以撤销的行为，与损益性行政行为本质上一样，都使得当事人处于权益受损的状态，都应当遵循正当程序原则。本案中，虽然原保监会撤销相关批复中增资许可的决定并非针对出资股东福建伟杰公司作出，但其内容和后果都直接影响出资股东的股东权利，故原保监会仍应保障福建伟杰公司的知情权、参与权等程序权利，使其参与到行政程序中，以确保行政机关全面把握案件事实、准确适用法律。

相关法条

1.《中华人民共和国行政许可法》第六十九条第二款。

2.《中华人民共和国行政诉讼法》第七十条第三项。

---

* 范术伟，北京市第一中级人民法院行政庭法官。

** 闵雪，北京市第一中级人民法院行政庭法官助理。

【当事人基本情况】

原告:福建伟杰投资有限公司。

被告:中国银行保险监督管理委员会。

第三人:君康人寿保险股份有限公司。

【基本案情】

2012年12月28日,正德人寿保险股份有限公司(以下简称正德人寿公司)向原中国保险监督管理委员会(以下简称原保监会,因国务院机构改革,原中国保险监督管理委员会和原中国银行业监督管理委员会的职责整合,组建中国银行保险监督管理委员会)申请变更注册资本,其中福建伟杰投资有限公司(以下简称福建伟杰公司)在已出资2亿元的基础上,增资2亿元,增资后出资额为4亿元,持股4亿股。同月31日,原保监会作出《关于正德人寿保险股份有限公司变更注册资本的批复》(保监发改〔2012〕1529号,以下简称变更批复),同意正德人寿公司的上述申请。

2015年7月16日,原保监会同意正德人寿公司的名称变更为君康人寿保险股份有限公司(以下简称君康人寿公司)。

2017年3月,原保监会在对君康人寿公司进行公司治理检查过程中,发现福建伟杰公司存在以非自有资金增资君康人寿公司的问题,原保监会依职权对此进行了调查,并告知了第三人君康人寿公司。

2018年2月5日,原保监会作出撤销行政许可决定书(保监许可〔2018〕153号,以下简称被诉决定书),其中涉案内容为:君康人寿公司,经查,你公司股东福建伟杰公司在2012年的增资申请中,使用非自有资金出资。根据《行政许可法》第六十九条第二款"被许可人以欺骗、贿赂等不正当手段取得行政许可的,应当予以撤销",我会决定撤销2012年12月31日作出的变更批复中福建伟杰公司增资你公司2亿股的许可。自本决定下发之日起3个月内,你公司应抓紧引入合规股东,确保公司偿付能力充足,在引资完成前不得向违规股东退还入股资金,其间限制违规股东参会权、提案权、表决权等相关股东权利。逾期未完成的,监管部门将视情况采取进一步监管措施。

2018年2月8日,原保监会向第三人君康人寿公司送达该决定书,并于同日在原保监会官网公布。原告不服被诉决定书,向本院提起行政诉讼,请求撤销被告作出的被诉决定书中有关"撤销2012年12月31日作出的《关于正德人寿保险股份有限公司变更注册资本的批复》(保监发改〔2012〕1529号)中福建伟杰投资有限公司增资你公司 2 亿股的许可”决定的部分,判令被告承担因本案所支出的全部诉讼费用。

【审理结果】

北京市第一中级人民法院于 2019 年 1 月 29 日作出(2018)京 01 行初 1165 号行政判决:撤销中国银行保险监督管理委员会于二〇一八年二月五日作出的撤销行政许可决定书(保监许可〔2018〕153 号)中关于“撤销 2012 年 12 月 31 日作出的《关于正德人寿保险股份有限公司变更注册资本的批复》(保监发改〔2012〕1529 号)中福建伟杰投资有限公司增资你公司 2 亿股的许可。自本决定下发之日起 3 个月内,你公司应抓紧引入合规股东,确保公司偿付能力充足,在引资完成前不得向违规股东退还入股资金,期间限制违规股东参会权、提案权、表决权等相关股东权利。逾期未完成的,监管部门将视情况采取进一步监管措施”的部分。一审判决后,各方当事人均未上诉。

【裁判理由】

法院生效裁判认为:《行政许可法》第六十九条第二款规定,被许可人以欺骗、贿赂等不正当手段取得行政许可的,应当予以撤销。原保监会作为变更批复的作出机关,依法具有撤销变更批复的行政职权。

根据各方当事人的意见,本案争议焦点是原保监会撤销变更批复中涉案内容时,是否应当适用正当程序原则,即是否应当告知原告其撤销的内容,并听取原告的陈述和申辩。正当程序原则的要义之一在于,行政机关作出任何对行政相对人或利害关系人不利的行政行为,都必须说明理由并听取行政相对人或利害关系人的意见。本案中,虽然被诉决定书是针对君康人寿公司作出的,但原告是第三人君康人寿公司的股东,原保监会撤销变更批复中涉案内容限制原告作为君康人寿公司股东的权利,直接影响到原告享有的股东权益。虽然《行政许可法》及原保监会有关行政许可的规定未明确要求原保监会在撤销许可时应通知利害关系人,但原保监会亦应遵循正当程序原则的要求,在作出被诉决定书前,应当告知原告撤销行政许可的理由并听取原告的陈述和申辩,使原告真正参与到行政程序中,以确保原保监会全面把握案件事实、准确适用法律。原保监会既未告知原告撤销行政许可的理由,又未听取原告的陈述和申辩,有违正当程序原则,构成违反法定程序,故原保监会作出的被诉决定书中涉及原告的内容应予撤销。被告关于被诉决定书程序合法的主张,本院不予支持。

【裁判解析】

根据《行政许可法》第六十九条第二款的规定，被许可人以欺骗、贿赂等不正当手段取得行政许可的，应当予以撤销。原保监会具有对保险行业的监管职责，在少数保险公司可能演变为资本逐利工具、给公司治理带来巨大风险的形势下，原保监会开展公司治理检查并作出相应处理是其依法履行职权的表现。但原保监会撤销其作出的变更注册资本的批复中增资许可的决定，不仅涉及被监管保险公司的权利义务，也对原出资股东造成不利影响，直接影响其股东权益。故在原保监会作出撤销许可决定时，应当适用正当程序原则告知利害关系人，并听取其陈述和申辩。

（一）行政许可撤销程序缺失之现状

《行政许可法》第二条规定，本法所称行政许可，是指行政机关根据公民、法人或者其他组织的申请，经依法审查，准予其从事特定活动的行为。由此可见，行政许可行为是一种授益性的行为，是赋予或认可相对人某项权利、资格，准许其从事特定活动的行为。行政许可的撤销，则是行政机关对其作出行政许可的一种纠错行为，是指已作出的行政许可存在违反法律规定的情形，由行政机关予以撤销而使已生效的行政许可失去法律效力的行为。其适用的前提是作出行政许可过程中行政机关违法或者是申请人违法。《行政许可法》第六十九条对撤销行政许可作出了规定，对行政机关可以撤销、应当予以撤销、不予撤销及应当依法给予赔偿的具体情形分别作出规定。该条款虽然所列细致，被认为充分体现了信赖保护原则在《行政许可法》中的应用，但仅限于实体规范，《行政许可法》其他条款亦未对行政许可撤销程序作出明确规定。在这种情况下，行政许可撤销涉及当事人相关权益之重大、后果之严重与程序之缺失形成了落差。故为防止行政机关因缺乏程序控制导致的恣意和专断，以及保护相对人及利害关系人的合法权益，要求行政机关在撤销行政许可时履行必要的行政程序就极为重要。

（二）正当程序原则在撤销行政许可中的适用

1. 正当程序原则的理解和适用

（1）正当程序原则的含义

正当程序原则是英美法上古老又常青的原则，起源于"自然正义"法则，这一原则处理的是"行政主体至少应当达到的程序要求"。除了公平听证和避免偏私两大传统的原则外，正当程序原则还在我国的行政法领域衍生出行政公开等新内涵。一般来说，正当程序有三个方面的基本要求：第一，行政公开，即除涉及国家秘密和依法受保护的商业秘密、个人隐私外，行政机关作出任何行政行为特别是对行政相对人不利的行政行为必须说明理由,以实现公民的知情权;第二,行政参与,即行政机关在作出不利行政决定时,必须听取行政相对人的陈述和申辩,必要时要主动或依申请举行听证,以保证相对人的参与权;第三,保持中立,即任何人不应成为自己案件的法官,行政机关及其工作人员对与自己有利害关系的事务或争议应主动回避或应当事人申请回避。

我国在法律传统上存在重实体轻程序的倾向,缺乏正当程序的历史传统,但随着学界及实务界程序意识的增强,关于正当程序原则的理论研究、司法判例不断涌现,正当程序原则是裁决争端的基本原则及最低公平标准已经逐渐成为一种共识。尤其是在田永诉北京科技大学、刘燕文诉北京大学、于艳茹诉北京大学等多份判决中,法院认为,虽然没有制定法的明确规定,但行政机关的决定没有事先告知相对人及利害关系人或者听取其申辩,或者没有将处理结果直接送达当事人,是不合法的。这是司法机关通过具体判例向社会明确宣誓程序法治的至关重要性。

(2)正当程序原则的适用

在适用正当程序原则对行政行为进行评判时,主要有以下三种情形:一是作为原理的正当程序原则被成文法规则所吸收,行政行为违反正当程序原则的司法审查就会嫁接到具体法定条款的适用,这时须直接适用法定条款来评价行政程序的合法性。二是现有法律规范较为模糊,但仍存在从法定规范探讨正当程序原则的解释空间,这时须运用法律解释等方法推导出行政行为必须遵守的规则意义上的正当程序要求。比如,在最高人民法院行政庭公布的第104号案例"赵博案"中,法院论证了《行政许可法》总则中正当程序的相关规则应当适用于行政许可撤销程序:"正当程序原则在《行政许可法》总则的规定中得到了具体体现……该法第一章总则中,第五条第一款规定,设定和实施行政许可,应当遵循公开、公平、公正的原则;第七条规定,公民、法人或者其他组织对行政机关实施行政许可,享有陈述权、申辩权。总则中的这些规定,体现了正当程序原则,在分则中也应当适用。"三是缺乏法律规范,直接援引原理意义上的正当程序原则。比如第38号指导案例"田永案",其裁判理由指出:"退学处理决定涉及原告的受教育权利,为充分保障当事人权益,从正当程序原则出发,被告应将此决定向当事人送达、宣布,允许当事人提出申辩意见。"

2. 正当程序原则在撤销行政许可中的适用

关于在撤销行政许可案件中如何适用正当程序原则,首先要厘清一个问题,即是否存在规则意义上的正当程序要求以及能否直接或通过间接推导予以适用。

《行政许可法》第五条第一款规定,设定和实施行政许可,应当遵循公开、公平、公正、非歧视的原则。该法第七条规定,公民、法人或者其他组织对行政机关实施行政许可,享有陈述权、申辩权……该法第三十六条规定,行政机关对行政许可申请进行审查时,发现行政许可事项直接关系他人重大利益的,应当告知该利害关系人。申请人、利害关系人有权进行陈述和申辩。行政机关应当听取申请人、利害关系人的意见。由上述法律规定可见,撤销行政许可直接适用的程序性规定并不存在。那么能否通过法律解释的方法进行推导适用呢?上述"赵博案"中,法院认为《行政许可法》第五条、第七条体现正当程序原则的规定位于总则位置,在分则中应当适用,故撤销行政程序亦应予以直接适用。但总则中的"设定和实施行政许可"能否涵盖"使行政许可失去效力的撤销行为",这两种性质上完全不同的行政行为应否遵守同样的程序,都是值得商榷的问题。如果不能直接或间接推导适用规则意义上的正当程序相关规定,即在缺乏具体的程序性法律条款的情况下,应当由法院对正当程序原则的适用予以解释,援引作为"最低限度的程序公正标准"的正当程序原则。

正当程序原则的核心思想之一公平听证原则,要求行政机关在作出不利于当事人的行政决定时必须听取对方的意见,当事人有为自己辩护的权利。该原则可结构化为"行政行为不利于当事人→应适用正当程序原则"。行政处罚,作为一种行政主体对违反行政法规范但尚未构成犯罪的相对人,运用行政权追究行政法律责任的行政行为,充分体现了上述结构,而《行政处罚法》第三十一条、第三十二条也较为明晰地吸收了正当程序原则。比较行政许可的撤销与行政处罚(行政许可的吊销),虽然前者是对行政许可颁发前违法行为的纠正,是将授予的某项权利、资格予以剥夺的行为,后者是对行政许可颁发后违法行为的惩处,但二者本质上都使得当事人处于损益状态,都符合"行政行为不利于当事人→应适用正当程序原则"的结构。故行政机关在作出撤销行政许可决定时,亦应遵循正当程序原则的要求,全面、充分、切实保证当事人的程序参与权。

本案中,原保监会在对君康人寿公司进行公司治理检查过程中,发现该公司股东福建伟杰公司存在以非自有资金增资君康人寿公司的问题。根据《保险公司股权管理办法》第三十二条的规定,投资人取得保险公司股权,应当使用来源合法的自有资金。原保监会调查后作出被诉决定书,以福建伟杰公司使用非自有资金出资为由,根据《行政许可法》第六十九条第二款的规定,撤销原保监会批复的福建伟杰公司增资君康人寿公司2亿股的许可。根据《保险公司股权管理办法》第七十八条的规定,被撤销行政许可的投资人,应当按照入股价格和每股净资产价格的孰低者退出。在这种情况下,虽然原保监会作出的被诉决定书针对的是君康人寿公司,但撤销内容直接针对福建伟杰公司出资的 2 亿股,撤销后果为退还福建伟杰公司入股资金,限制了福建伟杰公司股东参会权、提案权、表决权等相关股东权利。福建伟杰公司作为被撤销增资许可的出资股东,其股东权因原保监会行政行为受到不利影响,是被诉撤销行政许可决定的利害关系人,故虽然《行政许可法》及原保监会有关行政许可的规定未明确要求原保监会在撤销许可时应通知利害关系人,但原保监会亦应遵循正当程序原则的要求,在作出被诉决定书前,应当告知福建伟杰公司撤销行政许可的理由并听取其陈述和申辩,使福建伟杰公司真正参与到行政程序中,以确保原保监会全面把握案件事实、准确适用法律。原保监会既未告知福建伟杰公司撤销行政许可的理由,又未听取其陈述和申辩,有违正当程序原则,构成违反法定程序,故原保监会作出的被诉决定书中涉及福建伟杰公司的内容应予撤销。

【案例点评】

本案涉及的主要问题是行政机关撤销行政许可时,在缺乏法律明确规定的情况下,是否应当遵循正当程序原则以及如何适用该原则。《行政许可法》明确规定了行政机关在授予行政许可时应当听取相对人以及利害关系人的陈述和申辩,但未规定撤销行政许可时应遵守何种程序。通过本案的审理,明确了撤销行政许可,作为一种行政机关授予权益后又予以撤销的行为,与损益性行政行为在本质上都使得当事人处于权益受损的状态,行政机关在撤销行政许可时应遵守正当程序原则,通知权益可能受到不利影响的相对人及利害关系人,并听取其陈述申辩。本案对于同类案件的审判具有较好的参考价值,对于在缺乏法律法规明确规定情形下,如何适用正当程序原则评判行政行为的合法性,具有一定的借鉴意义。

【裁判心得】

虽然近年来随着学界及实务界程序意识的增强,关于正当程序原则的理论研究、司法判例不断涌现,正当程序作为"最低限度的程序公正标准"以及裁决争端的基本原则逐渐得到更多认同,但法院在适用正当程序原则对行政行为进行评判时仍需要谨慎。首先,基于我国是成文法国家,如果正当程序原则已经被成文法所吸收,必须适用已经转化为明确法律规定的规则意义上的正当程序要求,而不能援引原则意义上的正当程序要求。其次,探究能否通过法律解释等方法,从现有法定规范推导出行政行为必须遵守的规则意义上的正当程序要求。最后，直接援引原理意义上的正当程序原则，需要法院就该原则的适用进行充分的解释、说理，说明案件符合“不利于公民→应适用正当程序原则”的结构要求，行政机关所为行政行为应遵循作为最低公正标准的正当程序原则。

综合篇

中国农业银行股份有限公司北京东小口支行上诉张随师生命权、健康权、身体权纠纷案

白　云[*]　吴银娇[**]

关键词

侵权责任　行动障碍者　过失相抵　安全保障义务

裁判要旨

1. 公共场所的管理人负有安全保障义务，在具有过错的情况下，才需要承担侵权责任。在判断义务人是否尽到安全保障义务时，既要考量法律上是否有明确规定，亦要考虑危险程度的大小、对危险行为的预防与控制能力等因素。

2. 行动障碍者由于其身体缺陷导致行动不便，的确会对损害的发生具有一定的原因力，构成共同因果关系。

相关法条

《中华人民共和国侵权责任法》第六条、第三十七条。

【当事人基本情况】

上诉人（一审被告）：中国农业银行股份有限公司北京东小口支行（以下简称东小口支行）。

被上诉人（一审原告）：张随师。

【基本案情】

张随师向一审法院起诉请求：（1）要求东小口支行赔偿医疗费 56 849.79 元；

* 白云，北京市第一中级人民法院立案庭法官。

** 吴银娇，北京市第一中级人民法院立案庭法官助理。

(2)要求东小口支行赔偿住院伙食补助 880 元、营养费用 4500 元;(3)要求东小口支行支付误工费 84 670 元、护理费用 18 000 元以及鉴定费用 2100 元;(4)本案诉讼费用由东小口支行承担。

一审法院认定事实:2017 年 11 月 18 日,张随师于东小口支行办理业务,离开时在门口处摔伤。张随师于 2017 年 11 月 18 日前往北京清华长庚医院就诊,于 2017 年 11 月 28 日出院。出院诊断证明为:"右股骨骨折,右股骨骨折内固定术后,小儿麻痹,肋骨骨折,行动不便,出院医嘱:1. 适度运动,6 周内避免负重,防止跌倒,全休 3 月;2. 对症止痛消肿治疗,按期拆线;3. 不适随诊,我科随诊。"张随师在北京清华长庚医院就诊共花费 71 545. 18 元。随后,张随师多次前往北京清华长庚医院复查,共计花费 1035. 49 元。

在诉讼过程中,张随师申请对误工期、护理期、营养期进行鉴定。北京民生物证科学司法鉴定所于 2018 年 12 月 29 日作出京民司鉴〔2018〕临鉴字 697 号《北京民生物证科学司法鉴定所司法鉴定意见书》(以下简称鉴定意见书),鉴定意见为被鉴定人张随师身体损伤的误工期评定为 300 日,护理期评定为 120 日,营养期评定为 90 日。

在本案庭审中,东小口支行主张其作为公共场所管理者已经尽到充分的安全保障义务且对客户进行必要的安全警示,并设有专门的无障碍通道,张随师摔倒主要是由其自身行动不便、无法及时调整重心导致。

另查,张随师患有小儿麻痹多年,右侧肢体活动受限。8 年前右侧股骨干骨折于外院手术治疗。

【审理结果】

北京市昌平区人民法院于 2019 年 4 月 18 日作出(2018)京 0114 民初 13710 号民事判决:一、中国农业银行股份有限公司北京东小口支行于本判决生效后十日内赔偿原告张随师医疗费、护理费、营养费、误工费、住院伙食补助费共计 80 430 元。二、驳回张随师的其他诉讼请求。判决后,东小口支行不服向北京市第一中级人民法院提起上诉。北京市第一中级人民法院于 2019 年 8 月 28 日作出(2019)京 01 民终 6683 号民事判决:驳回上诉,维持原判。

【裁判理由】

法院生效裁判认为:

第一,东小口支行是否已尽到安全保障义务。东小口支行上诉认为其已尽到安全警示义务,张随师摔倒的主要原因是其患有小儿麻痹多年、右侧肢体活动受限。

首先,涉案推拉门质量是否有问题。东小口支行主张其已经提交了包括涉案推拉门在内的竣工验收报告,该推拉门质量合格。竣工验收仅意味着东小口支行室内装修完成时,符合产品质量标准。根据已经查明的事实,东小口支行营业网点的右侧推拉门,由营业网点内向外推开的过程中,会有两次小幅度的回弹。正常使用的推拉门应当如东小口支行营业网点由内向外方向的左侧推拉门一样,在拉开后,能自动回复到原有关闭状态。推拉门属于日常使用设施,东小口支行作为银行经营者,对其日常使用设施有经常检查、日常维修等义务。张随师在本案中,正是由于涉案推拉门有回弹导致其站立不稳。东小口支行有义务采取一定措施努力避免顾客正常推门却被回弹的不测风险,而并非寄希望于顾客腿脚正常活动即可避免摔倒。

其次,涉案推拉门的平台设置是否合理。涉案推拉门由网点内向外完全推开后,门外延到平台外延为 10 厘米。正常成年人的鞋的长度一般均会超过 20 厘米,如果此时涉案推拉门是完全打开状态,与玻璃墙成 90 度角,从涉案推拉门出来向右行走,需要迈步从涉案推拉门向后绕步行走,行走之人落脚时前脚掌很有可能踩空,从而影响站立的稳定性。本案中的事实也恰恰是张随师从涉案推拉门出来后,向右行走,由于推拉门反弹至其右腿,导致其左脚前脚掌踏出了平台边缘,站立不稳摔倒。因此,涉案推拉门的平台的净深度设置不合理亦是导致张随师摔倒的不容忽视的因素。台阶上虽然已经张贴了“小心台阶”等标志,但由于平台净深度设置不合理是潜在危险因素,不能认为东小口支行已尽到安全保障义务。

最后,东小口支行设置有特殊人士通道是否就已尽到安全保障义务。东小口支行网点门口设置有轮椅坡道,正面是一扇完全封闭的玻璃。即使通过该轮椅坡道,进入网点仍需要经过涉案推拉门进出,此轮椅坡道仅起到对踏步的替代作用。本案中,并非张随师未注意到台阶导致事故的发生。另外,本院需要指出,轮椅坡道扶手一直延伸至与涉案推拉门平行,如果银行顾客从东小口支行营业网点向外行走,左侧推拉门由内向外方向完全推开,则只有 10 厘米的间距通行,行人必须走下踏步才能通过,轮椅则无法进入轮椅坡道。使用轮椅的行动障碍者仅能将左侧推拉门由外向内拉开后驶出或者是从右侧推拉门驶出,才能进入轮椅坡道。故东小口支行的轮椅坡道无法真正满足行动障碍者的需求。

银行的营业网点,作为接待社会各类人群的营业场所,理应考虑到行为障碍者的出行,应进行无障碍设计以满足社会各类人群的需求。作为东小口支行,其已经考虑设置轮椅坡道,但仍需要在门扇内外留有轮椅回转的空间。因此,张随师即使通过轮椅坡道上下,其仍然需要通过涉案推拉门进入。东小口支行接纳各种类型的顾客,就理应为顾客考虑周全,提供周到完善的服务,使得轮椅坡道真正为行动障碍者提供便利。基于上述原因,本院认为,东小口支行并未完全尽到了安全保障义务。根据《侵权责任法》第三十七条第一款之规定,宾馆、商场、银行、车站、娱乐场所等公共场所的管理人或者群众性活动的组织者,未尽到安全保障义务,造成他人损害的,应当承担侵权责任。

第二,张随师对事故的发生是否有过错或疏忽大意过失。虽然张随师系患有小儿麻痹,右侧肢体活动受限,但是其可以独立出行。如果是正常行动者极大概率可以避免本次事故的发生,张随师的行动不便对本次事故的发生具有一定的影响,但这不是《侵权责任法》等法律中规定的过错。张随师在行动不便的情况下,应适当提高注意义务、注意安全。张随师在本案中存在疏忽大意的过失,故一审法院予以酌定东小口支行承担 70% 的责任,张随师承担 30% 的责任,并无不当。

第三,张随师的医疗费是否合理。根据最高人民法院《关于审理人身损害赔偿案件适用法律若干问题的解释》第十九条第一款规定,医疗费根据医疗机构出具的医药费、住院费等收款凭证,结合病历和诊断证明等相关证据确定。赔偿义务人对治疗的必要性和合理性有异议的,应当承担相应的举证责任。本案中,东小口支行并未提交证据证明张随师的医疗费中包含与本案无关的治疗费用,在没有明显不合理花费、不存在故意扩大损失的情形下,一审法院支持张随师的医疗费并无不当。

【裁判解析】

本案是行动障碍者在银行推拉门处摔倒所引发的生命权、健康权、身体权纠纷,即一般民事侵权案件。本案中银行的营业网点东小口支行是否需要承担责任的争议在于受害人张随师系行动障碍者,其出门办理生活琐事是否一定需要他人陪同,行动障碍是否系受害人过错,是否成为东小口支行免责的事由。

(一)运用侵权责任构成要件对东小口支行的行为进行分析

1. 对东小口支行行为的评价

作为侵权责任构成要件的加害行为是指对他人的民事权益造成侵害的行为。安全保障义务主要是"作为"义务,违反该义务的侵权行为也主要是不作为的侵权行为,即应当有所为而不为。东小口支行作为银行的营业网点,接待社会人群,其不仅应当保证推拉门的质量符合产品质量标准,也对日常使用设施有经常检查、日常维修的义务。涉案推拉门由营业网点内向外推开的过程中,会有两次小幅度的回弹。无法自动回复到原有关闭状态。关于涉案推拉门的平台设置和无障碍通道的设计缺陷问题,《无障碍设计规范》(中华人民共和国国家标准)第3.3.2条第4款规定,除平坡出入口外,在门完全开启的状态下,建筑物无障碍出入口的平台的净深度不应小于1.50米。第3.5.3条第4款规定,在门扇内外应留有直径不小于1.50米的轮椅回转空间。上述规定系部门规章,但确系国家标准,具有强制性。涉案推拉门完全开启后,门外沿至平台外沿仅剩余10厘米。一方面,从涉案推拉门出来向右行走,需要迈步从涉案推拉门向后绕步行走,行走之人落脚时前脚掌很有可能踩空,从而影响站立的稳定性;另一方面,张随师即使通过轮椅坡道上下,仍然需要通过涉案推拉门进入,东小口支行需要在门扇外留有轮椅回转的空间。

2. 因果关系的认定

损害赔偿请求权的前提是侵害人造成了损害,而且侵害人的行为必须是损害的原因。在考察损害赔偿时,需要双重的因果关系检验,即首先要检验行为与权益侵害之间的因果关系,其次是检验权益侵害与损害之间的因果关系。[①] 本案中,东小口支行的平台设计缺陷和日常维护不到位是发生本次事故的原因,其与张随师受伤之间的因果关系即为责任成立的因果关系;而健康权被侵害与其导致的各项费用,二者之间的关系为责任范围内的因果关系。

3. 过错的认定

违反安全保障义务适用的是过错责任原则。过错是对行为人主观心理状态的评价,分为故意和过失。安全保障义务人一般均不会有故意加害于受害人的事实,故衡量管理人是否有过错的标准即在于其行为是否尽了一个善良管理人标准下最大的谨慎和最大的努力。管理人对行为的发生是否应当有"可预见性"和"可避免性或可回避性"。东小口支行作为银行网点,已经预见可能接待行为障碍者,故其已经设置了轮椅坡道。但是东小口支行对涉案推拉门的平台设置和无障碍通道的设计均存在缺陷,且未对涉案推拉门履行日常检查、维修义务,其本应当可以避免危险的发生却未予以避免,故其行为存在过错。

(二)本案是否应当适用过失相抵原则

过失相抵是基于公平之考量而产生的制度,被害人的过失违反的是对自己权益的照顾保护的义务。受害人的不真正义务的违反可以通过"理性人"标准进行判断,在个案中检验被害人作为一个谨慎和有责任心的一般社会成员在具体情景下

---

① 王洪亮:《债法总论》,北京大学出版社2016年版,第396页。

是否可以预见并且避免自己的损害发生或扩大。[①] 张随师系患有小儿麻痹,右侧肢体活动受限,但是其可以独立出行。张随师在行动不便的情况下,应适当提高注意义务、注意安全。东小口支行的过错行为及张随师的疏忽大意与本次事故的发生具有“共同因果关系”,并且在客观上造成了“同一损害”而非“部分损害”。本案中,张随师的损害是其过失行为与东小口支行的行为相互结合共同造成的,欠缺其中之一,损害都不会发生,因此属于过失相抵的情形。

(三)本案所引发的思考

1. 受害人过失的认定

受害人过失的判断标准与加害人过失的判断标准并不相同。受害人避免自己民事权益遭受损害这一注意义务之程度要低于加害人避免侵害他人民事权益这一注意义务的程度。加害人和受害人各自的注意义务都反映了对其行为的可期待性,在过错的判断中要结合双方的信赖关系加以判断,只有那些可期待被害人责任范围内的行为,才能交由被害人来承担。“可期待性”“理性人”标准为受害人过错的判断提供了较为客观的标准,但始终要将其放在个案中进行考量,衡量加害人和被害人之间的利益关系、背后的价值取向。“一边是加害人对于适当限制其责任风险的义务,一边是受害人行为不因不真正义务被过分限制的问题。”[②]一方面不能让受害人对任何可预见的风险均承担责任,另一方面也不能对受害人过度保护,而是应在二者之间寻找一个利益的平衡点。

2. 保障行动不便者的出行

行动障碍者由于自身身体的原因,导致其走出家门并不容易甚至成为奢侈。本案中,东小口支行虽然设计了无障碍轮椅通道,但是由于平台设计缺陷,就算张随师由无障碍通道进入,亦不可避免本次事故的发生。无障碍通道的设计不是面子工程,不能只追求美观,更应当考虑实用性,考察地形和可能出现的障碍,真正使行动障碍者走出家门、融入社会。

【案例点评】

本案从《侵权责任法》的角度分析了如何认定公共场所管理者的安全保障义务,以及在构成侵权行为的情况下,如何适用过失相抵原则。在本案二审过程中,

---

① 郎淑俊:《论侵权法上的过失相抵制度》,华东政法大学民商法专业 2018 年硕士学位论文,第 14 页。

② [德]迪尔克·罗歇尔德斯:《德国债法总论》,沈小军、张金梅译,中国人民大学出版社 2014 年版,第 366 页。

法官以事实和证据为基础，设身处地地站在当事人的角度，去体会在相同的场景中事故发生的可能性，凸显出法官对特殊群体的同理心及结合法理、情理进行裁判的准确方向。总之，该判决认定事实清楚、结构清晰、入情入理，具有较强的参考价值。

【裁判心得】

公共场所的管理者，需要注意公共场所的平台设置和无障碍通道的设计问题，也要关注对公共设施的日常管理维护。社会需要保障行动障碍者群体的出行权利，无障碍设计不仅仅是面子工程，更加重要的是真正为行动障碍者发挥作用。本案通过充分论证，对双方利益综合考量，不仅对今后此类案件的审理有一定的指引作用，更加促使公共场所的管理者在建设无障碍设施时真正设身处地为行动障碍者考虑，体现社会对特殊群体的关怀。

北京嘉泰风尚投资有限责任公司诉北京市昌平区霍营街道霍家营社区居民委员会房屋租赁合同纠纷案

徐　冰*

关键词

违约责任　可得利益损失　限制性规则

裁判要旨

1. 可得利益损失赔偿中的可预见性规则，要求违约方当事人在合同订立时能够预见或理应预见到可得利益损失的性质或类型，不要求违约方能够预见到损失的具体程度或数额。

2. 在守约方对于可得利益的具体数额举证不足的情况下，应当分别运用可预见性规则、减损规则、损益相抵规则对于可得利益的边界进行界定，并在此基础上明确与规则相对应的具体事实，以确保对可得利益损失数额作出的酌定具有较为充分的依据。

相关法条

1.《中华人民共和国合同法》第一百一十三条第一款、第一百一十九条。

2. 最高人民法院《关于当前形势下审理民商事合同纠纷案件若干问题的指导意见》第十条。

* 徐冰，北京市第一中级人民法院立案庭法官。

【当事人基本情况】

原告(被上诉人):北京嘉泰风尚投资有限责任公司。

被告(上诉人):北京市昌平区霍营街道霍家营社区居民委员会。

【基本案情】

原告北京嘉泰风尚投资有限责任公司(以下简称嘉泰风尚公司)诉称:2012年12月,我公司与北京市昌平区霍营街道霍家营社区居民委员会(以下简称霍家营居委会)签订《房屋租赁合同》,约定霍家营居委会向我公司出租北京市昌平区某商业楼,租期20年。该合同签订后,我公司与次承租人签订了租赁合同,将该商业楼全部转租出去。2016年8月,我公司得知霍家营居委会已将涉案商业楼出租给北京市昌平科技园发展有限公司(以下简称科技园公司)。霍家营居委会构成根本违约,应赔偿给我公司造成的损失,包括合同履行可以获得的利益。嘉泰风尚公司诉讼请求:(1)霍家营居委会赔偿可得利益损失102 828 137元(应收租金减去应付租金之差,乘以利润率52%);(2)霍家营居委会赔偿直接损失7 681 900元(向次承租人的赔偿及另案诉讼费);(3)霍家营居委会赔偿律师费180万元;(4)霍家营居委会赔偿我公司购买、加工钢材产生的损失6 194 000元;(5)返还保证金200万元。

被告霍家营居委会辩称:(1)可得利益损失应当受到可预见性规则的限制,本案中嘉泰风尚公司主张的可得利益损失超出了我方订立合同时可预见到的范围;(2)在租赁标的物不具备交付条件的情况下,嘉泰风尚公司与次承租人签订租赁合同而未提示履行风险,此后对于合同履行进行盲目承诺,使次承租人产生不合理期待,因嘉泰风尚公司的过错造成及扩大的损失应当由其自行承担;(3)在计算和认定可得利益损失时,应当综合运用可预见规则、减损规则、损益相抵规则以及过失相抵规则等,嘉泰风尚公司依据租金差价主张可得利益损失没有依据。

法院经审理查明,2012年12月,嘉泰风尚公司(乙方)与霍家营居委会(甲方)签订《房屋租赁合同》,约定乙方承租涉案商业楼,租期20年,租金为1.8元/日/平方米。起租日为2013年1月1日,若甲方未及时交付房屋,租期相应顺延,具体交房日期以甲方书面通知为准。违约责任:任何一方不履行或不完全履行合同给对方造成损失的,违约方应当赔偿守约方的全部经济损失,包括间接经济损失以及守约方的律师费、诉讼费等。在合同签订前,嘉泰风尚公司向霍家营居委会支付保证金200万元。

2011年12月,嘉泰风尚公司与北京永辉超市有限公司(以下简称永辉超市)

签订租赁合同，将涉案商业楼中的 16 300 平方米房屋出租给永辉超市。永辉超市于 2012 年 4 月向嘉泰风尚公司支付了 180 万元保证金。2013 年 12 月，嘉泰风尚公司与北京万盛天地购物广场有限公司（以下简称万盛公司）签订租赁合同，将涉案商业楼中约 31 000 平方米出租给万盛公司。两份合同另对于租金标准、房屋交付时间、违约责任等事项作出了约定。

霍家营居委会与北京市昌平科技园发展有限公司（以下简称科技园公司）于 2016 年签订租赁合同，将涉案商业楼出租给科技园公司。霍家营居委会未向嘉泰风尚公司交付涉案商业楼。2016 年 2 月，霍家营居委会向嘉泰风尚公司发出通知，载明："由于我方无法交纳购房款，导致房屋三年不能交付使用，相应损失由双方协商解决。"同年 11 月 17 日，嘉泰风尚公司向霍家营居委会发出解除合同通知，载明因霍家营居委会拒绝交付房屋，并于 2016 年将房屋另行出租他人，故解除房屋租赁合同。该通知即日送达霍家营居委会。

永辉超市于 2016 年起诉，请求解除与嘉泰风尚公司之间的租赁合同、嘉泰风尚公司双倍返还保证金 360 万元，并赔偿可得利益损失 5000 余万元。北京市第一中级人民法院作出（2016）京 01 民初 50 号民事判决，认定嘉泰风尚公司与永辉超市签订的租赁合同合法有效。因嘉泰风尚公司逾期交付租赁物已经超过三年，且已经没有继续履行合同的可能，双方约定的解除合同的条件已经成就，双方之间的租赁合同应当解除。判决结果为：一、解除永辉超市与嘉泰风尚公司签订的《租赁合同》；二、嘉泰风尚公司于判决生效后七日内双倍返还保证金 360 万元；三、嘉泰风尚公司于判决生效后七日内赔偿永辉超市经济损失 320 万元；四、驳回永辉超市的其他诉讼请求。该判决已生效。在该案一审、二审中，嘉泰风尚公司共负担诉讼费用 881 900 元。

嘉泰风尚公司系为了履行《房屋租赁合同》而成立，成立后未运行过其他商业租赁项目。

【裁判结果】

北京市第一中级人民法院于 2018 年 7 月 26 日作出（2017）京 01 民初 93 号民事判决：一、北京市昌平区霍营街道霍家营社区居民委员会于本判决生效后七日内返还北京嘉泰风尚投资有限责任公司保证金二百万元；二、北京市昌平区霍营街道霍家营社区居民委员会于本判决生效后七日内支付北京嘉泰风尚投资有限责任公司实际损失及律师费损失六百零八万一千九百元；三、北京市昌平区霍营街道霍家营社区居民委员会于本判决生效后七日内支付北京嘉泰风尚投资有限责任公司可得利益损失二千万元;四、驳回北京嘉泰风尚投资有限责任公司的其他诉讼请求。判决后,霍家营居委会不服向北京市第一中级人民法院提起上诉。北京市高级人民法院于2018年12月28日作出(2018)京民终520号民事判决:驳回上诉,维持原判。

【裁判理由】

法院生效裁判认为:嘉泰风尚公司与霍家营居委会于2012年12月13日签订的《房屋租赁合同》系双方当事人真实意思表示,且不违反法律、行政法规的强制性规定,为合法有效,双方均应依约履行己方义务。霍家营居委会在交付标的房屋前即表示不同意继续履行《房屋租赁合同》,并将约定的租赁房屋另行出租,导致《房屋租赁合同》无法继续履行,霍家营居委会已构成根本违约。

嘉泰风尚公司于2016年11月17日向霍家营居委会发出解除合同通知书,符合《合同法》第九十四条、第九十六条之规定,《房屋租赁合同》自该解除通知到达霍家营居委会时解除。合同解除后,尚未履行的,终止履行;已经履行的,根据履行情况和合同性质,当事人可以要求恢复原状、采取其他补救措施,并有权要求赔偿损失。故霍家营居委会应当将其收取的200万元保证金返还嘉泰风尚公司,并承担相应的损失赔偿责任。

《合同法》第一百一十三条第一款规定,当事人一方不履行合同义务或者履行合同义务不符合约定,给对方造成损失的,损失赔偿额应当相当于因违约所造成的损失,包括合同履行后可以获得的利益,但不得超过违反合同一方订立合同时预见到或者应当预见到的因违反合同可能造成的损失。本案中,《房屋租赁合同》明确约定嘉泰风尚公司可以转租,且在《房屋租赁合同》签订之前,霍家营居委会即已于2012年1月向嘉泰风尚公司出具了同意转租给永辉超市的证明。因此,尽管在《房屋租赁合同》签订时,霍家营居委会尚未与万盛公司签订租赁合同,但霍家营居委会能够预见到嘉泰风尚公司作为商业公司,系通过将租赁标的物转租而获取经营性利润,嘉泰风尚公司主张可得利益损失并未超出霍家营居委会的预见能力。嘉泰风尚公司所主张因霍家营居委会违约给其造成的实际损失及可得利益损失,符合法律规定。霍家营居委会所持租赁合同尚未实际履行故不应支持可得利益损失的抗辩理由,与上述法律规定不符,本院不予采纳。

嘉泰风尚公司所主张的部分实际损失,为经生效判决确认其应向永辉超市承担的违约责任及诉讼费用。因霍家营居委会未交付租赁标的物而导致嘉泰风尚公司向永辉超市承担的违约责任,确系因霍家营居委会违约而给嘉泰风尚公司造成的实际支出,霍家营居委会应予赔偿。霍家营居委会主张嘉泰风尚公司在造成永辉超市损失的问题上具有过错,故嘉泰风尚公司应当自行承担其损失。就此问题本院认为,过失相抵原则是指赔偿权利人就损害的发生或者扩大有过失时,法院可以减轻赔偿金额或者免除赔偿责任。故是否应当减少或免除霍家营居委会的赔偿责任,取决于嘉泰风尚公司对于自己的损失的产生或扩大是否存在过错。首先,(2016)京 01 民初 50 号民事判决所确定由嘉泰风尚公司向永辉超市承担的责任,是用于填补因双方之间房屋租赁合同不能履行而给永辉超市造成的全部损失。而永辉超市损失的产生,确系因霍家营居委会不交付租赁房屋的行为所致,嘉泰风尚公司就永辉超市损失的产生并不存在主观过错,且霍家营居委会并未能提供证据证明嘉泰风尚公司的行为对于永辉超市的上述损失的发生和扩大造成了影响。其次,就嘉泰风尚公司与永辉超市签订合同的行为、合同目的与合同约定内容而言,嘉泰风尚公司对于自己的利益的实现及保护行为并无不当。因此,霍家营居委会所持嘉泰风尚公司在造成永辉超市损失的问题上具有过错的抗辩意见,本院不予采纳。对于嘉泰风尚公司主张的因向永辉超市承担责任所造成的实际损失,本院予以支持。就具体数额而言,嘉泰风尚公司应当返还永辉超市的 180 万元,系基于其已经收取保证金的返还义务,并非基于赔偿责任,故该 180 万元不应当计入嘉泰风尚公司的损失。关于诉讼费用,因通过诉讼程序解决嘉泰风尚公司与永辉超市的租赁合同纠纷为双方当事人的法定权利,案件受理费属于解决纠纷的必要诉讼成本,为永辉超市保护自身权益、嘉泰风尚公司行使诉讼权利所必需,故本院对嘉泰风尚公司的相关诉讼请求予以支持。此外,履行生效判决是当事人的法定义务,该项义务的存在不因嘉泰风尚公司是否主动履行而改变,故生效判决确定的赔偿性责任与诉讼费用为嘉泰风尚公司确定发生的损失,霍家营居委会所持生效判决尚未履行故损失没有实际发生的理由不能成立,本院不予采纳。

关于嘉泰风尚公司所主张的律师费。尽管依《房屋租赁合同》第十三条约定,律师费属于违约方赔偿责任的范围,但因嘉泰风尚公司仅就此项费用提供了 20 万元的发票,故本院仅在有证据证明已经实际发生的范围内予以支持。

关于嘉泰风尚公司主张的钢材相关损失。首先,嘉泰风尚公司提供的合同、收据、明细单等证据的真实性本院无法核实,上述证据亦无法体现与本案租赁合同纠纷的关联性,且嘉泰风尚公司未能举证证明相关款项的实际支付情况,故本院对于该项损失的发生不予采信。其次,假设嘉泰风尚公司就其钢材相关损失所提交的证据均为真实,依据《房屋租赁合同》约定,对于租赁标的物的装修、改建应事先征得霍家营居委会书面同意。在未签订正式的租赁合同、租赁标的物未竣工验收亦未交付,且对于改建房屋未取得霍家营居委会书面同意的情况下,即签订钢材采购、加工合同,并即时支付400余万元的款项,嘉泰风尚公司对于其损失的发生未尽到谨慎的注意义务,具有主观过错。在2013年4月,在对于租赁标的物的改造并未开始的情况下,嘉泰风尚公司未采取措施及时减少自己的损失,反而增补购买并加工钢材、投入更多成本的行为缺乏合理性,其对自己损失的扩大部分应当自行承担。最后,嘉泰风尚公司主张其系为了履行转租合同而对租赁房屋进行必要的改造和加固,故因此发生的费用应当属于其在获取收益的过程中而应支出的必要成本,在其主张可得利益损失的情况下,此项费用不能作为实际损失单独计算。故对于嘉泰风尚公司所主张的因购买、加工、存放钢材产生的损失,本院不予支持。

关于嘉泰风尚公司所主张的可得利益损失的具体数额问题。本案所涉可得利益损失,应为《房屋租赁合同》履行后,嘉泰风尚公司利用该履行之结果进行经营,可以获得的纯利润。因其属于未来可以获得的利润,在《房屋租赁合同》及嘉泰风尚公司与次承租人之间的租赁合同均未能履行的情况下,本身具有不确定性。因嘉泰风尚公司未就其所主张的约52%的利润率提供任何证据,其公司亦不存在此前或相似的经营状况作为参考,故对于嘉泰风尚公司所主张的利润率以及可得利益损失的具体数额,本院不予采信。在嘉泰风尚公司确定可以转租获取利润,但对于具体数额举证不足的情况下,本院对于嘉泰风尚公司的可得利益损失在考虑以下主要因素的基础上予以酌定。

第一,可预见性。可得利益损失不得超过霍家营居委会订立合同时能够预见到的因违反合同可能造成的损失。在签订《房屋租赁合同》时,霍家营居委会虽然可以预见到嘉泰风尚公司系通过转租获取商业利润,应当能够预见到其违约将会造成嘉泰风尚公司无法获得此项经营性利润,但没有证据证明霍家营居委会在签订合同时即知晓嘉泰风尚公司与次承租人的合同内容,故霍家营居委会无法预见嘉泰风尚公司与次承租人之间关于租期、租金标准等约定,即对于可得利益损失的数额无法预见。故不能完全依据嘉泰风尚公司与两次承租人的租赁合同约定计算租金差价,而应当同时考虑当时的租赁市场平均合理的租金标准。

此外,由于《房屋租赁合同》及嘉泰风尚公司与次承租人之间的合同均未实际履行,而各租赁合同所涉租赁期限均为15年或20年的较长期限,在此过程中产生商业风险或其他情形导致合同无法完全履行的风险较大。可得利益损失赔偿数额,亦应当考虑合同约定的履行期限及实际履行情况对可预见规则产生的影响。

第二,减损规则。在霍家营居委会违约并造成损失后,嘉泰风尚公司应当及时采取合理措施防止损失的扩大。本案中,《房屋租赁合同》因霍家营居委会违约而解除,此后,嘉泰风尚公司即可以也应当在合理的期限内将原用于《房屋租赁合同》履行而投入的资金,用于新的经营活动,而不应消极等待至约定剩余租期的结束。在类似的商业机会下,嘉泰风尚公司可以重新获利。故嘉泰风尚公司主张全部租期的经营性利润,系将其计划用于投入涉案租赁项目的资金,在可以另行投入其他经营项目的情况下,重复计算可得利益,违反了减损规则。本院将考虑另行缔约的合理期限,支持嘉泰风尚公司的利润损失,超过合理期限后的利润损失,本院不予支持。

第三,必要的交易成本。嘉泰风尚公司之可得利益,为其利用《房屋租赁合同》履行之结果进行经营,可以获得的纯利润。故计算可得利益赔偿额时,应当在租金差价的基础上,扣除其订立及履行《房屋租赁合同》所产生的必要交易成本,如磋商、缔约费用、装饰装修改造费用、公司运营成本、税金等。

综合以上因素,本院依据嘉泰风尚公司与永辉超市之间的租赁合同约定的租金标准、永辉超市的承租面积占总租赁面积的比例,参考嘉泰风尚公司自认的向万盛公司转租的租金标准以及适当的市场波动状况,计算嘉泰风尚公司合理期限内的租金差价损失,同时在此基础上考虑合同尚未履行的情况,并扣减必要的磋商、缔约、履行成本,最终酌情确定嘉泰风尚公司的可得利益损失为 2000 万元。

【裁判解析】

市场主体签订合同的目的在于获取利润,而利润的实现依赖于对方当事人对合同的全面履行。保护市场主体对于交易相对方的信赖和合理预期,是鼓励其提前进行下一步交易安排、促进经济发展的前提。使无过错的当事人有权就其预期的损失要求全部赔偿,也被认为是《合同法》的重要目的之一。①

《合同法》第一百一十三条确定了可得利益赔偿的法律依据,并同时确立了可预见性规则。2009 年的最高人民法院《关于当前形势下审理民商事合同纠纷案件若干问题的指导意见》(以下简称《指导意见》),用三个条文对可得利益损失的类型、认定规则、举证责任作出了较为详细的说明。特别是在可得利益的限制性规则上,在可预见性规则外,又明确了减损规则、损益相抵规则、过失相抵规则,丰富了界定可得利益范围的依据,对于指导审判实践具有重大意义。但由于可得利益损

---

① 参见[英]P. S. 阿狄亚:《合同法导论》,赵旭东等译,法律出版社 2002 年版,第 34 ~ 35 页。

失系于未来发生,且隐藏于生活事实的因果关系链条背后,如何将可得利益认定的抽象规则运用到具体案件,是司法实践中处理合同违约损失赔偿的难题之一。同时,由未来性决定的不确定性,导致具体数额的确定通常落入法官自由裁量权的范围内,《指导意见》第十一条也认可了法官自由裁量的空间。如何确定自由裁量权的限度和依据,打消当事人对于裁判公正的怀疑,也是法官确定可得利益损失的同时需要完成的审判任务。

本案是一起因出租人未交付租赁物引起的房屋租赁合同纠纷。承租人以出租人构成根本违约为由,要求出租人赔偿实际损失及可得利益损失。对于承租人主张的可得利益损失,出租人提出了不具有可预见性、违反减损义务、承租人有过错且未实际投入等意见。本案需在明确损失类型的基础上,通过运用各项规则确定可得利益的范围,进而通过事实证明基础上有限度的自由裁量,确定可得利益的具体数额。

(一)转租利润损失的产生

《指导意见》第九条规定,根据交易的性质、合同的目的等因素,可得利益损失主要分为"生产利润损失、经营利润损失和转售利润损失等类型",并具体列举了三种主要类型对应的典型合同。其中,承包经营、租赁经营合同以及提供服务或劳务的合同中的可得利益通常属于经营利润,先后系列买卖合同中转卖方的可得利益属于转售利润。

本案中,嘉泰风尚公司与霍家营居委会之间签订的是整栋商业楼的租赁合同。由于《房屋租赁合同》明确约定嘉泰风尚公司可以转租,且霍家营居委会在《房屋租赁合同》签订前即向嘉泰风尚公司出具了同意转租给永辉超市的证明,可以认定嘉泰风尚公司承租涉案商业楼的目的在于转租获取租金差价利润。霍家营居委会违约不交付租赁房屋,将导致嘉泰风尚公司无法通过履行与次承租人之间的转租合同获利,受有转租利润损失。尽管商业转租属于广义上的经营行为,但其利润的获取方式与利用租赁物的使用价值开展商业经营活动有本质不同,不应仅依据《指导意见》第九条中"租赁经营合同"的字义将转租利润认定为经营利润损失。

确定可得利益损失的类型并不仅仅是为了概念上的清晰,而是需要进一步将不同类型的可得利益与具体的待证事实及证明标准相对应,完成从法律概念到生活事实的映射过程。转租利润与转售利润具有高度的相似性,均是通过系列同类合同之间的差价获取利润。故转租(售)利润损失认定的重点在于对转租(售)合同真实性的审查。若能够认定承租人与次承租人之间的转租合同真实有效,则承租人获取转租利润是合理且确定的,应当对于转租利润的发生给予支持。若无转租合同,或无法认定转租合同的真实性,则应对租赁标的物市场状况进行认定,若出租市场发达,通过对出租可能性、租金、租期等事实进行审查后,也应当认为该项利润具有合理确定性。本案中,《房屋租赁合同》约定,嘉泰风尚公司应向霍家营居委会报送次承租人的资质及合同以便霍家营居委会进行审查,而霍家营居委会向嘉泰风尚公司出具了对两个次承租人的转租声明亦可以证明其对于转租的情况进行了审查。此外,嘉泰风尚公司与永辉超市之间转租合同的效力已经生效判决确认。故可以认定,因霍家营居委会违约,嘉泰风尚公司将会受有转租利润损失。

(二)可得利益损失认定中限制性规则的适用

在确定可得利益损失存在的基础上,需要利用限制性规则划定可得利益损失赔偿的范围,对划定范围以内的给予赔偿,过分远隔的损害不予赔偿,既给守约方以充分的赔偿,又对债务人的赔偿责任予以合理的限制。

1. 可预见性规则

《合同法》第一百一十三条确定的可预见性规则是限制可得利益赔偿范围的基本规则。该条明确规定可得利益赔偿“不得超过违反合同一方订立合同时预见到或者应当预见到的因违反合同可能造成的损失”,即预见的主体为违约方,预见的时间为“订立合同时”。该条未作规定且理论上存有争议的问题为,是否要求违约方预见到造成损害的具体范围。对此问题,《国际商事合同通则》(PICC)第 7.4.4 条(损害的可预见性)规定:“不履行方当事人仅对在合同订立时他能预见到或理应预见到的、可能因其不履行而造成的性质或类型有关,但与损害的程度无关,除非这种程度使损害转化为另一不同类的损害。”因此,尽管《合同法》第一百一十三条第一款并未特别言明是否要求预见到损害的程度或数额,解释上宜将预见的内容确立为只要求预见损害的类型而无须预见到损害的程度。①

本案中,霍家营居委会明确知晓嘉泰风尚公司的合同目的系通过将租赁标的物转租而获取利润,霍家营居委会作为普通商事主体,有能力预见其违约将给嘉泰风尚公司造成租金差价损失。故尽管在《房屋租赁合同》签订时,霍家营居委会无法预见到利润差价损失的具体数额,但无法预见损失程度及数额,不导致超出了可预见性规则的要求。

---

① 韩世远:《合同法总论》,法律出版社 2008 年版,第 566 页。

2. 减损规则

《合同法》第一百一十九条确立了减损规则。“当事人一方违约后,对方应当采取适当措施防止损失的扩大;没有采取适当措施致使损失扩大的,不得就扩大的损失要求赔偿。当事人因防止损失扩大而支出的合理费用,由违约方承担。”依据该规定,减损规则的适用时间后于违约行为的发生,对损失产生后的扩大范围起到限制作用。

减损规则适用于全部合同违约赔偿责任,并非可得利益损失的专有规则。在概括的赔偿责任语境下,防止损失扩大的“适当措施”主要有停止工作、替代安排、变更合同、继续履行等方式。由于可得利益损失发生于未来,对可得利益损失的减损并不完全依赖守约方的实际行为,而是对本应取得的利润的假设性弥补,即假设守约方在合理期间内采取合理措施,以获取相应的利润。依交易类型的不同,主要有两种减损方式,一为替代性交易,即寻找同类交易机会获取利润,主要适用于守约方持有实物的交易;二为资本转移投资,即将原计划投入合同的生产资料,在对方违约后及时投入新的生产活动获取利润,主要适用于守约方持有资本的交易模式。

本案中的转租经营是资本转移投资的典型情况。出租人违约后,意味着承租人的经营资本可以撤离,在条件允许的情况下,承租人将会找到其他投资机会而重新获利。故减损义务要求承租人在合理的期限内积极寻找其他投资机会,将原用于《房屋租赁合同》履行而投入的资金用于新的经营活动,而不应消极等待至约定剩余租期的结束。故仅应当支持嘉泰风尚公司合理期限内的可得利益损失,若支持全部租期的租金差价利润,就会出现一项成本相同时间内获利两次的结果。

对于资本转移投资的减损方式而言,法院需要考虑的是生产资料的合理转移时间,该合理期间产生的损失仍由违约方承担。合理期间应当主要参考本次投资活动的准备期,且应适当延长。

3. 过失相抵规则

过失相抵规则是指在受害人对损失的发生或扩大也有过失时,可以减轻或免除加害人赔偿责任的规则。过失相抵规则适用于所有损害赔偿请求权,不限于侵权行为及债务不履行,并及于其他依法律规定所生的损害赔偿,在无过错归责原则中也能适用。①

---

① 史尚宽:《债法总论》,中国政法大学出版社2000年版,第303页。

由于可避免的损失也可以看作是赔偿权利人的过失所产生的损失,在违约行为产生且守约方意识到损失产生后,过失相抵规则和减损规则存在适用上的重合,但在损失发生的阶段,过失相抵规则具有不可替代的适用空间。《指导意见》第十条将过失相抵规则表达为"非违约方亦有过失所造成的损失",故运用过失相抵规则,对损失产生阶段的赔偿范围进行限定,不存有疑义。

霍家营居委会提出,嘉泰风尚公司在其交付房屋前即签订转租合同,其对于可得利益损失的发生具有过错。但法律对于可得利益保护的目的在于鼓励基于信赖基础上的事先交易安排,若要求一份合同履行完毕后,当事人才能够进行下一步的交易安排,等同于从根本上否定可得利益保护的价值。就嘉泰风尚公司与永辉超市签订合同的行为、合同目的与合同约定内容而言,嘉泰风尚公司对于自己的利益的实现及保护行为并无不当。

(三)具体数额的确定方法

限制性规则仅能大致确定可得利益范围,并不能完成确定最终数额的任务。本案中,基于限制性规则可以得出结论为:霍家营居委会违约,导致嘉泰风尚公司无法履行转租合同,在合理期间内受有租金差价损失,该租金差价损失扣减嘉泰风尚公司为取得租金差价而必须支出的成本后所得的纯利润,即为可得利益。但租金差价、经营成本的具体内容,仍需要通过与事实对应的证明活动来完成认定。

由于未发生的"事实"是无法证明的,故可得利益的"证明"是一个力求接近真实的模拟过程,即假设合同被履行,情况会如何。因此,相似情形下的类比是"证明"可得利益数额的重要手段。在个别类比数据足够充分的情况下,可得利益具体数额认定将转化为数学问题。但大多数案件中,违约不仅给守约方造成了可得利益损失,还会让守约方陷入证明活动的"泥潭"。此时证明的困境是因违约造成的,违约方理应承担酌定的风险,法院有权对具体数额进行自由裁量。

本案中,首先需要考虑是否能够通过已经发生的相似事实进行类比,如嘉泰风尚公司的既往收益、同期其他经营行为的收益,也可以是同类型的其他主体收益状况。在永辉超市起诉嘉泰风尚公司的案件中,法院依据永辉超市提供的其他分公司的经营利润情况,对永辉超市的可得利益损失数额进行了酌定。但嘉泰风尚公司是为了涉案合同履行所成立的项目公司,成立后未经营其他商业项目,不存在可作类比的数据。且由于转租利润的取得与租赁标的物的地理位置、市场行情具有更高的关联性,故其他主体的经营收益状况在本案中亦不具有参考价值。

如前所述,本案所作酌定的事实依据为租金差价及嘉泰风尚公司的必要交易成本。租金差价应结合转租合同约定的标准,并考察市场的波动情况作为认定依据;必要交易成本所对应的因素包括订立合同、履行合同的阶段的磋商费用、缔约费用、可能的装饰装修改造费用、公司运营成本、税金等。对于上述各项酌定因素,法院应当分别进行事实认定,并在判决中对依据给予公开。

【案例点评】

本案是一起可得利益损失赔偿的典型案件。在可得利益损失确定发生,但当事人对于具体数额举证不足的情况下,本案例分别运用可预见性规则、减损义务规则、损益相抵规则,对于可得利益的边界作出了界定,并在特定规则下寻找对应的事实,通过得到证明的具体事实来确保对可得利益损失数额做出的酌定具有较为充分的依据。本案对于司法实践中确定可得利益损失的规则适用提供了参考,对于规范自由裁量权的行使亦具有较好的示范作用。

【裁判心得】

违约可得利益损失赔偿是《合同法》损害赔偿体系中的重要部分。由于可得利益损失尚未发生,只具有相对的确定性,《合同法》及最高人民法院的指导意见对于可得利益赔偿仅作出了较为抽象的原则性规定,审判中对此问题的认定落入了法官裁量权的范围。如何合理确定自由裁量权的边界,既避免过于严苛,又不失之于随意,是可得利益保护的关键问题。本案的审理过程既是对于可得利益损失从抽象到具体的认定过程,又是一次以“说得出”“看得见”的方式对自由裁量权进行规范化呈现的实践良机。

李奎德诉北京华联综合超市股份有限公司肖家河分公司买卖合同纠纷案

梁　睿*　杨颜金**

关键词

食品安全　标签瑕疵　误导　消费者　阿斯巴甜

裁判要旨

本案核心问题在于标签瑕疵是否不影响食品安全且未对消费者造成误导。食品中含有添加剂阿斯巴甜，但在食品标签中未标明含苯丙氨酸，该种情况属于标签瑕疵，虽不符合食品安全标准，但并不会给一般消费者李奎德的健康带来危害，即属于不影响食品安全的情形。该标签瑕疵与李奎德的购买行为不具有因果关系，由于李奎德并未因对该食品的数量、价格、性能和制造方法等产生错误认识，导致作出错误购买的选择，故该标签瑕疵未对给予阿斯巴甜足够关注的李奎德造成误导。

相关法条

1.《中华人民共和国合同法》第八条、第一百一十一条。

2.《中华人民共和国食品安全法》第二十六条、第六十七条、第一百四十八条第二款。

【当事人基本情况】

上诉人（原审被告）：北京华联综合超市股份有限公司肖家河分公司（以下简

* 梁睿，北京市第一中级人民法院立案庭法官。

** 杨颜金，北京市第一中级人民法院立案庭法官助理。

称华联超市)。

被上诉人(原审原告):李奎德。

【基本案情】

李奎德向一审法院起诉请求:判令华联超市支付赔偿金 1000 元、退还购物款 7.2 元。

一审法院认定事实:对于当事人双方没有争议的事实,本院予以确认。即涉案商品为“财富康粗粮酥纽约客牛排味 108g”一袋,单价 7.2 元,外包装标明:“配料:玉米粉,小米粉,黄豆粉,小麦粉,植物油,白砂糖,食用盐,纽约客牛排味调味料(牛肉粉,白砂糖,食用盐,谷氨酸钠,辣椒粉,大蒜粉,洋葱粉,酵母抽提物,麦芽糊精,阿斯巴甜,5’-呈味核苷酸二钠,香辛料,辣椒红,酱油粉,食用香料)”。

【审理结果】

北京市海淀区人民法院于 2019 年 7 月 9 日作出(2019)京 0108 民初 24413 号民事判决:一、华联超市于判决生效后 10 日内退还李奎德货款 7.2 元;二、李奎德于判决生效后 10 日内退还华联超市“财富康粗粮酥纽约客牛排味 108g”一袋,如未能退还,按照相应价款在本判决第一项中华联超市应退还的货款中予以扣除;三、华联超市于判决生效后 10 日内给付李奎德赔偿金 1000 元。判决后,华联超市向北京市第一中级人民法院提起上诉。北京市第一中级人民法院于 2019 年 9 月 11 日作出(2019)京 01 民终 9110 号民事判决,判决:一、撤销北京市海淀区人民法院(2019)京 0108 民初 24413 号民事判决;二、李奎德于本判决生效后 10 日内退还华联超市“财富康粗粮酥纽约客牛排味 108g”一袋,华联超市于本判决生效后 10 日内退还李奎德货款 7.2 元(如不能返还,则扣减华联超市应退还的货款);三、驳回李奎德的其他诉讼请求。

【裁判理由】

法院生效裁判认为:《食品安全法》第一百四十八条第二款规定,生产不符合食品安全标准的食品或者经营明知是不符合食品安全标准的食品,消费者除要求赔偿损失外,还可以向生产者或者经营者要求支付价款十倍或者损失三倍的赔偿金;增加赔偿的金额不足一千元的,为一千元。但是,食品的标签、说明书存在不影响食品安全且不会对消费者造成误导的瑕疵的除外。本案中,李奎德以其购买的商品对于阿斯巴甜的标注不符合国家标准为由,要求华联超市赔偿 1000 元,华联超市提出标注瑕疵不影响食品安全,且不会对消费者造成误导的抗辩意见。故本案争议焦点在于:其一,涉案产品的标签是否符合食品安全标准;其二,该标签的情形是否影响食品安全或对消费者造成误导。

首先,依据《食品安全国家标准食品添加剂使用标准》(GB2760 - 2014)的规定,添加阿斯巴甜的食品应标明阿斯巴甜(含苯丙氨酸)。本案涉案食品含有阿斯巴甜,但在食品标签中未标明含苯丙氨酸,产品标签违反了国家对于食品安全标准的强制性规定,以及《食品安全法》第六十七条之规定,属于不符合食品安全标准的食品。华联超市作为涉案食品的经营者,应当对消费者因购买到不符合食品安全标准的食品承担退货退款的责任。

其次,涉案产品未正确标注阿斯巴甜,未能对其中的苯丙氨酸成分起到应有的提示作用。但该食品的标签瑕疵并不直接导致添加剂超标或其他质量问题,亦不会对于普通消费者造成误导。而李奎德并不属于慎用或禁用含有苯丙氨酸食品的人群,亦未因此受到损害。且结合其此前诉讼情况可知,李奎德对于阿斯巴甜的标签瑕疵问题已给予足够的关注,其对该项标签问题具有高于一般消费者的认知能力。故涉案食品标签未依规标注的内容对于李奎德而言不会影响其安全食用该食品,亦不会造成误导。涉案食品属于《食品安全法》第一百四十八条第二款规定的“食品的标签、说明书存在不影响食品安全且不会对消费者造成误导的瑕疵”情形。

【裁判解析】

本案中李奎德曾多次购买“财富康粗粮酥纽约客牛排味 108g”,并在多个法院提起关于阿斯巴甜标注不符合食品安全标准而索要惩罚性赔偿的诉讼。对于“职业打假”,要兴利除弊,既不能漏掉对生产不符合食品安全标准的食品企业的惩处,也不能过分苛责在生产时出现标签瑕疵的企业,从而影响其生产的积极性,限制了市场的活力。不同法院在司法裁判中,对食品标签瑕疵的理解并不一致,甚至同一类型的案件出现了截然相反的裁判结果。可以预见,随着《食品安全法》的贯彻执行,法院受理的此类案件数量还将不断上升。故应规范本类案件的裁判尺度,统一法律的理解与适用,扫除市场乱象。

本案涉及的核心法律问题为《食品安全法》第一百四十八条第二款但书条款的适用,即“但是,食品的标签、说明书存在不影响食品安全且不会对消费者造成误导的瑕疵的除外”。具体到本案中为添加阿斯巴甜的食品标签中未标明阿斯巴甜(含苯丙氨酸)是否属于标签瑕疵。依据《食品安全法》第一百四十八条第二款但书的规定,构成食品标签瑕疵的两个前提条件:一是不影响食品安全,二是不会对消费者造成误导。这两个条件是“且”的关系,必须同时具备,缺一不可,否则不构成食品标签瑕疵。具体到本案,现分述如下:

（一）涉案产品未对李奎德的健康带来危害

是否会给消费者的健康带来危害是食品是否安全的应有之义，判断某产品是否符合食品安全标准的红线就是是否会影响消费者的健康。《食品安全法》对于食品安全的定义是：食品安全，指食品无毒、无害，符合应当有的营养要求，对人体健康不造成任何急性、亚急性或者慢性危害。因此只要是对人体有任何显性的、或者潜在的健康危害的，都是不符合食品安全要求的。本案中，涉案食品为“财富康粗粮酥纽约客牛排味108g”，其中的添加成分阿斯巴甜并未标明阿斯巴甜（含苯丙氨酸），不符合《食品安全国家标准食品添加剂使用标准》（GB 2760—2014）的规定，故李奎德认为涉案产品不符合食品安全标准，应给与其惩罚性赔偿。虽然涉案产品标签违反了国家对于食品安全标准的强制性规定，以及《食品安全法》第六十七条之规定，属于不符合食品安全标准的食品。但根据医学常识或医嘱规范表述，苯丙酮酸尿症患者不能食用含苯丙氨酸的食物，阿斯巴甜仅会对苯丙酮酸尿症患者的健康带来危害，对其他一般人群的身体健康不会造成任何急性、亚急性或者慢性危害。李奎德并非苯丙酮酸尿症患者或者慎用或禁用含有苯丙氨酸食品的人群，其亦未因此受到损害，故涉案产品并不会给李奎德的健康带来任何危害。因此涉案产品相对于李奎德以及除苯丙酮酸尿症患者的一般人群来讲，属于不影响食品安全的食品。

（二）涉案产品的标签瑕疵未对李奎德造成误导

对消费者造成误导，一般理解是指食品标签上的内容，让消费者对于该产品的商品或服务的质量、价格、性能、数量、制造方法和产地等有错误的认识。笔者认为，误导的内涵是“让消费者误解了该产品的特性”，如果让消费者误解了原应有的产品属性则不属于瑕疵范围，包括产品的质量、价格、净含量、成分和原料、用途、产地、保质期等。例如，有些企业故意在标签上打上“特级”“优级”等产品执行标准中并没有的级，这种就是故意让消费者误解产品的质量特性。食品的标签系未标明阿斯巴甜（含苯丙氨酸）是否构成误导，山东省潍坊市食品药品监督管理局罗秋认为，由于苯丙酮酸尿症患者以及一般公众多数不能认知阿斯巴甜中必然含有苯丙氨酸，因此只标注“阿斯巴甜”会造成误导误购及不良后果。[①] 但笔者认为，一般消费者固然可能不知晓阿斯巴甜中含有苯丙氨酸，而苯丙酮酸尿症患者作为慎食苯丙氨酸的人群，从生活常理上来讲，其必然会对自身健康负责而听从医嘱，在日

---

① 罗秋：《由标签瑕疵谈但书条款》，载《中国医药报》2017年8月21日，第4版。

常生活中便注意含有苯丙氨酸的食品添加剂。而阿斯巴甜作为一种在食品中广泛应用的添加剂,其属于典型含有苯丙氨酸的食品添加剂,苯丙酮酸尿症患者一般应能够认知阿斯巴甜含有苯丙氨酸成分的存在。因此,是否会对消费者造成误导应在个案中进行分析,并不能因可能会对特殊体质的人造成误导就认为会对一般人也造成误导。李奎德系多次购买涉案产品,并以涉案产品未标明阿斯巴甜(含苯丙氨酸)不符合食品安全标准为缘由多次诉诸法院,从其诉讼经历和诉讼类别来看,可以断定李奎德为"职业打假人"。虽然"职业打假"行为是一种社会现象而非法律概念,但在司法实务中其是影响法官判断的一个因素。职业打假人相对于一般消费者而言,更为熟知《消费者权益保护法》、《食品安全法》以及相关产品的行业标准和国家标准,对食品的质量及包装是否符合食品安全标准更为注意,其对该项标签问题具有高于一般消费者的认知能力。因此可推断其必然知晓阿斯巴甜会对苯丙酮酸尿症患者造成危害,故李奎德并未误解涉案产品的特性,其购买涉案产品与其是否被误导亦不存在因果关系,故涉案产品的标签瑕疵并未对李奎德造成误导。

(三)华联超市仅承担退货退款的责任即可

涉案产品"财富康粗粮酥纽约客牛排味 108g"含有阿斯巴甜成分,但其食品标签中未标明含苯丙氨酸,属于标签瑕疵。该产品的这一标签瑕疵既不影响食品安全即未对李奎德的健康产生危害,亦未对李奎德在购买时造成误导,符合《食品安全法》第一百四十八条第二款但书规定的情形,故不应支持李奎德要求华联超市支付 1000 元惩罚性赔偿的诉讼请求。但涉案产品违反了《食品安全国家标准食品添加剂使用标准》(GB 2760—2014)的规定以及《食品安全法》第六十七条之规定,属于不符合食品安全标准的食品,亦属于违法。华联超市作为涉案食品的经营者,虽在本案中不必承担惩罚性赔偿责任,但不能免除其应当对消费者因购买到不符合食品安全标准的食品承担退货退款的责任。故对于李奎德要求华联超市向其退还货款 7.2 元的诉讼请求应予以支持。

【案例点评】

本案典型意义在于利用文义解释法、限缩解释法以及社会效果考量等进行了梳理,明确了《食品安全法》第一百四十八条第二款中"食品安全标准"以及其但书中"对消费者造成误导""标签瑕疵"的具体含义及其关系,并讨论了当前审判实践中存有争议的情形。本案对于规范本类案件的裁判尺度,统一司法实践中对该条文不同的理解与适用，以及明晰该类案件的裁判思路具有借鉴意义。

【裁判心得】

对于“职业打假”的现象，要兴利除弊，既不能漏掉对生产不符合食品安全标准的食品企业的惩处，也不能过分苛责在生产时出现标签瑕疵的企业，从而影响其生产的积极性，限制了市场的活力。当前不同法院在审判实践中，对食品标签瑕疵的理解并不一致，甚至同一类型的案件出现了截然相反的裁判结果。随着《食品安全法》的贯彻执行，法院受理的此类案件数量还将不断上升。故本案希望能以个案为契机，规范本类案件的裁判尺度，统一法律的理解与适用，扫除市场乱象。

袁志高诉侯茜、张亚杰民间借贷纠纷申请再审案

董建铁[*]　姚志伟[**]

关键词

申请再审权　新证据　申请再审期限

裁判要旨

1. 民事案件中的诉讼当事人均平等享有申请再审的权利,一方当事人行使申请再审权利,并不排斥其他当事人行使申请再审权利。夫妻一方对认定共同债务的生效裁判不服,申请再审被裁定驳回之后,夫妻另一方再次就同一生效判决申请再审的,亦应予以立案受理。

2. 民事案件的当事人申请再审,应在法定申请再审期限内提出。对于当事人超出申请再审期限并以有新证据为由申请再审的,应当从形式上严格审查当事人提交的证据材料是否符合以新证据为由的事由,从而判断是否应予立案受理。

相关法条

《中华人民共和国民事诉讼法》第二百条、第二百零四条第一款、第二百零五条。

【当事人基本情况】

再审申请人(原审被告):袁志高。

被申请人(原审原告):侯茜。

---

* 董建铁,北京市第一中级人民法院申诉审查庭法官。

** 姚志伟,北京市第一中级人民法院申诉审查庭法官助理。

被申请人(原审被告):张亚杰。

【基本案情】

侯茜向原审法院起诉请求:判令袁志高、张亚杰偿还借款250万元并支付利息及逾期利息(利息及逾期利息合计以250万元为本金,自2014年6月20日起计算至实际付清之日止,以年利率24%计算)。

原审法院认定事实:2014年6月20日,袁志高向侯茜借款100万元并出具借款借据一张,借据载明:"借款金额:100万元。月利率:3%。期限:3个月。借款人授权出借人将此笔借款以银行转账形式直接付给以下账户:户名刘鸿波,开户行……账号……声明:借款人已于2014年6月20日收到100万元借款。借款人:袁志高。出借人:侯茜。"当日,侯茜通过银行汇款向袁志高指定账户转账给付97万元。

2014年7月25日,袁志高向侯茜借款100万元并出具借款借据一张,借据载明:"借款金额:100万元。月利率:5%。期限:1个月。借款人授权出借人将此笔借款以银行转账形式直接付给以下账户:户名刘鸿波,开户行……账号……声明:借款人已于2014年7月25日收到100万元借款。借款人:袁志高。出借人:侯茜。"当日,侯茜通过银行汇款向袁志高指定账户转账给付95万元。

2014年12月28日,袁志高向侯茜出具收条一张,收条载明:"2014年12月28日收到侯茜借款五十万元。收款人:袁志高。"经询问,袁志高认可该笔款项系由侯茜直接向袁志高指定的刘鸿波账户汇款50万元。

2015年4月16日,袁志高向侯茜出具承诺书一份,主要内容为:"因春节前借款未按期归还,现协商如下结果:2015年4月30日前归还本金250万元整及相应利息,此款项由袁志高负责归还。承诺人:袁志高。"

庭审中,袁志高称前述250万元借款的实际借款人和使用人均为中环公司,袁志高仅是中间人、介绍人;袁志高与侯茜之间存在其他资金往来,但均已结清;袁志高于2015年2月6日向侯茜转账110万元,系袁志高与侯茜二人之间的资金往来,与本案250万元借款无关。侯茜认可袁志高已支付利息2.5万元。

另查,袁志高与张亚杰曾系夫妻关系,涉案250万元借款均发生在二人夫妻关系存续期间。

【审理结果】

北京市石景山区人民法院于2016年12月30日作出(2015)石民(商)初字第3344号民事判决:一、被告袁志高、被告张亚杰于本判决生效后十日内偿还原告侯茜借款本金二百四十二万元并支付利息及逾期利息；二、驳回原告侯茜的其他诉讼请求。民事判决生效后，袁志高以有新证据足以推翻原审判决、原审判决存在多处认定事实错误和原审判决认定涉案债务为夫妻共同债务、适用法律有误等为由，向北京市第一中级人民法院申请再审。北京市第一中级人民法院于 2019 年 9 月 10 日作出（2019）京 01 民申 413 号民事裁定，裁定驳回袁志高的再审申请。

【裁判理由】

法院生效裁判认为：原审法院依据查明的事实，认定侯茜与袁志高之间的民间借贷关系成立、合法有效，以及袁志高所欠侯茜债务属于袁志高与张亚杰的夫妻共同债务，据此判决袁志高、张亚杰偿还侯茜借款本金 242 万元并支付利息及逾期利息，并无不当。

就袁志高提出的现有中环嘉业公司财务总监鲁黎薇证言，及 2013 年 8 月 1 日至 2018 年 11 月 21 日张亚杰的银行流水作为新证据，证明中环嘉业公司已经全部还清侯茜借款一节，本院审查认证如下：第一，袁志高提交的上述证据，属于"逾期举证"，鲁黎薇、张亚杰分系袁志高的原同事、前妻，应易于提供及举证，不能确认袁志高具有符合法律所规定的"逾期举证"的正当合法理由，对其"逾期举证"不符合应予审判监督程序救济的法定条件；第二，鲁黎薇提供的一般证言，与原审判决定案所依据的经双方确认签订的借据、收条及还款承诺书等系列证据相比，明显属弱势证据，并不具有足以推翻原审判决的证明效力；第三，本案并未审查及确认侯茜与中环嘉业公司建立有借贷法律关系。故本院对该申请理由不予支持。

就袁志高提出的原审判决存在多处认定事实错误情形一节，经查，袁志高在原审庭审时，就其于 2015 年 2 月 6 日向侯茜转账 110 万元，明确认可系其与侯茜二人之间的资金往来，但与本案 250 万元借款无关；本案一审判后，袁志高对原案事实认定及法律适用处理，并未提出上诉。依据原审判决及袁志高向本院提交的证据，对于侯茜是否新出借给中环嘉业公司刘鸿波 190 万元，以及强行开走袁志高车辆并私自转卖等事实，双方如有争议，可另行解决，故本院对该申请理由不予支持。

就袁志高提出的原审判决适用婚内共债推定、判决张亚杰与袁志高共同承担还款责任、适用法律有误一节，经查，第一，张亚杰个人银行账户曾用于向侯茜账户转款，应认定张亚杰应当知晓本案诉争债务。第二，原审时张亚杰曾到法院办理过本案诉讼手续，应当知晓本案诉讼及诉争，其系因个人原因经合法传唤无正当理由拒不到庭，而被原审法院缺席判决，且并未对缺席判决提出上诉。第三，张亚杰曾以涉案款项不属夫妻共同债务、不应共同偿还等为由，向原审法院提出再审申请，已经原审法院审查并作出(2017)京0107民申5号民事裁定,驳回其再审申请。第四,张亚杰认可袁志高使用其个人银行账户走账,亦应承担因此产生的法律责任,依法不能以其与袁志高二人内部责任划分,对外抗辩债权人。据此,对袁志高主张原案"夫妻共债推定有误"的重复再审申请,本院不予支持。

原审法院于2016年12月30日作出本案(2015)石民(商)初字第3344号民事判决,袁志高就本案于2019年3月21日向我院提交申请再审材料,已明显超过法定六个月的申请再审期限,且其申请事项亦不符合《民事诉讼法》第二百零五条关于"救济时效"的规定。

【裁判解析】

本案系典型的夫妻一方因对生效裁判认定共同债务不服申请再审被裁定驳回之后,作为被申请人的夫妻另一方再次就同一案件申请再审,并又增加"新证据"再审事由规避法定申请再审期限的申请再审案件。对于此类案件,还是应当遵从平等保护当事人申请再审权利的原则进行立案受理,但是在正式进入再审审查程序之后,应当严格从形式上核实当事人提交的证据材料是否符合"新证据"作为再审事由的条件,从而决定是否予以正式立案受理。

(一)裁定驳回后被申请人或其他当事人又申请再审的应予以立案受理

在民事诉讼立法规制不诚信诉讼、国家从源头上减少诉讼增量推进诉讼源头治理的背景之下,一方当事人申请再审被裁定驳回之后,被申请人或其他当事人就同一案件再次申请再审的情形,是否应该属于不诚信诉讼、纳入诉讼源头治理的对象,系当前民事再审审查程序中亟待明确的问题。

民事再审审查程序是人民法院依法审查再审申请,确定再审事由是否成立,依法作出裁判的审判监督程序,是人民法院履行审判职能的重要内容,保障当事人诉讼权利的法定手段,启动民事再审程序的主要途径。在进行民事案件再审审查时,应当坚持平等保护原则,既要依法保护申请再审人的诉讼权利,又要平等保护对方当事人的合法权益。

就本案而言,袁志高与张亚杰原系夫妻关系,作为原审被告的张亚杰,因对(2015)石民(商)初03344号民事判决不服,以原审法院送达程序违法、涉案债务应属袁志高个人债务和涉案债务存在高利贷嫌疑等为申请再审事由,于2017年7月30日向原审法院提出再审申请,原审法院经审查认为张亚杰的申请理由均不能成立,于2017年11月11日作出(2017)京0107民申5号民事裁定,驳回张亚杰的再审申请。现袁志高以原审判决认定事实不清、涉案债务为袁志高个人债务和有新证据为由，就(2015)石民(商)初 03344 号民事判决再次申请再审。通过对张亚杰与袁志高分别作为再审申请人提出再审申请的两案进行比对，两案的当事人相同、诉讼标的均围绕涉案借贷法律关系、诉讼请求均为否认涉案债务为夫妻共同债务，与最高人民法院《关于适用〈中华人民共和国民事诉讼法〉的解释》第二百四十七条第一款有关重复起诉规定具有高度相似性，再结合双方的身份关系、双方申请理由存在较大程度的重合性等因素考量，袁志高申请再审的行为具有滥用诉讼权利、进行不诚信诉讼、干扰生效判决正常执行的合理怀疑，故对袁志高就同一案件申请再审的权利是否予以保护，似乎更应持否定性态度。

梳理民事诉讼有关审判监督程序立法精神及民事再审审查审判工作指导现有意见，对于本案中袁志高申请再审的行为，还是应当予以保护。最高人民法院《关于适用〈中华人民共和国民事诉讼法〉审判监督程序若干问题的解释》第二十二条明确了一方当事人申请再审后，对方当事人同样享有申请再审的权利[①]；《第一次全国民事再审审查工作会议纪要》第七条第一款将“对方当事人”范围细化明确为“被申请人或者其他当事人”；《全国法院民事再审审查工作座谈会纪要》形成的《民事再审审查疑难问题解答》进一步细化，第十五条对再审审查期间，被申请人或其他当事人申请再审的处理予以明确，第十一条直接明确“裁定驳回后被申请人或其他当事人又申请再审，应予受理”。故在张亚杰就原审判决申请再审被驳回之后，袁志高虽系(2017)京 0107 民申 5 号民事案件中被申请人，依法享有作为再审申请人的诉讼主体地位，就同一判决再次申请再审，依法予以立案受理。

(二)当事人以“新证据”作为再审事由的申请再审期限的审查确认

审判监督程序区别于一审、二审普通救济程序，是一种例外的特殊救济渠道，对于当事人已是额外的救济程序。从维护生效裁判的既判力、发挥司法定分止争作用等方面的考虑，当事人申请再审期限为不变期间，不存在中断、中止、延长的情形，到期后当事人就丧失了法律所赋予的申请再审权利。同时，为了最大限度保障当事人民事权益之目的，对于申请再审期限又适当进行放宽，就符合某些特殊情形的，在裁判文书发生法律效力六个月后申请再审，亦应予以受理。

《民事诉讼法》第二百零五条规定：“当事人申请再审，应当在判决、裁定发生法律效力后六个月内提出；有本法第二百条第一项、第三项、第十二项、第十三项规

---

① 最高人民法院《关于适用〈中华人民共和国民事诉讼法〉审判监督程序若干问题的解释》第二十二条规定：“在审查再审申请过程中，对方当事人也申请再审的，人民法院应当将其列为申请再审人，对其提出的再审申请一并审查。”

定情形的，自知道或者应当知道之日起六个月内提出。”上述四种情形的期间及其起算点与一般申请再审期限不同，但均设立了“自知道或者应当知道之日”起算标准，审判实践中应该严格把握。民事再审审查实践中，对于当事人在裁判文书发生法律效力六个月后，以“新证据”为由申请再审，应当严格审查其提出的“新证据”再审事由，只有全部符合如下各项条件才应予以受理：(1)当事人提交的申请再审书中，明确列明依据《民事诉讼法》第二百条第一项申请再审；(2)书面说明知道或者应当知道“新证据”再审事由的时间，并提交相应证据予以证明；(3)提交作为“新证据”再审事由的证据材料原件，并书面说明该“新证据”具备“足以推翻原审裁判”事由成立的理由。

就本案而言，原审法院于2016年12月30日作出判决，袁志高于2019年3月以新证据为由申请再审，已经超出原审判决发生法律效力后六个月的申请再审期限，据此就应从形式上判断袁志高以“新证据”作为申请再审事由是否成立，以及是否应当予以立案受理。经本院再审审查，袁志高提交的证据材料中包括如下材料：(1)再审申请书中明确列明以《民事诉讼法》第二百条第一项作为申请再审的依据；(2)书面说明获取证人证言的时间并提交证人说明予以证明；(3)出示证人证言原件，并书面说明证人证言具有推翻原审判决认定事实的效力。故袁志高提交的证据材料从形式上符合“新证据”的再审事由，申请再审期限从其获取证人证言的时间开始计算，应当予以立案受理，进入再审审查程序。

【案例点评】

本案严格遵循民事诉讼立法以诉讼化的标准设计当事人申请再审权利的内在要求，阐明了在同一案件的一方主体的再审申请被驳回之后其他方当事人再次申请再审、以“新证据”为由突破再审审查法定期限等情形下，是否应当予以立案及相应审查标准的诉讼程序问题，对于民商事再审审查司法实践中的类似案件的处理具有统一法律适用与示范指导的作用。

【裁判心得】

民事诉讼立法有关审判监督程序的规定，有效保障了当事人申请再审权利的行使。夫妻二人因生效判决认定其共同承担债务而分别申请再审、规避法定期限等情形，在民商事再审审查司法实践中较为常见。对于上述存在不当使用诉讼权利怀疑的情形，亦应严格遵从民事诉讼立法精神的内在要求，依法审查作出裁判，充分保证法律规定的当事人的申请再审权利得到实现。

中国人民解放军 66446 部队诉北京东西分析仪器有限公司租赁合同纠纷案

王　京[*]　唐静静[**]

关键词

租赁合同　合同解除　合同无效　返还原物　赔偿损失　利率标准

裁判要旨

1. 单方解除和协议解除是可以共存的，单方解除的效力优先于协议解除，但在解除权条件不成就时，单方解除不发生合同解除的效力，对方当事人同意解除的，按照协议解除进行。

2. 利息的性质根据当事人主张的不同，可以是返还原物，也可以是赔偿损失。当事人主张利息是法定孳息，返还原物时应将本金和利息同时、全部返还，当事人应举证证明对方的获利情况；当事人主张利息是损失的，应按照双方的过错比例进行赔偿或分担。

3. 在确定利息的利率标准时，需要综合考虑双方当事人过错程度、损失的性质、款项占有时间、用途及获利情况、判决的效果等因素，酌定准确的利息数额。

相关法条

1.《中华人民共和国合同法》第五十八条、第九十三条、第九十四条、第九十七条、第一百一十七条。

---

* 王京，北京市第一中级人民法院审监庭法官。

** 唐静静，北京市第一中级人民法院审监庭法官助理。

2. 最高人民法院《关于适用〈中华人民共和国合同法〉若干问题的解释(二)》第二十六条。

【当事人基本情况】

再审申请人(原审原告、反诉被告):中国人民解放军66446部队(以下简称66446部队)。

被申请人(原审被告、反诉原告):北京东西分析仪器有限公司(以下简称东西分析公司)。

【基本案情】

66446部队向一审法院起诉请求:(1)判决双方签订的《租赁协议》自起诉之日解除;(2)判令东西分析公司返还租赁标的。

东西分析公司向一审法院提出反诉请求:(1)要求66446部队返还剩余35年的租金1050万元;(2)前20年租期内的剩余5年租金150万元按照中国人民银行同期贷款利率计算利息为2 047 629.7元,后30年租金900万元按照中国人民银行同期基准存款利率计算,本息6 587 766.93元(利息期间自实际支付之日至2018年5月10日)。(1)、(2)两项合计19 135 396.6元。

一审法院认定事实:2003年3月12日66446部队(甲方)与东西分析公司(乙方)签订《租赁协议》,约定:甲方自愿将坐落在北京市门头沟区曹家沟的房屋建筑及附属设施出租给乙方使用,占地面积200万平方米,用途为办学校科研及附属用途以及荒山绿化造林;双方协商租赁总价为1500万元,其中训练设施补偿1000万元,房屋出租费500万元,租期50年,自2003年3月至2053年3月;付款方式为分期付款:第一年为1000万元,协议生效时付700万元,2003年12月31日前支付300万元,2004年12月31日前支付500万元;乙方在承租期间有权对房屋、道路进行改造、可以新建房屋;双方约定附加条款:使用期间内,如乙方要求取得土地所有权,甲方应积极配合办理,转让价应包括已交纳的租金在内不高于2000万元人民币;本协议自签订之日起生效。合同并对其他相关事项进行了约定。

2002年10月22日至2005年5月8日,东西分析公司共分12笔向66446部队支付1500万元,分别为:2002年10月22日支付50万元,2002年12月30日支付450万元,2003年3月12日支付200万元,2004年1月16日支付50万元,2004年4月1日支付50万元,2004年8月5日支付50万元,2004年9月23日支付100万元,2004年11月25日支付60万元,2005年1月4日支付40万元,2005年3月3日支付100万元,2005年5月8日支付350万元。66446部队向东西分析公司开具的 12 张发票载明收费项目名称为出租曹家沟房屋定金(含土地)、曹家沟土地营房租赁费、房屋租赁费。《租赁协议》签订后,66446 部队向东西分析公司交付了涉案场地、房屋及附属设施。东西分析公司将租赁场地、房屋用于其公司精密仪器零配件的加工生产,对租赁场地、房屋进行了修建、改建、修缮。

【审理结果】

北京市门头沟区人民法院于 2018 年 5 月 18 日作出(2018)京 0109 民初 2992 号民事判决:一、中国人民解放军 66446 部队与北京东西分析仪器有限公司于二〇〇三年三月十二日签订的《租赁协议》于二〇一八年五月十日解除;二、北京东西分析仪器有限公司于本判决生效之日起二十日内将位于北京市门头沟区曹家沟的房屋建筑及附属设施(见现场勘查笔录及示意图)腾退并返还给中国人民解放军 66446 部队;三、中国人民解放军 66446 部队于本判决生效之日起二十日内返还北京东西分析仪器有限公司剩余租金 10 500 000 元并支付相应利息 5 500 000 元,共计 16 000 000 元;四、驳回北京东西分析仪器有限公司的其他反诉请求。判决生效后,66446 部队不服,向北京市第一中级人民法院申请再审。北京市第一中级人民法院于 2019 年 3 月 22 日作出(2019)京 01 民申 33 号民事裁定,提审本案。后北京市第一中级人民法院于 2019 年 9 月 20 日作出(2019)京 01 民再 130 号民事判决:一、维持北京市门头沟区人民法院(2018)京 0109 民初 2992 号民事判决第一、二、四项;二、撤销北京市门头沟区人民法院(2018)京 0109 民初 2992 号民事判决第三项;三、中国人民解放军 66446 部队于本判决生效之日起二十日内返还北京东西分析仪器有限公司剩余租金 10 500 000 元并支付相应利息 2 500 000 元,共计 13 000 000 元。

【裁判理由】

法院生效裁判认为:我国《合同法》第二百一十四条规定,租赁期限不得超过 20 年。超过 20 年的,超过部分无效。本案中,66446 部队与东西分析公司签订的《租赁协议》约定租期为 50 年,违反了《合同法》关于最长租赁期限的规定,原审法院对超过部分 30 年租期认定无效正确。

《合同法》第九十四条规定,因不可抗力致使不能实现合同目的,当事人可以解除合同。本案中,中央军委下发的《关于军队和武警部队全面停止有偿服务活动的通知》虽系双方当事人在履行《租赁协议》过程中不能预见且不可归责于双方当事人的事由,但该事由既不属于自然灾害,也不属于社会异常行动,而仅系中央军委对军队和武警部队下发的内部管理性规定,不属于不可抗力。故 66446 部队关于中央军委下发了《关于军队和武警部队全面停止有偿服务活动的通知》,系在合同履行期间发生了不可抗力,其无须承担赔偿责任的再审理由不能成立。《合同法》第九十三条规定,当事人协商一致,可以解除合同。故原审法院依据庭前会议确认2018 年 5 月 10 日为《租赁协议》解除之日并无不当。

《合同法》第九十七条规定,合同解除后,尚未履行的,终止履行;已经履行的,根据履行情况和合同性质,当事人可以要求恢复原状、采取其他补救措施,并有权要求赔偿损失。本案中,《租赁协议》的解除系因不可归责于双方的原因所致,故东西分析公司应腾退租赁场地及附属设施并交还给 66446 部队,66446 部队应将剩余5 年的租金返还给东西分析公司。对于该部分租金的利息损失,双方当事人应根据公平原则分担。

根据《合同法》第五十八条规定,合同无效或者被撤销后,因该合同取得的财产,应当予以返还。有过错的一方应当赔偿对方因此所受到的损失,双方都有过错的,应当各自承担相应的责任。本案中,对于导致《租赁协议》部分无效的原因,双方当事人均存在过错,因此取得的财产双方应相互返还,东西分析公司应腾退租赁场地及附属设施并交还给 66446 部队,66446 部队应将收取的 30 年的租金返还给东西分析公司。对于《租赁协议》无效导致的损失,对方应根据各自的过错程度、66446 部队占用租金的年限、中国人民银行同期定期存款利率等因素承担相应的责任。故对于合同解除部分和合同无效部分,原审法院判决东西分析公司将租赁场地及附属设施腾退并返还给 66446 部队,66446 部队返还东西分析公司解除部分5 年及无效部分 30 年的租金正确。但对于利息损失的承担,因 66446 部队系非营利性的军事单位,其占用租金未用于投资或者其他营利性活动,故原审法院酌定66446 部队支付东西分析公司利息损失 550 万元过高,再审调整为 250 万元。

关于《租赁协议》约定的总租金数额问题。66446 部队称《租赁协议》总价款1500 万元中的 1000 万元系东西分析公司对 66446 部队的赠与,但其未能提交证据予以证明。而东西分析公司提交的 66446 部队为其开具的 12 张发票载明的收费项目名称为“曹家沟土地、房屋租赁费”。结合《租赁协议》第二条对 1500 万元的支付时间进行了详细的约定,其符合租金支付的特点。而赠与属于单方法律行为,无需对交付时间进行约定。故原审法院认定《租赁协议》约定的租金为 1500 万元正确。66446 部队关于 1000 万元并非租赁费而系赠与的再审理由缺乏事实和法律依据。另,原审法院根据合同总价款和租赁期限推定双方约定的年租金为 30 万元并无不当,66446 部队关于原审法院推定年租金为 30 万元错误的再审理由不能成立。

关于 66446 部队称东西分析公司迟延交付租金构成违约的问题。违约的前提是合同有效。本案中，因《租赁协议》后 30 年属于无效合同，故不论该部分租金是否迟延交纳都不影响违约与否的问题。《租赁协议》有效期 20 年内的租金共计 600 万元，而东西分析公司按照《租赁协议》约定的期限，于 2003 年 3 月 12 日前全部交纳完毕，故东西分析公司不存在违约行为。66446 部队关于东西分析公司迟延交纳租金构成违约的再审理由不能成立。

另，东西分析公司从另案中获得的损失补偿款 230 万元系租赁标的设施设备等补偿，与本案的利息损失无关，故 66446 部队关于东西分析公司已从另案中获取赔偿、本案不应再获得补偿的再审理由不能成立。

综上所述，原审判决认定事实清楚，但判决 66446 部队支付东西分析公司 550 万元利息损失过高，再审予以调整。

【裁判解析】

我国法律、司法解释对合同解除、合同无效有相关规定，但合同解除、合同无效仍然一直是较受理论界关注的问题，也是司法实务界争议较大的问题。本案即是一起典型的合同解除、合同无效及其法律后果的合同纠纷案件，需要探讨的争议焦点很多，涉及合同解除的类型、合同解除及无效的法律后果、利息损失的性质及利率标准等。下面摘取其中几个争议焦点分析如下：

（一）行使合同解除权抑或协议解除的问题

我国《合同法》规定了合同解除的三种类型：协议解除、约定解除和法定解除。按照法律行为性质的不同，约定解除和法定解除又可以归纳为单方解除，即解除权人单方行使解除权，无须对方当事人的同意或协助即可发生合同解除的效力。单方解除的实质是一种形成权，是单方法律行为；而协议解除则是双方法律行为，一方若想解除合同必须征得对方的同意，否则不发生解除合同的效力。司法实务中，区分单方解除与协议解除的一个重要原因在于确定合同解除的时间点，并以此时间点确定合同已履行和未履行部分的范围、确定赔偿损失额的时间节点等。本案中，66446 部队向原审法院起诉请求其与东西分析公司签订的《租赁协议》自起诉之日解除。“自起诉之日解除”，表明 66446 部队主张的合同解除无须东西分析公司的同意，其实质是 66446 部队主张行使单方解除权。而东西分析公司在 2018 年 5 月 10 日即本案一审庭前谈话中表示，同意 66446 部队解除《租赁协议》的诉讼请求。这就引出本案第一个值得讨论的问题，即当事人一方主张行使单方解除权，对方亦同意解除合同,法院应当如何认定合同解除的类型及确定合同解除的时间。

首先,单方解除和协议解除是可以共存、互不冲突的。协议解除也可适用于约定解除和法定解除中。[①] 协议解除体现合同自由原则,是当事人意思自治的结果。所以在单方解除中也应有协议解除适用的空间。比如,在约定解除条件或法定解除条件并未成就时,合同当事人可以协商一致解除合同。又如,虽约定解除或法定解除条件已经成就,但解除权人未行使合同解除权,合同当事人同样可以协议一致解除合同。在此两种情况下,协议解除效力应当优先于单方解除;再如,在一方当事人主张行使单方解除权解除合同后,双方当事人仍可以就合同解除后的损失赔偿等问题进行协商并达成一致意见。

其次,单方解除的效力优先于协议解除。若一方当事人主张行使合同解除权,另一方当事人亦同意解除合同。法院在审查后认为一方当事人的单方解除权成立,即合同约定的解除条件或法律规定的解除条件成就,则单方解除的效力优先于协议解除,这是由合同解除权的形成权性质所决定的,解除权人无须征得对方的同意即可解除合同,且合同自解除通知到达对方之时发生解除的效力。

最后,协议解除在单方解除不发生效力时发挥作用。若合同约定的解除条件或法律规定的解除条件并未成就,此时主张解除合同的当事人只享有解除合同的期待权,并非因期待权人的单方意思表示即可发生合同解除效力。此时法官应对当事人进行释明,合同不能按照单方行使解除权而解除,但基于对方当事人亦同意解除合同,应按照协议解除发生合同解除的效力,合同解除的时间为对方当事人同意解除合同之时,本案即是这种情况。

(二)恢复原状(返还原物)抑或赔偿损失的问题

本案中,不论是合同解除,还是合同无效,最终的结果都需要66446部队和东西分析公司互相返还,即租赁场地由东西分析公司返还给66446部队,剩余租金由66446部队返还给东西分析公司。这就引出本案第二个需要讨论的问题,即66446部队是否需向东西分析公司给付剩余租金利息?如果需要给付,剩余租金利息的性质是什么?系剩余租金的法定孳息,属于恢复原状(返还原物)的范畴?抑或系承租人的利息损失,属于赔偿损失的范畴?只有确定了剩余租金的利息的性质,才能确定66446部队应给付东西分析公司剩余租赁利息的比例。具体来说,如剩余租金利息属于恢复原状(返还原物)范畴,则剩余租金利息与剩余租金一起应全部

---

① 冷传莉:《简析协议解除与损失赔偿》,载赖梁盟主编:《当代法学论坛》(第2辑),中国方正出版社2006年版,第161页。

返还给东西分析公司;如剩余租金利息属于赔偿损失范畴,则 66446 部队应根据相关损失赔偿原则对东西分析公司进行赔偿或补偿。笔者认为,剩余租金利息的性质可以是法定孳息,也可以是承租人的利息损失,根据当事人主张的不同而不同,同时又影响当事人的举证责任和给付比例。

首先,剩余租金利息系剩余租金的法定孳息,属于恢复原状(返还原物)范畴。根据最高人民法院《关于贯彻执行〈中华人民共和国民法通则〉若干问题的意见(试行)》第一百三十一条规定,返还不当利益,应当包括原物和原物所生的孳息。《租赁协议》无效或者解除后,出租人占有承租人支付的租金再没有合法依据,出租人构成不当得利,承租人可依不当得利返还请求权要求出租人返还剩余租金及剩余租金产生的孳息。孳息分为自然孳息和法定孳息。法定孳息是指物依据法律关系而产生的收益,即原物的所有权人参加租赁、投资、储蓄等民事法律关系而获得的收益,如租金、股息、利息。租金是货币形式,占有即所有,即出租人在占有租金期间也是租金的所有权人,其参加民事法律关系而获得的收益为租金的法定孳息。故剩余租金利息系剩余租金的法定孳息,在租赁合同无效或者解除后,应连同剩余租金本金一起由出租人全部返还给承租人。另外,因法定孳息的多少取决于所有权人利用原物参加租赁、投资、储蓄等民事法律关系而获得的收益的多少,故若承租人主张剩余租金利息是法定孳息,还需要举证证明出租人在占有(所有)租金期间利用租金从事民事活动的收益情况。

其次,剩余租金利息系承租人的利息损失,属于赔偿损失范畴。利息实质是本金的时间价值。从承租人角度来看,《租赁协议》被解除或者被确认无效之后,其在合同签订到合同解除或被认定无效之间相当长的一段时间内,丧失对租金的占有和所有,必然也丧失了对租金可能产生的利息的占有和所有,即存在相应的利息损失。我国《合同法》第九十七条规定,合同解除后,尚未履行的,终止履行;已经履行的,根据履行情况和合同性质,当事人可以要求恢复原状、采取其他补救措施,并有权要求赔偿损失。根据《合同法》第五十八条规定,合同无效或者被撤销后,因该合同取得的财产,应当予以返还。有过错的一方应当赔偿对方因此所受到的损失,双方都有过错的,应当各自承担相应的责任。故《租赁协议》解除或无效后,承租人的利息损失属于赔偿损失的范畴,出租人应该对承租人的利息损失予以赔偿。

最后,本案的剩余租金利息的性质是赔偿损失范畴,理由有两点:第一,东西分析公司起诉中主张的并不是返还剩余租金及利息,而是主张“未发生的租金,部队应当向东西分析公司返还,还应支付相应的利息”。第二,如果东西分析公司主张剩余租金利息的性质属于恢复原状范畴,东西分析公司需要举证证明66446部队在占有该笔租金期间将其用于投资、储蓄等民事法律行为并获利,还需举证证明获利数额,但在案件审理过程中,东西分析公司并未能举证证明66446部队占有该笔租金期间将该笔租金用于营利活动且获利。故本案中的剩余租金利息的性质不属于恢复原状(返还原物)范畴,而属于承租人的损失范畴。租金利息的性质应当事人的主张或诉讼策略的不同而不同,也与2019年7月3日最高人民法院审判委员会刘贵祥《在全国法院民商事审判工作会议上的讲话》第四部分关于合同无效及其法律后果的精神相一致,[①]即当事人既可以在返还货币时一并确定货币利息,也可以在请求返还财产的同时还请求损害赔偿。

(三)存款利率抑或贷款利率的问题

众所周知,银行利率分为存款利率和贷款利率,其中存款利率又分为活期存款利率和定期存款利率,定期存款利率又因存款年限的长短有所不同,利率最低的活期利率和利率最高的贷款利率相差几十倍。而利息由本金、起止期限和利率三要素构成,其中本金、起止期限往往是固定的,而采取何种利率标准则最终决定利息的数额。这就引出本案第三个需要讨论的问题,即依据何种利率标准计算剩余租金利息。司法实践中,当事人对于利率有约定的,按照约定利率计算利息,但不能超过法律规定的上限。没有约定利率,但是法律有规定的,按照法定利率进行计算。既没有约定利率,法律也没有规定利率的,如本案这种情况,则需要法官综合考虑各方面因素,行使自由裁量权对具体利息数额进行酌定。本案中,最终酌定采用何种剩余租金利息的利率标准需要考虑以下几个方面的因素:

第一,双方当事人对于合同解除、合同无效的过错程度。本案中,《租赁协议》的解除虽系因66446部队的上级即中央军委下发的通知导致合同目的无法实现而解除。但中央军委是国家的最高军事决策和指挥机关,66446部队对中央军委作出的决策是无法预见的,对合同无法继续履行的原因是不存在过错的。而导致《租赁协议》部分无效的原因,66446部队和东西分析公司均存在过错,且双方的过错程度是相同的。66446部队的过错程度决定了本案若采用较高利率标准计算剩余租金利息,则对66446部队不公平。

---

① 2019年7月3日最高人民法院审判委员会刘贵祥《在全国法院民商事审判工作会议上的讲话》:"……返还货币的,要综合考虑双方当事人的过错程度、款项用途、获利情况等因素合理确定利率标准。当事人在请求返还财产的同时还请求损害赔偿的,此时返还财产原则上仅指返还原物或本金,在确定损害赔偿责任时,再考虑前述的双方当事人过错程度、受让人行为与财产价值变化的关联性以及款项用途、获利情况等因素,准确认定责任范围。"

第二,赔偿损失的范围。首先,《租赁协议》有效部分解除后赔偿对方损失的范围。从是否存在违约行为来看,合同解除分为违约解除和非违约解除。若合同解除且存在违约行为,则应该按照《合同法》第一百一十三条规定确定损害赔偿的范围,损失赔偿额相当于因违约造成的损失。若因不可抗力不能实现合同目的,则按照《合同法》第一百一十七条规定,根据不可抗力的影响部分或全部免除责任。若双方当事人均未违约且不存在不可抗力的情形,双方协商一致解除合同,损失范围则应该按照合同未签订时的标准进行确定,且由双方按照公平原则进行分担。本案的损失范围即应以合同未签订时的状态为限,不包括预期利益损失。其次,《租赁协议》无效部分双方需要承担相应责任的范围。无效合同的法律后果是将当事人之间的利益状态恢复到合同订立之前的状态,为此一方当事人应将其取得的利息、从无效合同所得到的利益转移给受损人,而且有过错的当事人还应当根据过错程度按比例赔偿受损人的实际损失。赔偿损失的范围亦决定了本案应采用较低的利率标准计算剩余租金利息。

第三,66446 部队对剩余租金占有使用的时间、用途。虽 66446 部队占用剩余租金长达十几年,但 66446 部队作为非盈利性的军事单位,其占用租金未用于投资或者其他营利性活动,亦不可能将剩余租金用于长期定期储蓄或理财,故不能按照同期人民银行贷款利率或者长期定期存款利率计算剩余租金利息。

第四,判决结果的公正性和社会效果。原审酌定 66446 部队给付东西分析公司利息损失共计 550 万元,返还剩余租金本金 1050 万元,共计 1600 万元。这样的判决结果导致东西分析公司使用了租赁场地 15 年,最终获得 66446 部队返还剩余租金本息 1600 万元,超过了《租赁协议》总标的额 1500 万元,且东西分析公司从另案中亦获得其他损失赔偿 300 多万元,判决结果有失公平,社会效果欠佳。

第五,以某一确定的利率标准进行估算。中国人民银行三年期定期存款利率为 2.75%,以该利率为标准计算,66446 部队与东西分析公司各需要分担的利息损失是 230 余万元。故本院再审最终酌定判决 66446 部队给付东西分析公司利息损失 250 万元,这样酌定不是凭空想象的,而是有具体的计算方式作为参考的。

【案例点评】

合同解除、合同无效仍然一直是较受理论界关注的问题,也是司法实务界争议较大的问题。本案即是一起典型的合同解除、合同无效及其法律后果的合同纠纷案件,涉及的争议焦点广泛,且争议的问题一环扣一环,前一个争议焦点是后一个争议焦点解决的前提。在审理本案过程中,合议庭以法律、司法解释规定为依据,以法学理论为视角分析案情、抽丝剥茧,论证充分、逻辑严谨,实现了法律效果和社会效果的统一。

【裁判心得】

在经济生活中,合同无效或解除的情况大量存在。人民法院在审理此类案件时,应时刻思考如何恰当地处理好合同无效或解除后的相应法律后果问题。现行法律、司法解释对于合同无效或解除后的相应法律后果的规定较为原则性,法官应行使自由裁量权确定合同无效或解除后的相关损失及分配,而法官行使自由裁量权是有限制的,其最终做出的裁判结果是否实现了法律效果和社会效果的统一,就是检验法官是否恰当行使自由裁量权的标准。

陈彦与北京市昌平区十三陵镇胡庄村村民委员会民间借贷纠纷案

刘玉红[*]　杨　薇[**]

关键词

民事调解书再审　调解处分权　集体利益

裁判要旨

调解作为一种颇具中国特色的民事诉讼制度，在维护社会和谐、化解纠纷方面起着重要的作用。基于调解制度的特殊性，其再审启动条件也相对独立和特殊。法院在作为主体对民事调解书启动再审时，应严格审查案件是否“确有错误”，在不侵害当事人自由处分权的前提下，依法提起再审，作出正确的裁判。本案中，法定代表人达成对村委会不利的调解，该行为导致村委会承担了不应承担的还款义务，造成集体利益损失。在当事人未申请再审的情况下，法院以本案确有错误为由提起再审符合法律规定。

相关法条

《中华人民共和国民事诉讼法》第九十三条、第一百七十七条、第二百零一条。

【当事人基本情况】

上诉人（原审原告）：陈彦，女，1971年1月21日出生，汉族，无业，住北京市昌平区京科苑小区32号楼1单元202号。

委托诉讼代理人：于利，北京培宁律师事务所律师。

---

* 刘玉红，北京市第一中级人民法院审监庭法官。

** 杨薇，北京市第一中级人民法院审监庭法官助理。

被上诉人(原审被告):北京市昌平区十三陵镇胡庄村村民委员会,住所地北京市昌平区十三陵镇胡庄村。

法定代表人:胡志强,主任。

委托诉讼代理人:国子民,男,1974 年 3 月 16 日出生,汉族,北京市昌平区十三陵镇胡庄村村民委员会副主任,住北京市昌平区十三陵镇胡庄村 25 号。

【基本案情】

2015 年 11 月,陈彦持《借条》、银行个人业务凭证等起诉北京市昌平区十三陵镇胡庄村村民委员会(以下简称胡庄村委会)民间借贷纠纷一案至北京市昌平区人民法院,要求胡庄村委会偿还借款 33.3 万元并支付借款利息。胡庄村委会信笺纸书写的《借条》内容为:"今借到:陈彦现金人民币 333 000 元借款日期自 2013 年 3 月 4 日至 2013 年 4 月 3 日止。如到期不能还款,借款人付利息 63 000 元。借款人:胡志强。2013 年 3 月 4 日"。在"借款人:胡志强"与"2013 年 3 月 4 日"之间加盖胡庄村委会公章。工商银行个人业务凭证显示:2013 年 3 月 4 日,从陈彦账户转入胡志强个人账户 22 万元;2013 年 3 月 8 日,从陈彦账户转入胡志强个人账户 6 万元。

【审理结果】

北京市昌平区人民法院于 2016 年 12 月 15 日作出(2015)昌民(商)初字第 18890 号、第 18891 号民事调解:一、被告北京市昌平区十三陵镇胡庄村村民委员会于 2016 年 12 月 31 日前支付原告陈彦两案借款本金 47 万元及利息 28 万元,如被告北京市昌平区十三陵镇胡庄村村民委员会按期支付该笔款项,双方再无其他争议;二、如被告北京市昌平区十三陵镇胡庄村村民委员会未按本调解书第一项的约定支付借款本金及利息,被告北京市昌平区十三陵镇胡庄村村民委员会应支付原告陈彦借款本金 47 万元及自 2013 年 6 月 1 日到实际付清之日止的利息(以 47 万元为基数,按年利率 24% 计算);三、两案受理费 7098 元及鉴定费 6800 元,由原告陈彦负担(已交纳)。

判决生效后,经北京市昌平区人民法院审判委员会讨论决定,再审本案。北京市昌平区人民法院于 2018 年 12 月 10 日作出(2018)京 0114 民再 13 号、(2018)京 0114 民再 14 号民事判决:一、撤销(2015)昌民(商)初字第 18890 号、(2015)昌民(商)初字第 18891 号民事调解书;二、驳回陈彦的全部诉讼请求。

陈彦不服,向北京市第一中级人民法院提起上诉。北京市第一中级人民法院于 2019 年 4 月 29 日作出(2019)京 01 民再 42 号、(2019)京 01 民再 43 号民事判决:驳回上诉,维持原判。

【裁判理由】

法院生效裁判认为:本案争议焦点为借款主体的认定问题。债权人陈彦依据借条,要求胡庄村委会还款,现胡庄村委会否认借款事实,故根据最高人民法院《关于审理民间借贷案件适用法律若干问题的规定》第十六条第二款的规定,被告抗辩借贷行为尚未实际发生并能作出合理说明,人民法院应当结合借贷金额、款项交付、当事人的经济能力、当地或者当事人之间的交易方式、交易习惯、当事人财产变动情况以及证人证言等事实和因素,综合判断查证借贷事实是否发生。本案中,从借条内容看,借款人显示为胡志强,借条上虽然盖有胡庄村委会的公章,但未明确表明胡庄村委会在借贷关系中的地位,故无法认定胡庄村委会是借款人或保证人;从借款资金流向看,本案借款由陈彦打入胡志强个人账户,胡志强自认借款为其个人所使用,胡庄村委会对借款事实不知情,亦未授权胡志强代村委会向陈彦借款。故根据现有证据无法认定胡志强的借款行为系职务行为,无法证明陈彦与胡庄村委会存在借贷关系。原审法院在未查清事实的基础上,作出的调解确属不当。故一审法院将原调解书予以撤销,判决驳回陈彦的诉讼请求并无不当,本院应予以维持。综上所述,陈彦的上诉请求不能成立,应予驳回;一审判决认定事实清楚,适用法律正确,应予维持。依照《民事诉讼法》第一百七十条第一款第一项规定,判决如下:驳回上诉,维持原判。

【裁判解析】

本案涉及的一个主要问题是法院能否以调解书"确有错误"主动提起再审,是否干涉当事人调解案件的自由处分权。

(一)法院主动对调解书启动再审程序的条件

在 2012 年《民事诉讼法》修订前,《民事诉讼法》规定人民法院在发现案件确有错误的情况下,仅能对裁定书、判决书决定再审。法院作为主体对调解书提起再审是由司法解释进行授权的,根据 2008 年生效的最高人民法院《关于适用〈中华人民共和国民事诉讼法〉审判监督程序若干问题的解释》第三十条规定,当事人未申请再审、人民检察院未抗诉的案件,人民法院发现原判决、裁定、调解协议有损害国家利益、社会公共利益等确有错误情形的,应当依照《民事诉讼法》第一百七十七条的规定提起再审。根据该条规定,人民法院提起再审的条件为"确有错误",且调解协议需存在有损国家利益或社会公共利益的情形。后经 2012 年《民事诉讼法》修改,《民事诉讼法》第一百九十八条第一款规定,各级人民法院院长对本院已经发生法律效力的判决、裁定、调解书,发现确有错误,认为需要再审的,应当提交审判委员会讨论决定。故根据新的《民事诉讼法》的规定,其确认了司法解释中关于法院可以作为一类主体对调解书提起再审的规定,且放宽了法院对调解书提起再审的范围,不再局限于原调解书损害国家利益或社会公共利益,只需满足"确有错误"即可提起再审。

相比较于判决和裁定提起再审的理由,《民事诉讼法》及相关司法解释并没有对调解书"确有错误"的情形作出具体的列举性规定。现有法律关于法院对调解案件启动再审"确有错误"的范围表述过于笼统。而司法解释将"确有错误"限制于有损国家利益或社会公共利益,则相对明确,但是司法解释先于新修订的《民事诉讼法》出台,其效力低于《民事诉讼法》的效力。

调解作为一种特殊的诉讼方式,具有双重属性。调解具有当事人对自己的民事权利行使处分权及法院对民事案件行使审判权的复合型属性,但是对当事人处分权和法院审判权的权重大小的不同理解,造成对法院能否作为主体主动启动调解案件的再审程序的认识不尽相同。一种观点认为,调解中当事人的处分权应包括实体和程序两个方面,而法院的审判权则限于程序性事项。在此情况下,法院仅起到程序性确认功能,在当事人未提出再审申请的前提下,法院依职权对调解案件进行调解有违背不告不理原则之嫌。另一种观点认为,法院在发现调解书确有错误时,可以主动启动再审程序,但是应审慎地认定"确有错误"的适用情形,应将"确有错误"限缩在司法解释规定的"损害国家利益或社会公共利益"或与此危害程度相当的其他情形。

社会公共利益是一个在我国立法中比较常见的法律概念,它是一个比较抽象的概念,相较于私人利益,它更加强调利益的公共性,即指关系到全体社会成员或者社会不特定多数人的利益,主要包括社会公共秩序及社会善良风俗等。本案中,胡庄村委会的利益严格来说并不属于社会公共利益,村委会的利益受到侵害可能导致村集体的利益受损,有可能侵害到村民的利益,这个范围是特定的一部分人,应属于集体利益。如严格适用司法解释"确有错误"的适用范围,法院无法主动对本案提起再审。但是,考虑到 2012 年修订的《民事诉讼法》已经放宽了人民法院对调解书提起再审的条件,且集体利益也属于一定程度上的公共利益。《宪法》第五十一条规定:"中华人民共和国公民在行使自由和权利的时候,不得损害国家的、社会的、集体的利益和其他公民的合法的自由和权利。"由此可见,集体利益作为公共利益的一种,应该予以保护。具体到本案中,实际借款人胡志强作为胡庄村委会的法定代表人,与涉案借款具有直接的利害关系,如其推卸责任,不主动代表胡庄村委会以违反自愿原则为由提起再审,那么胡庄村委会的利益将无法得到法律的保护。故从法律适用层面来讲,本案由法院启动再审程序决定再审,并依法撤销原调解书是有法律依据的。

(二)本案处理并未干涉当事人的自由处分权

从案件基本事实来看,本案确实存在错误。《民事诉讼法》第九十三条为关于调解的原则性规定,即"人民法院审理民事案件,根据当事人自愿的原则,在事实清楚的基础上,分清是非,进行调解"。本案中,原调解协议违背了借款的真实情况。从借条内容看,借款人显示为胡志强,借条上虽然盖有胡庄村委会的公章,但未明确表明胡庄村委会在借贷关系中的地位,故无法认定胡庄村委会是借款人或保证人;从借款资金流向看,本案借款由陈彦打入胡志强个人账户。另外,胡志强在原审中自认借款为其个人所使用,胡庄村委会对借款事实不知情,亦未授权胡志强代村委会向陈彦借款。故根据现有证据无法认定胡志强的借款行为系职务行为,无法证明陈彦与胡庄村委会存在借贷关系。故从本案基本事实上考虑,本案借款为陈彦与胡志强之间的借款,而非与村委会之间的借款。

一审法院撤销原调解协议并未干涉当事人的自由处分权。从胡庄村委会一方看,在原审庭审中,胡庄村委会的法定代表人胡志强承认借款系其个人借出、使用,村委会并不知情且借款未用于村委会事务。在明知胡志强与本案借款存在利害关系的情况下,原审法院仍同意胡志强作为胡庄村委会的委托代理人参加诉讼,并作出了有损村委会利益的调解书。在此情况下,胡志强代胡庄村委会作出的调解协议违背了胡庄村委会的真实意思表示,是否进行调解应在更换无利害关系的代理人之后进一步查明,原调解书在一定程度上违背了胡庄村委会的自愿原则。一审法院撤销原调解协议并未干涉胡庄村委会的调解处分权,反而是保护其合法的诉讼权利。从陈彦一方看,一审法院虽然驳回了陈彦的诉讼请求,但是陈彦仍能向胡志强主张权利,故一审法院并未侵犯陈彦的诉讼权利,陈彦可以选择其他救济途径实现其债权。

【案例点评】

本案典型意义在于对于法院依职权主动对确有错误的生效民事调解书提起再审的案件,应当严格审查案件是否属于"确有错误"的范围,且以不侵害当事人自由处分权为原则。通过本案的审查和梳理,如存在法定代表人或委托诉讼代理人恶意达成侵犯当事人权益的调解书,应认定为属于确有错误情形,法院应对此类民事调解书依职权提起再审。本案审理过程中,合议庭从法院对调解书启动再审的条件、案件客观事实、保护当事人的权利等几个方面考虑,依法作出判决,在纠正原审错误的同时,保障村集体利益不受侵害。

【裁判心得】

民事调解具有当事人民事权利处分权及法院审判权的复合型属性,对于民事调解案件的再审启动条件,法律及司法解释的规定较为笼统和宽泛,对于法院依职权提起再审的情形未作具体规定。因此,在案件审理中,应着重掌握调解的特殊双重属性,在不侵犯当事人自由处分权的前提下,对确有错误的情形进行从严审查。本案系法定代表人恶意侵害集体权利造成的确有错误情形,对于类似案件,如法院不依职权主动提起再审,当事人的权利将受到侵害。另外,该案例对日后法院审查法定代表人及委托诉讼代理人资格提供一个方向,当法定代表人或委托诉讼代理人为案件实际利害关系人时,法院应重点审查其达成调解协议的意思表示是否侵害了当事人的权利。

坤盛(横琴)商业保理有限公司申请追加北京宏圣鼎阳商贸有限公司被执行人案

范红萍*

关键词

执行　第三人自愿偿债　债务加入　执行担保　追加被执行人

裁判要旨

债务加入系指第三人自愿作为被执行人之一加入执行程序,对生效法律文书确定的义务承担连带清偿责任。执行担保系指担保人经申请执行人同意,为担保被执行人履行生效法律文书确定的全部或者部分义务,向人民法院提供的担保。执行担保可以由被执行人提供财产担保,也可以由他人提供财产担保或者保证。当第三人提供财产担保或保证时,与第三人债务加入极易混淆,但二者会产生截然不同的法律后果。符合债务加入的构成要件,执行中自愿偿债的第三人可被追加为被执行人;符合执行担保的构成要件,法院直接裁定执行担保财产或者保证人的财产,但不得追加为被执行人。

相关法条

1.《中华人民共和国民事诉讼法》第十三条、第二百三十一条。

2.最高人民法院《关于民事执行中变更、追加当事人若干问题的规定》第二十四条。

3.最高人民法院《关于人民法院办理执行异议和复议案件若干问题的规定》第

* 范红萍,北京市第一中级人民法院执行二庭法官。

十八条。

4. 最高人民法院《关于执行和解若干问题的规定》第十八条。

5. 最高人民法院《关于执行担保若干问题的规定》第十一条。

【当事人基本情况】

申请追加人:坤盛(横琴)商业保理有限公司(以下简称坤盛保理公司)。

被申请追加人:北京宏圣鼎阳商贸有限公司(以下简称宏圣鼎阳公司)。

被执行人:北京中新能业世纪科技有限公司(以下简称新能业公司)、北京中健祥电子科技有限公司(以下简称中健祥公司)、北京华科光辉科技有限公司(以下简称华科光辉公司)、李爱林、石俊卿、石俊峰、郗翠红、黄金凤、钟明锋。

【基本案情】

申请追加人坤盛保理公司向法院申请追加宏圣鼎阳公司为本案的被执行人,以其全部财产接受法院的强制执行。

法院经审理查明,2017 年 10 月 26 日,坤盛保理公司与中新能业公司签订了《保理合同(有追索权保理)》,中新能业公司将其拥有的相关应收账款转让给坤盛保理公司作为商业保理融资,保理融资额度是人民币 50 000 000 元,保理服务期限 1 年,坤盛保理公司对中新能业公司具有追索权。同日,中健祥公司、华科光辉公司、李爱林、石俊峰、郗翠红、石俊卿、黄金凤、钟明锋为坤盛保理公司对中新能业公司的追索权提供无限连带责任担保,分别向坤盛保理公司出具了《第三方无限连带责任保证书》。2017 年 11 月 1 日,北京市方圆公证处作出(2017)京方圆内经证字第 69577、69578、69579、69580、69581、69582、69583、69584、69585 号公证书,赋予上述《保理合同(有追索权保理)》《第三方无限连带责任保证书》强制执行效力。

2018 年 9 月 18 日,北京市方圆公证处出具(2018)京方圆执字第 0262 号执行证书,其主要内容如下。一、被执行人:中新能业公司、中健祥公司、华科光辉公司、李爱林、石俊峰、郗翠红、石俊卿、黄金凤、钟明锋。二、执行标的:1. 保理预付款本金人民币 5000 万元;2. 违约金,按照未付保理预付款本金为基数,年利率 24% 计算,自 2018 年 8 月 12 日计算至实际履行之日;3. 出具执行证书的公证费 1 万元。三、申请执行期限:根据《民事诉讼法》第二百三十九条的规定,申请执行的期间为二年。申请执行时效的中止、中断,适用法律有关诉讼时效中止、中断的规定。前款规定的期间,从法律文书规定的履行期间的最后一日起计算;法律文书规定分期履行的,从规定的每次履行期间最后一日起计算;法律文书未规定履行期间的,从法律文书生效之日起计算。因中新能业公司、中健祥公司、华科光辉公司、李爱林、石俊峰、郗翠红、石俊卿、黄金凤、钟明锋未履行法律文书确定的义务,坤盛保理公司向本院申请强制执行,本院于 2018 年 9 月 25 日立案执行。

2018 年 10 月 17 日,中新能业公司、中健祥公司、华科光辉公司、李爱林、石俊峰、郗翠红、石俊卿、黄金凤、钟明锋(乙方)与坤盛保理公司(甲方)达成《执行和解协议》,主要内容如下。一、乙方同意承担(2018)京 01 执 918 号案件的执行费 117 500 元,同意承担实现债权的费用 1 万元,以上费用由乙方直接支付给甲方;甲方同意在和解的前提下给予乙方一定程度的优惠减免,放弃(2018)京方圆执字第 0262 号《执行证书》确定的违约金。具体还款金额及还款期限的计算方式如下:以 5000 万元为基数按照 15%/年(或 0.042%/日)标准自 2018 年 10 月 1 日始计算至本协议约定的本息实际还清之日止。还款顺序:先清偿实现债权和担保权利的费用,再清偿利息,最后清偿本金的顺序进行清偿。二、协议签订后三个工作日内,乙方向甲方偿还第一笔还款人民币 500 万元;宏圣鼎阳公司作为乙方的执行担保人向法院出具《承诺函》,承诺如果乙方不履行或不完全履行《执行和解协议》,则其自愿成为本案被执行人且以全部财产接受法院直接强制执行。三、甲方向法院递交撤回执行申请书后十个工作日或 2018 年 11 月 10 日前,乙方应向甲方全额履行完毕本《执行和解协议》第一条确定的还本付息义务。乙方全额履行完毕本《执行和解协议》第一条确定的还本付息义务后三个工作日,甲方向法院递交《执行和解协议履行完毕确认函》,确认本《执行和解协议已履行完毕。乙方全额履行完毕本《执行和解协议》第一条确定的还本付息义务后五个工作日内,甲方协助乙方办理解除账户监管、返还章、证、照、解除股权质押手续等事项。

2018 年 10 月 17 日,宏圣鼎阳公司向本院作出《承诺函》,主要内容为:如在坤盛保理公司撤回(2018)京 01 执 918 号案件的执行申请后,中新能业公司等被执行人不履行《执行和解协议》,无论坤盛保理公司重新申请执行还是申请恢复执行,宏圣鼎阳公司均同意按照坤盛保理公司的请求对宏圣鼎阳公司的全部财产直接强制执行。宏圣鼎阳公司提供执行担保的范围为(2018)京方圆执字第 0262 号执行证书申请法院强制执行的全部执行标的(扣除已实现部分),担保期限为坤盛保理公司撤回(2018)京 01 执 918 号案件的执行申请之日起两年。坤盛保理公司重新申请执行或者申请恢复执行时,法院对宏圣鼎阳公司的财产采取执行措施不以被执行人的财产不足以履行债务为前提,法院可以对宏圣鼎阳公司的全部财产直接强制执行且不需要提前通知宏圣鼎阳公司。

2018 年 10 月 19 日,本院依据坤盛保理公司提交的撤回执行申请书,作出

(2018)京01执918号之二裁定书,裁定北京市方圆公证处(2017)京方圆内经证字第69577、69578、69579、69580、69581、69582、69583、69584、69585号公证书及(2018)京方圆执字第0262号执行证书终结执行。

2019年2月25日,因被执行人未履行上述《执行和解协议》,坤盛保理公司向本院申请追加北京宏圣鼎阳商贸有限公司为本案被执行人。

【审理结果】

北京市第一中级人民法院于2019年5月10日作出(2019)京01执异112号执行裁定书裁定:驳回坤盛(横琴)商业保理有限公司提出的追加北京宏圣鼎阳商贸有限公司为本案被执行人的申请。

【裁判理由】

法院生效裁定认为:本案的争议焦点为,本案在执行和解过程中第三人宏圣鼎阳公司向法院出具的《承诺函》,属于书面承诺自愿代被执行人履行生效法律文书确定债务的情形,还是为被执行人提供执行担保,能否追加宏圣鼎阳公司为本案被执行人。

(一)宏圣鼎阳公司向法院出具的《承诺函》是否属于执行中第三人承诺代被执行人履行的情形

本院认为,最高人民法院《关于民事执行中变更、追加当事人若干问题的规定》第二十四条规定:"执行过程中,第三人向执行法院书面承诺自愿代被执行人履行生效法律文书确定的债务,申请执行人申请变更、追加该第三人为被执行人,在承诺范围内承担责任的,人民法院应予支持。"该法律规定的情形系指第三人自愿作为被执行人之一加入执行程序,对生效法律文书确定的义务承担连带清偿责任。本案中,第三人宏圣鼎阳公司虽然向法院出具的是《承诺函》,但其真实意思表示并非直接加入本案执行程序对中新能业公司等被执行人的债务承担清偿责任,故不属于上述法律规定的情形。

(二)宏圣鼎阳公司向法院出具的《承诺函》是否属于为被执行人提供的执行担保

本院认为,《民事诉讼法》第二百三十一条规定:"在执行中,被执行人向人民法院提供担保,并经申请执行人同意的,人民法院可以决定暂缓执行及暂缓执行的期限。被执行人逾期仍不履行的,人民法院有权执行被执行人的担保财产或者担保人的财产。"最高人民法院《关于执行和解若干问题的规定》第十八条规定:"执行和解协议中约定担保条款,且担保人向人民法院承诺在被执行人不履行执行和解协议时自愿接受直接强制执行的,恢复执行原生效法律文书后,人民法院可以依申请执行人申请及担保条款的约定,直接裁定执行担保财产或者保证人的财产。”

执行担保系指保证人经申请执行人同意,向执行法院作出保证,当被执行人不履行生效法律文书确定的义务时,由其代为清偿的行为。执行担保是通过执行担保实现暂缓执行的目的,给被执行人留出足够的时间履行债务,必须得到申请执行人的同意。执行担保应具备以下几个要件:第一,执行担保人要向执行法院提供担保;第二,执行担保不仅要取得申请执行人同意,还应得到执行法院批准;第三,如果提供财产担保,还应参照《物权法》《担保法》的有关规定办理相应手续。

本案中,从第三人宏圣鼎阳公司向法院出具的《承诺函》,以及各方当事人达成的《执行和解协议》来看,首先,各方当事人约定将和解协议向执行法院提交,其中约定有附条件的担保条款,即向执行法院明确,当约定的保证责任事由即被执行人不履行和解协议出现时,由宏圣鼎阳公司在约定的担保范围内承担担保责任。同时,和解协议还明确约定如被执行人不履行和解协议,则宏圣鼎阳公司自愿成为被执行人且以其全部财产接受法院直接强制执行。故宏圣鼎阳公司作为担保人是以自己的财产向执行法院提供担保。其次,执行法院已经将该和解协议入卷,且已经根据坤盛保理公司的申请解除了被执行人名下的财产查封,实质上暂缓执行被执行人名下的财产。故宏圣鼎阳公司提供的担保已经取得坤盛保理公司的同意,也已经得到执行法院的批准。综上,宏圣鼎阳公司的《承诺函》应属于执行担保。

(三)能否追加宏圣鼎阳公司为本案被执行人

最高人民法院《关于执行担保若干问题的规定》第十一条第一款规定:“暂缓执行期限届满后被执行人仍不履行义务,或者暂缓执行期间担保人有转移、隐藏、变卖、毁损担保财产等行为的,人民法院可以依申请执行人的申请恢复执行,并直接裁定执行担保财产或者保证人的财产,不得将担保人变更、追加为被执行人。”

本案中,坤盛保理公司与中新能业公司等被执行人达成的执行和解协议约定,各方当事人将《执行和解协议》《承诺函》向执行法院提交,并向执行法院明确,当约定的保证责任事由出现时,宏圣鼎阳公司需在约定的担保范围内承担担保责任。宏圣鼎阳公司以自己的财产向执行法院提供担保,构成上述规定中的执行担保,应由坤盛保理公司向法院申请恢复执行,直接裁定执行宏圣鼎阳公司的财产,不得将宏圣鼎阳公司追加为被执行人。

【裁判解析】

执行中,必须严格按照生效法律文书,执行其确定的应当履行义务的义务人的财产，不得执行第三人的财产。但法律出于减少诉累、及时维护债权人合法权益等价值考量，在执行程序中符合法定条件时允许将第三人追加进来，比如出资不足、抽逃出资的股东等，抑或直接执行第三人财产，比如第三人执行担保。其中，执行中的债务加入与第三人执行担保在司法实践中很容易混淆，下面就逐项予以分析，以利于准确适用法律，提高执行效率，助力解决执行难的问题。

（一）执行中债务加入的构成要件及法律后果

执行过程中，第三人向执行法院书面承诺自愿代被执行人履行生效法律文书确定的债务，是司法实践中常见的第三人自愿偿债的情形。该第三人往往和被执行人关系密切，有的系被执行人的亲人、朋友，或被执行公司的法定代表人、实际控制人、关联企业等。执行中的第三人自愿偿债，就是民法理论中的债务加入，系指第三人自愿加入债权人与债务人之间既存的债权债务关系中，与原债务人一起向债权人承担债务，同时不免除原债务人履行义务的债务承担方式。执行中债务加入须符合以下五个要件：

第一，时间要件：第三人自愿偿债的承诺必须在执行程序开始后、终结前发生。该承诺必须是在执行过程中发生，如果在执行开始前发生，债权人须通过诉讼程序予以追加。

第二，形式要件：第三人自愿偿债的承诺必须是书面形式。第三人自愿偿债的行为，涉及第三人的程序及实体权利。为了证实第三人自愿偿债的真实意思表示，需要严格要求该证据要件，仅以口头形式表达的容易引起新的争议。

第三，主体要件：第三人的承诺系自愿行为，意思表示真实。这一要件包含两个方面的含义：其一，第三人的意思表示是自愿的，任何个人和组织都不得强迫；其二，第三人的意思表示是真实的，其主观意愿和外在的意思表示是一致的。

第四，客体要件：第三人自愿偿债的承诺必须向执行法院作出，或经过执行法院审查认可。第三人只有向法院作出履行承诺，才能具有公法上效力，即强制执行效力，法院才能据此在执行中对第三人执行。

第五，范围要件：第三人自愿偿债的承诺有其承担责任的范围。法院只能在第三人承诺承担的债务范围内强制执行，不得要求第三人承担超出该范围的债务，不能侵犯第三人的合法权益。

只要符合上述五个要件，执行程序中，申请执行人向执行裁决部门申请追加该第三人为被执行人，执行裁决部门应裁定予以追加为被执行人。且第三人因书面承诺自愿代被执行人偿还债务而被追加为被执行人后，无正当理由反悔并提出异议的,人民法院不予支持。正当理由指的是第三人因受强迫、欺诈、重大误解而影响意思表示真实的理由,审查中应与民事诉讼中的证明标准相同,需要相应证据支持。

(二)第三人执行担保的构成要件及法律后果

执行担保系指担保人经申请执行人同意,为担保被执行人履行生效法律文书确定的全部或者部分义务,向人民法院提供的担保。执行担保可以由被执行人提供财产担保,也可以由他人提供财产担保或者保证。这里讨论第三人执行担保的情形,须符合以下五个要件:

第一,目的要件:执行担保是通过执行担保实现暂缓执行的目的,给被执行人留出足够的时间履行债务。

第二,期限要件:执行担保要求约定暂缓执行的期限,但最长不得超过一年。执行担保尽管强调尊重执行当事人的意思自治,但为避免执行担保对执行程序的消极影响,尤其防止执行当事人滥用执行担保制度而拖延执行,要求暂缓执行的期限应当与担保书约定一致,但最长不得超过一年。

第三,主体要件:第三人提供执行担保时须在担保书中明确承诺自愿接受强制执行。担保人应当在担保书中明确载明"被执行人于暂缓执行期限届满后仍不履行时担保人自愿接受直接强制执行的承诺"。执行和解协议中若约定担保条款,且担保人向人民法院承诺在被执行人不履行执行和解协议时自愿接受直接强制执行的,恢复执行原生效法律文书后,人民法院可以依申请执行人申请及担保条款的约定,直接裁定执行保证人的财产。

第四,客体要件:执行担保不仅要取得申请执行人同意,还应向执行法院提供担保,得到执行法院批准。

第五,范围要件:其责任范围限于担保财产或保证人的财产,第三人提供财产担保的,应当参照《物权法》《担保法》的有关规定办理相应手续。

暂缓执行期限届满后被执行人仍不履行义务,或者暂缓执行期间担保人有转移、隐藏、变卖、毁损担保财产等行为的,人民法院可以依申请执行人的申请恢复执行,并直接裁定执行担保财产或者保证人的财产,不得将担保人变更、追加为被执行人。在《担保法》原理中,担保人提供财产担保系就特定财产设定的担保,其责任范围仅限于担保财产。若将提供物保的第三人追加为被执行人,则其担保财产的范围将会及于担保人的全部财产,有悖于《担保法》原理。

(三)执行中债务加入与第三人执行担保的区别

执行担保与变更、追加被执行人,属于两种不同性质的制度,其适用范围亦不

同,二者不能混同。二者有以下五个方面的区别:

第一,性质不同。债务加入中第三人与原债务人承担同一债务;而第三人执行担保承担的债务为从债务,其所担保的债务为主债务。

第二,目的不同。债务加入系第三人自愿加入原先的债权债务关系中,增加债务主体和责任财产的范围,更有利于债权人权益的实现,不需要经过债权人同意。执行担保要实现暂缓执行的目的,给被执行人留出足够的时间履行债务。

第三,履行债务顺序不同。债务加入中第三人与原债务人履行债务顺序上没有区别,而执行担保第三人有先诉抗辩权,须首先由债务人承担债务,在其不履行或无财产可供履行的情况下,才执行担保财产或保证人,且受保证期间的保护。

第四,履行债务后是否享有追偿权不同。债务加入第三人是否享有追偿权缺乏法律规定,执行担保人在承担保证责任后无疑可向主债务人追偿。

第五,法律后果不同。符合债务加入的构成要件,执行中自愿偿债的第三人可被追加为被执行人;符合执行担保的构成要件,法院直接裁定执行担保财产或者保证人的财产,但不得追加为被执行人。对追加为被执行人的第三人,未按规定履行生效法律文书确定的义务时,适用法律关于对被执行人可以采取的执行措施,包括罚款、拘留、限制出境,纳入失信被执行人名单,采取限制消费措施等。对提供执行担保的第三人,法院直接执行财产,不得采取上述针对被执行人的执行措施。

司法实践中,判断是债务加入还是执行担保,不能简单依据当事人提交的是《承诺书》还是《担保书》,必须深入分析其真实的意思表示。如果第三人承担债务的意思表示中有较为明显的保证含义,可以认定为执行担保,否则应认定为债务加入。

本案中,坤盛保理公司与中新能业公司等被执行人达成的执行和解协议约定,各方当事人将《执行和解协议》《承诺函》向执行法院提交,并向执行法院明确,当约定的保证责任事由出现时,宏圣鼎阳公司需在约定的担保范围内承担担保责任。宏圣鼎阳公司以自己的财产向执行法院提供担保,构成上述规定中的执行担保,应由坤盛保理公司向法院申请恢复执行,直接裁定执行宏圣鼎阳公司的财产,不得将宏圣鼎阳公司追加为被执行人。

【案例点评】

本案的典型意义在于,执行中第三人债务加入与第三人执行担保极易混淆,而债务加入与执行担保的认定会产生不同的法律后果。符合债务加入的构成要件,第三人可被追加为被执行人;构成第三人执行担保的,法院直接裁定执行,不得追加为被执行人。因追加为被执行人对第三人的权利义务影响巨大,法院可对其采取针对人身及信用的执行惩戒措施。本案中对这两类容易混淆的情形通过实质内容进行鉴别,明确区分标准,以便使今后的类型案件准确适用法律。

【裁判心得】

执行裁决业务实践中,涉及异议复议,案外人异议,变更追加执行当事人,不予执行仲裁、公证债权文书,执行督促类案件。不同类型案件适用各制度的法律规定不同、救济途径不同,其中当事人的变更与追加制度是执行程序中的重点难点,由于变更追加第三人为被执行人,会对第三人的权利义务产生巨大影响,故务必坚持变更追加事由法定原则,只有法律、司法解释有明确规定的情况下方可适用。在变更追加的情形与其他制度规定的情形容易混淆时,务必厘清区别,准确适用法律,维护当事人的合法权益。

图书在版编目(CIP)数据

裁判方法与法律适用：案例精选. 2019年卷 / 北京市第一中级人民法院编. -- 北京：法律出版社，2020
ISBN 978-7-5197-4416-8

Ⅰ. ①裁… Ⅱ. ①北… Ⅲ. ①审判-案例-中国 Ⅳ. ①D925.05

中国版本图书馆CIP数据核字(2020)第061938号

裁判方法与法律适用：
案例精选(2019年卷)
CAIPAN FANGFA YU FALÜ SHIYONG:
ANLI JINGXUAN(2019 NIAN JUAN)

北京市第一中级人民法院 编

责任编辑 李 群 张婉凝
装帧设计 汪奇峰

出版 法律出版社
总发行 中国法律图书有限公司
经销 新华书店
印刷 北京虎彩文化传播有限公司
责任印制 张建伟

编辑统筹 法规出版分社
开本 710毫米×1000毫米 1/16
印张 29
字数 512千
版本 2020年5月第1版
印次 2020年5月第1次印刷

法律出版社/北京市丰台区莲花池西里7号(100073)
网址/www.lawpress.com.cn
投稿邮箱/info@lawpress.com.cn
举报维权邮箱/jbwq@lawpress.com.cn
销售热线/400-660-8393
咨询电话/010-63939796

中国法律图书有限公司/北京市丰台区莲花池西里7号(100073)
全国各地中法图分、子公司销售电话：
统一销售客服/400-660-8393/6393
第一法律书店/010-83938432/8433 西安分公司/029-85330678 重庆分公司/023-67453036
上海分公司/021-62071010/1636 深圳分公司/0755-83072995

书号：ISBN 978-7-5197-4416-8 **定价**：88.00元